中華文化復興運動推行委員會(國家文化總會)
國立編譯館中華叢書編審委員會 主編

呂氏春秋今註今譯
（下）

林品石 註譯

臺灣商務印書館

目次

【下冊】

卷十五　慎大覽

第三，凡八篇

一曰慎大

【今註】　慎大是說國家愈強大愈不可有驕矜的言行。春秋公羊傳僖公九年，葵丘之會，齊桓公震而矜之，叛者九國，就是警告人君，當勝利之時，不可有驕恣的言行。易繫辭下「子曰：危者安其位者也，亡者保其存者也，亂者有其治者也。是故君子安而不忘危，存而不忘亡，治而不忘亂，是以身安而國家可保也。易曰：其亡其亡，繫於苞桑！」本篇中說：「賢主愈大愈懼，愈強愈恐」「賢主於安思危，於達思窮，於得思喪」「唯有道之主能持勝。」都是儒家持盈保泰的道德觀念；所謂憂虞可以興國，逸豫可以亡身，亦是此意。

賢主愈大愈懼，愈彊愈恐。凡大者小鄰國也，彊者勝其敵也㈠，勝其敵則多怨，小鄰國則多患，多患多怨，國雖彊大，惡得不懼，惡得不恐。故賢主於安思危，於達思窮，於得思喪。周書曰：「若臨深淵，若履薄冰」，以言慎事也㈡。

【今註】㈠春秋繁露竹林篇：「得志之君子，有喜之人，不可不察也。齊頃公，親齊桓公之孫，國固廣大，而地勢便利矣，又得霸主之餘尊，而志加於諸侯。以此之故，難使會同而易使驕奢，即位九年，未嘗肯一與會同之事，有怒魯衞之志，而不從諸侯於清丘斷道。春往伐魯，入其北郊，顧返伐衞，敗之新築。當是時也，方乘勝而志廣，大國往聘，慢而弗敬其使者，晉魯俱怒，內悉其眾，外得黨與曹衞，四國相輔，大困之鞌革，獲齊頃公，斮逄丑父。深本頃公之所以大辱身、幾亡國，為天下笑，其端乃從懾魯勝衞起，伐魯魯不敢出，擊衞大敗之，因得氣而無敵國以興患也。故曰得志有喜，不可不戒，此其效也。自是之後，頃公恐懼，不聽聲樂，不飲酒食肉，內愛百姓，問疾弔喪，外敬諸侯，從會與盟，卒終其身，國家安甯。是福之本生於憂，而禍起於喜也。」按此節可說明本文之意義，說苑敬慎篇亦引此事，謂「故福生於隱約，而禍生於得意，此得失之效也。」又劉向與子歆書云「董生有云，弔者在門，賀者在閭，言有憂則恐懼敬事，敬事則必有善功而福至也。又云，賀者在門，弔者在閭，言受福而驕奢，驕奢則禍至，故弔隨而來。」凡此皆大學所謂「君子之大道，必忠信以得之，驕泰以失之。」故孔子戒人謂「君子泰而不驕。」㈡周書兩語亦見詩小雅小旻，論語泰伯篇曾子引此語，是謹慎小心之意。

【今譯】賢明的國君覺得國家愈大便愈可憂懼，國家愈強便愈可驚恐。所謂大是由於削小鄰國而成，所謂強是由於戰勝敵人而來；戰勝敵人就多怨，削小鄰國就多患，多患多怨，國家雖然強大，那得不懼，那得不恐？所以賢明的國君是安不忘危，達不忘窮，得不忘失。周書說：「如同站在深淵的邊沿一樣，如同踏在很薄的冰上一樣。」這是說謹慎其事呀！

桀為無道，暴戾頑貪㈠，天下顫恐而患之，言者不同，紛紛分分，其情難得㈡。干辛任威，淩轢諸侯，以及兆民㈢，賢良鬱怨，殺彼龍逢，以服羣凶，眾庶泯泯，皆有遠志㈣，莫敢直言，其生若驚，大臣同患，弗周而畔㈤，桀愈自賢，矜過善非，主道重塞，國人大崩。湯乃惕懼，憂天下之不寧，欲令伊尹往視曠夏㈥，恐其不信，湯由親自射伊尹，伊尹奔夏。三年，反報于亳，曰：「桀迷惑於末嬉，好彼琬琰㈦，不恤其眾，眾志不堪，上下相疾，民心積怨，皆曰上天弗恤，夏命其卒。」湯謂伊尹曰：「若告我曠夏盡如詩㈧。」湯與伊尹盟，以示必滅夏㈨。伊尹又復往視曠夏，聽於末嬉，末嬉言曰：「今昔天子夢西方有日，東方有日，兩日相與鬬，西方日勝，東方日不勝。」伊尹以告湯。商涸旱，湯猶發師以信伊尹之盟，故令師從東方出於國西以進，未接刃而桀走，逐之至大沙，身體離散，為天下戮，不可正諫，雖後悔之，將可奈何？湯立為天子，夏民大說，如得慈親，朝不易位，農不去疇，商不變肆，親郼如夏⑩，此之謂至公，此之謂至安，此之謂至信，盡行伊尹之盟，不避旱殃，祖伊尹世世享商⑪。

【今註】㊀暴是殘酷凶惡，戾是性情乖僻，頑是愚蠢無知，貪是求得無厭。㊁紛紛分分是眾多散亂，許釋引俞樾王念孫說謂指言者不同的意見，都難得知桀的實情。尹校改分分為介介。㊂干辛是桀的諛臣。轢（ㄌㄧˋ）是欺凌。㊃殺關龍逢，已見上必己篇。泯泯是昏亂的樣子。遠志是離散之意。㊄患是憂懼，弗周而畔是弗敢以義相結合，而各有背叛之心。畔同叛。㊅曠夏，畢校許釋引說頗詳，吳承仕呂覽舊注校解「曠，大也，曠皇聲亦相近，殷稱夏為曠夏，猶周人稱殷為大商，大國殷矣。」按即今所謂曠世、曠代之意相同。㊆末嬉、琬琰都是桀的妃子。畢校「案竹書紀年注云：后桀十四年，命扁伐岷山，岷山女於桀二人，曰琬曰琰。后愛之，無子，斲其名於苕華之玉，苕是琬，華是琰。而棄其元妃於洛曰妹喜，以與伊尹交，遂以亡夏。」㊇詩，許釋引俞樾平議「上文民心積怨，皆曰上天弗恤，夏命其卒，是有韻之詞，即所謂詩也。湯誓所稱時日曷喪，予及女偕亡，亦是韻語，蓋當時民俗歌謠有此言，故湯以為盡如詩也。」㊈盟同謀，湯謀伐桀於卞隨務光，見離俗篇；湯問伊尹取天下之道，見先己篇。⑩郼即韋，夏少康封顓頊後所建之國，湯為顓頊後，故曰親郼如夏。⑪祖是祭於祖廟，所以報答伊尹的功勳。

【今譯】夏桀無道，暴戾頑貪，天下都驚恐憂慮，各方所言的意見不同，眾多而散亂，皆難得知其真情。奸臣干辛任用威勢，欺凌諸侯以及百姓，賢良之士憂鬱怨恨，桀乃殺關龍逄以服羣凶，百姓昏悶，都有遠離之意。大臣莫敢直言，同懼見殺，時時驚恐，不敢以義相結合而各有背叛之心。因此，桀更自負賢能，矜誇自己的過失，讚譽自己的錯誤，主道孤立，民心崩潰。商湯因而警惕，憂懼天下不得安寧，要使伊尹去觀察大夏，恐怕夏王不相信，湯因親自射伊尹，伊尹於是奔夏。過了三年，伊尹返回亳都，報告湯說：「夏桀迷惑於末嬉，喜愛那琬琰二妃，不能體恤羣眾，眾志離散，上下相忌，民心積怨，大家都說上天弗加憫恤，夏代壽命即將告終。」湯對伊尹說：「你所說大夏情況完全和民謠一樣。」湯與伊尹計謀，以表示滅夏的決心。伊尹又復前去探視大夏，向末嬉打聽消息，末嬉說：「今夜天子夢見西方有個太陽，東方有個太陽，兩個太陽相鬪，西方的太陽勝利，東方的太陽失敗。」伊尹以此告訴湯。其時商地大旱，湯仍然起兵，以見信伊尹的計謀，故意使軍隊從東方繞道西方以進攻夏桀，尚未接鬪而桀已逃走，追到大沙，桀遂被殺，為天下辱，前此不可直諫，此時雖後悔，已無可奈何。於是商湯立為天子，夏地百姓都很高興，如同得到慈親；朝廷上人事不更動，農夫照常去耕種，商店照常做生意，親愛殷人如同夏人。這叫做至公，這叫做至安，這叫做至信，完全實行伊尹的計謀，不避旱災。於是祭祀伊尹於祖廟，世世配享。

武王勝殷。入殷未下轝㈠，命封黃帝之後於鑄，封帝堯之後於黎㈡，封帝舜之後於陳。下轝，命封夏后之後於杞，立成湯之後於宋，以奉桑林㈢。武王乃恐懼，太息流涕，命周公旦進殷之遺老，而問殷之亡故，又問眾之所說，民之所欲。殷之遺老對曰：「欲復盤庚之政㈣。」武王於是復盤庚之政。發巨橋之粟，賦鹿臺之錢，以示民無私。出拘救罪，分財棄責，以振窮困㈤。封比干之墓，靖箕子之宮㈥，表商容之閭，士過者趨，車過者下。三日之內，與謀之士封為諸侯，諸大夫賞以書社㈦，庶士施政去賦，然後濟於河，西歸報於廟㈧。乃稅馬於華山，稅牛於桃林，馬弗復乘，牛弗復服。釁鼓旗甲兵㈨，藏之府庫，終身不復用。此武王之德也。故周明堂外戶不閉，示天下不藏也，唯不藏也，可以守至藏。武王勝殷，得二虜而問焉，曰：「若國有妖乎？」一虜對曰：「吾國有妖，晝見星而天雨血，此吾國之妖也。」一虜對曰：「此則妖也，雖然，非其大者也。吾國之妖甚大者，子不聽父，弟不聽兄，君令不行，此妖之大者也。」武王避席再拜之，此非貴虜也，貴其言也。故易曰：「愬愬履虎尾，終吉㊉。」

【今註】㊀周武王勝殷，事見簡選、貴因兩篇。轝即輿，古時帝王所乘的車，叫做乘輿、鸞輿，古文及他書均不見此寫法，未知畢校何所本。㊁鑄，樂記及史記周本紀「封黃帝之後於祝」或作薊，在今山東肥城縣。黎在今山西長治縣西南。㊂桑林見順民篇。㊃盤庚是商代中興之主，自奄遷於北蒙，改國號曰殷，湯治復振。㊄巨橋是紂的糧倉，鹿臺是紂的錢庫。出拘是放出拘留的囚犯，救罪畢校謂疑是赦罪。分財是分發財物，棄責是免除債務，責古債字。㊅靖，高注「以箕子避亂佯狂而奔，故清淨其宮以異之也。」按靖當是派兵保衞之意。㊆書社是二十五家。㊇還濟孟津；西歸於豐鎬。㊈稅，爾雅「舍也」註「舍放置」。釁（ㄒㄧㄣˋ）是血祭，以牲血塗旗鼓甲兵。㊉易履卦九四「履虎尾，愬愬，終吉。」愬（ㄙㄨˋ）是戒懼意，踐踏虎尾是危險的，能愬愬然知所戒懼，終可轉危為安，化凶為吉。

【今譯】周武王既勝殷，到了殷都尚未下車，先命封黃帝之後於鑄，封帝堯之後於黎，封帝舜之後於陳。既下車，復命封夏后之後於杞，立成湯之後於宋，以奉祀桑林。於是武王乃益為恐懼，太息流涕，命周公旦請進殷之遺老，問殷所以滅亡之故，又問羣眾的所悅和人民的希望，遺老對答說：「希望恢復盤庚的仁政。」武王於是恢復盤庚的德政，盡發巨橋官倉所藏的糧食和鹿橋公庫所藏的錢貨，以表示沒有私愛之心。又釋放拘留的囚犯，赦免他們的罪狀，並分給財物，免棄債務，以救濟窮困。

並崇封比干的墳墓，保衞箕子的宮室，褒揚商容的閭里，經過的人都要快走，乘車的要下車步行，以表示敬意。三天之內，凡曾經參與伐殷之謀的賢士都封為諸侯，諸大夫都賞以書社，庶人之士從政的都免徭役賦稅。封賞完畢，然後渡河西歸，祭告於祖廟。於是把軍事所用的馬釋放在華山，所用的牛釋放於桃林，馬不復騎，牛不復耕，並且用牲血塗在鼓旗甲兵上，藏到府庫裏去，以表示不再用。這許多都是武王勝殷以後施行的德政。所以周初天下太平，明堂的外門不要關閉，對天下人表示沒有私藏，唯其沒有私藏，然後可以保守最重要的庫藏。武王勝殷時，得到兩名俘虜，問他們說：「你們國家有妖怪嗎？」一個俘虜說：「我國有妖怪，白晝看見星光而天空落血如雨，這是我國的妖異呀！」另一俘虜說：「這固然是妖怪，可不是大妖，我國最大的妖怪是子不聽父命，弟不聽兄言，君王的命令不能施行，這些是妖怪的大者。」武王聽了他的話，離開坐位再拜，這並不是尊重俘虜，而是尊重他的話呀！所以易經上說：「履踏虎尾而能愬愬然戒懼，終可逢凶化吉。」

趙襄子攻翟，勝老人中人，使使者來謁之㈠，襄子方食摶飯，有憂色，左右曰：「一朝而兩城下，此人之所以喜也，今君有憂色，何？」襄子曰：「江河之大也，不過三日，飃風暴雨，日中不須臾㈡。今趙氏之德行無所於積，一朝而兩城下，亡其及我乎？」孔子聞之曰：「趙氏其昌乎㈢？」夫憂所以為昌也，而喜所以為亡也，勝非其難者也，持之其難者也，賢主以此持勝，故其福及後世。齊荊吳越皆嘗勝矣，而卒取亡，不達乎持勝也，唯有道之主能持勝。孔子之勁舉國門之關，而不肎以力聞㊃，墨子為守攻，公輸般服而不肎以兵加，善持勝者以術彊弱㊄。

【今註】㊀趙襄子使辛穆子攻翟，翟即狄，是中國古代北方民族。老人城許釋引梁玉繩校補謂應作左人城，尹校據列子，淮南子改。㊁不過三日，高注「三日則消也。」說苑叢談謂「江河之溢不過三日。」日中不須臾是驟雨不終朝之意。㊂其時孔子已卒，此是作者託辭。㊃畢校謂此係孔子之父叔梁紇事。許釋引淮南主術篇「孔子之通智過於萇弘，勇服於孟賁，足躡郊菟，力招城門。」則認為是孔子事。㊄墨子攻守事，高注「公輸般在楚，楚王使設雲梯為攻宋之具，墨子聞而往說之，楚王曰，公輸般天下之巧工也，寡人使攻宋之城，何為不得？墨子曰：使公輸般攻宋之城，臣請為宋守之備。公輸般九攻之，墨子九卻之。又令公輸般守備，墨子九下之。不肯以善用兵見知於天下也。」按此事見愛類篇。（亦見墨子書）

【今譯】趙襄子命辛穆子攻狄，佔領了老人中人兩城，辛穆子遣使者來報告，襄子正在摶飯，聽到這消息，有憂色，左右侍從的人說：「一天取了兩城，這是大家所高興的事，現在主君反有憂色，為什麼？」襄子說：「江河如此之大，水溢不過三天就消了，飄風暴雨不過一下子，現在趙氏的德行無所積累，一天取了兩城，滅亡恐怕要到我身上吧！」孔子聽到說：「趙氏要昌盛了。」這樣看起來，憂虞所以為昌，而喜悅所以為亡，勝利並不是難事，能夠保持勝利纔是難事，賢主因能保持勝利的成果，所以福澤及於後世。齊楚吳越都曾經勝利稱霸，可是結果都滅亡了，就是不懂得持盈保泰的道理。祇有有道之主才能持盈保泰。孔子的強勁可以舉起國門之關，而不肯以力聞於世；墨子長於守攻，使公輸般心服，而不肯用兵攻伐他國。善於保持勝利的人，雖強而示人以弱。

二曰　權　動

【今註】　權動是考察勳績的輕重大小作為獎懲去取的標準，勿以小利害大利，勿以小忠害大忠。所以說：「不去小利，則大利不得；不去小忠，則大忠不至。……聖人去小取大。」子貢問政，孔子告以「無見小利，……見小利則大事不成。」孟子尤嚴義利之辨，所以本篇是儒家思想，為人處世及為政之道，都不可貪小利，貪小利必失大利。

利不可兩，忠不可兼。不去小利則大利不得；不去小忠，則大忠不至。故小利，大利之殘也，小忠，大忠之賊也。聖人去小取大。

【今譯】利不可兩得，忠不可兼全。不去小利，則大利不得；不去小忠，則大忠不成。所以小利是摧殘大利的，小忠是賊害大忠的，聖人去小而取大。

昔荊龔王與晉厲公戰於鄢陵，荊師敗，龔王傷㈠。臨戰，司馬子反渴而求飲，豎陽穀操黍酒而進之㈡，子反叱曰：「訾，退，酒也。」豎陽穀對曰：「非酒也。」子反曰：「亟退卻也。」豎陽穀又曰：「非酒也。」子反受而飲之。子反之為人也，嗜酒甘而不能絕於口，以醉。戰既罷，龔王欲復戰而謀。使召司馬子反，子反辭以心疾，龔王駕而往視之，入幄中，聞酒臭而還，曰：「今日之戰，不穀親傷，所恃者司馬也，而司馬又若此，是忘荊國之社稷，而不恤吾眾也，不穀無與復戰矣。」於是罷師去之，斬司馬子反以為戮。故豎陽穀之進酒也，非以醉子反也，其心以忠也，而適足以殺之。故曰：小忠，大忠之賊也。

【今註】㈠晉楚鄢陵之戰，詳見左傳魯成公十六年（西元前五七五），荊龔王即楚共王，晉呂錡射共王中目。㈡司馬子反是公子側。黍酒，高注「酒器受三升曰黍。」王紹蘭讀書雜記謂「依高注及韓非十過篇，黍當作觴。說文：觴、觶實曰觴，又觚一曰觴，受三升者謂之觚，是觴有受三升者。」

尹校據改為觴酒。

【今譯】從前楚共王與晉厲公戰於鄢陵，楚師敗績，共王受傷。正當作戰的時候，司馬子反口渴要飲水，豎子陽穀把觴酒奉進，子反罵聲說：「訾！退下，這是酒呀！」陽穀說：「不是酒。」子反說：「快退下！」陽穀又說：「不是酒。」子反就取而喝了。子反的為人，喜歡飲酒，覺得甘美而不能自止，因此就醉了。戰事既停，共王要計謀再戰，使人召司馬子反，子反說自己有心病辭不能去，共王親來看他，到了帳篷中，聞到酒氣就退回，說：「今天的戰事，我自己受傷，所靠的是司馬，而司馬又是這樣，這是忘記了楚國的社稷，而不顧恤我們的軍隊，我沒有人相與作戰了。」於是下令退兵回去，斬司馬子反。所以豎陽穀的進酒，並不是要子反喝醉，他的用心是忠愛的，而結果適足以使子反遭殺身之禍，所以說：小忠是賊害大忠的。

昔者晉獻公使荀息假道於虞以伐虢㈠，荀息曰：「請以垂棘之璧與屈產之乘以賂虞公，而求假道焉，必可得也㈡。」獻公曰：「夫垂棘之璧，吾先君之寶也，屈產之乘，寡人之駿也，若受吾幣而不吾假道，將柰何？」荀息曰：「不然，彼若不吾假道，必不吾受也；若受我而假我道，是猶取之內府而藏之外府也，猶取之內皁而著之外皁也㈢，君奚患焉？」獻公許之。乃使荀息以屈產之乘為庭實㈣，而加以垂棘之璧，以假道於虞而伐虢。虞公濫於寶與馬而欲許之，宮之奇諫曰：「不可許也，虞之與虢也，若車之有輔也，車依輔輔亦依車，虞虢之勢是也㈤。先人有言曰：脣竭而齒寒㈥。夫虢之不亡也恃虞，虞之不亡也亦恃虢也。若假之道，則虢朝亡，而虞夕從之矣，柰何其假之道也？」虞公弗聽而假之道。荀息伐虢，克之；還反伐虞，又克之。荀息操璧牽馬而報，獻公喜曰：「璧則猶是也，馬齒亦薄長矣。」故曰：小利，大利之殘也㈦。

【今註】㈠此是左傳僖公五年事（西元前六五五）。虞在今山西平陸縣東北。虢古國有四，此是北虢在今平陸縣北，其國尚在虞之北，晉往攻，須經過虞境，故須向虞借路通過。㈡垂棘是美玉所出之地。屈是春秋時晉邑，屈邑產駿馬，故曰屈產。四馬為一乘。㈢皁（ㄗㄠˋ）是馬廐，公羊傳、荀息說：「馬出之內廄繫之外廄耳。」㈣庭實，高注「為虞廷中之實。」意義未明，左傳襄公三十一年「其輸之，則君之府實也」，注：「品物為實」，庭實即府實。濫，高注「貪」，按是注視之意。㈤車輔，輔是車子兩旁夾住車輪的直木，沒有夾木則車輪傾側，不能平直前進。故車輔相依。舊注多以車為牙，輔為頰，似不妥。㈥左傳作「脣亡齒寒」，已是成語，戰國策韓策作「脣揭齒寒」注：揭猶反也，畢校謂以脣揭為佳。㊆春秋繁露王道篇「虞公貪財，不顧其難，快耳悅目，受晉之璧，屈產之乘，假晉師道，還以自滅，宗廟破毀，社稷不祀，身死不葬，貪財之所致也。故春秋以此見物不空來，寶不虛出，自內出者無匹不行，自外至者無主不止，此其應也。」又「晉假道虞，虞公許之，宮之奇諫曰，脣亡齒寒，虞虢之相救，非相賜也，君請勿許。虞公不聽，後虞果亡於晉。春秋明此，存亡之道可觀也。」

【今譯】 從前晉獻公使荀息向虞國假道以伐虢國，荀息說：「請用垂棘之璧和屈產之乘贈送虞公，而要求假道，必定可得其同意。」獻公說：「垂棘之璧是世傳的寶物，屈產之乘是我所愛的駿馬，如果虞公接受禮物而不肯假道，那將怎麼辦？」荀息說：「不是的。他如果不肯假道，必定不會接受，如果接受了而同意假道，這猶如從內庫取出來藏到外庫去，又如從內廐牽出來關在外廐裏，有什麼好怕呢？」獻公於是許可，使荀息用屈產之乘作晉見的禮品，而加以垂棘之璧，要求假道伐虢。虞公注視著寶和馬，就要答應，宮之奇諫阻說：「不可答應呀！虞之與虢，猶如車之有輔，車依賴輔，輔亦依賴車，這正是虞虢相依的形勢。古人有句話說：脣亡則齒寒，虢的不亡是靠虞，虞的不亡亦靠虢。如果同意假道，那麼虢在早上滅亡，虞就在晚上相從了。怎麼可以假道呢？」虞公不聽，就同意假道。荀息伐虢得勝，回師伐虞，又得勝。荀息捧璧牽馬而回來報告，獻公很高興的說：「璧還是一樣，馬齒稍微長些了。」所以說：小利是殘害大利的呀！

中山之國有厹繇者智伯欲攻之而無道也㈠，為鑄大鐘，方車二軌以遺之，厹繇之君將斬岸堙㈡谿以迎鐘，赤章蔓枝諫曰：「詩云：唯則定國㈢，我胡以得是於智伯？夫智伯之為人也貪而無信，必欲攻我而無道也，故為大鐘，方車二軌以遺君，君因斬岸堙谿以迎鐘，師必隨之。」弗聽，有頃，諫之，君曰：「大國為懽而子逆之，不祥，子釋之。」赤章蔓枝曰：「為人臣不忠貞，罪也。忠貞不用，遠身可也。」斷轂而行，至衞七日而厹繇亡。欲鐘之心勝也，欲鐘之心勝，則安厹繇之說塞矣。凡聽說所勝不可不審也，故太上先勝。

【今註】㈠中山之國在今河北中部偏西地。厹（ㄔㄡ）繇戰國策作厹由，韓非子說林作仇由，史記樗里子傳作仇猶，是中山國的一個地方，接近晉國，故晉大夫智伯要兼併其地。㈡斬即塹（ㄑㄧㄢˋ）是掘平，堙是堵塞。㈢詩是逸詩，唯則定國是唯有一定的法則可以安定國家。

【今譯】中山國有仇由地方，智伯要攻取而沒有道路可通，於是為仇由鑄大鐘，需要方車二軌的大路運送，仇由君計劃平岸塞谿以迎接大鐘。赤章蔓枝諫阻說：「詩有說：唯有一定的法則可以安定國家。我們為什麼要得鐘於智伯？智伯的為人是貪而無信，一定是要攻伐我們而沒有道路，所以藉口運送大鐘，要用方車二軌的道路，君因此而平岸填谿以迎鐘，那智伯的軍隊隨後而來。」弗聽，過一下再諫，仇由君說：「大國對我們要好，如不順其意，是不吉祥的，你不要說吧！」赤章蔓枝說：「為人臣不忠貞是有罪的，忠貞而不見用，可以引身遠去。」遂即斷轂而去，到了衞國才七天，而仇由亡，這是由於得鐘之心佔勝呀？得鐘之心佔勝，則安定仇由的話就說不通了。大凡聽話或說話，對於所勝不可不審察；所以最好先求其所勝。

昌國君將五國之兵以攻齊，齊使觸子將，以迎天下之兵於濟上。齊王欲戰，使人赴觸子，恥而訾之曰：「不戰必剗若類，掘若壟㈠」，觸子苦之，欲齊軍之敗，於是以天下兵戰，戰合，擊金而卻之㈡，卒北，天下兵乘之，觸子因以一乘去，莫知其所，不聞其聲。達子又帥其餘卒，以軍於秦周㈢，無以賞，使人請金於齊王，齊王怒曰：「若殘豎子之類，惡能給若金？」與燕人戰，大敗，達子死，齊王走莒，燕人逐北入國，相與爭金於美唐甚多㈣，此貪於小利以失大利者也。

【今註】㈠昌國君是燕將樂毅，為燕昭王伐齊。五國是燕、秦、韓、趙、魏，其實尚有楚國，故下文稱天下之兵。這是戰國末期周赧王三十一年事。齊王是齊湣王。㈡古時行軍，擊鼓前進，擊金後退。㊂秦周是齊城門名。㊃美唐是齊王金庫。

【今譯】燕昌國君統率五國之兵以攻齊，齊使觸子為將，迎戰天下之兵於濟水之上。齊湣王希望戰，使人恥辱觸子說：「如果不戰，必定剗除你們，掘去你們祖先的墳墓。」觸子甚為苦惱，希望齊軍敗北，於是天下之兵與戰，戰陣方合，就擊金退卻，終於敗北，天下之兵乘勝追擊。觸子因而坐一乘車離去，莫知其所往，亦不聞其消息。達子又率領所餘部隊，駐紮於秦周門，沒有東西賞給軍士，使人請齊王發給金子，齊王怒說：「你這些殘餘的豎子，怎能給你們金子？」達子率兵與燕軍戰，大敗，達子陣亡，齊王出奔莒地，燕軍追入齊都，都到美唐爭奪很多的金子。這亦是貪於小利失以大利的事實。

三曰下賢

【今註】禮賢下士是儒家尚賢政治的必要條件，賢士是重志節，慎出處，明去留的，孟子所謂「立天下之正位，行天下之大道，得志與民由之，不得志獨行其道。富貴不能淫，貧賤不能移，威武不能屈，此之謂大丈夫。」此等志士能保持其仁義忠信的固有天爵，而不慕公卿大夫的虛榮人爵，是以君主不敢恃其爵位之尊以淩之，所以孟子說：「古之賢王好善而忘勢，古之賢士何獨不然，樂其道忘人之勢。故王公不致敬盡禮，則不得亟見之，見且猶不得亟，而況得而臣之乎？」

有道之士固驕人主，人主之不肖者亦驕有道之士，日以相驕，奚時相得，若儒墨之議與齊荊之服矣㈠。賢主則不然，士雖驕之，而己愈禮之，士安得不歸之。士所歸，天下從之，帝；帝也者天下之適也，王也者天下之往也。得道之人貴為天子而不驕倨，富有天下而不騁夸，卑為布衣而不瘁攝，貧無衣食而不憂懾。狠乎其誠自有也，覺乎其不疑有以也，桀乎其必不渝移也，循乎其與陰陽化也㈡。怱怱乎其心之堅固也，空空乎其不為巧故也㈢，迷乎其志氣之遠也㈣，昏乎其深而不測也㈤，確乎其節之不庳也，就就乎其不肎自是㈥，鵠乎其羞用智慮也㈦，假乎其輕俗誹譽也㈧。以天為法，以德為行，以道為宗，與物變化而無所終窮。精充天地而不竭，神覆宇宙而無望㈨，莫知其始，莫知其終，莫知其門，莫知其端，莫知其源，其大無外，其小無內，此之謂至貴。士有若此者，五帝弗得而友，三王弗得而師，去其帝王之色，則近可得之矣。

【今註】㈠儒墨之議是謂儒墨思想的不同；齊荊之服是謂齊楚衣服之各異；各是己而非人，何時相得。㊁狠即懇（ㄎㄣˇ）。自有，高注「有道」、尹校據譚戒甫說改為有自。覺是明辨事理。桀是特立獨行。循是遵循法則。㊂悤悤（ㄘㄨㄥ）是坦白的，率直的，許釋引俞樾平議「高氏訓悤悤為明貌，然於下堅固義不相應，殆非也。悤悤當作勿勿，禮記禮器篇、祭義篇，鄭注並曰：勿勿猶勉勉也。大戴禮曾子立事篇、盧注同。勉勉之義與堅固相應，今誤作悤悤者，因俗書悤字作怱，或省作匆，匆與勿字相似，因而致誤耳。」按俞說未妥，高注可用，明而坦白。空空即悾悾，高注：「愨也」。按愨是誠懇。巧故，高注「偽詐」。㊃迷，高注「志在江湖之上」，其意似謂志氣遠大，迷漫而不易辨識。許釋引俞樾平議「迷古通彌，左傳彌子瑕，大戴禮保傅篇作迷子瑕。周官眡祲，七曰彌，鄭注、故書彌作迷。並其證也。哀公二十五年左傳，以肥之得備彌甥也，杜注：彌，遠也。」㊄昏是昏暗不明，形容深不可測。老子「廣乎其無不寄也，淵乎其不可測也。」畢校謂此句下脫「風乎其高無極也」，（據李善注曹子建雜詩），尹校據補。㊅確乎是堅定不移，易「確乎其不可拔」。庳即卑。就就即繇繇，莊子秋水篇「繇繇乎若祭之有社，其無私福」是無私之意，無私故不肯自是。或謂就就是遷就隨和之意。㊆鵠（ㄍㄨˇ）是鳥，羽色潔白，此言心地潔白，羞用智慮。又莊子「泛泛乎其若四方之無窮，其無所畛域」泛泛若水上之白鷗，亦是鵠乎之意。此處多是老莊思想。㊇假，許釋謂「假猶叚」也，楊子法言、假言周於天地，贊於神明。注，假作遐，遐遠也。」㊈無望，高注：「無界畔也」。許釋引王引之經傳釋詞「正文及注內兩望字皆埒字之誤，淮南原道篇云，知八紘九野之形埒，是埒為界畔之名。」尹校據改。按無望當即無垠（ㄧㄣˊ），惟一望無際，亦有界畔意，是無望亦不誤。

【今譯】有道之士固然驕慢人主，人主的不肖者亦驕慢有道之士；常常相互驕慢，何時才能相得？這猶如儒墨的爭議及齊楚的服裝了。賢主就不是這樣，士人雖然驕倨，自己愈待之以禮，士人那有不誠心歸順？士人所歸，民心相從，這就是帝，帝字的意義就是天下人的所適，王字的意義是天下人的歸往。得道之人貴為天子而不驕倨，富有天下而不誇耀，卑為布衣而不屈辱，貧無衣食而不憂懼。懇乎其誠是有道的表示，明覺事理沒有什麼懷疑，傑出特立必不變易，遵循法則和陰陽同化。坦白直率表示其心意的堅固，悾悾誠懇而不為詐偽。迷漫難辨是其志氣的遠大，昏暗不明而深不可測，堅不可拔是其節操的高尚，高大無私而不肯自是，心地純潔而羞用智慮，高瞻遠矚而輕視世俗的毀譽。他是以天為法，以德為行，以道為宗，與物變化而無所終極。精充天地而不竭，神覆宇宙而無界畔，莫知其始，莫知其終，莫知其門，莫知其端，莫知其源，其大無外，其小無內，這就是至貴之道。有這樣至貴之道的賢士，五帝得不到他做朋友，三王得不到他做導師，除去帝王的尊貴榮華，那或者可得為師友了。

堯不以帝見善綣，北面而問焉。堯天子也，善綣布衣也，何故禮之若此其甚也？善綣得道之士也，得道之人不可驕也，堯論其德行達智而弗若，故北面而問焉，此之謂至公。非至公，其孰能禮賢？

【今譯】唐堯不以帝王之尊去見善綣，而北面向他請教。堯是天子，善綣是布衣之士，何故如此禮遇他呢？因為善綣是得道之士，不可驕慢，堯自以為德行智慧都不如他，所以北面向他請教，這是最公平的事，不是最公平的人，誰能禮賢？

周公旦文王之子也，武王之弟也，成王之叔父也，所朝於窮巷之中、甕牖之下者七十人㈠。文王造之而未遂㈡，武王遂之而未成，周公旦抱少主而成之，故曰成王，不唯以身下士邪？

【今註】㈠甕牖是用破甕嵌入牆上做窓口，以喻貧陋。㈡造是往訪，未遂是未得相見。

【今譯】周公旦是文王之子，武王之弟，成王之叔父，所見於窮巷之中、甕牖之下的賢士七十人，這些人，當初文王曾經往訪而未得相見，武王得與相見而未能使之心悅誠服。周公旦抱少主而使他們心悅誠服，所以稱為成王，不獨是周公以身下士嗎？

齊桓公見小臣稷，一日三至，弗得見。從者曰：「萬乘之主見布衣之士，一日三至而弗得見，亦可以止矣㈠。」桓公曰：

「不然，士驁祿爵者固輕其主，其主驁霸王者亦輕其士。縱夫子驁祿爵，吾庸敢驁霸王乎㊁？」遂見之，不可止㊂。世多舉桓公之內行，內行雖不修，霸亦可矣；誠行之此論而內行修，王猶少。

【今註】㊀韓非子難一「齊桓公時，有處士曰小臣稷。」其文與此稍異。一日三至，韓非子及韓詩外傳作三往，是桓公往見小臣。㊁驁，新序作傲。㊂「遂見之，不可止」兩句似有誤，「不可止」當在「吾庸敢驁霸王乎？」句下，是桓公所說，正對答從者「亦可以止矣」一語。又「遂見之」上應照韓非子加「五往」二字。

【今譯】齊桓公見小臣稷，一日三往，不得見。從者說：「萬乘之主去見布衣之士，一日三往而不得見，亦可以到此為止了。」桓公說：「不是的，士人輕視祿爵的固然輕其主，其主以霸王自傲亦輕其士，縱使他輕視祿爵，我何敢以霸王自傲呢？不可止。」於是五往，遂得見。世人多指責桓公的內行，內行雖然不修，亦可以成霸業了。誠能實行其禮賢下士的言論，而復修內行，那就可以王天下了。

子產相鄭㊀，往見壺丘子林，與其弟子坐，必以年，是倚其相於門也㊁。夫相萬乘之國㊂，而能遺之，謀志論行，而以心與人相索，其唯子產乎？故相鄭十八年㈣，刑三人，殺二人，桃李之垂於行者莫之援也，錐刀之遺於道者，莫之舉也。

【今註】㈠子產是春秋時鄭國的大政治家公孫僑。㈡子產與壺丘子林的弟子同坐，以年齡長幼為序，不以位尊而上坐，這是說子產不以爵位傲人，而置其相位於壺丘門外。㈢鄭在當時祇是千乘之國，此言萬乘之國，特以子產是大政治家，見重於諸侯。孔子謂子產有君子之道四焉：其行己也恭，其事上也敬，其養民也惠，其使民也義。㈣許釋引梁玉繩校補謂「依左傳所載，子產相鄭二十二年，又為卿十一年，合共三十三年。」按子產於鄭簡公十二年為卿，簡公二十二年，吳季札聘鄭，謂子產曰：「政將歸子」，是次年即為相，至鄭定公八年，子產卒，正是三十三年。

【今譯】子產為鄭國相，往見壺丘子林，與壺丘的弟子同坐，必以年齡為序，這是放置他的相位於壺丘門外了。以萬乘之國的相位而能輕易舍棄，推論其志行，而以忠心與人相交，祇有子產能夠這樣吧！所以相鄭十八年，祇刑罰三人，殺了二人，桃李懸垂於路旁，無人攀摘，錐刀遺失在路上，無人拾取。

魏文侯見段干木，立倦而不敢息㈠；反見翟黃，踞於堂而與之言。翟黃不說，文侯曰：「段干木官之則不肎，祿之則不受；

今女欲官則相位，欲祿則上卿，既受吾實，又責吾禮，無乃難乎？」故賢主之畜人也，不肎受實者其禮之，禮士莫高乎節欲，欲節則令行矣㊁，文侯可謂好禮士矣。好禮士故南勝荊於連隄，東勝齊於長城，虜齊侯，獻諸天子，天子賞文侯以上聞㊂。

【今註】㊀段干木是魏人，史記魏世家「魏文侯受子夏經藝，過段干木閭，未嘗不軾。」史記儒林傳「如田子方、段干木、吳起、禽滑釐之屬，皆受業於子夏之倫。」魏文侯事又見樂成、期賢、自知篇。㊁尹校謂此二句與上下文義不屬，疑他篇文錯入。按此係解釋禮士之難，如文侯敬段干木而翟黃不悅，所以要禮賢下士，必須要自己做到節欲，就是不以權勢驕人，情欲不可隨便衝動，能節欲而後能肆應自如。㊂上聞，畢校謂「舊本作上卿，訛，案史漢樊噲傳『上聞爵』，注謂『得往上聞』亦即名通於天子也。」按周威烈王二十三年（西元前四〇三），王命晉大夫魏斯、韓虔、趙籍為諸侯。魏斯即魏文侯，是魏桓子之子，頗為強盛，故天子特賞以上聞。上聞當是古時的一種榮譽名稱。

【今譯】魏文侯見段干木，久立疲倦而不敢休息；回來時見翟黃，踞坐堂上和他說話，翟黃不高興。文侯說：「我對於段干木，要他做官則不肯，給他祿米又不受；至於你要做官則相位，要俸祿則上卿。既然受了實在的爵祿，又責備缺少禮貌，不是很難嗎？」所以賢主的養士，不肯接受爵祿的則待之以禮。禮賢下士必須要節制一己的情欲，能節欲則令可行了。文侯可以說好禮士了。好禮士，故能南勝楚於連隄，東勝齊於長城，虜齊侯獻於天子，天子賞文侯以上聞。

四曰報更

【今註】先識覽「周鼎著饕殄，有首無身，食人未咽，害及其身，以言報更也。」畢校謂廣雅釋言「更，償也。」由此，可知報更就是報償。本篇所舉三事例，都是報償、報恩之意，其實仍是上篇禮賢下士的意義，所以說：「古之大立功名與安國免身者，其道無他，其必此之由也，堪士不可以驕恣屈也。」

國雖小，其食足以食天下之賢者，其車足以乘天下之賢者，其財足以禮天下之賢者，與天下之賢者為徒，此文王之所以王也。今雖未能王，其以為安也，不亦易乎？此趙宣孟之所以免也，周昭文君之所以顯也，孟嘗君之所以卻荊兵也㈠。古之大立功名與安國免身者，其道無他，其必此之由也，堪士不可以驕恣屈也㈡。

【今註】㈠趙宣孟事詳下第二段，周昭文君事見下第三段，孟嘗君事見下第四段。㈡堪士，高注

「堪，樂也，樂士當以禮卑謙，若魏公子之虛己。」許釋引俞樾平議「堪通作戡，爾雅釋詁：戡，克也。釋言：克，能也。然則堪士猶能士也。」尹校謂「此句與上下文義不屬，疑為下賢篇文。」按三說皆非，堪是突出的地，甚有超乎尋常之意，堪士是突出的賢士，猶言出類拔萃的賢士。

【今譯】國家雖小，糧食足以養天下的賢士，車馬足以乘天下的賢士，財用足以禮天下的賢士，與天下的賢士為黨，這是文王的所以成王業。今雖未能成王業，但用以保國安民，不是易事嗎？這是趙宣孟的所以免於殺身之禍，周昭文君的所以顯榮於秦國，孟嘗君的所以退卻楚兵。自古以來，凡是大立功名及安國免身的，沒有什麼道理，必定是由於禮賢下士，所以出類拔萃堪任大事的賢士，不可以驕恣的態度屈服他。

昔趙宣孟將上之絳㊀，見骫桑之下㊁有餓人，臥不能起者，宣孟止車，為之下食，蠲而餔之㊂，再咽而後能視。宣孟問之曰：「女何為而餓若是？」對曰：「臣宦於絳，歸而糧絕，羞行乞而憎自取，故至於此。」宣孟與脯二朐㊃，拜受而弗敢食也。問其故，對曰：「臣有老母，將以遺之。」宣孟曰：「斯食之，吾更與女。」乃復賜之脯二束，與錢百，而遂去之。處二年，晉靈公欲殺宣孟，伏士於房中以待之，因發酒於宣孟，宣孟知之，中飲而出。靈公令房中之士疾追而殺之，一人追疾，先及宣孟之面曰：「嘻！君轝，吾請為君反死。」宣孟曰：「而名為誰？」反走，對曰：「何以名為？臣骩桑下之餓人也。」還鬬而死。宣孟遂活㈤。此書之所謂德幾無小者也㈥。宣孟德一士猶活其身，而況德萬人乎？故詩曰：「赳赳武夫，公侯干城，濟濟多士，文王以寧㈦。」人主胡可以不務哀士？士其難知，唯博之為可，博則無所遁矣。

【今註】 ㈠趙宣孟是晉卿趙盾。絳在今山西翼城縣東南。㈡骩桑，畢校謂後漢書趙壹傳云骩古委字，淮南人間訓作「委桑」，按骩（ㄨㄟˇ）是骨彎曲，委亦有屈曲義，音義相同。左傳作「翳桑」，是桑枝彎曲、桑葉遮蔽之處，義亦同。㈢蠲（ㄐㄩㄢ）是使之清潔。餔（ㄅㄨ）是小喝、小吃。㈣脯（ㄈㄨˇ）是乾肉。朐（ㄑㄩˊ）是乾肉的屈處，此處是通俗所說的兩刀或兩片之意。㈤晉靈公要殺趙盾事，在左傳宣公二年（西元前六〇七）。「還鬥而死，宣孟遂活」，左傳作「倒戈以禦公徒而免之，問何故，對曰『翳桑之餓人也』，問其名居，不告而退，遂自亡也。」㈥德幾無小，畢校「墨子明鬼篇、禽艾之道之曰，得璣無小，滅宗無大。翟氏灝謂逸周書世俘解，有禽艾侯之語，當即此禽艾，但二語尚未見所出。此德幾無小，猶所謂惠不期多寡，期于當阨云耳，未知禽艾之言，意相同否？」許釋「此逸書文，今偽古文伊訓摭拾墨子及此文而改之曰：爾惟德罔小，萬邦惟慶；爾惟不德罔大，墜厥宗。」按猶勿以善小而不為之意。㊆赳赳武夫二句是詩經周南兔罝首章，言其賢可為公侯，扞難其城藩，以喻骫桑之人扞禦趙盾之難。濟濟多士二句是詩大雅文王的第三章，文王以多士而得安寧，趙盾以骫桑之人免去患難。

【今譯】 從前趙宣孟將北上絳邑，看見桑蔭之下有饑餓的人，臥著不能起來，宣孟停車，給予食物，先用稀的餵以小口，咽了兩口才能張開眼睛，宣孟問他說：「你為什麼餓到這個地步？」他說：「我在絳邑做官，要回家，在路上沒有了糧食，既羞於向人行乞，而又憎惡竊取，所以餓得如此。」宣孟給他乾肉兩刀，拜而受之而不食，問他為什麼，他說：「我家有老母，要留給她。」宣孟說：「這些你吃了，我更給你。」於是再給他乾肉兩束、錢一百，就離開了。過了兩年，晉靈公要殺宣孟，使甲士隱伏于房中，因而向宣孟致酒。宣孟知道情勢不好，喝了一半就起身出去。靈公使房中之士追殺宣孟，其中有一人追得很快，先趕到宣孟面前說：「唉？快上車，我為你擋住。」宣孟說：「你是誰？」那個人回身說：「問什麼？我是骫桑下的餓人呀！」回去格鬪而死，宣孟因而得活。這是古書所謂勿以小善而不為，宣孟德及一士尚得以自活，何況德及萬人呢？所以詩經上說：「威武的人可為公侯保衞國家的幹才」，「眾多的賢士，文王賴以安寧。」一位人主何可不憐愛士人？士人的賢不肖是不易知道的，惟有多方面的接近才可，多方面的注意，就不會有遺漏的了。

張儀魏氏餘子也㈠，將西遊於秦，過東周，客有語之於昭文君者，曰：「魏氏人張儀，材士也㈡，將西遊於秦，願君之禮貌之也。」昭文君見而謂之曰：「聞客之秦，寡人之國小，不足以留客。雖游，然豈必遇哉？客或不遇，請為寡人而一歸也，國雖小，請以客共之。」張儀還走北面再拜。張儀行，昭文君送而資之。至於秦，留有閒，惠王說而相之。張儀所德於天下者，無若昭文君，周千乘也，重過萬乘也，令秦惠王師之。逢澤之會㈢，魏王嘗為御，韓王為右，名號至今不忘，此張儀之力也。

【今註】㈠餘子是大夫的庶子。張儀蘇秦都是縱橫家，張儀以遠交近攻的連衡戰略說秦惠王，以破蘇秦的合縱之計。㈡昭文君是東周君。周赧王入秦，盡獻其地，周室亡，（是在西元前二五六年），而東周則在其後八年，始為秦所滅，故下文曰名號至今不忘。㈢逢澤之會是在周赧王四年（西元前三一一年），秦使張儀說六國連衡以事秦。

【今譯】張儀是魏氏的庶子，將要西遊於秦，經過東周，有人告訴昭文君說：「魏氏人張儀是有材智的，將要西遊於秦，希望君以禮貌待他。」昭文君見到張儀說：「聽說先生要往秦國去，我的國家小，不足以留客。可是去游說豈能必遇嗎？萬一不得遇，請為我回來吧！國土雖小，請與先生共同治理。」張儀退後北面再拜稱謝。張儀動身西去，昭文君親自送行並資助旅費。張儀到了秦國，過了一些時，秦惠王很喜歡他，用他為相。在他用事期間，對于天下所施的恩德，沒有人比得過昭文君。其時東周祇是千乘，張儀重視它過於萬乘，請秦惠王師事昭文君；逢澤之會，魏王曾為昭文君御，而韓王為車右，名號至今不忘，這些都是張儀的力量。

孟嘗君前在於薛，荊人攻之㈠，淳于髡為齊使於荊，還反過於薛，孟嘗君令人禮貌而親郊送之㈡，謂淳于髡曰：「荊人攻薛，夫子弗為憂，文無以復侍矣。」淳于髡曰：「敬聞命矣。」至於齊，畢報，王曰：「何見於荊？」對曰：「荊甚固，而薛亦不量其力。」王曰：「何謂也？」對曰：「薛不量其力，而為先王立清廟，荊固而攻薛，薛清廟必危㈢，故曰薛不量其力，而荊亦甚固。」齊王知顏色㈣，曰：「嘻！先君之廟在焉，疾舉兵救之。」由是薛遂全。顛蹙之請，坐拜之謁㈤，雖得則薄矣。故善說者陳其勢，言其方，見人之急也，若自在危厄之中，豈用彊力哉？彊力則鄙矣。說之不聽也，任不獨在所說，亦在說者㈥。

【今註】㈠孟嘗君是戰國四公子之一，名田文，薛是其封邑，門下食客數千人，有賢聲，見不侵篇。

㈡淳于髡是戰國時齊人，以滑稽善辯著名。㈢王是齊宣王。固是固執堅決。薛清廟必危，畢校謂薛字衍，齊策作「荊固而攻之，清廟必危。」尹校據刪。按知士篇述劑貌辨為靜郭君（孟嘗君之父）說齊宣王亦謂「且先王之廟在薛，吾豈可以先王之廟予楚乎？」其用意與此同，有一薛字則可加強薛與清廟的關連，其意謂荊固而攻薛，則在薛的清廟必危，更可引起宣王的注意，故此薛字不宜刪。㈣知顏色，高注「知猶發也」。畢校「齊策作和其顏色。」㈤顛蹷之請，坐拜之謁，（畢校、齊策作望拜）是說淳于髡過薛，孟嘗君令人禮貌而親郊迎之，孟嘗君有足疾，故曰顛蹷之請，郊迎故望拜。㈥說之不聽也三句，尹校據陶鴻慶說謂應為下順說篇之言，予以刪去。按此為說淳於髡的善說，亦不可少。

【今譯】　孟嘗君前時居於薛邑，楚人來攻薛。淳于髡為齊使於楚，回國時經過薛邑，孟嘗君命令以禮貌招待，並且親自到郊外相送，對淳于髡說：「楚人攻薛，先生不以為憂，文以後不能再服侍了。」淳于髡說：「我明白了。」到了齊國，報告完畢，宣王問他說：「在楚國看到些什麼？」他對說：「楚國很固執，而薛亦不量其力。」王說：「怎麼說？」他對說：「薛不量其力，為先王建立清廟；楚固執的攻薛，在薛的清廟必很危險。所以說，薛不量其力，而楚國也太固執。」宣王緩和顏色說：「嘻！先君的宗廟在薛，快出兵去救。」由是薛得保全。孟嘗君的顛蹷之請，望拜之謁，淳於髡雖得到禮貌相待，其實也微不足道。所以善於說話的人陳述大勢，說明正理，設身處地的重視他人的危急，猶如自己亦在危急之中，祇要近情近理，豈用什麼強力呢？用強力則卑鄙了。大凡說話不能使人聽信，責任不獨在於所說的人，也在於說話的人。

五曰順說

【今註】順說是順人意旨而層層說明，步步進迫，使聽者心服口服而無以應。這就是因順的效用，也是戰國時縱橫家游說技術的一種。惠盎說宋康王，田贊說楚王，都是如此。至於管仲利用唱和以加速行程，亦用此術。韓非子說難：「夫說者有順逆之機，順以招福，逆而致禍，失之毫釐，謬以千里，此說之所以難也。」本篇順說即順以招福之意。

善說者若巧士，因人之力以自為力，因其來而與來，因其往而與往㈠，不設形象，與生與長。而言之與響，與盛與衰，以之所歸㈡。力雖多，材雖勁，以制其命。順風而呼，聲不加疾也，際高而望，目不加明也，所因便也。

【今註】㈠巧士是技擊之士，如打太極拳，即因人之力以自為力，因其來而與來，因其往而與往。因字從囗大，是就其基礎而擴大之，本義為「就」（說文段註）。㈡而言之與響：而即如，言疑為音之誤，此以音響為喻，說明因的作用。不露形跡，與之生，與之長，順其自然，猶如音之與響，音盛而響盛，音衰而響衰，以至於終了，雖多用其勁力，亦不能使音衰而響盛或者音盛而響衰。

【今譯】善於游說的人，有如技擊的巧士，因人之力以自為力，因其來而與來，因其往而與往，不露形跡，與之生，與之長，順其自然。又如音之與響，音盛而響盛，音衰而響衰，以至於終了。雖多用力，雖加強勁，亦不能制其命。順風而呼，所聞者速，其實聲音並不加快；登高而望，所見者遠，其實目力並不加明；這些都是所因的便利而已。

惠盎見宋康王，康王蹀足謦欬㈠，疾言曰：「寡人之所說者勇有力也，不說為仁義者，客將何以教寡人？」惠盎對曰：「臣有道於此㈡，使人雖勇，刺之不入，雖有力擊之弗中，大王獨無意邪？」王曰：「善，此寡人所欲聞也。」惠盎曰：「夫刺之不入、擊之不中，此猶辱也。臣有道於此，使人雖有勇弗敢刺，雖有力不敢擊，大王獨無意邪？」王曰：「善，此寡人之所欲知也。」惠盎曰：「夫不敢刺、不敢擊，非無其志也。臣有道於此，使人本無其志也，大王獨無意邪？」王曰：「善，此寡人之所願也。」惠盎曰：「夫無其志也，未有愛利之心也。臣有道於此，使天下丈夫女子莫不驩然皆欲愛利之，此其賢於勇有力也，居四累之上㈢，大王獨無意邪？」王曰：「此寡人之所欲得。」惠盎對曰：「孔墨是也。孔丘墨翟無地為君，無官為長，天下丈夫女子，莫不延頸舉踵而願安利之。今大王萬乘之主也，誠有其志，則四境之內，皆得其利，其賢於孔墨也遠矣。」宋王無以應。惠盎趨而出，宋王謂左右曰：「辨矣客之以說服寡人也。」宋王俗主也，而心猶可服，因矣，因則貧賤可以勝富貴矣，小弱可以制彊大矣。

【今註】㈠惠盎是宋人，戰國末期的墨者。宋康王名偃，立十年，僭號稱王，暴虐無道，周赧王二十九年（西元前二八六）為齊湣王所滅。蹀（ㄉㄧㄝˊ）足是以足蹈地。謦（ㄑㄧㄥˋ）欬是輕聲為謦，重聲為欬，蹀足謦欬是不禮貌的表示。㈡有道於此高注「勇有力者也。」㈢四累是上文所說的四層：⑴刺入，⑵刺之不入，⑶弗敢刺，⑷本無刺之之意。四累之上即是仁義。

【今譯】　惠盎見宋康王，康王蹈足而謦欬，很快的說：「我所喜悅的是勇有力，不喜悅仁義之言，先生要說什麼呢？」惠盎對答說：「我要說的勇有力者，使勇敢的人刺之而不入，使有力的人擊之而不中，大王難道無意於此人嗎？」王說：「好，這是我所要聽的。」惠盎說：「刺之不入，擊之不中，這還是恥辱。我要說的勇有力者，是使勇敢的不敢刺，有力的不敢擊，大王難道無意於此人嗎？」王說：「好，這是我所要知道的。」惠盎說：「不敢刺、不敢擊，並不是沒有刺擊之意。我要說的勇有力者，是使他人本來沒有刺擊之意，大王難道無意於此人嗎？」王說：「好，這是我的願望。」惠盎說：「雖然沒有刺擊之意，可是也沒有愛利之心。我要說的勇有力者，是使天下的男女老幼都很心悅誠服的愛利他，此比之勇有力者高明得多，居於上述的四者之上，大王難道無意於此人嗎？」王說：「這是我所要得到的。」惠盎說：「就是孔丘墨翟呀！孔丘墨翟沒有土地為君，沒有官職為長，而以道德受人尊敬，天下的男女老幼，沒有不延頸舉踵而希望他們能得到平安幸福。現在大王是萬乘之主，如果真有孔墨的救世救人之志，那麼四境之內皆得其利，就比之孔墨又高明得多了。」宋王聽了沒有話好說。惠盎很快的出去了，宋王告訴他左右的人說：「真會說話，他竟把我說服了。」宋王是俗主，而內心猶可誠服，這就是因的效果了。能順應自然，因勢利導，則貧賤可勝富貴了，小弱可以制強大了。

田贊衣補衣而見荊王㈠，荊王曰：「先生之衣何其惡也？」田贊對曰：「衣又有惡於此者也。」荊王曰：「可得而聞乎？」對曰：「甲惡於此㈡。」王曰：「何謂也？」對曰：「冬日則寒，夏日則暑，衣無惡乎甲者。贊也貧，故衣惡也；今大王萬乘之主也，富貴無敵，而好衣民以甲，臣弗得也。意者為其義邪？甲之事、兵之事也，刈人之頸，刳人之腹，隳人之城郭，刑人之父子也，其名又甚不榮。意者為其實邪？苟慮害人，人亦必慮害之，苟慮危人，人亦必慮危之，其實人則甚不安之。二者臣為大王無取焉。」荊王無以應。說雖未大行，田贊可謂能立其方矣，若夫偃息之義，則未之識也。

【今註】㊀田贊是齊人。補衣是經過補綴的破衣。㊁甲是古時戰士穿的鎧甲。

【今譯】田贊穿著破衣見楚王，楚王說：「先生的衣服何以這樣壞呢？」田贊說：「衣服還有比這更壞的呀！」楚王說：「可以請教嗎？」對答說：「鎧甲就比這更壞。」王說：「為什麼？」對答說：「冬天穿則冷，夏天穿則熱，衣服沒有再壞於鎧甲了。我是貧窮，所以衣服破舊。現在大王是萬乘之主，富貴無比，可是偏好給百姓穿鎧甲，我真不懂。或者是為其義吧！可是鎧甲是戰爭用的，割人的頭，剮人的腹，破壞人家的城郭，殘害人家的父子，其名又很不光榮。或者是為其實吧！如果謀害他人，他人亦必來謀害，如果謀危他人，他人亦必來謀危，其實又很不安穩。這兩者我認為大王都無所取。」楚王無可應答。田贊的說辭雖未大行，但可以說能立定方向了，至於偃息兵爭的道理，則未嘗辨識。

管子得於魯，魯束縛而檻之㊀，使役人載而送之齊，其謳歌而引㊁。管子恐魯之止而殺己也，欲速至齊，因謂役人曰：「我為汝唱，汝為我和。」其所唱適宜走，役人不倦，而取道甚速，管子可謂能因矣。役人得其所欲，己亦得其所欲，以此術也，是用萬乘之國，其霸猶少，桓公則難與往也。

【今註】㈠管仲事散見贊能、察傳、直諫、不廣、貴卒各篇，此是公子糾被殺後，魯人為齊桓公囚管仲送齊。㈡謳歌是推車時的邪許，以便齊一步伐，合力前進。其謳歌而引尹校改為皆謳歌而引車。

【今譯】管仲為魯人拘捕，把他束縛而關在囚車裏，使役人運送到齊國去，役人都謳歌引車前進。管仲恐怕魯人要留住自己而被殺，希望早到齊國，因告訴役人說：「我給你們唱，你們給我和。」他所唱的都配合於走路的步伐，役人不覺得疲倦，走得很快。管仲可以說能因事利用了，役人既得快走的希望，自己亦得早到的願望。以此技術用於萬乘之國，成功霸業，所得其實還少，因為桓公的才德難與(王天下。

六曰不廣

【今註】本篇是要人以人事自盡，不可曠廢，亦猶必己篇所謂外物不可必，君子必在己者。所以說：「智者之舉事，必因時；時不可必成，其人事則不廣。」廣，高注「博也」，似未妥。俞樾平議「廣讀為曠（ㄎㄨㄤˋ），古廣曠字通，荀子王霸篇，人主胡不廣焉。解蔽篇，則廣焉能棄之矣。楊倞並

註：廣讀為曠。……無義篇曰：以義動則無曠事矣。高註：曠，廢也。此文言時不可必成，而人事則不可廢也。下文曰，若是而猶不全也，其天邪，人事則盡之矣。正見人事不曠之意。此篇即以不廣名篇，蓋欲人以人事自盡，毋自曠廢也。」按俞說是，首時篇亦謂「勤以待時」，勤即不曠，待時並非守株待兔，不勞而獲。

智者之舉事，必因時，時不可必成，其人事則不廣。成亦可，不成亦可，以其所能託其所不能，若舟之與車㊀。北方有獸名曰蹶㊁，鼠前而兔後，趨則跲，走則顛，常為蛩蛩距虛取甘草以與之㊂；蹶有患害也，蛩蛩距虛必負而走，此以其所能託其所不能。

【今註】㊀高注「舟不能陸，車不能水，然更相載，故曰以其所能託其所不能。」㊁蹶，畢校謂「說苑復恩篇作蟨，爾雅註同；淮南道應訓作蹷。」梁玉繩校補「爾雅釋地、韓詩外傳五，並作西方。」尹校據改為「西方有獸，其名曰蹷。」㊂蛩蛩距虛，許釋引蔣超伯南漘楛語「郭弘農註爾雅引此，而申其義云，然則卬卬岠虛亦宜鼠後而兔前，前高不得取甘草，故須蟨食之。其贊云：蟨與岠虛，乍兔乍鼠，短長相濟，彼我供舉，有若自然，同心共膂。」

【今譯】智者做事，必定利用時機，時機不可必得，所以其人事不可曠廢。能盡其人事，則得時亦可，不得時亦可，以其所能託其所不能，猶如舟之與車，交相載運。北方有一種獸叫做蹶，前身似鼠而後身似兔，趨則仆，走則顛；時常為蛩蛩距虛採取甘草給它吃；當蹶遇到禍患時，蛩蛩距虛就必定背著蹶而逃走。這亦是以其所能託其所不能。

鮑叔管仲召忽三人相善，欲相與定齊國，以公子糾為必立。召忽曰：「吾三人者於齊國也，譬之若鼎之有足，去一焉則不成；且小白則必不立矣，不若三人佐公子糾也。」管仲曰：「不可，夫國人惡公子糾之母以及公子糾，公子小白無母而國人憐之，事未可知。不若令一人事公子小白。夫有齊國必此二公子也㈠。」故令鮑叔傅公子小白，管子召忽居公子糾所。公子糾外，物則固難必㈡，雖然，管子之慮近之矣。若是而猶不全也，其天邪？人事則盡之矣。

【今註】㈠公子小白是齊桓公，其母衞女，公子糾母魯女，都是齊僖公之子，襄公之弟。襄公無道，周莊王十一年（魯莊公八年，西元前六八六），公子無知弑襄公自立。鮑叔奉公子小白奔莒，管仲召忽奉公子糾奔魯。次年，齊人殺無知，齊亂無君，魯伐齊納子糾，小白自莒先入。魯師及齊師戰，魯師敗績，鮑叔帥師請魯殺子糾，囚管召；魯殺子糾，召忽死之，管仲請囚，鮑叔受之，桓公用管仲為相。魯囚管仲送齊事，見上順說篇。㈡高注「物，事也，糾在外，不可謂必得主，故曰固難必。」

此猶審己篇所謂「外物不可必。」

【今譯】鮑叔、管仲、召忽三人相友善，要合力安定齊國，認為公子糾必可立為齊侯。召忽說：「我們三人對於齊國，譬如鼎的三足，去了一足就不行。而且小白必定不得立，不如三人同助公子糾。」管仲說：「不可以。國人厭惡公子糾的母親，因而及於公子糾；公子小白喪母，國人憐憫他，事未可知，不如分一人事公子小白。有齊國的必定不出兩位公子呀。」所以使鮑叔幫助公子小白，管仲召忽居公子糾處。公子糾在外，事情實難有把握，管子的計慮是近於情理了。如果這樣做而猶不完備，那是天意吧，人事則已經做到了。

齊攻廩丘，趙使孔青將死士而救之，與齊人戰，大敗之，齊將死，得車二千，得尸三萬，以為二京㊀。甯越謂孔青曰：「惜矣！不如歸尸以內攻之㊁。越聞之，古善戰者莎隨賁服㊂，卻舍延尸，彼得尸而財費乏，車甲盡於戰，府庫盡於葬，此之謂內攻之。」孔青曰：「敵齊不尸則如何？」甯越曰：「戰而不勝，其罪一；與人出而不與人入，其罪二；與之尸而弗取，其罪三。民以此三者怨上，上無以使下，下無以事上，是之謂重攻之。」甯越可謂知用文武矣，用武則以力勝，用文則以德勝，文武盡勝，何敵之不服？

【今註】㊀古代戰爭，戰勝者把所得的敵人屍體，積聚一堆，以土封葬，叫做京觀。㊁甯越是趙中牟人，後為周威公師。內攻是說歸尸於齊，齊人得尸必怨其上，而葬尸又多耗財費，所以說是內攻之術。㊂莎隨賁服，高注「莎隨猶相守，不進不卻。賁，置也。服，退也。」與下文卻舍不相合，許釋亦未明。按莎是以莎草製成的莎衣，用以掩蔽避箭的，猶如今人為避免空襲多以木葉掩護。賁是置或飾，服通箙，是盛箭器。此句意謂既已戰勝，準備退卻三十里，於是士兵身上的莎衣，隨著放置在箭器上，以表示不再用箭，使敵人前來收尸。

【今譯】齊攻廩丘，趙使孔青率領敢死隊去援救，與齊人戰，大敗之，齊將陣亡。孔青獲得車二千輛，敵尸三萬具，打算把敵尸葬成兩個京觀。甯越對孔青說：「可惜了，不如歸還屍體於齊以施行內攻之術。越聽說，古代善於作戰的人，莎衣隨置箭箙上，退卻三十里而延緩收尸；敵人得尸就要埋葬而財費因而匱乏，車甲既在戰敗時喪失殆盡，府庫所藏又將盡用於葬事，這就是所謂內攻之術。」孔青說：「敵人不收尸，那將怎樣？」甯越說：「戰而不勝，其罪一；與人出而不與人回，其罪二；給還尸首而不收取，其罪三。人民將因此三者怨恨其上，上無以使下，下無以事上，這就是再攻了。」甯越可以說能兼用文武了，用武則以力取勝，用文則以德取勝，文武兩方都已取勝，還有什麼敵人不服從呢？

晉文公欲合諸侯，咎犯曰：「不可，天下未知君之義也。」公曰：「何若？」咎犯曰：「天子避叔帶之難，出居於鄭，君奚不納之，以定大義，且以樹譽。」文公曰：「吾其能乎？」咎犯曰：「事若能成，繼文之業，定武之功，闢土安疆，於此乎在矣。事若不成，補周室之闕，勤天子之難，成教垂名，於此乎在矣。君其勿疑。」文公聽之，遂與草中之戎，驪土之翟，定天子於成周㈠。於是天子賜之南陽之地，遂霸諸侯，舉事義且利，以立大功，文公可謂智矣，此咎犯之謀也。出亡十七年，反國四年而霸，其聽皆如咎犯者邪？

【今註】㈠周襄王十六年（西元前六三六）二月，晉文公始歸晉，七月，王子帶以狄攻王，王出居於鄭。次年三月，晉文公帥師勤王，殺王子帶，襄王復入於王城。詳見左傳僖公二十五年。

【今譯】晉文公要會合諸侯，咎犯說：「不可以，天下諸侯都未知君的義舉。」文公說：「怎樣做呢？」咎犯說：「天子避叔帶之難，出居於鄭，君為何不護送他回去，以定大義，而且可建立聲譽。」文公說：「我能成功嗎？」咎犯說：「此舉如果成功，那麼繼承文王之業，再定武王之功，開闢土地，安定國家，就在此一舉。如果不成，那亦補救周室的闕失，憂勤天子的患難，成就教化，名垂青史，亦在此一舉了。君請不必懷疑。」文公聽信咎犯之言，遂率領草中之戎，驪土之狄去勤王，安定周室，奉天子歸於成周。於是天子以南陽之地賜給文公，文公遂稱霸諸侯。做了一件事有義名而且得利，建立大功，文公可謂智了。能用咎犯的計謀，出亡十七年，返國四年，而成霸業，他所聽到的都如同咎犯所說的吧！

管子鮑叔佐齊桓公舉事，齊之東鄙人有常致苦者㈠。管子死，豎刁易牙用，國之人常致不苦。不知致苦卒為齊國良工，澤及子孫。知大禮，知大禮雖不知國可也㈡。

【今註】㈠致苦是勤勞辛苦之意，因為管鮑治事認真，東鄙人皆守法勤苦。東鄙人大概多從事工業，所以下文說卒為齊國良工。㈡尹校「此三句疑他篇文錯入於此者。」按其文義實與上文不連接，恐此段均為錯簡。此三句不予今譯。

【今譯】管子鮑叔輔佐齊桓公治理國事，齊國的東鄙人常是勤勞辛苦；管子死，豎刁易牙用事，國人常不覺勤苦。其實不知道以前勤苦的人終成為齊國的良工，澤及子孫。

七曰貴因

【今註】貴因是凡事以順應為貴，猶如禹之治水，是順應水力，因勢利導，故得成功。國父孫中山先生說：「事有順乎天理，應乎人情，適乎世界之潮流，合乎人羣之需要，而為先知先覺者所倡導以行之者，未有不成者也。」這是貴因的最好說明。所以為政之道，在乎順應百姓之道，以得民心，務求視聽與民同，人民有自然之需求，絕不阻擾，勿居高以臨之，宜和光同塵以平淡為尚。故本篇說：「湯武以千乘制夏商，因民之欲也。」所以孔子論從政，以「因民之所利而利之」為首，孟子亦說：「為高必因丘陵，為下必因川澤，為政不因先王之道，可謂智乎？」所謂因先王之道，就是「不以仁政不能平治天下。」

三代所寶莫如因，因則無敵㈠。禹通三江五湖，決伊闕，溝迴陸，注之東海，因水之力也㈡。舜一徙成邑，再徙成都，三徙成國㈢，而堯授之禪位，因人之心也。湯武以千乘制夏商，因民之欲也。如秦者立而至，有車也，適越者坐而至，有舟也，秦越遠塗也，竫立安坐而至者，因其械也。

【今註】㈠因是順應之意，英儒培根（Francis Bacon）說：「欲主宰自然，只有順應自然，捨此之外，別無他法。」正是因則無敵。㈡溝迴陸，高注「迴，通也。」許釋引王念孫雜志謂迴當為迴，溝迴陸當為迴溝陸，迴溝陸者通溝道也。按王說殊穿鑿。溝迴陸與決伊闕對舉，疑迴陸是伊闕下游的地名，伊闕下洩之水，為迴陸所阻，故溝通迴陸，始能流注入海。或謂迴陸是曲折不平的陸地，亦可通。㈢高註「周禮，四井為邑，邑方二里也。四縣為都，都方二十二里也。」是邑小都大，國更大。

【今譯】三代所寶重的莫如順應，能順應則可無敵於天下。禹疏通三江五湖，決伊闕，溝迴陸，使洪水流注東海，是順應水往下流的力量。舜一徙成邑，再徙成都，三徙成國，堯乃禪讓帝位，是順應民心。湯武以千乘控制夏商，是順應人民的欲望。往秦國去的人，立著便到，是因為有車；往越國去的人，坐著便到，是因為有船；秦越相去甚遠，靜立安坐而可以到達，是順應器械的利便。

武王使人候殷，反報岐周曰：「殷其亂矣。」武王曰：「其亂焉至？」對曰：「讒慝勝良㈠。」武王曰：「尚未也。」又復往，反報曰：「其亂加矣。」武王曰：「焉至？」對曰：「賢者出走矣㈡。」武王曰：「尚未也。」又往，反報曰：「其亂甚矣。」武王曰：「焉至？」對曰：「百姓不敢誹怨矣。」武王曰：「嘻！」遽告太公，太公對曰：「讒慝勝良命曰戮，賢者出走命曰崩，百姓不敢誹怨命曰刑勝㈢，其亂至矣，不可以駕矣。」故選車三百，虎賁三千，朝要甲子之期，而紂為禽㊃。則武王固知其無與為敵也，因其所用，何敵之有矣。武王至鮪水，殷使膠鬲候周師，武王見之㊄，膠鬲曰：「西伯將何之，無欺我也。」武王曰：「不子欺，將之殷也。」膠鬲曰：「曷至？」武王曰：「將以甲子至殷郊，子以是報矣。」膠鬲行，天雨，日夜不休，武王疾行不輟，軍師皆諫曰：「卒病，請休之。」武王曰：「吾已令膠鬲以甲子之期報其主矣，今甲子不至，是令膠鬲不信也，膠鬲不信也，其主必殺之，吾疾行以救膠鬲之死也。」武王果以甲子至殷郊，殷已先陳矣，至殷，因戰，大克之，此武王之義也。人為人之所欲，己為人之所惡，先陳何益？適令武王不耕而穫。武王入殷，聞殷有長者，武王往見之，而問殷之所以亡㊅。殷長者對曰：「王欲知之，則請以日中為期。」武王與周公旦明日早要期，則弗得也。武王怪之，周公曰：「吾已知之矣，此君子也，取不能其主有以其惡告王，不忍為也，若夫期而不當，言而不信，此殷之所以亡也，已以此告王矣。」

【今註】㊀讒慝是邪惡，邪惡勝過忠良，是親小人，遠君子。㊁賢者出走，高注「謂箕子奔朝鮮」，按高注非是，此指殷內史向摯載其圖法出亡之周，見先識篇。㊂刑勝，高注「厲王虐，國人謗王，王使衛巫監謗者，得而殺之，乃不敢言，而道路以目，刑辟勝也。」刑勝是嚴刑峻罰，壓制百姓，猶如現在共產國家的暴政，所以說亂已甚了。㊃選車三百，虎賁三千，又見簡選篇。朝要甲子之期是與諸侯朝會時約定甲子之期。㊄膠鬲候周師事，崔述豐鎬考信錄謂「膠鬲商之賢臣而不見用，至伐殷時，非已死則去或廢耳，安得尚為紂所倚任？此皆後人妄撰，以見武王之有信耳，非實事也。」㊅武王見長老問殷之所以亡，當即慎大覽所記命周公進殷之遺老而問殷亡之故。

【今譯】周武王使人探視殷國的政治情勢，使者返回岐周報告說：「殷是亂了。」武王說：「亂是那裏來的？」對答說：「邪惡勝過忠良。」武王說：「還沒有。」又復往，返報說：「亂加重了。」武王說：「那裏來的？」對答說：「賢者出走了。」武王說：「還沒有。」又往，返報說：「亂得厲害了。」武王說：「那裏來的？」對答說：「百姓不敢誹謗怨恨了。」武王說：「嘻！」立刻告訴太公望，太公望對答說：「邪惡勝過賢良叫做暴虐，賢者出走叫做崩壞，百姓不敢誹怨叫做刑勝，亂已甚了，不可以再加了。」於是選車三百，虎賁三千，朝會諸侯約定甲子之期到達殷郊，而殷紂被擒。武王實已知殷紂沒有力量可和他為敵，順乎天理，應乎人情，那有可敵呢？

武王到了鮪水，殷使膠鬲來探視周師，武王見他，膠鬲說：「西伯將要往那裏去？不要騙我。」武王說：「不瞞你，將往殷郊呀！」膠鬲說：「那一天可到？」武王說：「將於甲子曰到達殷郊，你可以這樣回報了。」膠鬲去後，天下雨，日夜不停，武王快行不止，軍師都諫阻說：「士卒多病，請休息一下。」武王說：「我已使膠鬲以甲子之期回報其主了，如果甲子不能到，這就是使膠鬲不信了，膠鬲不信，其主必殺之，我們一定要快去，以救膠鬲之死。」武王果然以甲子日到達殷郊。殷軍已先佈置成陣了，武王一到，就進攻，大敗殷軍。這就是表示武王的信義，讓人家做他所要做的事，而自己卻要做人家所厭惡的事，殷軍雖先成陣有何益處呢？祇是使武王不耕而穫，一舉成擒而已。

武王進入殷地，聽說殷有長者，武王往見他，而問殷的所以滅亡之故。殷長老對答說：「王要知道，請約定明天中午相見。」武王與周公旦明天早上去約會，長者已不見了。武王奇怪，周公說：「我已經知道了，他是位有德行的君子，不滿意其主又把其罪惡告訴王，是不忍做的。至於期而不當，言而不信，這就是殷所以滅亡之故，已以此告訴王了。」

夫審天者察列星而知四時，因也。推歷者視月行而知晦朔，因也。禹之裸國，裸入衣出，因也。墨子見荊王，錦衣吹笙，因也㈠。孔子道彌子瑕，見釐夫人，因也㈡。湯武遭亂世，臨苦民，揚其義，成其功，因也。故因則功，專則拙，因者無敵，

國雖大，民雖眾，何益？

【今註】㈠高注「墨子好儉非樂，錦衣吹笙非其所好也，而為之，因楚王之所欲也。」㈡高注「彌子瑕，衛靈公之幸臣也，孔子因之，欲見靈公夫人南子。論語云，子見南子，子路不悅，夫子矢之曰，予所不者，天厭之，天厭之是也。」此釐夫人當即南子。道，許釋引俞樾說「道導古通用」，按即今俗所謂走路線。

【今譯】審議天文者察列星而知四時，是順應列星的位置而得知。推算曆法者，視月行而知晦朔，是順應月行的軌道而得知。禹往裸國去，亦要裸體進去，穿衣出來，是順應裸國的風俗。墨子見楚王，亦要錦衣吹笙，是順應楚王的所好。孔子由彌子瑕見衛夫人，是順應當時情勢，希望因此行道。湯武遭逢亂世，臨治苦民，宣揚仁義，以成其事功，是順應民心的願望。所以能順應則工巧，不能順應而專執己見則拙劣。順乎天理、應乎人情者無敵於天下；否則，國雖大，民雖眾，又有何益？

八曰察今

【今註】察今是主張變法以適應時世，顯係商君韓非的思想，所以說：「治國無法則亂，守法而弗變則悖，悖亂不可以治國；世易時移，變法宜矣。」又以刻舟求劍為喻說：「時已徙矣，而法不徙，以此為治，豈不難哉？」其論述古法不能今用，頗為透澈。孟子言法先王，荀子言法後王，荀子生周末，又其時老莊盛行，高語皇古，故以文武為後王，儒效等篇亦有稱先王者。本書彙集諸家，又不言法後王，而主張以近知遠，以今知古，以益所見知所不見，又雜採道家探討自然的理論。

上胡不法先王之法，非不賢也，為其不可得而法。先王之法，經乎上世而來者也，人或益之，人或損之，胡可得而法？雖人弗損益，猶若不可得而法㈠。東夏之命，古今之法，言異而典殊㈡，故古之命多不通乎今之言者，今之法多不合乎古之法者。殊俗之民，有似於此，其所為欲同，其所為異，口惛之命不愉，若舟車衣冠滋味聲色之不同，人以自是，反以相誹。天下之學者多辯，言利辭倒，不求其實，務以相毀，以勝為故㈢。先王之法胡可得而法，雖可得，猶若不可法。凡先王之法，有要於時也，時不與法俱至，法雖今而至，猶若不可法。故擇先王之成法，而法其所以為法。先王之所以為法者何也？先王之所以為法者人也，而己亦人也，故察己則可以知人，察今則可以知古，古今一也，人與我同耳。有道之士貴以近知遠，以今知古，以益所見知所不見。故審堂下之陰，而知日月之行，陰陽之變；見瓶水之冰，而知天下之寒，魚鼈之藏也；嘗一脟肉，而知一鑊之味，一鼎之調㈣。

【今註】㈠論語「子張問十世可知也？子曰：殷因於夏禮，所損益可知也，周因於殷禮，所損益可知也，其或繼周者，雖百世可知也。」㈡東夏有數說：⑴高註為東方。⑵孫鏘鳴高註補正謂與古今對文，猶言夷夏也。⑶許釋為地名。⑷尹校引胡適說謂東是東部，秦在西部，故自稱夏，而稱餘國為東。按以孫說較妥。命孫釋為名也，亦言也。㈢殊俗之民至以勝為故一節，尹校謂係他篇錯入。按此係說明東夏之命，古今之法的不同，猶如殊俗之民所用舟車衣冠滋味聲色的不同。口惽，劉師文典在許釋序末附記，謂精諭篇「口惽不言，以精相告，紂雖多心，弗能知矣」，口惽蓋周季恒言，惽唔同音通，愉通諭，口唔不言，以精相告，故臣下不能諭其指也。㈣脟即臠，是切成塊的肉。

【今譯】為什麼不上法先王之法，不是不賢，是因為先王之法不可得而效法。先王之法是經過古代而來的，有人或加以增益，有人或予以減損，如何可得效法呢？即使沒有經過他人的損益，還是不可得而效法。因為夷夏的名物，古今的法制，方言既異，典章亦殊，所以古代的名物多不通於今世的語言，今世的法制多不合於古代的法制。就是今世風俗殊異的民族，亦是如此，他們所做的希望相同，而所實施的卻各異，口唔不言以精相告，則殊俗之人不能曉諭其旨意，如舟車衣冠滋味聲色的不同，都自以為是，而反以相誹。天下的學者多相辯論，言辭鋒利而顛倒，不求名物的真實，祇是互相詆毀，以求勝為事。

所以先王之法何可得而效法，雖可得到還是和不可效法一樣。大凡先王之法有時間性的要素，可是時間不與法制同來，法制雖傳到今世，還是不可效法。所以可選擇先王的成法，而效法先王所以制定法制的原因。先王所以制定法制的原因是什麼？先王的制定法制是由於人，我們亦是人，所以觀察自己就可以知道他人，觀察今世就可以知道古代。古今是一樣的，人與我相同，所以有道之士貴能以近知遠，以今知古，以更多的所見知道所不見。所以審察階前的陰影，可以知道日月的運行，陰陽的變化。看見瓶中水的結冰，可知天下的寒冷、魚鼈的蟄藏。嘗食一塊肉，可知一鍋的滋味、一鼎的調和。

荊人欲襲宋，使人先表澭水㈠。澭水暴益，荊人弗知，循表而夜涉，溺死者千有餘人，軍驚而壞都舍。嚮其先表之時可導也㈡，今水已變而益多矣，荊人尚猶循表而導之，此其所以敗也。今世之主法先王之法也，有似於此。其時已與先王之法虧矣㈢，而曰此先王之法也，而法之以為治，豈不悲哉？故治國無法則亂，守法而弗變則悖，悖亂不可以持國，世易時移，變法宜矣。譬之若良醫，病萬變藥亦萬變，病變而藥不變，嚮之壽民，今為殤子矣。故凡舉事必循法以動，變法者因時而化，若此論則無過務矣。夫不敢議法者眾庶也，以死守者有司也，因時變法者賢主也。是故有天下七十一聖，其法皆不同，非務相反也，時勢異也。故曰良劍期乎斷，不期乎鏌鋣㈣，良馬期乎千里，不期乎驥驁，夫成功名者，此先王之千里也。

【今註】㈠表是水位深淺的標誌，這是指明水淺可渡之處。㈡嚮，高注下文嚮之壽民「嚮，曩也。」此亦同義作時間限制詞用。惟曩或曩昔的時間並無限制，此句則加「其先表之時」以再加限制。所以此嚮字與下文之嚮，意義同而時限不同。㈢虧，高注「毀也。」許釋引王念孫俞樾說謂虧當通詭，詭，異也。猶曰其時已與先王之法異矣，故下文曰，世易時移，變法宜矣。蓋先王之法所以不可行者，非法之毀，乃時之異也。㈣鏌鋣或作莫邪，是良劍。驥驁是良馬，或作騏驥，別類篇為驥驁綠耳。

【今譯】楚人要偷襲宋國，使人先標明澭水的可渡處，澭水忽然高漲，楚人不知道，依循標誌而夜間偷渡，溺死者一千多人，軍隊驚動以致毀壞了都邑的房舍。曩昔其先標誌的時候是可以渡的，現在水位已變而增高了，此其所以失敗。今世的人主效法先王之法，有似於此，其時間已與先王之法不同了；可是說，這是先王之法，而效法之以治理國事，豈不可悲嗎？所以治理國事沒有法制則亂，守法而不變則悖，悖亂是不可以主持國事，世易時移，變法是應該了。譬如良醫治病，病萬變藥亦萬變，病變而藥不變，從前的長壽者，現在都成為短命的了。所以凡辦事必須依法而行，變化者亦應因時而變，能如此論行事，就沒有錯誤的事了。不敢議法的是百姓，以死守法的是官吏，因時變化的是賢主。所以自古以來，有天下者七十一聖，其法制都不相同，並不是專心相反，是由於時勢不同之故。所以說，良劍是希望能斬斷，不一定是莫邪，良馬是希望能行千里，不一定是驥驁，能成就功名的人就是先王的千里馬呀！

楚人有涉江者，其劍自舟中墜於水，遽契其舟曰：「是吾劍之所從墜。」舟止，從其所契者入水求之㈠，舟已行矣，而劍不行，求劍若此，不亦惑乎？以此故法為其國，與此同，時已徙矣，而法不徙，以此為治，豈不難哉？有過於江上者，見人方引嬰兒而欲投之江中，嬰兒啼，人問其故，曰：「此其父善游。」其父雖善游，其子豈遽善游哉？此任物亦必悖矣。荊國之為政，有似於此㈡。

【今註】 ㈠此即「刻舟求劍」成語的所本。契是刻。㈡許釋謂呂覽纂「此任物」上有以字，荊國作亂國。尹校據改。

【今譯】　楚人有渡江的，他的劍從舟中墜入水裏，很快的在舟旁刻了記號，說：「是我的劍所從墜下的地方。」舟停時，他從刻有記號處下水求劍，舟已走動了，而劍落水後不會動，如此求劍，不是很荒謬嗎？用此舊法治理其國，就和刻舟求劍的相同，時間已遷移了，而法制不變易，用此求治，豈不是很難嗎？有人從江上過渡，看見一個人正牽引嬰兒而要投入江中，嬰兒啼哭，於是問他做什麼，這個人說：「這孩子的父親善於游泳。」父親雖然善於游泳，兒子難道也就會善於游泳嗎？用這個原則做事，亦必悖惑了，亂國的為政有似於此。

卷十六　先識覽

第四，凡八篇

一曰先識

【今註】先識是先見之明，立身治事都要洞察機先，見微知著。惟本篇所謂先識及所引事例，祇是明哲保身而已。當國事混亂之時，士君子應知個人對國家民族的關係，忠貞自勵，或奮不顧身，或委曲求全，才能盡其做人的責任，如夏太史令終、殷內史向摯、晉太史屠黍等的載其圖法出奔他國，實不足為訓。易遯卦說明遯跡避害之理，遯跡的消極作用，在於退而自保，其積極作用則在待機再舉。君子見機而作，避世避地，仍是以退守為進取的迂迴過程，其或緩或急，或寬或猛，以及應變自全，則視時勢的變化何如耳。本篇作於六國未亡之前，秦國正致力統一，或以此種先識迷惑各國的賢士，促其明哲保身，以達其民從於賢，城從於民的目的。

凡國之亡也，有道者必先去，古今一也㈠。地從於城，城從於民，民從於賢㈡。故賢主得賢者而民得，民得而城得，城得而地得。夫地得豈必足行其地，人說其民哉？得其要而已矣。

【今註】㈠貴因篇「賢者出走命曰崩」，與此意同。㈡攻守在於城，城失則地失；守城賴於民，民散則城亡；賢者是人民的表率，賢者先去則人民離散。下賢篇「士所歸，天下從之，帝。帝也者天下之適也；王也者天下之往也。」與此數句意義相同。

【今譯】大凡國家的滅亡，有道者必先離去，這是古今一例的。地從於城，城從於民，民從於賢。所以賢主得賢者而民可得，民得而城可得，城得而土地就可得到了。所謂土地可得並不一定要親到其地，與其人民相處，祇是得民心罷了。

夏太史令終古出其圖法，執而泣之㈠。夏桀迷惑暴亂愈甚，太史令終古乃出奔如商。湯喜而告諸侯曰：「夏王無道，暴虐百姓，竊其父兄，恥其功臣，輕其賢良，棄義聽讒，眾庶咸怨，守法之臣自歸于商。」殷內史向摯㈡見紂之愈亂迷惑也，於是載其圖法出亡之周。武王大說以告諸侯曰：「商王大亂，沈于酒德，辟遠箕子，爰近姑與息㈢，妲己為政，賞罰無方，不用法式，殺三不辜㈣，民大不服，守法之臣出奔周國。」

【今註】㈠終古是夏太史令名。圖法是國家的圖籍法典。㈡向摯是殷內史名。內史、太史、太史令都是主管圖籍法典的官吏。㈢姑與息，高注為姑息之臣。畢校引尸子曰，棄黎老之言，用姑息之語。

註云：姑，婦人也。息，小兒也。㈣三不辜是指剖比干而觀其心，殺涉者而視其股，刳孕婦而觀其胎。

【今譯】 夏太史令終古拿著圖籍法典而傷心流涕，他看見夏桀的迷惑暴亂，越來越厲害，於是決心出奔到商邑去。商湯很高興的告訴諸侯說：「夏王無道，暴虐百姓，使其父兄窮困，功臣羞恥，賢良輕而不用，背棄道義而聽信讒言，百姓都怨恨，守法的臣子自動的歸順於商。」殷內史向摯看見紂王愈暴亂迷惑，於是載著主管的圖籍法典，逃亡到周國去。武王非常高興，告訴諸侯說：「商王非常暴亂，沈醉於酒，避遠箕子，接近婦孺，妲已主持政事，賞罰沒有標準，不用法律，殺害三個無罪的人，人民大大的不服，典守圖法的臣子也逃到周來了。」

晉太史屠黍見晉之亂也，見晉公之驕而無德義也，以其圖法歸周㈠。周威公見而問焉曰：「天下之國孰先亡㈡？」對曰：「晉先亡。」威公問其故，對曰：「臣比在晉也，不敢直言，示晉公以天妖日月星辰之行，多以不當，曰：是何能為？又示以人事多不義，百姓皆鬱怨，曰：是何能傷？又示以鄰國不服，賢良不舉，曰：是何能害？如是，是不知所以亡也。故臣曰晉先亡也。」居三年，晉果亡。威公又見屠黍而問焉，曰：「孰次之？」對曰：「中山次之。」威公問其故，對曰：「天生民而令有別，有別人之義也，所異於禽獸麋鹿也㊂，君臣上下之所以立也。中山之俗，以晝為夜，以夜繼日，男女切倚，固無休息，康樂歌謠好悲，其主弗知惡，此亡國之風也。臣故曰中山次之。」居二年，中山果亡㊃。威公又見屠黍而問焉，曰：「孰次之？」屠黍不對，威公固問焉，對曰：「君次之。」威公乃懼，求國之長者，得義蒔田邑而禮之，得史驎趙駢以為諫臣，去苛令三十九物，以告屠黍，對曰：「其尚終君之身乎？」曰：「臣聞之，國之興也，天遺之賢人與極言之士，國之亡也，天遺之亂人與善諛之士。」威公薨，肂九月不得葬㊄，周乃分為二。故有道者之言也，不可不重也。周鼎著饕餮，有首無身，食人未咽，害及其身，以言報更也㊅。為不善亦然。

【今註】㊀屠黍是春秋末期晉出公時的太史，說苑作屠餘。出公無道，為智伯所逐。㊁周考王封其弟於河南為西周桓公，威公是桓公之子，是以河南地為其封邑。威公卒後，西周自稱為國，周室分為東周西周。㊂孟子謂「人之有道也，飽食煖衣，逸居而無教，則近於禽獸，聖人有憂之，使契為司徒，教以人倫，父子有親，君臣有義，夫婦有別，長幼有序，朋友有信。」就是本文所謂有別人之義也，所異於禽獸麋鹿也。㊃周定王十六年（西元前四五三）趙無恤與韓魏滅智伯，是為三晉，資治通鑑始此。威烈王十八年（西元前四〇八），晉魏斯取中山。二十三年，王命晉大夫魏斯、韓虔、趙籍為諸侯。至安王二十六年（西元前三七六）三晉廢其君而有其地，晉乃亡。又後赧王二十年（西元前二九五）趙滅中山，卅一年樂毅伐齊。此時史事，頗為淩亂，本篇記載屠黍、白圭所言，多不符。㊄殚（ㄙˋ）是大殮後浮厝。㊅饕（ㄊㄠ）餮（ㄊㄧㄝˋ）是神話中的叛徒，貪食無厭，害及其身。尹校疑此節為報更篇文。

【今譯】晉國太史屠黍看見晉國的混亂，晉公驕奢而沒有德義，把所保管的圖籍法典歸周。周威公見屠黍而問他說：「天下的國家那國要先亡？」屠黍說：「晉國先亡。」威公問為什麼，屠黍說：「我近來在晉國，因為不便直言，曾暗示晉公以天文的怪異，日月星辰的運行多不適當；晉公說：『這有什麼作用？』又暗示以人事多不適當，百姓都怨恨；晉公說：『這有什麼損傷？』又暗示鄰國不服，賢良不用；晉公說：『這有什麼害處？』如同這些，是不知所以亡國之道。所以我說：『晉國先亡。』」過了三年，晉國果然亡了。威公又見屠黍而問他說：「那一國是其次要亡？」屠黍說：「中山為次。」威公問為什麼，屠黍說：「天生人是要人有分別，有分別是人的義理，也是所以異於禽獸麋鹿，君臣上下便由此而成立。可是中山的風俗，以晝為夜，以夜繼日，男女相偎倚，沒有休息，康樂歌謠都好悲哀，他們的君主也不知道這些是壞事，這就是亡國的風習。我所以說：『中山是其次。』」過了兩年，中山果然亡了。威公又見屠黍而問他說：「那一國又是其次？」屠黍不對，威公一定要問，乃答說：「君是其次。」威公因而恐懼，求取國內的有道者，得義蒔、田邑兩人待以禮貌，得史驎、趙駢以為諫臣，除去苛令三十九件，把這些情形告訴屠黍，屠黍說：「還可以終君之身吧！」又說：「我聽說，國家的興起，天給它賢人和極言之士，國家的滅亡，天給它亂臣和善諛之士。」威公死了，浮厝九個月不得安葬，國土又分為二。所以有道者說的話，不可不重視。周鼎上刻著饕餮，有首無身，吃了人尚未下嚥，害及自身，這是說明報應呀！為不善亦是如此。

白圭之中山㈠，中山之王欲留之，白圭固辭，乘輿而去。又之齊，齊王欲留之仕，又辭而去。人問其故，曰：「之二國者皆將亡㈡。所學有五盡。」「何謂五盡？」曰：「莫之必則信盡矣㈢，莫之譽則名盡矣，莫之愛則親盡矣，行者無糧、居者無食、則財盡矣，不能用人，又不能自用，則功盡矣。國有此五者，無幸必亡，中山齊皆當此㈣。」若使中山之王與齊王聞五盡而更之，則必不亡矣，其患不聞，雖聞之又不信，然則人主之務，在乎善聽而已矣。夫五割而與趙，悉起而距軍乎濟上，未有益也，是棄其所以存而造其所以亡也㈤。

【今註】㈠白圭名丹，是周人，孟子告子篇記白圭自言治水愈於禹，孟子責他是以鄰為壑，大言不慚。㈡周赧王二十年（西元前二九五）趙滅中山，卅一年燕樂毅伐齊，齊幾亡。㈢必是果斷、專執，韓非內儲說「刑罰不必則禁不行。」㈣中山五次割地與趙，終為趙所滅。齊湣王盡調其軍隊退距於濟上，終為樂毅所敗。故小文曰未有益也。㈤高注「保地養民，所以存也，棄而不修，割地與趙，棄民於燕，不能自衞，而眾破亡，故曰造其所以亡也。」

【今譯】白圭往中山，中山王要留他，白圭固辭，乘車而去。又到了齊國，齊王亦要留他做官，又辭而去。有人問他為什麼不肯留，他說：「這兩個國家都將滅亡。我所學的有五盡。」「什麼叫做五盡呢？」白圭說：「沒有果斷則信用盡了；沒有好譽則名望盡了；沒有愛心則親情盡了；出門沒有糧草，在家沒有食物，則財貨盡了；不能用人，又不能自用，則功效盡了。一個國家有此五者，沒有倖免於亡之理，中山和齊國都是如此。」假使中山之王和齊王聽到五盡的禍害而改過遷善，必定不會亡了，所可怕的是聽不到，或者聽到了又不相信，所以人主的要務，在於善聽罷了。試想中山五次割地與趙，齊國盡調所有軍隊退守濟上，是沒有益處的，這些做法，祇是棄其所以存而造成其所以亡而已。

二曰觀世

【今註】觀世是觀察世事，慨歎賢士之不易得，「此治世之所以短，而亂世之所以長。」惟賢士固少，而真能禮遇賢士的更少，賢士與眾人不同，「必禮必知，然後其智能可盡。」因為賢士都重氣節，慎出處，明去留，決取與，所以孟子說：「人有不為也，而後可以有為。」背棄仁義忠信的事，士君子決不肯為，其出處必視其道之正與不正，苟非其道，雖急於用世，亦不肯輕易出仕，既已出仕，其或去或留，亦能見機知微，不作無謂的犧牲。而戰國諸侯既不能誠心禮賢，更少能誠心任賢，故亡國相望，囚主相及。又本篇與上謹聽篇重文頗多，可參閱。

天下雖有有道之士，國猶少㈠，千里而有一士，比肩也，累世而有一聖人，繼踵也。士與聖人之所自來，若此其難也，而治必待之，治奚由至㈡？雖幸而有，未必知也，不知則與無賢同。此治世之所以短，而亂世之所以長也。故王者不四，霸者不六，亡國相望，囚主相及，得士則無此之患。此周之所封四百餘，服國八百餘㈢，今無存者矣，雖存，皆嘗亡矣。賢主知其若此也，故日慎一日，以終其世。譬之若登山，登山者處已高矣，左右視尚巍巍焉山在其上，賢者之所與處，有似於此。身已賢矣，行已高矣，左右視尚盡賢於己。故周公旦曰：「不如吾者吾不與處，累我者也，與我齊者吾不與處，無益我者也。惟賢者必與賢於己者處。」賢者之可得與處也，禮之也。

【今註】㊀許釋引王念孫校本謂治要國作固，尹校據改。按仍以國為是。這是說，以天下言，雖有有道之士；以一國言，猶以為少。假使千里而有一士，天下之大數千萬里，則賢士比肩；數世而有一聖人，以千百世言，則似接踵相接了。㊁高注「淮南記曰：『欲治之君不世出，可與治之臣不萬一，以不萬一待不世出，何由遇哉？故曰治奚由至。』」㊂武王伐紂，諸侯不期而會盟津者八百，故曰服國八百餘。

【今譯】天下雖有有道之士，以一國言猶以為少。千里而有一士，以天下之大數千萬里，則賢士比肩；數世而有一聖人，以古今千百世言，則踵相接了。士與聖人的所自來如此之難，而治世必待士與聖人，治從那裏來呢？雖幸而有賢士，未必即受知於世主；如果不知其賢，不能任用，那就與沒有賢士相同，此治世的所以短，而亂世的所以長。所以王者不四，霸者不六，亡國相望，囚主相繼，如得士就沒有這些禍患。由此可知周代所封四百餘國，各方歸服的八百餘，可是現在沒有存在了，雖然存在都曾經亡過了。賢主知道國家的存亡情形，故日慎一日，以終其世。譬如登山，登山者覺得自身所處已很高了，左右看還有巍巍的高山在其上。賢者之與賢者相處，有似於此，自身已很賢了，行為已很高了，左右視還有賢於自己的人。所以周公旦說：「不及我的我不與相處，恐怕會連累我；與我相等的我也不與相處，因為對我沒有益處；衹有賢者必定要與賢於自己的人相處。」賢者的可得與相處，是由於以禮相待。

主賢世治，則賢者在上，主不肖世亂，則賢者在下。今周室既滅，天子既廢，亂莫大於無天子。無天子則彊者勝弱，眾者暴寡，以兵相剗，不得休息，今之世當之矣。故欲求有道之士，則於江海之上，山谷之中，僻遠幽閒之所，若此則幸於得之矣。太公釣於滋泉，遭紂之世也，故文王得之，文王千乘也，紂天子也，天子失之，而千乘得之，知之與不知也。諸眾齊民，不待知而使，不待禮而令，若夫有道之士，必禮必知，然後其智能可盡也。

【今註】此段已見上第十三卷謹聽篇第三段，稍有不同。

【今譯】主賢世治，則賢者居於上位；主不肖而世亂，則賢者處於下位。當今周室既滅，天子既廢，世局之亂沒有甚於無天子，無天子則征伐自諸侯出，強者勝弱，眾者暴寡，各用兵相殘殺，不得休息，而佞諂者進而升用，正是當今的時候了。所以要求取有道之士，必在江海之上，山谷之中，僻遠幽靜之所，如此或可僥幸求得賢士了。太公望釣於滋泉，因為遭遇商紂的時世，故文王得之。文王是諸侯，紂是天子，天子失之，而諸侯得之，這就由於知之與不知。一般百姓可以不待知遇而差使，不待禮貌而奉命；至於有道之士，必須禮貌，必須知遇，然後其智能可以儘量運用。

晏子之晉㈠，見反裘負芻息於塗者，以為君子也，使人問焉，曰：「曷為而至此？」對曰：「齊人累之，名為越石父㈡。」晏子曰：「譆！」遽解左驂以贖之，載而與歸。至舍，弗辭而入，越石父怒，請絕。晏子使人應之曰：「嬰未嘗得交也，今免子於患，吾於子猶未邪？」越石父曰：「吾聞君子屈乎不己知者，而伸乎己知者，吾是以請絕也㈢。」晏子乃出見之，曰：「嚮也見客之容而已，今也見客之志。嬰聞察實者不留聲，觀行者不譏辭㈣，嬰可以辭而無棄乎？」越石父曰：「夫子禮之，敢不敬從。」晏子遂以為客。俗人有功則德，德則驕，今晏子功免人於阨矣，而反屈下之，其去俗亦遠矣，此令功之道也㈤。

【今註】 ㈠晏子是齊大夫晏嬰，相齊景公，與管仲並稱為管晏。晏子春秋中亦載越石父事。㈡累是用繩索繫縛之意，如在縲紲中是指犯罪而言。許釋謂呂覽纂作「齊累人之名為越石父」，句順。㈢畢校「史記晏子傳載石父之言云：方吾在縲紲中，彼不知我也；夫子既已感寤而贖我，是知己，知己而無禮，固不如在縲紲之中。如此則所以絕之意方明。」 ㈣高注「實，功實也，言欲察人之功實，不復留意考其名聲也。欲觀人之至行，不譏刺之以辭。」許釋引陶鴻慶札記「譏，察也，即孔子聽其言而觀其行之意，高注釋為譏刺，非。」㈤令功，畢校「晏子新序，令功俱作全功。」

【今譯】　晏子往晉國去，看見有人反穿皮裘而負荷芻草的在途中休息，認為是一位有志節的君子，使人問他說：「為什麼到這裏來？」對答說：「齊國的罪人，名叫越石父。」晏子說：「譆！」遂即解下左驂為他贖罪，載他返回齊國。到了客舍，沒有和他說話就進去了，越石父怒，請絕交，晏子使人應答他說：「嬰未嘗和你交友，現在已免去你的患難，難道還有什麼不對嗎？」越石父說：「我聽說，君子屈於不知己的人，而伸於知己的人，你既不知道我，我所以請絕交。」晏子於是出來見他說：「以前是祇看見你的外貌，現在知道你的意志，嬰聽說，要審察人的功實不復留意他的名聲，要觀察人的行為不責備他的言辭，嬰可以道歉而不見棄嗎？」越石父說：「先生既以禮相待，敢不從命。」晏子遂以越石父為上客。世俗之人大都以有功於人則自以為有德，有德則驕慢；現在晏子有功於人而免人於困阨了，而反屈下於人，其與俗人相去太遠了，這就是成功的道理呀。

子列子窮，容貌有饑色㈠。客有言之於鄭子陽者㈡，曰：「列禦寇蓋有道之士也，居君之國而窮，君無乃為不好士乎？」鄭子陽令官遺之粟數十秉㈢，子列子出見使者，再拜而辭，使者去。子列子入，其妻望而拊心曰：「聞為有道者妻子，皆得逸樂，今妻子有饑色矣，君過而遺先生食，先生又弗受也，豈非命也哉？」子列子笑而謂之曰：「君非自知我也，以人之言而遺我粟也，至已而罪我也，有罪且以人言㊃，此吾所以不受也。」其卒民果作難，殺子陽。受人之養而不死其難，則不義，死其難則死無道也，死無道逆也，子列子除不義，去逆也，豈不遠哉？且方有饑寒之患矣，而猶不苟取，先見其化也，先見其化而已動，遠乎性命之情也㊄。

【今註】㊀子列子即列禦寇，在莊子前，有「列子」書八卷，是道家思想。㊁鄭子陽是鄭相，為政嚴猛，以猘狗之亂被殺，見上首時篇。㊂秉是量名，古時以十六斛為一秉，今以十公斛為一公秉。㊃此兩句莊子作「至其罪我也，又且以人之言」，其意明白。㊄畢校「遠疑達字之誤」。尹校據王念孫引新序，改作通乎性命之情也。按遠字是，即下知接篇之遠，觀世亦須先識，先識是遠見，此言列子先識子陽性命之情，其所見遠矣。

【今譯】子列子窮困，容貌有饑色。有人告訴鄭子陽說：「列禦寇是有道之士，居住在君的國內而窮困，君不是不好士嗎？」鄭子陽使官吏送給他米粟數十秉，子列子出見使者，再拜而不受，使者回去，子列子入內，其妻望見而以手按住胸口說：「聽說做有道者的妻子皆可得逸樂，現在妻子有饑色了，邦君送給先生糧食，先生又不受，這不是命該如此嗎？」子列子笑著告訴她說：「鄭君並非自己知道我，聽人家的話而給我米粟；到了要罪我時，又將要用人家的話，這是我所以不受的理由。」其後百姓果然作亂，殺了子陽。受人的給養而不死其難，是不義，如果死其難，則是死於無道，死於無道是悖逆。子列子不受子陽之粟，可以免除不義，去了悖逆，豈不是有遠見嗎？而且正有饑寒之患，尚且不肯苟取，這是先識了世事的變化，先識世事的變化已在發動，可謂遠見乎性命之情呀！

三曰知接

【今註】接是與事物相接觸，知接是孟子所謂「心之官則思，思則得之，不思則不得也。」目能見物，是由於目能與物相接，合目則不見了。不過目能見物，祇是物交物，則引之而已矣，故必須知所以接智，也就是知接，故曰「智者其所能接，遠也；愚者其所能接，近也。」齊桓公不知始終接受管仲之言，致有三月不得葬的悲慘下場，可為後世的鑑戒。

人之目以照見之也，以瞑則與不見同㈠，其所以為照，所以為瞑，異。瞑士未嘗照，故未嘗見，瞑者目無由接也，無由接而言見，詤㈡。智亦然，其所以接智，所以接不智，同；其所能接，所不能接，異。智者其所能接，遠也，愚者其所能接，近也㊂。所能接近，而告之以遠，化奚由相得？無由相得，說者雖工，不能喻矣。

【今註】㊀瞑（ㄇㄧㄥˊ）說文為翕目，是閉合兩目之意。瞑與照對舉，則照是張目之意，同是一目，張則見，合則不見。㊁瞑士是眼睛看不見的人。目無由接，淮南氾論作「目無以接物也」，意較明。訛，尹校改為謊。㊂高注「智者達於明，見未萌之前，故曰接遠。愚者蔽於明，禍至而不知，故曰接近。」按遠即上篇所謂「先見其化」，接遠即見遠。智者見遠，愚者見近，故曰其所能接，所不能接，異。

【今譯】人的眼睛要張開纔能看見，閉合兩眼便和看不見的相同；同是兩眼，張開則見，閉合則不見，其作用相異。眼睛看不見的人未嘗張開，所以未嘗看見，因為眼睛看不見的人無從與事物相接觸，無從接觸而自說看見了，這是謊話。人的智力亦是如此，其所以接觸的是智或者其所以接觸的是不智，作用是相同的；可是有的能接見，有的不能接見，結果是相異的。聰明的人所能接觸的遠，愚笨的人所能接觸的近。所接見的近而告訴以深遠，則對於事物的變化，怎能瞭解；不能瞭解，那麼說辭雖工，也不能曉喻了。

戎人見暴布者而問之㊀，曰：「何以為之莽莽也？」指麻而示之。怒曰：「孰之壤壤也，可以為之莽莽也㊁？」故亡國非無智士也，非無賢者也，其主無由接故也。無由接之患，自以為智，智必不接，今不接而自以為智，悖，若此則國無以存矣，主無以安矣。智無以接，而自知弗智，則不聞亡國，不聞危君。

【今註】㊀暴即曝，曝布者把麻織的布浸水後曬太陽，是漂白的作用。此段是申說上文「所能接近而告之以遠」的事例。㊁莽莽是長大貌。壤壤畢校同攘攘，是紛錯之貌。按壤是土壤，麻生土中，其莖葉上都有泥土，所以戎人說此壤壤也。

【今譯】戎人看見曝布者就問他說：「怎樣能做成這長大的布呢？」他用手指著麻，戎人發怒說：「那有這土裏生長而雜亂的麻可以做成這樣長大的布呀！」所以亡國並不是沒有智士、並不是沒有賢者，是亡國之主沒有接受賢智的忠言。沒有接受的害處，是自以為智，真智固可以不接受，現在不接受而自以為智，是悖惑荒謬的，如此情形，國家無從保存了，人主無從平安了。如果賢智的無從接觸而自知才智不足，那就不會有亡國了，不會有危君了。

管仲有疾，桓公往問之，曰：「仲父之疾病矣㊀，將何以教寡人。」管仲曰：「齊鄙人有諺曰：居者無載，行者無埋㈡，今臣將有遠行，胡可以問。」桓公曰：「願仲父之無讓也。」管仲對曰：「願君之遠易牙、豎刁、常之巫、衛公子啟方。」公曰：「易牙烹其子以慊寡人，猶尚可疑邪？」管仲對曰：「人之情非不愛其子也，其子之忍，又將何有於君？」公又曰：「豎刁自宮以近寡人，猶尚可疑邪？」管仲對曰：「人之情非不愛其身也，其身之忍，又將何有於君？」公又曰：「常之巫審於死生，能去苛病㈢，猶尚可疑邪？」管仲對曰：「死生命也，苛病失也，君不任其命，守其本，而恃常之巫，彼將以此無不為也。」公又曰：「衛公子啟方事寡人十五年矣，其父死而不敢歸哭，猶尚可疑邪？」管仲對曰：「人之情非不愛其父也，其父之忍，又將何有於君？」公曰：「諾。」管仲死，盡逐之，食不甘，宮不治，苛病起，朝不肅。居三年，公曰：「仲父不亦過乎？孰謂仲父盡之乎？」於是皆復召而反。明年，公有病，常之巫從中出，曰：「公將以某日薨。」易牙、豎刁、常之巫相與作亂，塞宮門，築高牆，不通人，矯以公令。有一婦人踰垣入至公所，公曰：「我欲食。」婦人曰：「吾無所得。」公又曰：「我欲飲。」婦人曰：「吾無所得。」公曰：「何故？」對曰：「常之巫從中出曰：公將以某日薨，易牙、豎刁、常之巫相與作亂，塞宮門，築高牆，不通人，故無所得。衛公子啟方以書社四十下衛。」公慨焉歎涕出，曰：「嗟乎！聖人之所見，豈不遠哉？若死者有知，我將何面目以見仲父乎？」蒙衣袂而絕乎壽宮，蟲流出於戶上，蓋以楊門之扇㊃，三月不葬，此不卒聽管仲之言也。桓公非輕難而惡管子也，無由接見也，無由接，固卻其忠信，而愛其所尊貴也。

【今註】㊀仲父是齊桓公對管仲的尊稱。疾病是病重。桓公問管仲的繼任人選，見上貴公篇。㊁許釋引陶鴻慶札記「載為車載，埋為埋藏，鄙諺謂居者不為行者之備，行者不為居者之事，而管仲引以為此，故下文云，今臣將有遠行，胡可以問也。高注以居為居職，行為即世，殊謬。」按陶說是，遠行是喻死。㊂苛病，高注「可鬼病魂下人病也」，又下注「精神失其守，魍魎鬼物乘以下人。」依高注是指鬼迷病，故常之巫能去。其實是桓公好色，精神恍惚若有所失，故管仲請「守其本」。㊃楊門之扇，高注「楊門，門名；扇，屏也。」許釋引梁履繩校說謂是楊木之門。又引嚴元照校說謂是車中的蔽篷。未知孰是。

【今譯】　管仲有病，桓公去探視說：「仲父的病重了，將何以教寡人？」管仲說：「齊國有鄙諺說：居者不為車載之備，行者不為埋藏之事，現在我即將遠離人世，有什麼可以問呢？」桓公說：「希望仲父不要謙讓呀！」管仲對答說：「希望君疏遠易牙、豎刁、常之巫、衞公子啟方。」桓公說：「易牙烹其子以快我的口味，還有什麼可懷疑嗎？」管仲說：「人情沒有不愛其子，他忍心烹殺其子，又將何有於君？」桓公說：「豎刁自宮為奄人以近侍我，還有什麼可懷疑嗎？」管仲說：「人情沒有不愛護自身，他忍心自宮其身，又將何有於君？」桓公說：「常之巫明審死生之理，能去苛病，還有什麼可懷疑嗎？」管仲說：「死生有命，苛病是精神失守，君不信任命運，不保養本身，而要靠常之巫，他恐怕因此而無所不為呀！」桓公說：「衞公子啟方服事我已經十五年了，他父親去世而不敢回去哭弔，還有什麼可懷疑呢？」管仲說：「人情沒有不愛其父，他忍心背棄其父，又將何有於君？」桓公說：「好吧！」管仲死後，就把他們四人都逐去。可是桓公便感覺到食不甘味，宮內事務散亂，苛病又起來，朝廷政事不復正肅。過了三年，桓公說：「仲父亦有錯了吧！誰說仲父的話都可用呢？」於是叫他們統回來。到了次年，桓公有病，常之巫從宮裏出來，說：「公將於某日逝世。」易牙、豎刁、常之巫共同作亂，堵塞宮門，築高門牆，隔絕內外，假說這是公的命令。有一婦人爬牆進去，到了桓公住處，桓公說：「我要吃。」婦人說：「我沒有辦法得到。」公又說：「我要水喝。」婦人說：「我沒有辦法得到。」公說：「為什麼？」對答說：「常之巫從宮裏出來說：公將於某日去世」。易牙、豎刁、常之巫共同作亂，堵塞宮門，築高牆，不通人，所以沒有辦法得到。同時，衞公子啟方以書社四十降衞。」桓公慨歎流涕說：「啊喲！聖人的所見，豈不很遠嗎？如果死而有知，我將有何面目以見仲父呢？」說罷，就拉著衣袂蒙面而斷氣於壽宮，尸蟲流出於戶外，上蓋以楊門之屏，三月不得葬，這由於不終聽管仲之言的緣故。桓公並非輕視禍患而惡管子，祇是無由接見而已；無由接見，自然不用忠信之言而愛其所尊貴的小人呀！

四曰悔過

【今註】　本篇係承上篇「智不至」的害處，智不至，說者雖辯，亦不能見用。全篇祇舉秦穆公興師襲鄭而敗於殽的經過，由於秦穆公的智不至，不用蹇叔之諫，終於素服臨廟以自行悔過。此事分見左傳僖公三十二年及三十三年，記述秦師出入的經過，完全相同，惟文中各人的說辭不甚相同。悔過是由於沒有先識，能先識便不至於後悔莫及。其實各篇的主旨，都是親君子遠小人的用賢思想之反覆闡述。

穴深尋，則人之臂必不能極矣㈠，是何也？不至故也。智亦有所不至，所不至，說者雖辯，為道雖精，不能見矣。故箕子窮于商㈡，范蠡流乎江㈢。

【今註】㈠深尋是深八尺。㈡箕子為商紂所困，佯狂為奴，而為周武王說洪範。㈢范蠡佐越王句踐滅吳，雪會稽之恥，知句踐為人可與共患難而不能共安樂，故吳亡後即泛舟江上而去，故曰流乎江。

【今譯】穴深八尺，則人的手臂必不能探至穴底了，這是為什麼？因為臂短不能達到之故。人的智力對於事物的認識亦有所不至；有所不至，說者雖辯析詳明，見解精闢，亦不能見效。所以箕子因而窮困於商而為奴，范蠡因而泛舟江上而去。

昔秦繆公興師以襲鄭，蹇叔諫曰：「不可㈠。臣聞之，襲國邑，以車不過百里，以人不過三十里，皆以其氣之趫與力之盛，至，是以犯敵能滅，去之能速㈡。今行數千里，又絕諸侯之地以襲國，臣不知其可也，君其重圖之。」繆公不聽也。蹇叔送師於門外而哭曰：「師乎！見其出而不見其入也。」蹇叔有子曰申與視㈢，與師偕行，蹇叔謂其子曰：「晉若遏師必於殽，女死不於南方之岸，必於北方之岸，為吾尸女之易㈣。」繆公聞之，使人讓蹇叔曰：「寡人興師未知何如，今哭而送之，是哭吾師也。」蹇叔對曰：「臣不敢哭師也。臣老矣，有子二人皆與師行，比其反也，非彼死則臣必死矣，是故哭。」

【今註】㊀此段述秦繆公興師襲鄭，不聽蹇叔之諫。秦繆公是春秋時五霸之一，蹇叔是秦大夫。㊁趫（ㄑㄧㄠˊ）是壯盛輕捷。氣壯力盛，故進能滅敵，退亦能速。㊂申與視是白乙丙與孟明視，史記秦本紀謂百里奚之子孟明視，蹇叔之子西乞術、白乙丙。㊃殽在河南澠池縣西崤塞。女即汝。南方之岸、北方之岸左傳作南陵北陵。

【今譯】秦繆公起兵襲鄭，蹇叔諫阻說：「不可以。臣聞襲取他人的國邑，用車行不過百里，步行不過三十里，都要士氣輕捷而兵力強盛，纔能到達，是以進能滅敵，退能迅速。現在軍行數千里，又要經過諸侯之地，以偷襲他國，臣不知其可行之道，請君再加考慮吧！」繆公不聽。蹇叔送師於門外而哭說：「師啊！看見出去而看不到回來呀！」蹇叔有兩子名叫白乙丙與孟明視，跟軍隊一起去，蹇叔告訴其子說：「晉國如阻止秦師必在殽塞，你們不死於南方之岸，亦必死於北方之岸，我很易於收尸。」繆公聽到蹇叔哭師，使人責備他說：「寡人發兵的結果如何尚不得知，現在你哭而送之，這就是哭我的師呀！」蹇叔對答說：「臣不敢哭師。臣老了，有子二人都隨師前去，等他們回來，不是他們死便是我死了，因此而哭。」

師行過周，王孫滿要門而窺之㈠，曰：「嗚呼！是師必有疵㈡，若無疵，吾不復言道矣。夫秦非他，周室之建國也，過天子之城，宜橐甲束兵，左右皆下，以為天子禮。今袀服回建，左不軾，而右之超乘者五百乘㈢，力則多矣，然而寡禮，安得無疵？」師過周而東，鄭賈人弦高、奚施，將西市於周，道遇秦師，曰：「嘻！師所從來者遠矣，此必襲鄭。」遽使奚施歸告，乃矯鄭伯之命以勞之㈣，曰：「寡君固聞大國之將至久矣，大國不至，寡君與士卒竊為大國憂，日無所與焉，惟恐士卒罷弊與糗糧匱乏，何其久也。使人臣犒勞以璧，膳以十二牛。」秦三帥對曰：「寡君之無使也，使其三臣丙也、術也、視也於東邊候之道㈤，過是以迷惑，陷入大國之地，不敢固辭。」再拜稽首受之。三帥乃懼而謀曰：「我行數千里，數絕諸侯之地以襲人，未至而人已先知之矣，此其備必已盛矣。」還師去之。

【今註】㈠此段是述王孫滿視師及弦高犒師，以證明秦師襲鄭的必敗。周是洛邑王城。王孫滿是周大夫。要門，高注「要，徼也。」畢校引洪頤煊謂左傳作王孫滿尚幼觀之，此當作王孫滿要，門而窺之，要即幼假借字。許釋引馬敘倫謂「高洪二說並非是。要借為闖，說文：闖，關下牡，謂閉門下楗也。古書要徼通假。滿因秦師過境，恐其闖入，故闖門而窺之。」㈡疵是毛病，是說秦師輕佻而無禮，缺少紀律，必定要失敗。㈢袀（ㄐㄩㄣ）服回建（ㄐㄧㄢˇ），高注「袀同也，兵服上下無別，故曰袀服。回建者兵車四乘也。」畢校「袀服即左傳之均服，回建似言車上所建者，考工記有六建，謂五兵與人也。」又「將在左，御居中，御主車，可不下，今左幷不軾，右既下復超乘以上，與左氏傳微異。」按高注畢校未妥。袀服是戎服。回建之建與鍵通，禮樂記「倒載干戈，包之以虎皮，名之曰建櫜。」超乘是既跳下車而即躍以上車，以表示有勇，而實為輕佻而無禮。㈣勞是勞軍。㈤候暗（ㄐㄧㄣˋ）、高注「候，視也。暗，晉國也。」按六書索隱「暗與鄑同，邑名」，在宋魯之間。

【今譯】 秦師東行經過周地，王孫滿閉門而窺望秦師說：「啊喲！這軍隊必有毛病，如果沒有毛病，我不再說道了。秦國不是別的，乃是周室所封立的國家，經過天子的都城，應該櫜甲束兵，左右都下車，以表示對天子的敬禮。現在戎服而倒載干戈，左既不軾，而右邊的士兵跳躍上車的有五百乘，兵力固然很多了，然而無禮，安得不出毛病呢？」秦師經過周地再向東行，鄭國商人弦高、奚施將要西去周地做生意，在路上遇著秦師，弦高說：「譆！秦師來的很遠了，這必定要襲鄭國。」立刻使奚施回鄭國去報告，於是偽託鄭君的命令去勞軍，說：「我國君早已聽說貴國的軍隊將要來了，可是尚未見到達，我國君和士卒們都為此憂慮，天天都在盼望，祇恐怕貴軍的士卒疲勞，糧食缺乏，為什麼這麼長久呢？所以使我用璧玉來犒勞，又膳食十二隻牛。」秦師的三師說：「我國君沒有什麼使命，祇派我們三人：白乙丙、西乞術、孟明視到東邊來視察鄀地的道路，經過此地走錯了，纔陷入貴國之地，犒賞不敢固辭。」於是再拜稽首而接受。三師於是恐懼而相謀說：「我們行軍數千里，數經諸侯之地以襲人，尚未到達，而他人已先知道了，這可見他們的準備已很強盛了。」遂決定還師回去。

當是時也，晉文公適薨，未葬，先軫言於襄公㊀曰：「秦師不可不擊也，臣請擊之。」襄公曰：「先君薨，尸在堂，見秦師利而因擊之，無乃非為人子之道歟？」先軫曰：「不弔吾喪，不憂吾哀，是死吾君而弱其孤也，若是而擊，可大彊，臣請擊之。」襄公不得已而許之。先軫遏秦師於殽而擊之，大敗之，獲其三帥以歸。繆公聞之，素服廟臨以說於眾曰：「天不為秦國，使寡人不用蹇叔之諫，以至於此患。」此繆公非欲敗於殽也，智不至也㊁，智不至則不信，言之不信，師之不反也從此生。故不至之為害大矣。

【今註】㊀此段是述晉敗秦師于殽及秦繆公悔過。是在周襄王二十五年夏（魯僖公三十三年，西元前六二七）。晉文公是在襄王二十四年冬逝世的，其子驩繼位為襄公。先軫左傳作原軫。㊁智不至是說繆公但欲得襲鄭之利，而不知將有殽之敗，所以不信蹇叔所言。

【今譯】 正在此時，晉文公逝世未葬，先軫請求于襄公說：「秦師不可不擊，臣請擊之。」襄公說：「先君去世，尸柩當在堂上，看見秦師有利可圖而擊之，恐怕不是做人子的道理吧？」先軫說：「秦國不弔唁吾國喪，不憂吾君的悲哀，是以吾君死為利而削弱其遺孤，在這樣情形下而擊之，可擴大霸業，臣請擊之。」襄公不得已而許可。先軫阻禦秦師于殽而予以打擊，大敗秦師，擒其三位將帥回來。繆公聽到這個消息，穿素服哭於宗廟，對眾人說：「天不佑秦國，使寡人不聽蹇叔的話，以得此禍患。」這實在是繆公並不要見敗于殽，祇是智慮不及；智慮不及就不信諫言，諫言不信，軍隊的失敗就從此發生，所以智慮不及的為害很大了。

五曰樂成

【今註】 先總統　蔣公曾說：「任何大的事業，非十年廿年不能成功，要教好一般國民，復興一個國家，當然更要能長期奮鬥。」本篇開頭所謂大智、大器、大音都是比喻大事業，大事業是不可能一蹴可幾的，必須持之以恆，行之以力，才能完成。可是一般人民不明此理，所以說：「民不可與慮始而可以樂成。」這就是本篇的題旨。所引事例都可以證明。孔子謂「民可使由之，不可使知之」，亦是此意。

大智不形，大器晚成，大音希聲㈠。禹之決江水也，民聚瓦礫，事已成，功已立，為萬世利，禹之所見者遠也，而民莫之知。故民不可與慮化舉始，而可以樂成功。

【今註】㈠老子道德經第四十一章「大方無隅，大器晚成，大音希聲，大象無形。」是此三句所本。大智不形是大智若愚的意思。大器亦指大事業，大才器要很久很晚才能完成。大音希聲是說聲量大而音質較差，音質差，聽起來沒有音小的好聽，操琴能手在聽眾已聽不到琴聲時，他本人尚在凝神聽取。

【今譯】大智慧不是表面上看得見的，大才器要很久很晚才能完成，大聲音音質較差，不易聽見。當大禹疏通江水時，人民積聚瓦礫以阻塞之，到了治水事成功立，為萬世的大利，由於大禹的所見者遠，不是一般人民所能瞭解。所以一切事業的興建、創始，不可與民眾謀慮，祇可成功時使他們快樂。

孔子始用於魯，魯人鷖誦之㈠曰：「麛裘而韠，投之無戾，韠而麛裘，投之無郵㈡。」用三年，男子行乎塗右，女子行乎塗左，財物之遺者民莫之舉。大智之用固難踰也㈢。子產始治鄭，使田有封洫，都鄙有服㈣，民相與誦之曰：「我有田疇，而子產賦之，我有衣冠，而子產貯之㈤，孰殺子產，吾其與之。」後三年，民又誦之曰：「我有田疇，而子產殖之，我有子弟，而子產誨之，子產若死，其使誰嗣之。」使鄭簡魯哀當民之誹訛也，而因弗遂用，則國必無功矣，子產孔子必無能矣，非徒不能也，雖罪施於民可也。今世皆稱簡公哀公為賢，稱子產孔子為能，此二君者達乎任人也。舟車之始見也，三世然後安之，夫開善豈易哉？故聽無事治，事治之立也，人主賢也㈥。

【今註】㈠鷖（音一）誦，高未注；畢校謂鷖蓋魯人名；許釋引孫詒讓札迻謂鷖緊同聲假借，緊是發聲。按鷖乃水鳥，鳴聲呻吟如毆；誦為口中背念詩句，以聲節之。蓋魯人怨謗孔子，作詩歌以唱，聲高揚如鷖鳴，故曰鷖誦。㈡麛（ㄇㄧˋ）裘是用鹿子皮為裘，狐裘貴，麛裘賤。韠（ㄅㄧˋ）同鞸，亦作鞁是馬轡，這是諷刺孔子穿著鹿皮裘，而所用的韠是韋的，禮玉藻「鞸，君朱、大夫素、士爵韋。」郵字與尤同，是說投棄孔子沒有罪尤。㈢這是說國人皆知禮義，男女有別，路不拾遺。踰，高注「邁也」，畢校謂「踰當本是喻字，言大智之用，不能使人易曉也。」按踰字亦可通，固難踰猶言不可及也。㈣封洫（ㄒㄩˋ），高注「封、界，洫溝也」。都鄙有服，許釋「左襄三十年傳云，子產使都鄙有章，上下有服……以王制五服，各有差等，異則必禁。管子立政篇云，衣服有制，而子產治鄭，亦猶如是，下文民誦之曰：我有衣冠，而子產貯之，正指都鄙有服而言。」㈤貯，畢校謂左傳貯作褚（ㄓㄨˇ）。許釋引馬敘倫說「此當作褚，說文：褚，卒也。卒為吏人執事者衣有題識者，子產使民衣服有別，故識其衣而民不便，故曰殺之也。」按褚是以綿裝衣，與貯字義同，因服制關係，雖有衣冠而不能用，故曰子產貯之。㈥聽無事治，許釋引俞樾平議「謂聽愚民之言，必無事治也。」上文曰：使鄭簡魯哀當民之誹訿也，而因遂弗用，則國必無功矣，子產孔子必無能矣，即其義也。故又曰：「事治之立也，人主賢也。」

【今譯】　孔子始用於魯，魯人鷖聲諷誦說：「服麛裘而用韋鞸，投棄了沒有罪戾；用韋鞸而服麛裘，投棄了沒有怨尤。」過了三年，男子行於途右，女子行於途左，遺失的財物沒有人取，大智的作用，固不可及也。子產初為鄭相，使田疇要有封界溝洫，都鄙人民的衣服要有服制，人民感覺不便，互相傳誦說：「我有田疇，而子產收其賦稅，我有衣冠，而子產予以貯藏；誰能殺子產，我亦要去相助。」過了三年，人民又傳誦說：「我有田疇，而子產代為種植，我有子弟，而子產代為教誨；子產如果死了，使誰來接替呢？」假使鄭簡公魯哀公當聽見人民的誹謗時，因而不用子產孔子，那麼國事必不能成功了，子產孔子亦不能有為了，非但不能有為，就依民意加以罪罰亦無不可。今世都稱簡公哀公為賢，稱子產孔子為能，這由於二君知道用人的道理。舟車初發明時，過了三世然後習用，創始順利，豈是易事？所以聽言不當，必將無事可治；事治而功立，由於人主賢明呀！

魏攻中山，樂羊將。已得中山，還反報文侯㈠，有貴功之色，

文侯知之，命主書曰：「羣臣賓客所獻書者，操以進之。」主書舉兩篋以進。令將軍視之，書盡難攻中山之事也。將軍還走，北面再拜曰：「中山之舉，非臣之力，君之功也。」當此時也，論士殆之日幾矣，中山之不取也，奚宜二篋哉？一寸而亡矣。文侯賢主也，而猶若此，又況於中主邪？中主之患，不能勿為，而不可與莫為㈡。凡舉無易之事，氣志視聽動作無非是者，人臣且孰敢以非是邪疑為哉？皆壹於為，則無敗事矣，此湯武之所以大立功於夏商，而句踐之所以能報其讎也。以小弱皆壹於為，而猶若此，又況於以彊大乎？

【今註】㈠晉魏斯取中山，是在周威烈王十八年（西元前四〇八）再過五年，魏斯始正式為諸侯。至赧王二十年（西元前二九五），趙武靈王始滅中山。中山國在今河北省中部偏西地。㈡莫為，許釋引陶鴻慶札記「勿為與莫為，意義不殊，『莫為』疑當作『莫易』，言中主之患，不能禁使勿為，而又不可使無中變也。下云，凡舉無易之事，正承此言。下文無易，畢引舊校云，易一作為，彼作為者亦易之誤，即其例矣。」陶說是。

【今譯】魏攻中山，樂羊為將，已得中山，回來報告文侯，頗有矜功的神色，文侯看出來，就命主管文書的人說：「把羣臣賓客所獻的書札拿進來。」主書的人搬進了兩箱，請將軍看，那些書札統是責難攻中山的事，將軍退後北面再拜說：「中山的取得，不是臣的力量，乃是君侯的功德。」當這個時候，議士危害樂羊的日子愈迫愈近了，如果中山不取，何須兩箱謗書，祇要一方寸的紙，亦足使樂羊敗亡了。文侯是一位賢主，羣臣尚且如此，何況是一位平庸的中主呢？中主的毛病，不能使勿信讒言，而不可使其不中變。大凡舉辦不能中變的事業，人主必須氣志視聽動作，都沒有不正常的表示，則羣臣賓客誰敢進獻是非邪疑的閒言呢？如此，上下同心協力，就沒有敗事了，這就是湯武的所以大立功於夏商，而句踐的所以能報讎雪恥。他們地小力弱，能夠團結自強，尚且如此成功，又何況強大的國家呢？

魏襄王與羣臣飲酒酣，王為羣臣祝，令羣臣皆得志㈠。史起興而對曰：「羣臣或賢或不肖，賢者得志則可，不肖者得志則不可。」王曰：「皆如西門豹之為人臣也。」史起對曰：「魏氏之行田也，以百畝，鄴獨二百畝，是田惡也。漳水在其旁，而西門豹弗知用，是其愚也，知而弗言，是不忠也，愚與不忠，不可效也㈡。」魏王無以應之。明日，召史起而問焉，曰：「漳水猶可以灌鄴田乎？」史起對曰：「可。」王曰：「子何不為寡人為之？」史起曰：「臣恐王之不能為也。」王曰：「子誠能為寡人為之，寡人盡聽子矣。」史起敬諾。言之於王曰：「臣為之，民必大怨，臣大者死，其次乃藉臣。臣雖死藉，願王之使他人遂之也㊂。」王曰：「諾。」使之為鄴令。史起因往為之，鄴民大怨，欲藉史起，史起不敢出而避之，王乃使他人遂為之。水已行，民大得其利，相與歌之曰：「鄴有聖令，時為史公，決漳水，灌鄴旁，終古斥鹵，生之稻粱㊃。」使民知可與不可，則無所用矣。賢主忠臣，不能導愚教陋，則名不冠後，實不及世矣。史起非不知化也，以忠於主也，魏襄王可謂能決善矣。誠能決善，眾雖諠譁，而弗為變。功之難立也，其必由哅哅邪？國之殘亡，亦猶此也。故哅哅之中，不可不味也。中主以之哅哅也止善，賢主以之哅哅也立功㊄。

【今註】㊀魏襄王是孟子所見的梁惠王之子。㊁行田是國家分給百姓的田每家百畝。鄴在今河南臨漳縣西，西門豹治鄴，引漳水灌溉鄴田，畢校謂見史記河渠書，此處史起所言，恐不甚符。漢書溝洫志乃誤仍之。左太沖魏都賦云：西門溉其前，史起灌其後，斯得其實。㊂藉是陵辱之意，莊子讓王篇「殺夫子者無罪，藉夫子者無禁。」注為陵藉。遂，高注「成也」。㊃聖令，漢書溝洫志作賢令。斥鹵是鹹鹵地。㊄啕啕是喧擾吵鬧，所謂羣言盈庭，築室道謀，議論多而實行少，或議而不決，決而不行，都同此意。

【今譯】魏襄王與羣臣飲酒，喝得很暢快，王為羣臣祝賀，希望羣臣都得志。史起起來對答說：「羣臣或賢或不肖，賢者得志則可，不肖者得志則不可。」王說：「希望做人臣都同西門豹一樣。」史起對答說：「魏國的田制每家百畝，鄴地獨二百畝，是因為田土惡劣。漳水在鄴地旁邊，而西門豹不知道利用，這就是他的愚笨，如果知道而不說，這是不忠，愚和不忠是不可效法的。」魏王聽了無可答應。

到了第二天，召史起來問他說：「漳水還可以灌溉鄴田嗎？」史起說：「可以。」王說：「你為什麼不替寡人做這件事？」史起說：「我恐怕王不能做呀！」王說：「你真肯替寡人做這事，寡人都可以聽信你的。」史起敬謹接受，對王說：「我做這事，鄴人必大怨恨，不是要殺死我，便要陵辱我；我雖然死辱，希望王另派他人去完成這事。」王說：「好的。」就派史起為鄴令。史起前往鄴地，就要引漳水灌溉鄴田，鄴民非常怨恨，要陵辱史起，史起避匿而不敢出，王乃另派他人去完成此事。水既流通，鄴民大得其利，因相與歌頌說：「鄴有賢令，是為史公，疏通漳水，灌溉鄴田，使此鹹地，生長稻粱。」如果一般人民都知道可與不可，那就無須任用賢能了。賢主忠臣不能開導下愚而教誨淺陋，則功名不能傳於後世，其實亦及身而已。史起不是不知事變，因為忠於其主，故挺身而出，魏襄王可以說能決行善良的政策，誠能決行善策，眾人雖諠譁騷擾，弗為改變。事功所以難於成就，必定是由於羣言諠擾，國家的殘亡，也是如此。所以在眾論諠擾之中，不可不深切體驗，中主因為諠擾而中止行善，賢主則因為諠擾而成就功業。

六曰察微

【今註】察微亦是先識，是洞察機先，防患於未然。因為「治亂存亡，其始若秋毫，察其秋毫，則大物不過矣。」世間事物的是非、真偽、善惡、異同，互相混淆，所以孔子「惡似而非者，惡莠、恐其亂苗也，惡佞，恐其亂義也，惡利口，恐其亂信也，惡鄭聲，恐其亂樂也，惡紫，恐其亂朱也，惡鄉愿，恐其亂德也。」本篇所引如子貢的讓而止善，子路的受而勸德，非聖如孔子，孰能明察其是非。至於卑梁之釁，因細故而致兵連禍結的雞父之戰，魯季氏與郈氏鬪雞，因而使昭公出奔，則益見察微的重要意義了。

使治亂存亡若高山之與深谿，若白堊之與黑漆，則無所用智，雖愚猶可矣。且治亂存亡則不然，如可知，如可不知，如可見，如可不見㈠，故智士賢者相與積心愁慮以求之㈡，猶尚有管叔蔡叔之事，與東夷八國不聽之謀。故治亂存亡，其始若秋毫，察其秋毫，則大物不過矣。

【今註】㊀畢校謂「兩文不可倒，據李善注文選非有先生論作不可為是。」尹校據乙。㊁積心愁慮猶言困心積慮或竭智盡慮，研求治亂存亡之道。孟子謂「周公思兼三王以施四事，其有不合者，仰而思之，夜以繼日，幸而得之，坐以待旦。」此言以周公的積心愁慮，猶尚有管叔蔡叔之事，與東夷八國不聽之謀，可知察微的不易。（本文引述此事，並非謂周公不能察微，因為周公實已察知，見下精諭篇勝書以徐言說周公。）

【今譯】假使治亂存亡猶如高山之與深谿，白堊之與黑漆的易於辨別，那就不需用智慧，雖愚者亦可以了。可是治亂存亡並不是如此容易辨別的，好像可以知道，又好像不可以知道，好像可以看到，又好像不可以看到；所以智士賢者都為此困心積慮來研求，然而還有管叔蔡叔的亂事，和東夷八國不聽王命的陰謀。可知治亂存亡的契機，最初猶如秋毫，如能察見秋毫，則大物不會失誤了。

魯國之法，魯人為人臣妾於諸侯，有能贖之者，取其金於府。子貢贖魯人於諸侯，來而讓，不取其金。孔子曰：「賜失之矣，自今以往，魯人不贖人矣。」取其金則無損於行，不取其金則不復贖人矣㈠。子路拯溺者，其人拜之以牛，子路受之。孔子曰：「魯人必拯溺者矣㈡。」孔子見之以細，觀化遠也。

【今註】㈠此段是說孔子能察微。賜是子貢名，姓端木。㈡淮南齊俗訓「子貢讓而止善，子路受而勸德。」所以辭讓取與之間，有時是不易得當的。

【今譯】魯國的法律規定，魯人為人臣妾於諸侯各國，有能贖回來的，可以向政府領取贖金。子貢贖了魯人於諸侯，回來時辭讓不取其金，孔子說：「賜錯了，從此以後，魯人不再贖人了。」取其金是無損於德行的，不取其金則不復有人贖人了。子路拯救溺者，那人拜謝以牛，子路受牛，孔子說：「魯人必定會拯救溺者了。」孔子見到事物的細微，觀察事物的變化可謂深遠了。

楚之邊邑曰卑梁，其處女與吳之邊邑處女桑於境上，戲而傷卑梁之處女，卑梁人操其傷子以讓吳人，吳人應之不恭，怒殺而去之。吳人往報之，盡屠其家。卑梁公怒㈠，曰：「吳人焉敢攻吾邑。」舉兵反攻之，老弱盡殺之矣。吳王夷昧聞之，怒，使人舉兵侵楚之邊邑，克夷而後去之。吳楚以此大隆㈡。吳公子光又率師與楚人戰於雞父，大敗楚人，獲其帥潘子臣、小帷子、陳夏齧；又反伐郢，得荊平王之夫人以歸，實為雞父之戰㊂。凡持國太上知始，其次知終，其次知中，三者不能，國必危，身必窮。孝經曰：「高而不危，所以長守貴也。滿而不溢，所以長守富也。」富貴不離其身，然後能保其社稷而和其民人，楚不能之也。

【今註】㊀此為成語「卑梁之釁」的所本，是說吳楚人不能察微，因細故而釀成大戰。㊁大隆，許釋引孫詒讓札迻謂「隆讀為鬨，聲近借用，大隆即大鬨。孟子云，鄒與魯鬨，注云，鬨，構兵以鬪也。」按隆有高大義，今人謂戰事昇高，是隆本義亦通。㊂雞父之戰在左傳魯昭公二十三年（周敬王五年，西元前五一九），雞父即春秋時鍾離國，在今安徽鳳陽縣東北，卑梁亦在其地，戰國時為楚吳邊界處。卑梁公是卑梁大夫，其時楚已僭稱王，故地方官亦稱公。

【今譯】楚國的邊邑卑梁，其地的女子與吳國邊邑的女子同採桑於邊境之上，相與遊戲，吳國女子傷了卑梁女子。卑梁人帶了傷女去責備吳人，吳人出言不恭，卑梁人怒，殺了吳人而去。吳人前往報復，盡殺卑梁人的一家。卑梁公怒，說：「吳人何敢攻打吾邑？」更率兵去攻擊吳國邊境，盡殺了老弱的人。吳王夷昧聽到此事，亦大怒，使人率兵去侵襲楚國邊邑，亦盡殺楚邑的人而後離去。吳楚兩國的衝突因此昇高。吳公子光又率師與楚人戰於雞父，大敗楚人，虜獲楚大夫潘子臣、小帷子及陳大夫夏齧；又復進攻郢都，獲得楚平王夫人回來。這場戰事就是雞父之戰。大凡主持國事，太上要知道開始的情勢，其次要知道終了的結局，再其次要知道中間的經過，這三者都不能知道，國家必危，自身必窮。孝經說：「高而不危，所以能長守貴爵，滿而不溢，所以能長守財富。」富貴不離其身，然後能保守其社稷而安和其人民，楚國都不能做到。

鄭公子歸生率師伐宋，宋華元率師應之大棘，羊斟御。明日將戰，華元殺羊饗士，羊斟不與焉㈠。明日戰，怒謂華元曰：「昨日之事子為制，今日之事我為制㈡。」遂驅入於鄭師，宋師敗績，華元虜。夫弩機差以米則不發㈢，戰大機也，饗士而忘其御也，將以此敗而為虜，豈不宜哉？故凡戰必悉熟偏備，知彼知己，然後可也。

【今註】㈠此段是說宋華元不能察微。鄭公子歸生伐宋，是左傳魯宣公二年，受命於楚與晉爭盟。㈡為制，左傳作「為政」，畢校謂此或因始皇名改。㈢米，許釋引孫鏘鳴補正「古以一黍之廣為一分，則以米計之也。」許謂尸子分篇云，夫弩機損若黍則不鈞，益若黍則不發，據此，米或為黍之壞字。

【今譯】鄭公子歸生率師伐宋，宋華元率師迎戰於大棘，羊斟為御。次日就要開戰，華元殺羊饗士，而不及羊斟。及戰事開始，羊斟怒告華元說：「昨天的事是你為主，今天的事由我為主。」遂即很快的驅車到鄭師中去，宋師敗績，華元被虜。那弩機差了一分則不能發射，戰事是大弩機，饗士而忘記其御，因此兵敗而為虜，豈不是應該的嗎？故凡戰事必須悉熟偏備士卒，知已知彼，然後纔可以作戰。

魯季氏與郈氏鬥雞，郈氏介其雞，季氏為之金距，季氏之雞不勝。季平子怒，因歸郈氏之宮而益其宅㈠。郈昭伯怒，傷之於昭公，曰：「禘於襄公之廟也，舞者二人而已，其餘盡舞於季氏㈡。季氏之無道無上久矣，弗誅必危社稷。」公怒，不審，乃使郈昭伯將師徒以攻季氏，遂入其宮。仲孫氏叔孫氏相與謀曰：「無季氏，則吾族也死亡無日矣。」遂起甲以往，陷西北隅以入之，三家為一，郈昭伯不勝而死。昭公懼，遂出奔齊，卒於乾侯㈢。魯昭聽傷而不辯其義，懼以魯國不勝季氏，而不知仲叔氏之恐而與季氏同患也，是不達乎人心也。不達乎人心，位雖尊，何益於安也？以魯國恐不勝一季氏，況於三季同惡，固相助，權物若此其過也，非獨仲叔氏也，魯國皆恐，魯國皆恐，則是與一國為敵也，其得至乾侯而卒，猶遠㈣。

【今註】㈠此段說魯昭公不能察微。介是古代戰士所著的甲，郈（ㄏㄡˋ）氏作小甲套在雞頭上；季氏用鐵作距套在雞足上。郈氏是魯孝公之子郈惠伯的後裔，亦是公族。左傳昭公二十五年作季氏介其雞，郈氏為了金距，俞樾謂當從左傳。㊁禘（ㄉㄧˋ）是大祭名。襄公是昭公之父。禮，天子八佾，諸侯六佾，大夫四佾。佾（ㄧˋ）為古代祭舞的行列規則，每行八人，六佾為四十八人，此言舞者二人，畢校謂為二八之誤，意謂舞於襄公廟的祇有二八十六人，其餘盡舞於季氏。季氏原有四佾，又加此四佾為八佾，故曰無道無上。㊂乾（ㄍㄢ）侯是晉地，在今河北成安縣。魯昭公出奔齊，過了三年又往晉，於乾侯。內不得於季孫，外不得於齊晉，周敬王十年十二月卒於乾侯，計出奔在外七年。㊃這是說昭公不能察微，鹵莽從事，在國內應即遭殺身之禍，結果過了七年，死於乾侯，於地於時，實在是猶遠了。

【今譯】　魯季氏與郈氏鬥雞，郈氏以小甲套在雞頭上，季氏以鐵作距套在雞足上，季氏之雞不勝。季平子怒，因侵佔郈氏宮地而增益自己的住宅。郈昭伯怒，中傷於昭公說：「禘祭於襄公之廟，舞者僅有二八而已，其餘統歸於季氏。季氏的無道犯上已經很大了，不殺他必將危及社稷。」公怒，不加考慮，就使郈昭伯率師徒以攻季氏，遂即進入季氏之宮。仲孫氏、叔孫氏聞知此事，相與謀議說：「沒有季氏，則我們兩族也快要死亡了。」於是起兵往救季氏，毀去季氏宮的西北隅進入，三家合一，郈昭伯不勝而死。昭公恐懼了，就出奔到齊國去，後來死在乾侯。魯昭公聽信讒言而不辨別其利害，祇怕用魯國的力量不能勝過季氏，而不知仲叔氏的恐懼而與季氏同患難，這是不通達於人情。不通達人情，地位雖然重要，何益於安全呢？用魯國的力量尚恐不能勝一季氏，何況三季同惡，勢必相助，權量事物如此的錯誤，其實不獨仲叔氏如此，整個魯國人皆心懷恐懼，整個魯國恐懼，那就是與一國為敵，所以死在乾侯，實在是還遠了。

七曰去宥

【今註】宥同囿，是偏蔽或誤會之意，即所謂囿於一隅，囿於成見。凡人有所偏蔽，則識見不廣，有所誤會，則偏見愈深，所以要去宥然後有真知。本篇所引例證，如秦惠王、楚威王及鄰人的聽言，都有所宥，而齊人的不見人，徒見金，則所宥更大，這些都是最普通的事例。荀子解蔽篇注「蔽者言不能通明，滯於一隅，如有物壅閉之也。」論語陽貨篇孔子告子路以六言六蔽，亦可作為去宥的參考。

東方之墨者謝子，將西見秦惠王㈠，惠王問秦之墨者唐姑果，唐姑果恐王之親謝子賢於己也，對曰：「謝子東方之辯士也，其為人甚險，將奮於說以取少主也㈡。」王因藏怒以待之。謝子至說王，王弗聽，謝子不說，遂辭而行。凡聽言以求善也，所言苟善，雖奮於取少主，何損；所言不善，雖不奮於取少主，何益。不以善為之慤，而徒以取少主為之，悖㈢，惠王失所以為聽矣。用志若是，見客雖勞，耳目雖弊，猶不得所謂也。此史定所以得行其邪也，此史定所以得飾鬼以人㈣，罪殺不辜，羣臣擾亂，國幾大危也。人之老也形益衰，而智益盛，今惠王之老也，形與智皆衰邪？

【今註】㈠秦惠王是秦孝公之子，孝公卒於周顯王三十一年（西元前三三九），惠王即位，即殺商鞅，至顯王四十七年（西元前三二二）稱王，至周赧王五年（西元前三一〇）年。㈡少主，高注「惠王也」。許釋引俞樾平議「同說非是，據下文云，人之老也，形益衰而智益盛，今惠王之老也，形與智皆衰邪，然則惠王是時已老矣，非少主也。」尹校以為新主。按高注是。惠王在位將三十年，見謝子時是少主，史定飾鬼殺人時，則在其晚年。㈢慇，許釋引吳汝綸說謂當為慤之借字，是標準之意。㈣史定是秦惠王的佞臣，其飾鬼殺人事不詳。

【今譯】東方的墨者謝子將西往見秦惠王，惠王問秦國的墨者唐姑果，唐姑果恐怕惠王待謝子比待自己好，對答說：「謝子是東方的辯士，他的為人很險惡，將會加強其說辭，以爭取少主。」王因此藏怒以待謝子。謝子到了，說王，王弗聽，謝子不高興，遂即辭別而去。大凡聽言是要求有益於事，所言如果是善的，雖然有意游說以爭取少主，有什麼損害；所言不善，雖不是有意游說以爭取少主，又有什麼益處？不以所言善否為標準，而但以爭取少主為介，這是悖謬的，惠王失所以聽言的目的了。用意如此，見客雖勞，耳目雖弊，尚不知所為何事；這就是史定所以得運用其奸邪，亦就是史定所以偽飾鬼魅，以入人罪而殺無辜，羣臣惑亂，秦國幾乎大危。人到老年時，形體愈衰而智力愈強，現在惠王是老了，難道形體和智力都衰退了嗎？

荊威王學書於沈尹華㈠，昭釐惡之。威王好制，有中謝佐制者，為昭釐謂威王曰：「國人皆曰王乃沈尹華之弟子也。」王不說，因疏沈尹華。中謝細人也㈡，一言而令威王不聞先王之術，文學之士不得進，令昭釐得行其私，故細人之言，不可不察也。且數怒人主以為姦人除路，姦路以除，而惡壅卻，豈不難哉？夫激矢則遠，激水則旱㈢，激主則悖。悖則無君子矣。夫不可激者，其唯先有度。

【今註】㈠楚威王是楚懷王之父。書是下文所謂「先王之術」或即儒家的治平之道。昭釐未詳，大概是威王左右的佞臣。㈡制是以占卜陰陽之理推測人事吉凶的術數。中謝即中射士是侍御之官，佐王從事術數。細人是見識短淺的小人，禮檀弓「君子之愛人也以德，細人之愛人也以姑息。」㈢畢校「淮南兵略訓、鶡冠子世兵篇，俱作水激則悍，矢激則遠。史記賈誼傳索隱引此正作旱，以言水激則去疾，不能浸潤也。」

【今譯】楚威王學先王之術於沈尹華，昭釐討厭這事。威王又喜歡術數，有侍御官佐治術數，因為昭釐對威王說：「國人都說王是沈尹華的弟子。」王不高興，因而疏遠沈尹華。侍御官是見識短淺的人，祇一句話使威王聽不到先王治平之道，文學之士不得接近，使昭釐得運用其奸計，所以小人的話，不可不察。而且數次激怒人主，以為奸臣開路，奸路既開，而希望惡事壅塞，這不是很難嗎？激矢則射遠，激水則去疾，激主則悖惑；悖惑就沒有君子了。那不可激的人主，只是先有法度。

鄰父有與人鄰者，有枯梧樹，其鄰之父言梧樹之不善也，鄰人遽伐之。鄰父因請而以為薪，其人不說曰：「鄰者若此其險也，豈可為之鄰哉？」此有所宥也。夫請以為薪與弗請，此不可以疑枯梧樹之善與不善也。齊人有欲得金者，清旦被衣冠往鬻金者之所，見人操金，攫而奪之。吏搏而束縛之，問曰：「人皆在焉，子攫人之金，何故？」對吏曰：「殊不見人，徒見金耳。」此真大有所宥也。夫人有所宥者，固以晝為昏，以白為黑，以堯為桀，宥之為敗亦大矣。亡國之主其皆甚有所宥邪？故凡人必別宥，然後知，別宥則能全其天矣。

【今譯】鄰父的鄰人家中有株已枯的梧樹，鄰父說梧樹已枯是不吉利的，鄰人立刻把樹砍去。鄰父因請給他做薪柴用，鄰人不高興說：「鄰居是如此險惡呀！怎樣可以做鄰居呢？」這是有所囿蔽了，請以為薪和不請為薪，這不可以懷疑枯梧樹的吉利和不吉利。齊人有要得金子，清晨穿著衣冠前往賣金的地方，看見有人拿著金子，就去搶奪。警察拘捕了他，問他說：「多少人在這裏，你為什麼搶人的金子呢？」他說：「沒有看見人，祇看見金子而已。」這真是大有所囿蔽了。凡有所囿蔽的人，實在是以晝為昏，以白為黑，以堯為桀，囿蔽的為害可謂很大了。亡國之主難道都是大有所囿蔽的嗎？所以人們必須辨別囿蔽，然後有所知；因為能辨別囿蔽，就能保全其良知了。

八曰正名

【今註】　正名是儒家思想，孔子說：「必也正名乎？名不正則言不順，言不順則事不成，事不成則禮樂不興，禮樂不興則刑罰不中，刑罰不中則民無所措手足。」荀子有正名篇，春秋繁露有深察名號篇，對正名思想都有詳細敘述。其時名家尹文亦主張正名，其大道篇謂「形以定名，名以定事，事以檢名，察其所以然，則形名之與事物無所隱其理矣。名有三科：一曰命物之名，方圓黑白是也；二曰毀譽之名，善惡貴賤是也；三曰況謂之名，賢愚愛憎是也。」惟名家之學以綜微覈實為功，以正名析詞為本，而其實多詭辯，本篇引用尹文言論，多似是而非的詭辯，故齊王無以應；而齊王實亦不知何謂士，故用公玉丹淖齒以自害。管仲能審辨名實，故桓公以此霸。

名正則治，名喪則亂。使名喪者淫說也，說淫則可不可而然不然，是不是而非不非㊀。故君子之說也，足以言賢者之實，不肖者之充而已矣；足以喻治之所悖，亂之所由起而已矣㊁；足以知物之情，人之所獲以生而已矣。凡亂者刑名不當㊂也，人主雖不肖，猶若用賢，猶若聽善，猶若為可者；其患在乎所謂賢從不肖也，所為善而從邪辟㊃，所謂可從悖逆也，是刑名異充，而聲實異謂也。夫賢不肖、善邪辟、可悖逆，國不亂，身不危，奚待也？齊湣王是以知說士而不知所謂士也，故尹文問其故，而王無以應；此公玉丹之所以見信，而卓齒之所以見任也，任卓齒而信公玉丹，豈非以自讎邪㊄？

【今註】㊀淫說是指下文尹文之說，此處是以淫說與君子之說相對照。㊁悖，高訓為惑。畢校「盧云：左氏莊十一年傳云，禹湯罪己，其興也悖焉。杜注云：悖，盛貌。釋文云：悖一作勃，此當以治之所悖為句，不當訓惑，疑是盛字之訛。」㊂刑名，許釋引孫鏘鳴補正「刑形古字通，下文刑名異充，並當作形。」又陶鴻慶札記「刑讀為形，名生于形也。下文云：是刑名異充、而聲實異謂也，刑與名相對，猶聲與實相對也。」㊃此句經許釋引王念孫李寶淦說當作「所謂善從邪辟也」與上下句同。李謂「彼所謂善而所從實邪辟。」王說「三從字皆當為徒，高注異用篇云，徒猶但也。言所謂賢者非賢也，但不肖耳，所謂善者非善也，但邪辟耳，所謂可者非可也，但悖逆耳。」尹校據改。㊄齊湣王是孟子所見的齊宣王之子。周赧王二十七年自稱東帝，後四年，燕樂毅伐齊，湣王出奔于穀，又往衞國，為卓齒所殺，而擢其筋懸於東廟終日以自斃。公玉丹（下過理篇作公王丹）、卓齒（或作淖齒）都是齊湣王的邪臣，這可知齊湣王不知所謂士，也就是不辨名實。

【今譯】名正則治，名不正則亂。使名不正的是淫辭邪說，說辭淫邪則以不可的為可而以不然的為然，以不是的為是而以不非的為非。所以君子的說辭，足以述說賢者的事實、不肖者的實情而已；足以明了治的所以盛、亂的所由起而已；足以知道物的真情、人的所得以生存而已。大凡世亂是由於形名不當。人主雖然不肖，可是還好像能用賢，還好像能聽善，還好像能做事；其禍患在於所謂賢者非賢，但不肖耳，所謂善者非善，但邪辟耳，所謂可者非可，但悖逆耳。這是由於形名異實而聲實異義，那以不肖為賢，以邪辟為善，以悖逆為可，而希望國不亂，身不危，何能復待呢？齊湣王所以自說好士而不知道所謂士，故尹文問其所以為士的道理，而王無以應。這就是公玉丹的所以見信，而卓齒的所以見任；任卓齒而信公玉丹，豈不是以此自害嗎？

尹文見齊王㊀，齊王謂尹文曰：「寡人甚好士。」尹文曰：「願聞何謂士？」王未有以應。尹文曰：「今有人於此，事親則孝，事君則忠，交友則信，居鄉則悌，有此四行者，可謂士乎？」齊王曰：「此真所謂士已。」尹文曰：「王得若人肎以為臣乎？」王曰：「所願而不能得也。」尹文曰：「使若人於廟朝中，深見侮而不鬥，王將以為臣乎？」王曰：「否，大夫見侮而不鬥，則是辱也㊁，辱則寡人弗以為臣矣。」尹文曰：「雖見侮而不鬥，未失其四行也，未失其四行者，是未失其所以為士，一矣。未失其所以為士一，而王以為臣，失其所以為士一，而王不以為臣。則鄉之所謂士者，乃士乎㊂？」王無以應。尹文曰：「今有人於此，將治其國，民有非則非之，民無非則非之，民有罪則罰之，民無罪則罰之，而惡民之難治，可乎？」王曰：「不可。」尹文曰：「竊觀下吏之治齊也，方若此也。」王曰：「使寡人治信若是，則民雖不治，寡人弗怨也，意者未至然乎？」尹文曰：「言之不敢無說，請言其說。王之令曰：殺人者死，傷人者刑，民有畏王之令，深見侮而不敢鬥者，是全王之令也，而王曰：見侮而不敢鬥，是辱也。夫謂之辱者，非此之謂也，以為臣、不以為臣者罪之也，此無罪而王罰之也㊃。」齊王無以應。論皆若此，故國殘身危，走而之穀，如衞。齊湣王周室之孟侯也㊄，太公之所以老也，桓公嘗以此霸矣，管仲之辯名實審也。

【今註】㊀尹文，高注「齊人，作名書一篇，在公孫龍前，公孫龍稱之。」莊子天下篇謂其「莊子不為苛察，不以身假物，以為無益於天下者明之不如己也。以禁攻寢兵為外，以情欲寡淺為內。」㊁大夫，畢校疑衍大字。許釋謂大夫當作夫士，孔叢子論勢篇作夫士也見侮而不鬪是辱，是其證。按上文既說肯以為臣，此處稱為大夫，文義正合，畢許均非。㊂許釋引陳昌齊、俞樾說，謂案前後文義，不得有「而王以為臣，失其所以為士一」十二字。又引陶鴻慶說謂「乃士乎」本作「乃非士乎？」乃反詰之辭。（按不用非字，亦是反詰之辭。）㊃以為臣，許釋引陳昌齊說謂此三字衍，當據孔叢子及本篇前後文義刪之。尹校則依譚戒甫據公孫龍跡府篇改為「王不以為臣，不以為臣者罰之也。」按原文係承「夫謂之辱者，非此之謂也」而來，所謂「以為臣，不以為臣者罪之也」，是說齊王初則以為臣，而後又不以為臣者罪之，這正是辱之。故陶鴻慶札記謂罪之當為辱之。陳譚據孔叢子公孫龍子以刪改此文，殊不足取。㊄許釋引俞樾平議「湣王二字衍文也，齊周室之孟侯也，乃推始封之齊而言，若湣王時，周室衰微，儕於列國，久無此稱矣。下文曰，太公之所以老也，桓公嘗以此霸矣，皆承齊字而言。」尹校據刪，是。

【今譯】　尹文見齊王，齊王告訴尹文說：「寡人很好士。」尹文說：「願聞什麼叫做士？」王未有以應。尹文說：「現在有人在這裏，事親則孝，事君則忠，交友則信，居鄉則悌，有此四種行為，可以說是士嗎？」齊王說：「這真是所謂士了。」尹文說：「王得此人，肯用為臣嗎？」王說：「很願意，可是不能得到呀！」尹文說：「假使這個人在廟朝中，深見侮而不鬥，王亦將用他嗎？」王說：「不，一位大夫見侮而不鬥，是恥辱；恥辱的人，那麼寡人弗用為臣了。」尹文說：「雖然見侮而不鬥，並未失去他的四種行為；未失去四種行為，就是未失去他所以為士的同一資格；未失去他所以為士的同一資格，而王不以為臣；那麼以前的所謂士，是士嗎？」王沒有話可答應。尹文說：「現在這裏又有一個人，將主治國事，民有非則非之，民無非亦非之，民有罪則罰之，民無罪亦罰之，反而討厭人民的難治，這樣的做法可以嗎？」王說：「不可以。」尹文說：「竊觀下吏的治理齊國，正是如此呀！」王說：「假使寡人的治理真是如此，則人民雖不能治，寡人不以為怨，想來未至如此吧！」尹文說：「我既然說了不敢沒有說明，請加以說明。王的命令說：殺人者死，傷人者刑，民有畏懼王的命令，雖深見侮而不敢鬥，這是忍辱以保全王的命令。可是王說：見侮而不鬥是恥辱。這所謂恥辱不是這個意思，王初以為臣，後又不以為臣而加之罪，這等於無罪而王罰之。」齊王沒有話答應。言論大概如此，所以國殘身危，逃亡到穀地，又往衞國。（齊湣王亡居衞見下過理篇）

齊是周室的孟侯，太公的所以養老；桓公曾以此稱霸了，是由於管仲的辨別名實審慎呀！

卷十七 審分覽

第五，凡八篇

一 審分

【今註】 審分是審察名分，分有動詞名詞的不同，在本篇中，如「分地則速」「不分其職」是動詞，如「正名審分」「不審名分」是名詞。本篇以審分與正名並用，如「有道之主，其所以使羣臣亦有轡。其轡何如？正名審分是治之轡已。故按其實而審其名，以求其情，聽其言而察其類，無使放悖。夫名多不當其實，而事多不當其用者，故人主不可以不審名分也；不審名分是惡壅而愈塞也。」這是儒家的正名主張。而本覽八篇皆含有法家思想。

凡人主必審分，然後治可以至，姦偽邪辟之塗可以息，惡氣苛疾無自至。夫治身與治國，一理之術也㈠。今以眾地者，公作則遲，有所匿其力也，分地則速，無所匿遲也㈡。主亦有地，臣主同地，則臣有所匿其邪矣，主無所避其累矣。凡為善難，任善易，奚以知之？人與驥俱走，則人不勝驥矣，居於車上而任驥，則驥不勝人矣，人主好治人官之事，則是與驥俱走也㊂，必多所不及矣。夫人主亦有車，居無去車㊃，則眾善皆盡力竭能矣，諂諛詖賊巧佞之人無所竄其姦矣，堅窮廉直忠敦之士畢競勸騁騖矣。人主之車所以乘物也，察乘物之理，則四極可有；不知乘物而自怙恃，奪其智能㊄，多其教詔，而好自以，若此則百官惆擾，少長相越，萬邪竝起，權威分移，不可以卒，不可以教，此亡國之風也。

【今註】㊀春秋繁露通國身篇謂「治身者務執虛靜以致精，治國者務盡卑謙以致賢。」是通治國於治身。潛夫論思賢篇亦謂「是故養壽之士，先病服藥，養世之君，先亂任賢，是以身常安而國永治也。」要皆是儒家的修齊治平之道。㊁孟子說：「經界既正，分田制祿，可坐而定也。」正是「分地則速」的意思。中國共產黨的人民公社是「以眾地者」故農業歉收，因人民工作遲緩而隱匿其力。㊂「人官」，畢校謂舊作人臣，尹校據改，惟勿躬篇亦作人官，高注「人主好治人臣之官事」，亦可通。㊃「居無去車」，畢校是。許釋依陳昌齊王念孫說改從舊本，作「夫人主亦有居車，無去車」，尹校則依范耕研引治要及蔣維喬引金樓子改為「夫人主亦有車，無去其車。」按「主亦有車」正與上文「主亦有地」相同，居即上文居於車上之義，無去車是治要無去其車之義。㊄「奪其智能」，許釋引陳昌齊、王念孫、俞樾說，均謂奪當作奮，奮猶矜也。尹校據改。

【今譯】　凡人主必須審察名分，然後可至於治，姦偽邪辟的途徑可以息滅，惡氣苛疾無從來至。治身和治國是同一方術。現在如以眾人耕治一地，則耕作遲緩，因為有人隱匿其力而不勤作；如把土地分給眾人，則耕作迅速，因為無所隱匿遲緩。人主亦有地，如果臣下與人主同地而耕，則臣下有隱匿其私了，人主難免負累了。凡事做好難，任用好人來做則易，何以見得？譬如人與驥同走、人不能勝驥，如果人居車上而用驥，則驥不勝人了。人主喜歡治理人臣的職事，那就是與驥同走，必定多所不及了。人主亦有車，居於車上而不去其車，則眾多賢能都盡力竭智了，諂諛偏賊巧佞的小人無所逃其姦偽了，剛強廉直忠厚的賢士都竭盡智能以效力馳驅了。人主的車是用以載物的，明瞭載物的道理，則四海可有；不知道載物而自怙恃，矜其智能，多其命令，而好自用其力，這樣一來，則百官動亂，少長相越，萬邪並起，權威分移，不可以終了，不可以糾正，這就是亡國的風氣呀！

王良之所以使馬者，約審之以控其轡，而四馬莫敢不盡力㈠。有道之主其所以使羣臣者亦有轡。其轡何如㈡？正名審分，是治之轡已。故按其實而審其名，以求其情，聽其言而察其類，無使放悖。夫名多不當其實，而事多不當其用者，故人主不可以不審名分也。不審名分，是惡壅而愈塞也㈢，壅塞之任，不在臣下，在於人主㈣。堯舜之臣不獨義，湯禹之臣不獨忠，得其數也。桀紂之臣不獨鄙，幽厲之臣不獨辟，失其理也。今有人於此，求牛則名馬，求馬則名牛，所求必不得矣。而因用威怒，有司必誹怨矣，牛馬必擾亂矣。百官、眾有司也，萬物、羣牛馬也，不正其名，不分其職，而數用刑罰，亂莫大焉。

【今註】㈠王良是晉國的善御者。觀表篇為越之王良。㈡轡是馬韁繩，勒住馬口，以節制其奔跑。㈢荀子正名篇「今聖王沒，名守慢，奇辭起，名實亂，則雖守法之吏，誦數之儒，亦皆亂也。若有王者起，必將有循於舊名，有作於新名，然則所為有名，與所緣以同異，與制名之樞要，不可不察也。異形離心交喻，異物名實互紐，貴賤不明，同異不別，如是則志必有不喻之患，而事必有困廢之禍。故智者為之分別，制名以指實，上以明貴賤，下以辨同異，貴賤明，同異別，如是則志無不喻之患，事無困廢之禍，此所為有名也。」春秋繁露深察名號篇「欲審曲直，莫如引繩，欲審是非，莫如引名。詰其名實，觀其離合，則是非之情，不可以相讕也。」兩者最可說明正名審分的重要。㈣高注「君明則臣忠，臣忠則政無壅塞，故曰在於人主。」

【今譯】王良的所以御馬，審慎的控制馬轡，而四馬沒有不敢不盡力；有道之主的所以駕馭羣臣，亦有轡，他的轡是什麼？正名審分就是為治的轡了。所以按其實而審其名，以求其真情，聽其言而察其類，勿使散亂。大概名多不當其實，而事多不當其用，所以人主不可以不審察名分；不審察名分，就是惡壅而愈塞，壅塞的責任不在臣下，在於人主。堯舜的臣下不是都有義，湯武的臣下不是都忠良，是由於御之有術；桀紂的臣下不是都卑鄙，幽厲的臣下不是都邪辟，是由於御之失理。譬如有人於此，求牛則名馬，求馬則名牛，所求的必定得不到了；因此而用威怒，那有司必定誹怨了，牛馬必定擾亂了。百官是眾多的有司，萬物是成羣的牛馬，不正其名，不分其職，而多次運用刑罰，這禍亂再大沒有了。

夫說以智通，而實以過悗㈠，譽以高賢，而充以卑下，贊以潔白，而隨以汙德㈡，任以公法，而處以貪枉，用以勇敢，而堙以罷怯。此五者，皆以牛為馬，以馬為牛，名不正也。故名不正，則人主憂勞勤苦，而官職煩亂悖逆矣，國之亡也，名之傷也，從此生矣。白之顧益黑，求之愈不得者，其此義邪？故至治之務，在於正名，名正則人主不憂勞矣。不憂勞則不傷其耳目之主㈢，問而不詔，知而不為，和而不矜，成而不處，止者不行，行者不止，因刑而任之，不制於物，無肎為使㈣，清靜以公，神通乎六合，德耀乎海外，意觀乎無窮，譽流乎無止㈤，此之謂定性於大湫，命之曰無有㈥。故得道忘人，乃大得人也，夫其非道也㈦？知德忘知，乃大得知也，夫其非德也㈧？至知不幾，靜乃明幾也，夫其不明也㈨？大明不小事，假乃理事也，夫其不假也㈩？莫人不能，全乃備能也，夫其不全也㈡？是故於全乎去能，於假乎去事，於知乎去幾，所知者妙矣㈢。若此則能順其天，意氣得游乎寂寞之宇矣，形性得安乎自然之所矣，全乎萬物而不宰，澤被天下而莫知其所自始，雖不備五者，其好之者是也㈢。

【今註】㈠「過悗」：畢校謂過舊作遇，悗（ㄇㄣˋ）惑也。許釋引王念孫俞樾說，謂作遇者是，遇與愚古通用。智通與愚惑，高賢與卑下，潔白與汙德，公法與貪枉，勇敢與罷怯，義皆相反。按王俞說是，此即孔子所謂「惡似而非者」，闇主之於名實亦不能知也。㈡高注「以汙穢之德，隨潔白之蹤，里諺所謂牛頭而賣馬脯，此之謂也。」許釋引梁玉繩呂子校補「晏子春秋六，懸牛首於門，而賣馬肉於內。續漢書百官志三注引決錄曰，懸牛頭，賣馬脯，盜蹠行，孔子語。蘇子由送柳子玉詩，衒牛沽馬脯。」按即今諺掛羊頭賣狗肉。孔子所以惡鄉愿，恐其亂德也。㈢「主」：高注「猶性也」，畢校「案注似主本是生字」，尹校據改。按自此句至命之曰無有，是無為而治的思想，與本生篇所謂

「全德之人」相似，亦治身與治國，一理之術也。所謂耳目之主是指心而言，即孟子所謂耳目之官不思，心之官則思，故心為耳目之主。憂勞多思慮，故不憂勞而不傷其耳目之主，下文的問而不詔、知而不為，和而不矜，成而不處，都是養心之道。老子謂「為者散也，執者失之」，故問而不詔，知而不為；又謂「聖人之道，為而不爭。」「不自伐故有功，不自矜故長」故和而不矜，成而不處。㊃高注「止者不行，謂土也，行者不止、謂水也，因形而任之，不令土行，不令水止也。不制於物者不為物所制，物不能制之也。若此人者，王公不能屈，何肯為人之使令者乎？」許釋引陶鴻慶說「無肯為使言不為物役，高注非。」按此數句是說一切順其自然，不制於物，不為物役。㊄此與本生篇「精通乎天地，神覆乎宇宙」的意義相同，是超越人類社會的是非之上，與天地合一而得到絕對自由的境界。這是道家的天人合一思想。此處為說明人主能審分則不憂勞。㊅湫是江河之水由廣潤趨於狹隘，高注「大湫猶大竇」，定性於大湫猶言心不憂勞，如水止於大竇而靜止，君守篇「得道者必靜，靜者無知。」故命之曰無有。㊆許釋引陶鴻慶札記「夫其非道也，也當讀為邪，言忘人而大得人，安得謂之非道乎？蓋反言以明其為道之至也。下文夫其非德也、夫其不明也、夫其不假也、夫其不全也，義並同。高註皆臆說，不可從。」按本篇上文「其此義邪？」已用邪字，何以此五也字不用邪字，陶說亦未妥。此五句皆言不能審分者。得道忘人猶如魚相忘於江湖，得道是全德之人，故人皆慕而歸之，乃大得人。夫其猶彼其，謂彼其不得人，是所得非道也。所得非道即不能審分。㊇知德亦指得道者，得道者不謀而當，不慮而得，精通乎天地，神覆乎宇宙，故曰知德忘知，乃大得知。彼其不得知，是所知非德也。㊈至知即上句的大得知，雖大得知，亦須靜慮乃明幾先；彼其不明幾先，是由於不靜。（許釋引劉師培說「夫其不明也，明當作靜」。）這是大學「靜而後能安、安而後能慮、慮而後能得」的意思。㊉大明即至知，大明事理者不治小事。假，爾雅釋詁大也，言事之大者，人君乃理之。（許釋引陶鴻慶說）彼其不明，是以不理大事也。㊀「莫人」：許釋引俞樾說謂當作真人，真人不能，全乃備能也，蓋即堯舜不偏物之意。許謂俞說是。按本生篇「天子之動也，以全天為故者也，此官之所自立也，立官者以全生也。」正是本文的注釋。真人並非萬能，全生順性乃備能，彼其不能，是不知全生，不知全生即不知立官分職。㊁君守篇「有識則有不備矣」高注「物不可悉識，偏識其物則反有不備也。」故曰於全乎去能，則所知妙矣。餘並同。㊂五者即上文的得道、知德、至知、大明及真人，言於此五者雖不能備有，但能好此審分亦就是了。

【今譯】 大凡說以智通，而實以愚惑；譽以高賢，而實以卑下；贊以潔白，而隨以汙德；任以公法，而處以貪枉；用以勇敢，而實以疲怯。此五者都是以牛為馬，以馬為牛，就是名不正。所以名不正，則人主憂勞勤苦，而官職煩亂悖逆了，國家的滅亡，名實的損傷，都從此發生了。白的反益黑，求之愈不得，不是這意義嗎？所以治平的先務在於正名，名正則人主不會憂勞了，不憂勞則不致傷害耳目之主。凡事問而行之，不須自專教告，雖知其事而不須躬行，與臣下和諧相處而不自矜伐，事成之後，而不居其功，止者不行，行者不止，各因其形而任使之，不制於物，不為物役，清靜而公正，神通於六合，德耀於海外，意觀於無窮，譽流於無止。這就是所謂定性於大賓，其名叫做無有。所以得道忘人，乃大得人；彼其不得人，是所得非道。知德忘知，乃大得知；彼其不得知，是所知非德。至知不識幾先，靜慮乃明幾先；彼其不明幾先，是由於不靜。大明事理不治小事，大事乃理之；彼其不明，故不理大事。真人非萬能，全生順性乃備能；彼其不能，是不知全生。所以於全中去其所能，於大中去其小事，於知中去其幾先，那麼所知道的便不多了。這樣才能順其自然，意氣得遊於寂寞的寰宇了，形性得安於自然的境界了，統有萬物而不為主宰，德澤被於天下而莫知其所自來，雖不能備有五者，但能好慕而知審分，亦就可以了。

二曰君守

【今註】 本篇是道家思想，道家觀察自然，認為人類生存天地之間，受洪水風暴火山地震及疾病的侵襲，在驚懼恐怖之餘，自然要追求內心的平靜。清靜無為本是養生之術，惟治身與治國同理，故言君守亦主靜主無。所以說：「得道者必靜，靜者無知，知乃無知，可以言君道也。」「至精無象，而萬物以化，大聖無事，而千官盡能，此乃謂不言之教，無言之詔。」這是說靜與無是人君所當守。韓非有主道篇，以道家無為之道，建立法家為君之道，要有三點：㊀守虛靜，㊁合形名，㊂正賞罰，通篇論御臣之術，純是老氏作用。他說：「明君無為於上，羣臣竦懼於下，明君之道使智者盡其慮，而君因以斷事。」故「君高枕而臣樂業。」惟儒家則主有為政治，故荀子說：「王道利明不利幽。」漢初政治重黃老之術，至武帝尊儒，作風大變，可見君守的不同。近代的君主立憲政體，如英國日本，亦是「君高枕而臣樂業」，而國家富強，則是本篇的理論，亦有可用於實際政治。

得道者必靜㈠，靜者無知㈡，知乃無知㈢，可以言君道也。故曰中欲不出謂之扃，外欲不入謂之閉㈣。既扃而又閉，天之用密，有准不以平，有繩不以正。天之大靜，既靜而又寧，可以為天下正㈤。

【今註】㈠靜是不妄動，得道者必能止於至善，知止而后有定，定而后能靜，故曰得道者必靜。㈡靜而后能安，安而后能慮，慮而后能得；當其靜時，尚未能慮，故曰靜者無知。㈢即使有所知，乃若無知，如審分篇所謂「問而不詔，知而不為」不詔不為就好像無知。㈣扃（ㄐㄩㄥ）是從外關閉的門戶，使門內人物不能外出。閉是從內關閉的門戶，使門外人物不能入內。㈤老子「清靜為天下正。」孔子說：「天何言哉？四時行焉，百物生焉，天何言哉？」

【今譯】得道者必靜，靜者無知，即有所知乃若無知，這可以說就是為君之道。所以說：心中的欲望不外顯叫做扃，外界的物慾不侵入叫做閉，既扃而又閉，猶如自然法則的嚴密，有水準而不用以為平，有繩墨而不用以為正，又如天的大靜，既清靜而又安寧，可以為天下之主了。

身以盛心，心以盛智㊀，智乎深藏，而實莫得窺乎？鴻範曰：「惟天陰騭下民」，陰之者所以發之也㊁。故曰不出於戶而知天下，不窺於牖而知天道，其出彌遠者，其知彌少㊂，故博聞之人，彊識之士闕矣，事耳目、深思慮之務敗矣，堅白之察，無厚之辯外矣㊃。不出者所以出之也，不為者所以為之也，此之謂以陽召陽，以陰召陰㊄。東海之極，水至而反，夏熱之下，化而為寒。故曰天無形而萬無以成，至精無象而萬物以化，大聖無事而千官盡能，此乃謂不教之教，無言之詔㊅。故有以知君之狂也，以其言之當也，有以知君之惑也，以其言之得也㊆。君也者，以無當為當，以無得為得者也，當與得不在於君，而在於臣。故善為君者無識，其次無事，有識則有不備矣㊇，有事則有不恢矣，不備不恢，此官之所以疑，而邪之所從來也。今之為車者數官然後成㊈，夫國豈特為車哉？眾智眾能之所持也，不可以一物一方安車也㊉。夫一能應萬，無方而出之務者，唯有道者能之㊁。

【今註】㊀人者心之器，故曰身以盛心。心之官則思，故曰心以盛智。㊁鴻範即尚書洪範，是箕子對周武王論治天下的大法。此句是說上天無言，默默的安排下民，使各得安居樂業。㊂畢校「故曰者本老子道德經之言，下二語亦是。」按見老子第四十七章「不出戶，知天下。不窺牖，見天道。其出彌遠，其知彌少。是以聖人不行而知，不見而明，不為而成。」這是說不出門外親去接近人民，只要能聽取忠言，就可得知國家百姓的事情。天道人道本是一貫，天道在人心，故不窺窗外，也可知道天體的軌道。先總統　蔣公說：「人之性即天性，亦即自然之理，如違反自然之理，就是反乎人道，拂乎人性，其人必敗，其國必亡。」是此處的天道亦即天理，這個天理需要人的理性去感覺，非人的視覺所能接觸的，故不窺於牖而知天道。其出彌遠者，是離去人民，不以百姓的心為心，故所知彌少。㊃堅白之察是公孫龍的堅白論。無厚之辯是惠施的「無厚不可積也，其大千里。」戰國時名家分為惠施的「合同異」與公孫龍的「離堅白」兩派。㊄二句見莊子徐無鬼篇，許釋引李寶泩劉咸炘說，疑應作「以陽召陰，以陰召陽。」劉說並謂不出不為是陰，出之為之是陽，以陰召陽即上文陰之者所以發之也。（劉著呂氏春秋發微）按應同篇「類固相召，氣同則合」。春秋繁露「美事召美類，惡事召惡類，類之相應而起也，如馬鳴而馬應之，牛鳴而牛應之，物故以類相召也。」本文意謂不出戶知天下，無為者無不為，是亦由於同類相召，美事召美類，故曰以陽召陽，以陰召陰。㊅此言為政之道，在順其自然，老子「聖人處無為之事，行不言之教。」「不言之教，無為之益，天下希及之。」又「我無為而民自化，我好靜而民自正，我無事而民自富，我無欲而民自樸。」這些是老子政治思想的基本觀念。㊆人君狂言，臣下不敢諫，遂自以其言為當；狂言而自得，所以知其迷惑。（此是申不害的主術論）㊇「無識」：許釋引俞樾平議謂當作無職。按俞說非，無職與無事義相近，則何必再言其次。無識即靜者無知之意，是善為君所當守；千官盡能，則為君者對於事物自可不必盡識，欲求盡識則反而有所不備了。㊈考工記「凡攻木之工七，攻金之工六，攻皮之工五，設色之工五，刮摩之工五。」多與造車有關，故曰數官然後成。㊉許釋引王念孫陶鴻慶說，安下無車字，此言為國，不言為車，安車之車，涉上文而衍。㊀「無方而出之」，尹校改為「無方而不出之」，謂無方即上文不可以一物一方安也；不出即上文不出者所以出之也。尹說可取。

【今譯】　身以盛心，心以盛智，智慧深藏於心中，真的不得窺見嗎？洪範說：「上天無言而暗中安排下民的禍福。」陰暗中就是所以發之。所以說：不出於戶而知天下之事，不窺於牖而知天道之化；其出愈遠，其所知愈少。故博聞之人、強記之士有所欠缺了，耳目之勞、思慮之深有所損傷了，堅白之論、無厚之辯可以放棄了。不出的有如出的，不為的有如為的，這叫做以陽召陽，以陰召陰。東海的盡處，水到了要返回，夏天的炎熱，就要化而為寒，所以說，自然無形而萬物以成，陰陽無象而萬物以化，大聖無事，而千官盡能，這就是所謂不教之教，無言之詔。因此，可以知道那為君的狂妄，是因為自以其言為當；而且知道他的迷惑，是因為自以其言有所得。為君之道應該以無當為當，以無得為得，當與得不在於君而在於臣。所以善為君的要無識，其次要無事；有識則有所不完備了，有事則有不廣大了，不完備、不廣大，這就使千官有所懷疑，而奸邪乘虛蹈隙而來了。製造車子是要數官合作然後成，那麼治理國家豈但是造車可比呢？是要眾智眾能的同心協力，不可以一物一方求得安定。彼其執一而能應付萬變，無方不出以成事者，惟有道者能之。

魯鄙人遺宋元王閉㈠。元王號令於國，有巧者皆來解閉，人莫之能解。兒說之弟子請往解之㈡，乃能解其一，不能解其一，且曰：「非可解而我不能解也，固不可解也。」問之魯鄙人，鄙人曰：「然，固不可解也，我為之而知其不可解也，今不為而知其不可解也，是巧於我。」故如兒說之弟子者，以不解解之也。鄭大師文終日鼓瑟而興，再拜其瑟前曰：「我效於子，效於不窮也。」故若大師文者，以其獸者先之，所以中之也㈢。

【今註】㈠「閉」：高注為結不解，是一種魔術遊戲，現尚有人為之。㈡兒說是宋人，善辯。（畢校引韓非子外儲說左上）㈢昭文是鄭國樂師，善琴瑟，列子湯問篇有昭文從師曠學琴事。本文「以其獸者先之，所以中之也」就是說內得於心，外應於器，心中先有獸走鳥飛魚躍的意念，而後發手動絃所以中之。簡言之，就是得心應手。昭文既能得心應手，運用無窮，如「當春而叩商絃以召南呂，涼風總至，草木成實」，而實是「奮能自殃」。所以說「我效於子，效之不窮也。」許釋引陶鴻慶、李寶淦說均不可取。尹校據陶說亦認為「若大師文者」下有脫句，而以「以其獸者先之」二句與大師文事無關，誤矣。

【今譯】魯國的鄙人送給宋元王兩個閉結，元王通令國內的智巧者都來解閉，沒有人能解得開。兒說的弟子請往解，其一能解，其一不能解，他說：「不是可以解而我不能解，這是本來不可解的呀！」問於魯鄙人，鄙人說：「不錯，是本來不可解的，我做了而曉得這是不可解，現在不是做的人而知道不可解，他的智巧是比我高明。」所以如兒說的弟子是以不解解之。鄭太師昭文終日鼓瑟，有一次，站起來再拜其瑟說：「我學你是學不完的。」所以如同太師昭文是先於心中有獸的意念，所以能得心應手而中之。

故思慮自心傷也㈠，智差自亡也㈡，奮能自殃，其有處自狂也㈢。故至神逍遙，倏忽而不見其容，至聖變習移俗，而莫知其所從，離世別羣而無不同，君民孤寡而不可障壅㈣，此則姦邪之情得，而險陂讒慝諂諛巧佞之人無由入。凡姦邪險陂之人必有因也，何因哉？因主之為。人主好以己為，則守職者舍職而阿主之為矣，阿主之為，有過則主無以責之，則人主日侵，而人臣日得。是宜動者靜，宜靜者動也，尊之為卑，卑之為尊，從此生矣。此國之所以衰，而敵之所以攻之者也。奚仲作車，蒼頡作書，后稷作稼，皋陶作刑，昆吾作陶，夏鯀作城，此六人者所作當矣，然而非主道者。故曰作者憂㊄，因者平。惟彼君道，得命之情，故任天下而不彊，此之謂全人㊅。

【今註】㊀高注「思慮勞精神而亂於心，故自傷也。」許釋引陳昌齊俞樾說謂心字當刪。㊁「智差（ㄔㄚˊ）」，高注「用智過差，極其情欲，以自消亡也。」許釋引俞樾說依淮南原道篇偶瑳（ㄔㄚˊ）智故，曲巧譌詐，謂差當作瑳，尹校據改。惟康熙字典雖有瑳字，僅列淮南子原文，而未注瑳字的意義，高注意義甚明，似可不改。㊂許釋引俞樾平議「此當作奮能自殃也，有處自狂也，與上句思慮自傷也，智差自亡也一律。也其秦刻石文形似致誤。」高注「奮，強也，夏桀強其能以肆無道，自取破滅之殃。」有處自狂即上文所謂有以知君之狂也，以其言之當也。㊃許釋引陶鴻慶札記「民當為名，此言人君雖自名孤寡，而不為姦邪所障塞，即上文所謂一能應萬也，與上句離世別羣而無不同，語意相類。」尹校據改。㊄許釋引王念孫說「憂當作擾，任數篇，為則擾矣，因則靜矣，是其證。」陶鴻慶說同，尹校據改。按憂字是，正是審分篇「名正則人主不憂勞矣」同義。㊅老子「強大處下，柔弱處上。」又「守柔曰強」，故任天下而不強。全人即本生篇的「全德之人。」

【今譯】所以思慮勞神是自傷，用智過差是自亡，好強稱能是自殃，有所處理是自狂。故至神逍遙，倏忽而不見其容，至聖移風易俗，而莫知所從，離世別羣，而無不和諧。自名孤寡，而不可障塞。因此得知姦邪的情況，而險陂讒慝諂諛巧佞的小人無從入內而見用。大凡姦邪險陂小人的見用，必有所因，什麼因呢？就是順從人主的意志。人主好以自己的情欲做事，那麼守職的官吏也就捨棄職守而阿從人主的意志去做了，阿從人主的意志即使做錯了，人主亦無法予以責備，於是人主的權力日受侵削，而人臣日有所得。這就是應該動的反而靜，應該靜的反而動，尊變為卑，卑變為尊，也從此發生了；這也就是國家的所以衰弱，而敵國的所以來攻伐了。從前奚仲作車，蒼頡作書，后稷作稼，皋陶作刑，昆吾作陶，夏鮌作城，這六人的所作都合其宜，然而不是人主之道。所以說：作者憂勞，因者平靜，惟獨為君之道，得乎性命之情，所以負責天下的重任而不自以為強，這叫做全德之人。

三曰任數

【今註】 數是術數，亦即權謀，任數就是使用權術。本篇是言人主用術之道，揉合儒道法各家的政治思想，而以法家為主，其要謂耳目心智都不足恃，必須脩其數，行其理，使三官得正則可恃。戰國時法家商鞅主法，申不害主術，慎到主勢，本篇引用申不害之言，其術是要人主去聽去視去智則治，三者用則亂。後來韓非更將用術的理論加以發展，以濟法治之不及，使君位鞏固，臣不得侵，以固國本。

凡官者，以治為任，以亂為罪，今亂而無責，則亂愈長矣。人主以好暴示能，以好唱自奮㊀，人臣以不爭持位，以聽從取容㊁。是君代有司為有司也，是臣得後隨以進其業，君臣不定㊂。耳雖聞，不可以聽；目雖見，不可以視；心雖知不可以舉，勢使之也。凡耳之聞也，藉於靜；目之見也，藉於昭；心之知也，藉於理；君臣易操，則上之三官者廢矣。亡國之主其耳非不可以聞也，其目非不可以見也，其心非不可以知也，君臣亂擾，上下不分別，雖聞曷聞，雖見曷見，雖知曷知㊃。馳騁而因耳矣，此愚者之所不至也㊄，不至則不知，不知則不信㊅。無骨者不可令知冰㊆，有土之君能察此言也，則災無由至矣。且夫耳目知巧，固不足恃，惟脩其數，行其理，為可㊇。

【今註】㊀暴是表現、耀揚之意。唱是唱先而使人隨之。㊁高注「孝經，臣不可以不爭於君，此不爭持位，非忠臣也。」這是說恭默以保祿位，阿意曲從以自容。㊂君為臣事，臣乃後隨，是君不君，臣不臣，故曰君臣不定。㊃高注「雖知就利避害，不知仁義與就利避害之本也，去其本而求其末，故曰雖知曷知。其聞見之義亦然。」㊄高注「馳騁，田獵也。田獵禽獸，亡國之主所樂及，脩其本者弗為也，故曰愚者之所不至也。」許釋引吳先生說「而因語不可通，疑因當為田字，形似而譌，文云馳騁而田，故注以馳騁田獵釋之。」「耳矣」是表示僅此的語氣，其意與「而已」「罷了」同。㈥高注「言不知其君，不信脩仁義，無欲為可以致治安國之本。」㈦高注「亡國之主，不知去貪暴，施仁惠，若無骨之蟲，春生秋死，不知冬寒之有冰雪。」㈧「耳目智巧不足恃」，是指「耳雖聞不可以聽，目雖見不可以視，心雖知不可以舉」三官不正則不足恃。惟脩其數，行其理，為可，是指「耳之聞也藉於靜，目之見也藉於昭，心之知也藉於理」三官得正則足恃。

【今譯】　大凡從政為官以治事為盡職，以背亂為犯罪，背亂而不予責罰，則亂事愈大了。人主以好表現矜示才能，以好唱先自告奮勇；人臣以不爭保持祿位，以服從阿意取容；這是人君代羣臣為事，而人臣樂得後隨以不爭取容，君臣職守不定。耳雖能聞而不可以聽五音，目雖能見而不可以視五色，心雖能知而不可以舉義理，情勢使然。大凡耳之聞有賴於靜，目之見有賴於明，心之知有賴於理，如果君臣易守，則以上三官都廢棄無用了。亡國之主，其耳非不可以聞，其目非不可以見，其心非不可以知，但由於君臣的職守紛亂，上下責任不分別，耳雖可聞，何所聞？目雖可見，何所見？心雖可知，何所知？但知馳騁田獵而已，此愚者之所以不至，不至則不知，不知則不信，猶如無骨之蟲，不可使知冬寒的冰雪。有國的君主能審察此言，那就不會有災禍了。而且耳目智巧實不足恃，惟有脩其數，行其理，使三官得正則可恃。

韓昭釐侯視所以祠廟之牲，其豕小㊀，昭釐侯令官更之。官以是豕來也，昭釐侯曰：「是非嚮者之豕邪？」官無以對，命吏罪之。從者曰：「君王何以知之？」君曰：「吾以其耳也。」申不害聞之㊁，曰：「何以知其聾，以其耳之聰也，何以知其盲，以其目之明也，何以知其狂，以其言之當也。故曰，去聽無以聞則聰，去視無以見則明，去智無以知則公。去三者不任則治，三者任則亂。」以此言耳目心智之不足恃也。耳目心智其所以知識甚闕，其所以聞見甚淺，以淺闕博居天下，安殊俗，治萬民，其說固不行。十里之閒，而耳不能聞；帷牆之外，而目不能見；三畝之宮，而心不能知。其以東至開梧，南撫多顯，西服壽靡，北懷儋耳㊂，若之何哉？故君人者，不可不察此言也。治亂安危存亡，其道固無二也。故至智棄智，至仁忘仁，至德不德，無言無思，靜以待時，時至而應，心暇者勝。凡應之理，清淨公素，而正始卒，焉此治紀，無唱有和，無先有隨㊃。古之王者其所為少，其所因多，因者，君術也，為者，臣道也；

為則擾矣，因則靜矣。因冬為寒，因夏為暑，君奚事哉？故曰君道無知無為，而賢於有知有為，則得之矣㊄。

【今註】㊀韓昭釐侯，史記韓世家作昭侯，本書處方篇亦作昭釐侯。㊁申不害鄭人，昭釐侯之相，精刑名學。此節是申不害論人主之術，說明耳目心智的不足恃，與君守篇「大聖無事，而千官盡能」同意。「何以知其狂，以其言之當也」已見上篇。㊂開梧、多顋、壽眉、儋耳是戰國時所知的四方極遠的地名，已不可稽考。㊃此一節是老子思想，老子曾說：「絕聖棄智，民利百倍，絕仁棄義，民復孝慈；絕巧棄利，盜賊無有。」「上德不德，是以有德；下德不失德，是以無德。」「故以智治國，國之賊；不以智治國，國之福。」是其所本。而正始卒、尹校引譚戒甫校呂遺誼「而讀為能，焉此猶乃是也。」老子說「慎終如始，則無敗事。」故能正始終，乃是道紀。㊄老子說「夫惟無知，是以不我知，知我者希，則我者貴，是以聖人被褐懷玉。」故無知無為賢於有知有為。

【今譯】韓昭釐侯看見祭祀宗廟用的三牲，其豕甚小，他命令主管官更換一隻大的。可是主管官仍然用這小豕送來，昭釐侯說：「這不是以前的那隻豕嗎？」主管官沒有話說，昭釐侯命法吏治他的罪。隨從的人說：「君侯何以知道呢？」昭釐侯說：「我認得豕的耳朵呀！」申不害聽到這事，說：「何以知道他的聾，因為自以其耳為聰；何以知道他的盲，因為自以其目為明；何以知道他的狂，因為自以其言為當。所以說，去了聽而無所聞則耳聰，去了視而無所見則目明，去了智而無所知則心公。去此三者而不用則國治，三者用則國亂。」這是說明耳目心智的不足恃。耳目心智所得的知識很欠缺，其所聞所見也很淺近，用這欠缺淺近的知識曠視天下，要安撫殊俗，治理萬民，其說必不能施行。而且十里之間而耳不能聞，帷牆之外而目不能見，三畝之宮而心不能知；則對於東至開梧，南撫多顋，西服壽靡，北懷儋耳，那怎麼行呢？故為人之君不可不審察此言，治亂、安危、存亡之道，必無二理。所以至智棄智，至仁忘仁，至德不德，無言無思，靜以待時，時至而應，心暇者勝。大凡應用的道理，是要清靜公正而素樸，能始終不變，乃是為治的法則，不待唱而有和，不待先而有隨。古代的帝王大都是所為者少，而所因者多，因是君術，而為是臣道；為則煩擾了，因則平靜了，有如因冬為寒，因夏為暑，君主還有什麼事呢？所以說，君道的無知無為，賢於有知有為，這就得其要了。

有司請事於齊桓公，桓公曰：「以告仲父。」有司又請，公曰：「告仲父。」若是三。習者曰：「一則仲父，二則仲父，易哉為君。」桓公曰：「吾未得仲父則難，已得仲父之後，曷為其不易也？」桓公得管子，事猶大易，又況於得道術乎？

【今註】　此段是因者君術、為者臣道的例證。

【今譯】　有司有事諸示於齊桓公，桓公說：「告訴仲父。」有司又請，公說：「告訴仲父。」這樣的三次。近侍說：「一則仲父，再則仲父，太容易呀為君！」桓公說：「我未得仲父，則為君難，已得仲父之後，為什麼不容易呢？」桓公得管仲，政事尚且大易，又況乎得道術呢？

孔子窮乎陳蔡之閒，藜羹不斟，七日不嘗粒㊀。晝寢，顏回索米得而爨之，幾熟，孔子望見顏回攫其甑中而食之。選閒食熟，謁孔子而進食，孔子佯為不見之。孔子起曰：「今者夢見先君，食潔而後饋㊁。」顏回對曰：「不可，嚮者煤炱入甑中，棄食不祥，回攫而飲之㊂。」孔子歎曰：「所信者目也，而目猶不可信，所恃者心也，而心猶不足恃，弟子記之，知人固不易矣。」故知非難也，孔子之所以知人難也㊃。

【今註】㊀此段是耳目心智不足恃的例證。不斟，畢校謂慎人篇作不糝，此應作不糂，說文：糂以米和羹也。藜藿不斟是說有藜藿而無米相和，故曰七日不嘗粒。又慎人篇作不糝，義同。㊁饋（ㄎㄨㄟˋ）是進獻食物給尊長。㊂煤炱是煤煙。炱（ㄊㄞˊ）是油煙凝結而成的黑灰。㊃許釋引陶鴻慶札記謂孔子之三字衍，兩句是申明孔子知人固不易之言。尹校據刪。

【今譯】孔子受困於陳蔡之間，藜藿無米和羹，七天沒有吃過飯。午睡時，顏回索得了米來煮稀飯，將要煮熟時，孔子望見顏回用手抓取甑中的飯。一會兒飯熟了，顏回進見孔子而進食，孔子故意作沒有看見，起來說：「剛纔夢見先君，食潔而後進獻。」顏回對答說：「不是，起先有煤煙掉落甑中，棄去是不吉祥的，所以回就抓取吃了。」孔子歎息說：「所可信的是眼睛，而眼睛尚不可信，所可恃的是心，而心尚不足恃，弟子們記住，知人真不是易事。」所以知並不是難，而知人則是難事。

四曰勿躬

【今註】本篇與君守篇所論大意相同，管仲對齊桓公一段話，正說明分層負責的意義。「處平靜、任德化以聽其要」實在是做主管運用組織以治事的原則。詩小雅「弗躬弗親，庶民弗信」，是指地方臨民的官吏而言。韓非外儲說左上，以事例說明六種主術，其第五種為「人主躬親而不責成之害」，故本篇是採用法家思想。

人之意苟善，雖不知，可以為長。故李子曰：「非狗不得兔，兔化而狗，則不得兔㊀。」人君而好為人官，有似於此㊁。其臣蔽之，人時禁之，君自蔽則莫之敢禁。夫自為人官，自蔽之精者也。祓篲日用而不藏於篋㊂，故用則衰，動則暗，作則倦，衰暗倦三者非君道也。大橈作甲子，黔如作虜首。容成作厤，羲和作占日，尚儀作占月，后益作占歲，胡曹作衣，夷羿作弓，祝融作市，儀狄作酒，高元作室，虞姁作舟，伯益作井，赤冀作臼，乘雅作駕，寒哀作御，王冰作服牛，史皇作圖，巫彭作醫，巫咸作筮㊃。此二十官者，聖人之所以治天下也，聖王不能二十官之事。然而使二十官盡其巧，畢其能，聖王在上故也。聖王之所不能也，所以能之也，所不知也所以知之也，養其神、脩其德而化矣㊄，豈必勞形愁弊耳目哉㊅？

【今註】 ㊀李子是李悝（ㄎㄨㄟ），子夏的弟子，相魏文侯，倡盡地力。許釋引陶鴻慶札記謂此三句當云：「非狗不得兔，狗化為兔，則不得兔。」文義較明，惟此一譬喻並不妥適。或謂李克，見適威篇。㊁人官已見審分篇。㊂祓（ㄈㄨˊ）篲（ㄏㄨㄟˋ）是掃除塵穢的掃帚。㊃大橈（ㄋㄠˊ）作甲子以下二十句，都是傳疑時代的發明家及其創作的事物，詳情已無從查考。就中如「虜首」，畢校謂世本云，隸首作數，或是此誤，亦疑虜首當是鄐首。許釋引孫先生說，亦疑原文作虜首作數。又「乘雅作駕」，荀子解蔽篇云，乘杜作乘馬，（世本、相土作乘馬）。「王冰作服牛」，王國維謂王冰為王亥之譌，世本，胲（ㄏㄞˋ）作服牛。服牛者即大荒東經之僕牛，楚辭天問之朴牛。葢夏初奚仲作車，或尚以人挽之，至相土作乘馬，王亥作服牛，而車之用益廣。又「史皇作圖」許釋引馬敘倫說，即君守篇之蒼頡作書，蒼頡始為史官，故號史皇。㊄高注「無所思慮勞神，是養神也。無狀而能化，化育萬物也。」㈥許釋「愁下疑脫慮字。察微篇云，相與積心愁慮以求之。察賢篇云，天下之賢主豈苦形愁慮哉？執其要而已矣。足證本書多以愁慮連文。」

【今譯】人的用意如果是對的，雖不明智也可以領導羣倫。所以李子說：「不是狗獵不到兔，是因為兔化為狗，就得不到兔了。」人君喜歡做人臣的職事，有似於此。如果是臣下蒙蔽，還有人隨時予以干涉阻止；但是人君自己蔽塞，就沒有人敢於禁止了。那自己要做人臣的職事，是自己蔽塞的最厲害的呀，這猶如袯襫是經常日用的，不能藏於篋中。所以人君要是萬事躬親，勢必用則衰，動則暗，作則倦；衰暗倦三者都不是為君之道。從前大橈作甲子，黔如作虜首（隸首作數），容成作曆，羲和作占日，尚儀作占月，后益作占歲，胡曹作衣，夷羿作弓，祝融作市，儀狄作酒，高元作室，虞姁作舟，伯益作井，赤冀作臼，乘雅作駕（相土作乘馬），寒哀作御，王冰（亥）作服牛，史皇作圖，巫彭作醫，巫咸作筮。這二十位官吏，是聖王所賴以治天下之事。聖王不能做二十官的職事，可是使二十官都能盡用其技能，是由於聖王在上的緣故。聖王所不能的，有了他們就能之；所不知的，有了他們就知之；養其精神、修其道德而化育萬物了；豈必躬自勞形愁慮而弊耳目嗎？

是故聖王之德，融乎若日之始出，極燭六合，而無所窮屈，昭乎若日之光，變化萬物，而無所不行，神合乎太一，生無所屈，而意不可障，精通乎鬼神，深微玄妙，而莫見其形。今日

南面，百邪自正，而天下皆反其情㈠，黔首畢樂其志，安育其性，而莫為不成。故善為君者，矜服性命之情㈡，而百官已治矣，黔首已親矣，名號已章矣。

【今註】㈠此段是承上文「養其神、修其德而化矣」句，詳述聖王道德精神的偉大。反其情是回復其真情。㈡矜服是敬服、順從之意。性命，性是天生的氣質，如剛柔遲速之別；命是天所稟賦，如貴賤夭壽之屬。（知接篇：「死生命也。」）

【今譯】是故聖王的道德，融洽溫和，猶如日之始出，徧照六合，而無遠弗至；昭明顯著，猶如日之光輝，化育萬物，而無所不行。神合於太極，生無所屈，而意志通達不可障塞；精通於鬼神，深微玄妙，而莫見其形。今日南面而治，百邪自正，而天下皆回復常情，百姓盡樂其志，安育其性而無所不成。所以善為君者，順從性命自然之情，而百官已治了，百姓已親了，名號已彰了。

管子復於桓公曰：「墾田大邑，辟土藝粟，盡地力之利，臣不若甯遬，請置以為大田㈠。登降辭讓，進退閑習，臣不若隰朋，請置以為大行㈡。蚤入晏出，犯君顏色，進諫必忠，不辟死亡，不重貴富，臣不若東郭牙，請置以為大諫臣㈢。平原廣城，車不結軌，士不旋踵，鼓之，三軍之士，視死如歸，臣不若王子城父，請置以為大司馬㊃。決獄折中，不殺不辜，不誣無罪，臣不若弦章，請置以為大理㊄。君若欲治國彊兵，則五子者足矣，君欲霸王，則夷吾在此㊅。桓公曰：「善。」令五子皆任其事，以受令於管子。十年九合諸侯，一匡天下，皆夷吾與五子之能也。管子人臣也，不任己之不能，而以盡五子之能，況於人主乎？

【今註】 ㊀甯遬（速），高注：即甯戚。大田猶主持農政。㊁大行官名，周禮大行人掌大賓客之禮，以親諸侯，是猶主持外交。㊂東郭牙，畢校謂管子小匡篇作鮑叔牙為大諫。㊃大司馬是主持軍政，鼓之是軍令鼓之則進，鳴金則退。士不旋踵是士卒步伐整齊。㊄大理是主持司法。畢校謂管子作賓須無，韓非外儲說左下作弦商，新序四作弦寧。㊅夷吾是管仲名。

【今譯】 管子回復於桓公說：「墾田增邑，闢土藝粟，盡地力之利，臣不如甯速，請用他主持農政。升降辭讓，進退嫻習，臣不如隰朋，請用他主持外交。早到遲退，犯君顏色，進諫必忠，不避死罪，不重富貴，臣不如東郭牙，請用他做諫官。平原廣城，車不交軌，士不旋踵，鼓之而三軍之士視死如歸，臣不如王子城父，請用他主持軍政。決獄折中，不殺不辜，不誣無罪，臣不如弦章，請用他主持司法。君侯如果要治國強兵，那五人就足夠了；如果要霸諸侯而王天下，有夷吾在此。」桓公說：「很好。」使五子皆負責其事，而接受管子的命令，十年之內，九合諸侯，一匡天下，都是夷吾與五子的材能。管子是人臣，尚且不擔任自己所不能的事，而用五子的材能，何況於人主呢？

人主知能不能之可以君民也㈠，則幽詭愚險之言無不職矣㈡，百官有司之事畢力竭智矣。五帝三王之君民也。下固不過畢力竭智也。夫君人而知無恃其能勇力誠信，則近之矣。凡君也者，處平靜，任德化，以聽其要，若此則形性彌羸，而耳目愈精，百官慎職，而莫敢偷綖㈢，人事其事，以充其名，名實相保，之謂知道。

【今註】㈠許釋引陶鴻慶說「知能二字誤倒，本作人主能知不能之可以君民也。下文云，夫人君而知無恃其能，文義並與此同，而知亦即能知，古能而通用。」尹校據改。㈡「職」，許釋引王念孫說「職當作戢。」孫鏘鳴說「職疑作識。」許謂「許本作識。」俞樾謂「此借職為識。」按職應作識。㈢「羸」，許釋引王念孫說「羸（ㄌㄟˊ）當作嬴（ㄧㄥˊ）字，嬴與盈古字通，言人君能處平靜，任德化，則形性充盈，而耳目聰明也。」偷綖，高注「偷，解；綖，緩。」許釋引王念孫說謂「綖當作綎，綎讀為挺，仲夏篇挺眾囚，高注曰挺緩也。鄭注月令曰，挺猶寬也。」尹校改為偷綎。

【今譯】人主能知不能可以君臨百姓，則幽隱詭怪、愚蠢險惡的言論沒有不識了，百官有司的職事都能盡力竭智了，五帝三皇的君臨百姓，其臣下亦不過盡力竭智而已。所以君人能知不自恃其勇力誠信，那就差不多了。大概為君之道，必須處平靜，任德化，以聽取其要事；能如此，則形性充盈，而耳目聰明，百官謹慎從事，莫敢延緩，人人各事其事，以充實其職務，名實相符，此謂知道。

五曰知度

【今註】度是法度，法度有一定的限度，恰到好處，就是適度，超過限度，就是越度。為君之道，要知道「以大使小，以重使輕，以眾使寡。」「所用彌大，所欲彌易。」所以說：「其勢不厭尊，其實不厭多，多實尊勢，賢士制之。」則可無敵於天下。這是法家的尊君思想，其實也是儒家的尚賢思想。

明君者非偏見萬物也，明於人主之所執也。有術之主者，非一自行之也，知百官之要也。知百官之要，故事省而國治也，明於人主之所執，故權專而姦止。姦止則說者不來而情諭矣，情者不飾而事實見矣，此謂之至治。至治之世，其民不好空言虛辭，不好淫學流說㈠，賢不肖各反其質，行其情不雕其素，蒙厚純樸以事其上㈡。若此則工拙、愚智、勇懼，可得以故易官，易官則各當其任矣。故有職者安其職，不聽其議，無職者責其實，以驗其辭，此二者審，則無用之言，不入於朝矣。君服性命之情，去愛惡之心，用虛無為本㈢，以聽有用之言，謂之朝。凡朝也者，相與召理義也，相與植法則也。上服性命之情，則理義之士至矣，法則之用植矣，枉辟邪撓之人退矣，貪得偽詐之曹遠矣。故治天下之要，存乎除姦，除姦之要，存乎治官，治官之要，存乎治道，治道之要，存乎知性命㈣。

【今註】 ㈠淫學流說，高注「不學正道為淫學，邪說謂之流說。」許釋引俞樾平議謂流說即游說。㈡「蒙厚」，許釋引王念孫說「蒙讀敦厖之厖（ㄆㄤˊ）。」俞樾說同，謂厖厚為一義，純樸為一義。㈢「虛無」，高注「無所愛惡也，無所愛惡則公正，治之本也。」致虛守靜是道家的基本思想，老子說：「為而不恃，功成而不處」「愛國治民，能無為乎？」都是用虛無為本的意思。㈣「治道」，許釋引陶鴻慶說謂當作「知道」，勿躬篇「名實相保，之謂知道」，按陶說是。知性命，高注「知性命則不珍難得之物，不為無益之事，惟道是從，利民而已。」按即上文所謂「君服性命之情。」

【今譯】　所謂明君並不是偏見萬物之意，而是明於人主的所應執守而已。有權術的人主，不是自己一人來做，是要知道百官分職的重要，知道百官分職的重要，所以事省而國治。明於人主的所應執守，所以事權專一而奸止，奸止則說者不來而情勢已明了，情不虛飾而事實可見了，這叫做至治。至治之世，其民不喜好空言虛辭，不喜好邪學游說，不論賢不肖都反回本質，保持純樸的本性而不加雕飾華藻，厚重樸實以服事其君上，如此則工拙、愚智、勇怯，都可以量材使用，互相交換，各使適合其責任了。所以有職位的各安其職，不聽亂眾干擾之議，無職位的亦可按實考驗，能審察此兩者，那麼無用之言不入於朝廷了。人君順從性命之情，去愛憎好惡之心，以虛無公正為本，以聽受有用之言，這叫做朝（ㄔㄠˊ）會。所謂朝會是君臣上下相與招致理義，相與建立法則，如果人君順從性命之情，則理義之士來歸了，法則之用建立了，枉曲邪辟之人退避了，貪得詐偽之輩遠去了。所以治理天下的要務在於除姦，除姦的要務在於治官，治官的要務在於知道，知道的要務在於知性命。

故子華子曰：「厚而不博，敬守一事，正性是喜，羣眾不周，而務成一能。盡能既成，四夷乃平，唯彼天符，不周而周㊀。」此神農之所以長，而堯舜之所以章也。人主自智而愚人，自巧而拙人，若此則愚拙者請矣，巧智者詔矣，詔多則請者愈多矣，請者愈多，且無不請也。主雖巧智，未無不知也，以未無不知，應無不請，其道固窮。為人主而數窮於其下，將何以君人乎？窮而不知其窮，其患又將反以自多，是之謂重塞之主㊁，無存國矣。故有道之主，因而不為，責而不詔，去想去意，靜虛以待不伐之言㊂，不奪之事，督名審實，宮復自司，以不知為道，以柰何為實㊃。堯曰：若何而為及日月之所燭。舜曰：若何而服四荒之外。禹曰：若何而治青北，化九陽奇怪之所際㊄。

【今註】㊀子華子是古得道者，見上貴生篇註。一事，高注「專一之能，言公正。」不周而周，高注「忠信為周。」㊁「重塞」：許釋引陳昌齊、陶鴻慶、劉師培說，謂重塞二字當疊，審為篇云，不能自勝而強不縱者，此之謂重傷，重傷之人，無壽類矣。尹校據補。㊂「不伐之言」：許釋引王念孫陶鴻慶說伐當作代，兩之字指有司言。㊃「以柰何為實（寶）」：畢校謂自有道主以下，亦見淮南主術訓，一二文異，不復別出，此為實，舊校云一作寶，則正與淮南合。許釋引俞樾平議謂實當作寶。「柰何即如何，既以不知為道，則遇事必曰如何如何，故以如何為寶也。孔子曰，不曰如之何，如之何者，吾末如之何也已矣。可證此義。下文堯曰，若何而為及日月之所燭。舜曰，若何而服四荒之外。禹曰，若何而治青北，化九陽奇怪之際。引三聖人言，皆有若何二字，若何即如何也。以柰何為寶之義，呂氏自申明之如此，足見高注之非。」㊄青北（丘）、奇怪

（肱），高注「皆四夷之遠國。」許釋引孫詒讓札迻「青北當作青丠，奇怪當作奇肱。求人篇云，禹東至鳥谷青丘之鄉，又云，南至九陽之山，西至其肱一臂三面之鄉。山海經海外東經云，青丘國在朝陽北。又海外西經云，奇肱之國在一臂北，其人一臂三目。北即丠之壞字，丠隸書作丘。肱說文作厷，與怪形近，故譌。」

【今譯】 故子華子說：「厚而不博，敬守一時，順從正性，眾事難周，而務成專一公正之能，一能既成，四夷乃平，唯彼天符，不周而周。」這就是神農的所以長盛，而堯舜的所以彰明。人主如自以為智而以人為愚，自以為巧而以人為拙，那麼愚拙者從之請示了，智巧者因而告教了，告教多則請示愈多，請示愈多，甚至無不請示，人主雖然智巧，不能無所不知；以不能無所不知來應付無不請示，終必窮於應付，做人主的多次為其臣下所窮困，那還能安於主位嗎？如果已窮於應付而尚不知其已窮，勢必更自負其多智多巧，這叫做重塞，重塞之主終將亡其國了。所以有道之主，因循舊法而不更改，責成臣下而不以偏見告教，去其所想，去其所意，守靜致虛以待時機，不代理臣下發言，不侵奪臣下職事，按名審實，使有官職者復能各司其責，而人主以不知為道，以柰何為寶。所以堯說：「如何而能達到日月之所照？」舜說：「如何而能綏服四荒之遠？」禹說：「如何而能治理青丘，而教化九陽青肱之所極？」

趙襄子之時，以任登為中牟令㊀，上計言於襄子曰：「中牟有

士曰膽胥己，請見之㈡。」襄子見而以為大中夫。相國曰：「意者君耳而未之目邪？為中大夫若此其易也，非晉國之故。」襄子曰：「吾舉登也，已耳而目之矣，登所舉，吾又耳，而目之，是耳目人終無已也。」遂不復問，而以為中大夫。襄子何為任人則賢者畢力，人主之患必在任人而不能用之，用之而與不知者議之也。絕江者託於船，致遠者託於驥，霸王者託於賢。伊尹、呂尚、管夷吾、百里奚，此霸王者之船驥也。釋父兄與子弟，非疏之也，任庖人釣者與仇人僕虜，非阿之也㈢，持社稷、立功名之道，不得不然也。猶大匠之為宮室也，量小大而知材木矣，訾功丈而知人數矣㈣。故小臣呂尚聽，而天下知殷周之王也，管夷吾百里奚聽，而天下知齊秦之霸也，豈特驥遠哉？夫成王霸者固有人，亡國者亦有人，桀用羊辛，紂用惡來，宋用唐鞅，齊用蘇秦，而天下知而亡㈤。非其人而欲有功，譬之若夏至之日而欲夜之長也。射魚指天而欲發之當也㈥，舜禹猶若困，而況俗主乎？

【今註】㈠畢校「韓非外儲說左上任登作王登，膽胥已作中章胥子。」㈡「上計」：許釋引徐時棟煙嶼樓筆記「計字見周官，後世大計本此。而襄子此事，尤與後世保舉之法相類。督撫以大計之年，保舉賢員，送入引見，既引見不復有所考較，即以薦者之言為信，而官之矣，而升擢之矣。」㈢庖人指伊尹，（下文為小臣）釣者指呂尚，仇人指管夷吾，僕虜指百里奚。㈣訾是估計。功丈或作功力，說苑尊賢篇作比功校。高注「相功力丈尺而知用人數多少也」，按此與今日建築師的估價意義相同。㈤羊辛（干辛）、惡來、唐鞅見當染篇。齊用蘇秦為合縱。㈥夏至之日為日長至，見仲夏紀。高注「晝漏水上刻六十五、夜漏水上刻三十五」故欲夜之長，是不可能的。射魚指天，而魚在水中，故必不能射中。

【今譯】趙襄子的時候，用任登為中牟令，上計時報告襄子說：「中牟有士名叫膽胥己，請召見。」襄子召見，而用為中大夫。相國說：「我猜想，君侯祇聽信人言而未嘗觀察嗎？任用為中大夫如此輕易呀！這不是晉國的舊法。」襄子說：「我推舉任登的，登已打聽而觀察過了；登所推舉，我又加以打聽而觀察，這樣的對人打聽觀察終沒有完了呀！」遂不復問，而用為中大夫。襄子如此用人，則賢者盡力，一般人主的毛病，必定是任人而不能用其言，用其言而又與不相識者商議之。渡江的要寄託於船，行遠的要寄託於驥，成霸王的要寄託於賢。伊尹、呂尚、管夷吾、百里奚都是霸王的船和驥。不用父兄和子弟，不是疏遠他們；任用庖人、釣者和仇人、僕虜，不是討好他們；因為要保持社稷、建立功名，不得不如此。猶如大匠建築宮室，計量宮室的大小，就知道要用多少木材了，估計功夫丈尺，就知道要用多少人工了。所以伊尹呂尚見用，天下人即知殷周的能成王業，管夷吾百里奚見用，天下人即知齊秦的能成霸業，豈但如驥馬致遠呢？那成就王霸的固然有人的關係，亡國的亦有人的關係，如桀用羊辛，紂用惡來，宋用唐鞅，齊用蘇秦，天下人都知道他們要滅亡。不是可用之人，而希望成功，譬如夏至之日而希望夜長，指天射魚而希望射中，聖如舜禹尚且辦不到，何況普通的俗主呢？

六曰慎勢

【今註】勢是權勢、威勢，先秦法家中，慎到主勢，主張多封建，其大不若小。本篇正是法家的尊君思想。儒家方面不尚權術，孟子雖曾說：「雖有智慧，不如乘勢」，但其政治主張則謂「古之賢王好善而忘勢。」惟春秋繁露亦頗採韓非之旨，其保位權篇亦主慎勢，如謂「國之所以為國者德也，君之所以為君者威也，故德不可共，威不可分；德共則失恩，威分則失權；失權則君賤，失恩則民散；民散則國亂，君賤則臣叛。」王道篇亦謂「道同則不能相先，情同則不能相使，……未有去人君之權，能制其勢者也；未有貴賤無差，能全其位者也，故君子慎之。」所論多與本篇相似，可供參考。

失之乎數，求之乎信，疑。失之乎勢，求之乎國，危㈠。吞舟之魚，陸處則不勝螻蟻，權鈞則不能相使，勢等則不能相并，

治亂齊則不能相正。故小大、輕重、少多、治亂，不可不察，此禍福之門也㈡。

【今註】㈠高注「失誠信之數，欲人信之，故疑。失居上之勢，以恃有國，故危。」按此言權勢的重要，失勢則危，猶如魚之失水。故管子說「人君失勢，則臣制之矣。」「威下繫於民，而求上之無危，不可得也。」（重令）本文所謂失之乎數，數是智術，人君如能養威順理，君道自高，如以智術相勝，故示不測。則人終得而測之，貌相為使，而情已疑，自難以馭羣倫，保至尊。㈡管子明法「主行臣道則亂，臣行主道則危。故上下無分，君臣共道，亂之本也。」莊子天道篇「上无為也，下亦无為也，是下與上同德。下與上同德則不臣。下有為也，上亦有為也，是上與下同道。上與下同道則不主。上必無為而用天下，下必有為為天下用，此不易之道也。」淮南主術訓「君臣異道則治，同道則亂，各得其宜，處其當，則上下有以相使也。」並可與此義相發。

【今譯】失之於智術，求取他人相信，是可疑的；失之於權勢，而自恃有國，是危殆的。猶如吞舟的大魚；失水而陸居，則不能勝螻蟻。權力平均則不能相使，威勢相等則不能相併，治亂相同則不能相正。所以小大、輕重、少多、治亂，不可不詳加審察，這就是禍福的關鍵。

凡冠帶之國，舟車之所通，不用象譯狄鞮，方三千里㈠。古之

王者擇天下之中而立國，擇國之中而立宮，擇宮之中而立廟。天下之地方千里以為國，所以極治任也，非不能大也，其大不若小，其多不若少㈡。眾封建，非以私賢也，所以便勢全威，所以博義。義博利則無敵㈢，無敵者安。故觀於上世，其封建眾者其福長，其名彰，神農十七世有天下，與天下同之也。王者之封建也，彌近彌大，彌遠彌小，海上有十里之諸侯㈣，以大使小，以重使輕，以眾使寡，此王者之所以家以完也㈤。故曰，以滕費則勞，以鄒魯則逸，以宋鄭則猶倍日而馳也，以齊楚則舉而加綱旃而已矣，所用彌大，所欲彌易㈥。湯其無郼，武其無岐，賢雖十全，不能成功㈦，湯武之賢，而猶藉知乎勢，又況不及湯武者乎？故以大畜小吉，以小畜大滅，以重使輕從，以輕使重凶。自此觀之，夫欲定一世，安黔首之命，功名著乎槃盂，銘篆著乎壺鑑，其勢不厭尋，其實不厭多，多實尊勢，賢士制之，以遇亂世，王猶尚少。天下之民窮矣苦矣，民之窮苦彌甚，王者之彌易，凡王也者窮苦之救也。

【今註】㊀冠帶之國是禮義之邦，舟車之所通是指東方中原河洛一帶。周禮、象胥掌蠻夷閩貊戎狄之國，使傳通其言也，東方曰羈，南方曰象，西方曰狄鞮，北方曰譯。此言不用象譯狄鞮，方三千里，是指冠帶之國，舟車之所通的東方及河洛地區而言。㊁王畿之地方千里，許釋引陳昌齊陶鴻慶說，謂天下當作天子。陶又謂「此篇言王者以大制小，地方千里，正見其大。而下文云，非不能大也，其大不若小，與上文語氣不屬，其間當有脫句，非不能大也云云，當指諸侯言之，其上疑奪『諸侯之地』四字。蓋諸侯之地，大者百里，小者十里，故曰非不能大也，其大不若小，觀於本篇全文，皆發明此義，可知此文之有訛奪矣。又其多不若少，多少二字當互易，蓋大小以地言，多少以國言，地大則國少，地小則國多，故曰其大不若小，其少不若多，文雖異而義正同。下文云，眾封建非以私賢也，所以便勢全威。又云，權輕重，審大小，多封建，所以便其勢也。皆申言少不若多之義，可知今本多少二字之誤倒矣。高注曲為之說，大非呂氏之旨。」按陶說是，下文謂「有知小之愈於大，少之賢於多者，則知無敵矣」少之賢於多亦應作多之賢於少。㊂「義博利」：畢校：李善注文選陸士衡五等論引作「所以博利博義也，利博義博則無敵也。」㊃春秋繁露爵國篇「附庸：字者方三十里，名者方二十里，人氏者方十五里」注：「字名人氏傳以夷狄言」按公羊莊十年傳云，州不若國，國不若氏，氏不若人，人不若名，名不若字，字不若子。是州與國尚小於氏，故曰海上有十里之諸侯。㊄「家以完」：高注「王者以天下為家，故所以天下為國。」許釋引陳昌齊正誤謂當作以家為國，尹校據改。按此言王者能以大使小，以重使輕，以眾使寡，所以家天下以完成王業，文義似明，陳說輒轉正誤，實不足取。㈥用滕費是以小使大，故勞而無功；鄒魯於王室為親，是以重使輕，故尚得安逸；宋鄭非重非眾，故倍日而馳，不易行其威勢；用齊楚則是以大使小，故舉綱旃加以招聚而已，無大勞。所以說所用彌大，所欲彌易。旃是用以招聚士眾的赤色曲柄旗。㈦高注「鄣岐，湯武之本國。」畢校「鄣說見慎大篇。」

【今譯】大概冠帶之國，以及舟車之所通，不用象譯狄鞮的傳言，如此者方三千里。古代王者選擇這方三千里的天下之中而建立國家，又選擇國家的中央而建設宮室，選擇宮室的中央建立宗廟。天子的王畿千里以立國，所以盡治理的責任。至於諸侯之地，並不是不能擴大，可是大不如小，多不如少。眾多封建並不是私於賢臣，實所以便勢全威，所以博利博義；博義博利則無敵，無敵者安。試觀上世，凡是封建多的，其福澤長久，其聲名彰著，神農十七世有天下，是由於博利博義，與天下同之。王者的封建制度，地方距離王畿愈近的愈大，愈遠的愈小，荒遠的海上有僅十里大的諸侯，這樣的以大使小，以重使輕，以眾使寡，此王者的所以家天下以完成王業。所以說，用滕費則勞，用鄒魯則逸，用宋鄭則倍日而馳，用齊楚則舉綱旃加以招聚而已，沒有大勞，可知所用彌大，所欲彌易。成湯如沒有鄣地，武王如沒有岐邑，雖賢德可稱十全，恐亦不能成功；賢如湯武尚且憑藉威勢，又況不及湯武的俗主呢？所以用大國保護小國是吉利的，用小國保護大國是滅亡的，以重使輕是順利的，以輕使重是凶險的。由此觀之，如果要達成定一世，安百姓的使命，使功名著於槃盂，銘篆刻於壺鑑，則威勢不厭其尊，實力不厭其多，實力多、威勢尊，佐以賢士，以應付亂世，成就王業尚嫌其少。現在天下的人民窮苦已甚，人民的窮苦愈甚，王者的成功愈易，所謂王者是窮苦百姓的救星呀！

水用舟，陸用車，塗用輴，沙用鳩，山用樏㈠，因其勢也者令行。位尊者其教受，威立者其姦止，此畜人之道也。故以萬乘令乎千乘易，以千乘令乎一家易，以一家令乎一人易，嘗識及此㈡，雖堯舜不能。諸侯不欲臣於人，而不得已，其勢不便，則奚以易臣。權輕重，審大小，多建封，所以便其勢也。王也者勢也，王也者勢無敵也，勢有敵則王者廢矣㈢。有知小之愈於大，少之賢於多者㈣，則知無敵矣，知無敵，則似類嫌疑之道遠矣。故先王之法，立天子不使諸侯疑焉，立諸侯不使大夫疑焉，立適子不使庶孽疑焉。疑生爭，爭生亂㈤，是故諸侯失位則天下亂，大夫無等則朝廷亂，妻妾不分則家室亂，適孽無別則宗族亂。慎子曰㈥：「今一兔走，百人逐之，非一兔足為百人分也，由未定。由未定，堯且屈力，而況眾人乎？積兔滿市，行者不顧，非不欲兔也，分已定矣，分已定，人雖鄙不爭。」故治天下及國，在乎定分而已矣。

【今註】㊀舟車輴（ㄔㄨㄣ）鳩樏（ㄌㄟˊ）五種都是古代用處不同的交通工具。畢校許釋所引，如文子自然篇「水用舟，沙用鴃（ㄋㄧㄠˇ），如山東皮幫鞋，漏水不漏沙，泥用輴，山用樏（ㄌㄟˊ，屐下施鐵錐）。」尚書禹乘四載，史記夏本紀謂「陸行乘車，水行乘船，泥行乘橇（ㄘㄨㄟˋ），以板為之，狀如箕，山行乘樺（ㄋㄨㄢˇ），同樏。」漢書溝洫志「山行乘梮（ㄐㄩ）」，說文則輴（ㄘㄨㄣ）以行泥，欙以行山，是各書所述，不甚相同。㊁「嘗識及此」：畢校疑是「嘗試反此」，尹校據改。㊂尹校據陶鴻慶札記，改為「王也者王也，王也者勢無敵也。」下兩王字皆讀為往，下賢篇，「王也者天下之往也」，高注：「往，王也，往王古通用。」許釋謂陶說是。按陶說固有可取，惟原文重出王也者三字，乃是加重勢字的意義，文義可通，不宜改。㊃「少之賢於多」應作「多之賢於少」，已見上段註。㊄疑，許釋引陶鴻慶說「疑皆讀為擬，謂相比擬也。管子君臣篇云：『內有疑妻之妾，此宮亂也；庶有疑適之子，此家亂也；朝有疑相之臣，此國亂也。』韓非子說疑篇云：『孽子擬適之子，配有擬妻之妾，廷有擬相之臣，臣有擬主之寵，此四者國之所危也。』是疑擬古通用。」按陶說是，此即本篇所謂「權鈞則不能相使，勢等則不能相並。」故尊卑、大小、輕重、少多不可不察。㊅高注：「慎子名到，作法書四十二篇，在申不害、韓非前。」

【今譯】 水用舟，陸用車，泥用輴，沙用鳩，山用樏，各因其勢而使能通行。位尊的告教易使世人接受，威勢的建立足使姦邪消除，此乃容納賢人之道。所以以萬乘命令千乘則易，以千乘命令一家則易，以一家命令一人則易；試反其道，雖堯舜亦不能行其德化。諸侯不欲臣服於人，而不得如願，因其威勢不足，何能變易臣服呢？權量輕重，審察大小，多封建諸侯，是為的便利運用王者的威勢而已。所謂王者就是威勢，王者的威勢是無敵於天下的，威勢有敵則王者廢棄了。如有人能知道小的勝於大的，多的優於少的，那就知道無敵了，知道無敵則類似嫌疑的事疏遠了。是以先王之法，立天子不使諸侯有所比擬，立諸侯不使大夫有所比擬，立嫡子不使庶孽有所比擬，有所比擬便會發生爭執，有所爭執就會發生混亂。所以諸侯失位則天下亂，大夫無等則朝廷亂，妻妾不分則家室亂，嫡庶無別則宗族亂。慎子說：「今有一兔在路上跑，百人去追逐，不是一兔足以分給百人，由於此兔未定為誰所有，既未定為誰所有，堯尚可盡力追逐，何況眾人呢？待售的兔滿街都是，行者不曾一視，並不是不要兔，因為兔是售者所有，其分已定，分已定，雖貪鄙的小人亦不能爭取。」所以治理天下和國家，在於分土劃界、限定名分而已。

莊王圍宋九月，康王圍宋五月，聲王圍宋十月㈠，楚三圍宋矣，而不能亡；非不可亡也，以宋攻楚，奚時止矣㈡。凡功之立也，賢不肖、彊弱、治亂，異也。齊簡公有臣曰諸御鞅，諫於簡公曰：「陳成常與宰予、之二臣者甚相憎也，臣恐其相攻也，相攻唯固，則危上矣，願君之去一人也㈢。」簡公曰：「非而細人所能識也。」居無幾何，陳成常果攻宰予於庭，即簡公於廟㈣，簡公喟焉太息曰：「余不能用鞅之言，以至此患也。」失其數，無其勢，雖悔無聽鞅也與無悔同。是不知恃可恃而恃不恃也。周鼎著象，為其理之通也，理通君道也㈤。

【今註】㈠楚莊王是春秋時五霸之一，圍宋九月在周定王十二年（魯宣公十四年，西元前五九五）康王是莊王之孫，宋君病不以告，故不見春秋。聲王圍宋在春秋後。後宋滅於齊湣王。㈡「以宋攻楚」：高注「宋無德，楚亦無德，故曰以宋攻楚。」許釋引陳昌齊陶鴻慶說，據高注意應作以宋攻宋，與孟子以燕伐燕同一句法。按應作以宋攻宋。㈢陳成常即田常。宰予是孔子弟子，忠於簡公，討伐田常而死。事見韓非難言、淮南人間訓、說苑正諫諸書，畢校謂宰予當作闞止，是沿用史記索隱之誤。㈣許釋謂淮南人間訓作弒簡公於朝，史記李斯傳作即弒簡公於朝。按此處是脫一弒字。㈤「周鼎著象」，畢校謂詳見先識篇，許釋引孫鏘鳴說謂見先識、離謂、適威、達鬱四篇，並謂此言著象，未如四篇之言其形狀，當有脫文。按著象以示人所宜警戒，此言為其理之通也，其義已足，不必再言形狀。

【今譯】楚莊王圍宋九月，康王圍宋五月，聲王圍宋十月，楚三次圍宋而不能亡，並不是宋不可亡，是因為以宋攻宋，何時休止呢？大凡功名的建立，賢不肖、強弱、治亂是不相同的。齊簡公有臣名諸御鞅，告訴簡公說：「陳成常和宰予這兩人互相憎惡，恐怕他們會互相攻殺，互相攻殺就要危及君上了，希望君上於兩人中去了一人。」簡公說：「這不是你淺見的人所能識知的呀！」過了不久，陳成常果然攻殺宰予於庭中，即弒簡公於廟，簡公喟然太息說：「我不能用鞅的話，致造成這禍患呀！」失其智術，無其威勢，雖悔悟不聽鞅言和沒有悔悟是相同的，這是不知道恃可恃而恃不可恃。周鼎著象，是因為其事理相通，可以為戒，所以事理通達是為君之道。

七曰不二

【今註】　本篇似多脫文。所謂不二是言君主對於國事應有專斷的才智，不可聽從羣言，所以說：「聽羣眾人議以治國，國危無日矣。」此由於先秦諸子學說紛歧，時君中心無主，則治理國事，舉棋不定，易於敗事。故作者提出此點，使時君有所警惕，其實亦是告誡秦王的。

聽羣眾人議以治國，國危無日矣。何以知其然也㈠？老耽貴柔㈡，孔子貴仁，墨翟貴廉㈢，關尹貴清㈣，子列子貴虛㈤，陳駢貴齊㈥，陽生貴己㈦，孫臏貴勢㈧，王廖貴先，兒良貴後㈨，此十人者，皆天下之豪士也㈩。有金鼓所以一耳，必同法令所以一心也，智者不得巧，愚者不得拙，所以一眾也，勇者不得先，懼者不得後，所以一力也。故一則治，異則亂；一則安，異則危。

夫能齊萬不同，愚智工拙皆盡力竭能，如出乎一穴者，其唯聖人矣乎？無術之智，不教之能，而恃彊速貫習，不足以成也。

【今註】㈠尹校「此下有脫譌。」㈡老耽（明）即老子，道德經說「天下之至柔，馳騁天下之至堅。」又「上善若水」，「天下柔弱莫過於水，而攻堅強者莫之能勝。」故曰貴柔。㈢「墨子貴廉」：許釋引孫詒讓札迻謂爾雅釋詁邢疏引尸子廣澤篇「墨子貴兼」，廉疑即兼之誤。按墨子主兼愛，當作兼，但亦主張節儉，則貴廉亦可。㈣關尹，高注「名喜，作道書九篇，能相風角，知將有神人，而老子到，喜說之，請著上至經五千言，而從之遊也。」貴清未明。㈤子列子即列禦寇，見觀世篇。本黃老思想，謂「羣有以至虛為宗，萬品以終滅為驗。」後人尊稱列子為冲虛真經。㈥陳駢，齊人，即用眾、執一、士容篇的田駢，說齊死生，等古今，故貴齊，尸子謂其貴均。㈦陽生即楊朱，孟子謂楊子為我，拔一毛以利天下，弗為也。韓非子顯學篇謂其「不入危城，不處軍旅，不以天下大利易其一脛毛。」故曰貴己。或謂本生、重己、貴生、情欲、盡數五篇，或即楊朱的原書。㈧孫臏是孫武的裔孫，其兵法主絕對採取攻勢，要能出奇制勝，曾大破魏將龐涓於馬陵，名顯天下。㈨高注「王廖謀兵事，貴先建策；兒良作兵謀貴後。」畢校謂漢書藝文志兵書四種，權謀類有良一篇。㈩畢校謂此下疑所脫尚多，引此十人必不如是而止，應有斷制語。安死篇「故反以相非」一段，頗似此處文。

【今譯】聽從羣眾人的議論以治理國家，國家沒有安寧的日子了。何以會知道這樣呢？……老子貴柔，孔子貴仁，墨子貴兼，關尹貴清，列子貴虛，陳駢貴齊，楊朱貴己，孫臏貴勢，王廖貴先，兒良貴後。這十人都是天下的豪傑之士。……有金鼓所以齊一步伐；同法令所以齊一心志；智者不得巧，愚者不得拙，所以齊一羣眾；勇者不得先，怯者不得後，所以齊一勇力；所以一則治，異則亂；一則安，異則危。大凡能夠齊萬不同，使愚智工拙都盡力竭能，如同出於一穴，恐怕祇有聖人能如此吧？不學無術的智力，不受教育的技能，祇靠勉強速成的慣習常識，不足以有成。……

八曰執一

【今註】不二篇謂「一則治，異則亂」，本篇亦謂「一則治，兩則亂。」所以兩篇所論為君之道，意義相同。不二篇謂「聽羣眾人議以治國，國危無日矣。」本篇則謂「王者執一而為萬物正。」所引詹何對楚王問：「以為為國之本，在於為身，身為而家為，家為而國為，國為而天下為。」正是儒家的修齊治平之道。韓非子論人主治國御臣的要義亦主執一，揚権篇「用一之道，以名為首，名正物定，名倚物徙，故聖人執一以靜，使名自正，令事自定。」用一即執要，要道莫二，故謂之一。

天地陰陽不革，而成萬物不同，目不失其明而見白黑之殊，

耳不失其聽而聞清濁之聲，王者執一而為萬物正。軍必有將，所以一之也，國必有君，所以一之也，天下必有天子，所以一之也，天子必執一，所以摶之也㈠。一則治，兩則亂。今御驪馬者㈡，使四人，人操一策，則不可以出於門閭者，不一也。

【今註】㈠荀子議兵篇「權出於一者強」，故軍必有將。富國篇「上一則下一矣」，故國必有君。「孟子見梁惠王，王問曰：天下惡乎定？孟子對曰：定於一。孰能一之？對曰：不嗜殺人者能一之。」故天下必有天子。摶就是今語所謂團結。㈡驪馬是四馬並駕，在中曰服，在旁曰驂。

【今譯】天地陰陽不改變，而育成的萬物不同；目不失其明，而看見白黑的殊異；耳不失其聽，而聞到清濁的聲音；所以王者執一道而為萬物之主。軍隊必須有將帥，所以統一指揮；國家必須有君主，所以統一治理；天上必須有天子，所以統一仁政；天子必須執其精一之道，所以能團結一致。一則治，兩則亂。猶如駕御驪馬，如果用御者四人，各執一轡策，那就不可以出於門閭，因為驅策不統一，四馬的步驟不能一致向前。

楚王問為國於詹子㈠，詹子對曰：「何聞為身，不聞為國。」詹子豈以國可無為哉？以為為國之本在於為身，身為而家為，家為而國為，國為而天下為。故曰以身為家，以家為國，以國為天下，此四者異位同本㈡。故聖人之事，廣之則極宇宙，窮日月，約之則無出乎身者也。慈親不能傳於子，忠臣不能入於君，唯有其材者為近之。

【今註】㈠詹子名何，是得道的隱者，見重言、審為篇。㈡審分篇「治身與治國，一理之術也。」重己篇「以此治身，必死必殃，以此治國，必殘必亡。」春秋繁露通國身篇「治身者以積精為寶，治國者以積賢為道。」「故治身者務執虛靜以致精，治國者務盡卑謙以致賢。能致精則合明而壽，能致賢則德澤洽而國太平。」潛夫論思賢篇「是故養壽之士，先病服藥，養世之君，先亂任賢，是以身常安而國永永也。上醫醫國，其次醫身，夫人治國固治身之象，疾者身之病，亂者國之病也。身之病待醫而治，國之病待賢而治。治身有黃帝之術，治世有孔子之經。」

【今譯】楚王問治國之道於詹子，詹子對答說：「何祇聽過治身之道，沒有聽過治國之道。」詹子之意豈是說國家可以不要治術嗎？是認為治國之本在於治身；身治而家治，家治而國治，國治而天下治。所以說以身治家，以家治國，以國治天下，此四者異位同本。所以聖人之事，廣之則極宇宙，窮日月；約之則不外乎身而已。慈親不能傳授給兒子，忠臣不能奉獻給君主，惟有此材能的人能知此理。

田駢以道術說齊，齊王應之曰：「寡人所有者齊國也，願聞齊國之政。」田駢對曰：「臣之言無政，而可以得政，譬之若林木無材，而可以得材。願王之自取齊國之政也。」駢猶淺言之也。博言之，豈獨齊國之政哉？變化應求，而皆有章，因性任物，而莫不宜當。彭祖以壽，三代以昌，五帝以昭，神農以鴻。

【今譯】田駢以道術游說齊國，齊王應答他說：「寡人所有的祇是齊國，希望聽取齊國之政。」田駢對答說：「我說的話沒有政治而可以得到政治，譬如森林沒有材木而可以得到材木，希望王從其中自取齊國之政。」田駢所說尚屬淺近，如果博大的說，豈獨齊國之政呢？變化應求，都有章則，因性任物，莫不合宜，彭祖因而得壽，三代因而昌盛，五帝因而昭明，神農因而鴻大。

吳起謂商文曰：「事君果有命矣夫㊀？」商文曰：「何謂也？」吳起曰：「治四境之內，成訓教，變習俗，使君臣有義，父子有序，子與我孰賢？」商文曰：「吾不若子。」曰：「今日置質為臣，其主安重？今日釋璽辭官，其主安輕？子與我孰賢？」商文曰：「吾不若子。」曰：「士馬成列，馬與人敵，人在馬前，援桴一鼓，使三軍之士樂死若生，子與我孰賢？」商文曰：「吾不若子。」吳起曰：「三者子言不吾若也，位則在吾上，命也夫事君？」商文曰：「善，子問我，我亦問子。世變主少，羣臣相疑，黔首不定，屬之子乎？屬之我乎？」吳起默然不對，少選曰：「與子。」商文曰：「是吾所以加於子之上已。」吳起見其所以長，而不見其所以短，知其所以賢，而不知其所以不肖，故勝於西河，而困於王錯，傾造大難，身不得死焉㈡。夫吳勝於齊，而不勝於越㈢，齊勝於宋，而不勝於燕㈣，故凡能全國完身者，其唯知長短贏絀之化邪㈤？

【今註】㈠吳起衞人，為魏西河守，見長見、觀表、慎小篇。商文是魏相。㈡吳起為王錯所讒，去魏入楚，見長見、觀表篇。楚悼王用吳起為相，國富兵強，得罪宗室大臣（即所謂傾造大難，傾造二字意不明。）悼王卒，吳起為宗室大臣所射殺，見貴卒篇。㈢吳勝齊於艾陵，為越句踐所滅。㈣齊湣王滅宋，而敗於燕樂毅。㈤尹校引范耕研補注「此段與執一無關，當屬他篇誤錄於此。」

【今譯】吳起告訴商文說：「事君果然有命運吧！」商文說：「怎麼說呢？」吳起說：「治理國家四境之內，完成教訓，改變習俗，使君臣有義，父子有序，你和我誰能賢能？」商文說：「我不如你。」吳起說：「今日委質為臣，其主安重？今日掛印辭官，其主安輕？你和我誰為賢能？」商文說：「我不如你。」吳起說：「兵馬成隊，馬與人相等，人在馬前，鼓聲一起，使三軍之士樂死如歸，你和我誰能賢能？」商文說「我不如你。」吳起說：「這三項你都說不如我，可是你官位在我上，命運呀事君！」商文說：「很好，你問我，我也要問你。世局多變，而人主年少，羣臣互相猜疑，百姓紛擾不安，這樣的局面交給你呢？或者交給我呢？」吳起默然不對，過了一會說：「交給你。」商文說：「這就是我所以位在你上呀！」吳起祇看見自己的長處，而不知自己的短處，祇知道自己的賢能，而不知道自己的不肖；所以能治理西河而困於王錯，能使楚國強盛，而自身不得其死。有如吳勝齊於艾陵，而亡於越，齊能滅宋而敗於燕。故凡能保全國家、保全性命者，恐怕祇有懂得長短贏絀的變化吧！

卷十八　審應覽

第六，凡八篇

一曰審應

【今註】審應是審慎應對之意，本篇說明慎言的重要，是為人處世所應注意，並非專為人主立論，不過人主尤須審慎，所以說：「凡主有識，言不欲先，人唱我和，人先我隨，以其出為之入，以其言為之名，取其實以責其名，則說者不敢妄言，而人主之所執其要矣。」所以孟子說：「禹聞善言則拜；大舜有大焉，善與人同，舍己從人，樂取於人以為善。」為君之道如能審應樂善，則可集眾人之善以為善，則政治日在進步了。

人主出聲應容㊀，不可不審。凡主有識，言不欲先㊁，人唱我和，人先我隨，以其出為之入，以其言為之名，取其實以責其名，則說者不敢妄言，而人主之所執其要矣。

【今註】㊀應容，尹校謂當作應言，下有應言篇。按容亦可，孔子謂「未見顏色而言謂之瞽」，應容是察言觀色之意。㊁「言不欲先」：高注「淮南記曰，先唱者窮之路，後動者達之原也，故言動欲後。」按此為老子「不為天下先」之意。

【今譯】人主出聲應容，不可不審慎。大凡有見識的人主，不欲先人發言，人唱我和，人先我隨；以其出為之入，以其言為之名，取其德行之實以考驗其德行之名，如此則說者不敢妄言，而人主的所執得其要了。

孔思請行，魯君曰：「天下主亦猶寡人也，將焉之㈠？」孔思對曰：「蓋聞君子猶鳥也，駭則舉㈡。」魯君曰：「主不肖，而皆以然也，違不肖，過不肖，而自以為能論天下之主乎？凡鳥之舉也，去駭從不駭，去駭從不駭，未可知也，去駭從駭，則鳥曷為舉矣。」孔思之對魯君也亦過矣。

【今註】㈠孔思即孔伋子思，是孔子之孫。據孔叢子所載，曾子謂子思有傲世之心；胡母豹謂其好大，世莫能容。魯君是魯穆公，欲相子思，子思不願，將去魯往衞，向魯君辭行。㈡此是良禽擇木而棲，良臣擇主而事的意思。

【今譯】孔思請行，魯君說：「天下各國的君主亦猶寡人一樣的，將要往那裏去呢？」子思對答說：「聽說君子的為人猶如禽鳥，一有驚駭就要飛去。」魯君說：「人主的不肖都是一樣的，離開不肖，往就不肖，你自以為能知天下的人主嗎？禽鳥的飛去，是要去驚駭而就安靜，去驚駭而就安靜能否得到，尚未可知；如果去驚駭而又就驚駭，那為什麼要飛去呢？」所以孔思的應對魯君亦可謂錯了。

魏惠王使人謂韓昭侯曰：「夫鄭乃韓氏亡之也，願君之封其後也㈠，此所謂存亡繼絕之義，君若封之，則大名㈡。」昭侯患之。公子食我曰：「臣請往對之。」公子食我至於魏，見魏王曰：「大國命弊邑封鄭之後，弊邑不敢當也。弊邑為大國所患。昔出公之後聲氏為晉公，拘於銅鞮，大國弗憐也，而使弊邑存亡繼絕，弊邑不敢當也㈢。」魏王慙曰：「固非寡人之志也，客請勿復言。」是舉不義以行不義也，魏王雖無以應，韓之為不義愈益厚也，公子食我之辯，適足以飾非遂過。

【今註】㈠魏惠王即孟子所見的梁惠王，惠王是在周顯王十二年（西元前三五六），孟子見梁惠王則後二十年。韓哀侯滅鄭是在周烈王元年（西元前三七五），昭侯是哀侯之孫。㈡「存亡繼絕」即存亡國、繼絕世，是春秋大義。㈢許釋引孫詒讓札迻「出公聲氏皆晉君也。晉世家載出公為四卿所攻奔齊，智伯立昭公曾孫哀公驕，至哀公玄孫靜公俱酒二年，魏韓趙共滅晉，靜公遷為家人。聲公蓋即靜公也。但世家不詳其所遷之地，而趙世家則云成侯十六年，與韓魏分晉，封晉侯以端氏，肅侯元年，又徙處屯留，皆不云銅鞮。惟古文苑劉歆遂初賦云，憐後君之寄寓兮，唁靜公於銅鞮。是靜公亡國後，實有居銅鞮之事。西漢距戰國尚近，古籍遺聞，間出正史之外，劉賦與呂書符合，必有所本。高氏不能檢勘，而望文肊說，其疏甚矣。古文苑章樵注云，靖公晉之末君，三卿分晉，靖公寄寓於銅鞮，降為家人。樵蓋因劉賦上下文並說晉事，肊揣為釋，非實有根據，而與此書卻暗合，不可易也。」按孫說是，三晉廢其君而有其地，晉乃亡，是在韓滅鄭之前一年。其時三晉奉王命為諸侯已二十七年，故晉末世系事實已無記錄。

【今譯】魏惠王使人告訴韓昭侯說：「鄭國乃是韓氏滅亡它，希望君封立鄭之後裔，此所謂存亡國，繼絕世的大義，君如封之，可得大名。」昭侯為此憂慮，公子食我說：「讓我去應付。」公子食我到了魏國，晉見魏王說：「貴國要敝國封鄭之後，敝國不敢當。敝國為貴國所憂之事，是從前出公之後聲氏為晉公，拘於銅鞮，貴國不予憐憫；而使敝國存亡繼絕，敝國實不敢當。」魏王慚愧的說：「本來不是寡人的意見，客請勿再說。」這是舉出魏之不義以實行韓之不義，魏王雖無以應，而韓國的不義愈多了，公子食我的辯說，適足以飾非遂過。

魏昭王問於田詘曰：「寡人之在東宮之時，聞先生之議曰：為聖易，有諸乎㈠？」田詘對曰：「臣之所舉也。」昭王曰：「然則先生聖于㈡？」田詘對曰：「未有功而知其聖也，是堯之知舜也，待其功而後知其舜也，是市人之知聖也㈢。今詘未有功，而王問詘曰：若聖乎？敢問王亦其堯邪？」昭王無以應。田詘之對昭王，固非曰我知聖也耳，問曰先生其聖乎，已因以知聖對昭王，昭王有非其有，田詘不察。

【今註】㈠東宮是太子所居的宮。為聖易、猶如孟子所言「人皆可以為堯舜」。㈡「聖于」：高注「于，乎也。」畢校謂古于乎通。按于當係乎之誤，下文有「若聖乎？」「先生其聖乎？」都是韓昭王問的話。㈢許釋引陳昌齊俞樾說，謂應作「待其功而後知其聖也，是市人之知舜也。」舜聖二字傳寫互易。

【今譯】魏昭王問田詘說：「寡人在東宮的時候，聽到先生的議論說：要做聖人是容易的，有這句話嗎？」田詘說：「這是我所說的。」昭王說：「那麼先生是聖人嗎？」田詘對答說：「事功尚未表現而知道他是聖人，是堯的知道舜；事功已表現而知道他是聖人，是一般人的知道舜。現在詘尚無事功，而王問詘說：你是聖人嗎？敢問王亦是堯嗎？」昭王無以應。田詘的對答是值得考慮的。昭王並不是說：我知道聖人而已，而是問：先生是聖人嗎？而田詘自己乃因以知聖對昭王；昭王有非其有，而田詘不知審應。

趙惠王謂公孫龍曰：「寡人事偃兵十餘年矣，而不成，兵不可偃乎㈠？」公孫龍對曰：「偃兵之意，兼愛天下之心也。兼愛天下，不可以虛名為之，必有其實。今藺離石入秦，而王縞素布總㈡，東攻齊得城，而王加膳置酒。秦得地而王布總，齊亡地而王加膳，所非兼愛之心也，此偃兵之所以不成也。今有人於此，無禮慢易而求敬，阿黨不公而求令，煩號數變而求靜，暴戾貪得而求定，雖黃帝猶若困。」

【今註】㈠趙惠王是趙武靈王之子。公孫龍是名家，也是有力的非攻論者，曾以偃兵說燕王，見聽言篇。㈡藺離石是西河的兩縣，叛趙自歸於秦。縞素布總是喪服。

【今譯】趙惠王告訴公孫龍說：「寡人從事偃兵十多年了，而並未成功，兵是不可偃的嗎？」公孫龍對答說：「偃兵的意思，是要有兼愛天下之心。兼愛天下不可以徒有虛名，必須要有真實的表現。現在藺離石叛歸秦國，而王縞素布總表示悲哀；東攻齊得城，而王加膳置酒表示慶賀。秦國得地而王縞素，齊國失地而王加饍，這不是兼愛之心，這就是偃兵的所以不成。現在有人於此，無禮慢易而求人敬禮，阿黨不公而求人順從，煩號數變而求人平靜，暴戾貪得而求人安定，雖然是黃帝猶若困難。」

衞嗣君欲重稅以聚粟，民弗安，以告薄疑曰：「民甚愚矣㈠。

夫聚粟也將以為民也，其自藏之與在於上，奚擇？」薄疑曰：「不然。其在於民而君弗知，其不如在上也，其在於上而民弗知，其不如在民也。」凡聽必反諸己，審則令無不聽矣。國久則固，固則難亡，今虞夏殷周無存者，皆不知反諸己也。

【今註】㈠衞更貶號為君，是在周慎靚王元年（西元前三二〇）。薄疑是衞臣，見務大篇。

【今譯】衞嗣君要加重稅收以積蓄糧食，人民不安，因此，告訴薄疑說：「人民很愚笨了。積聚糧食亦是為人民好，人民自藏與藏在官府，有什麼差別呢？」薄疑說：「不是這樣的。百姓自藏而君不可得，就公言，不如藏在官府；藏在官府而百姓不可得，就私言，不如百姓自藏。」大凡論事必須反求諸己，審慎處理則命令沒有不服從了。國家長久則穩固，穩固則不易滅亡，現在虞夏商周沒有存在的，都因為不知反求諸己。

公子沓相周，申向說之而戰㈠。公子沓訾之曰：「申子說我而戰，為吾相也夫？」申向曰：「向則不肖，雖然，公子年二十而相，見老者而使之戰，請問孰病哉？」公子沓無以應。戰者不習也，使人戰者嚴駔也㈡，意者恭節而人猶戰，任不在貴者矣。故人雖時有自失者，猶無以易，恭節自失，不足以難，以嚴駔則可。

【今註】㈠說之而戰是言申向與公子沓說話，態度戰戰兢兢，下文謂「戰者不習也」，不習慣和貴者說話的人，常因情緒緊張而戰戰兢兢。㈡嚴是威嚴。駔（ㄗㄤˇ）本為壯馬，此是驕倨意。

【今譯】公子沓（ㄉㄚ）為周相，申向同他說話而戰戰兢兢，公子沓譏笑說：「申先生同我說話而戰戰兢兢，因為我是相國嗎？」申向說：「向果然失態，可是公子年二十而為相，見老者而使他失態，請問這是誰的毛病呢？」公子沓沒有回答。大概戰戰兢兢，是由於不習慣與貴者說話，其所以使人戰戰兢兢，則是由於貴者的威嚴驕倨；假使貴者待人謙恭，而其人還是戰戰兢兢，那責任就不在於貴者了。所以一個人有時自己失態，多由於恭敬過度，自己失態不足以責難，由於威嚴驕倨則可以責難。

二曰重言

【今註】　重言是慎重發言之意，本篇所舉事例，都是指人主發言，所以說「人主之言，不可不慎。」故孔子對魯定公問有一言可以興邦，一言可以喪邦；而以金人三緘其口，勸世人慎言。

人主之言，不可不愼。高宗天子也㈠，即位諒闇，三年不言㈡，卿大夫恐懼患之。高宗乃言曰：「以余一人正四方，余唯恐言之不類也，茲故不言。」古之天子其重言如此，故言無遺者。

【今註】 ㈠高宗是商王武丁（西元前一三二四——一二六六），用傅說為相，而國大治，稱為中興。

㈡「諒闇」：論語憲問篇：子張曰：「書云，高宗諒陰，三年不言，何謂也？」子曰：「何必高宗？古之人皆然。君薨，百官總己，以聽於冢宰，三年。」見尚書無逸，諒闇或作諒陰、諒瘖、亮闇、梁闇，是守喪隱晦之意。禮記喪服注諒通梁，闇，廬也。而曲禮「孝子不服闇」注謂闇，冥也，兩注不同，義不可解，要為高宗守喪三年，不問政事。

【今譯】 人主之言，不可不愼重。高宗是天子，即位時守喪盡禮，三年不問政事，卿大夫都恐懼憂慮，高宗於是說：「因我一人可以匡正四方，我惟恐說的不妥當，此所以不說。」古代的天子這樣的愼重說話，故所言沒有失誤。

成王與唐叔虞燕居，援梧葉以為珪㈠，而授唐叔虞，曰：「余以此封女。」叔虞喜，以告周公，周公以請曰：「天子其封虞邪？」成王曰：「余一人與虞戲也。」周公對曰：「臣聞之，天子無戲言。天子言則史書之，工誦之，士稱之。」於是遂封叔虞於晉㊁。周公旦可謂善說矣，一稱而令成王益重言，明愛弟之義，有輔王室之固。

【今註】㊀成王是周武王之子。唐叔虞是成王的胞弟。周禮，侯執信圭七寸，所以珪是古帝王諸侯行禮時所執的上圓下方的玉器。援桐葉為珪，高注「肖桐葉以為珪」，是高以削訓援，非是。按援有引用意，如援例，此當作取桐葉以代珪。㊁許釋謂史記晉世家索隱謂叔虞封唐，其子燮改國號為晉。

【今譯】周成王與其弟叔虞閒居，取桐葉以代珪，交給叔虞說：「我用這個封你。」叔虞很高興，把這事告訴周公，周公以此請示成王說：「天子要封虞嗎？」成王說：「我個人和虞開玩笑的。」周公對答說：「我聽說，天子無戲言，因為天子一言，則太史記錄，工師宣佈，而士人稱頌。」於是遂封叔虞為晉侯。周公可謂善於說辭了，這一說明使成王知道慎言的重要，而且表明愛弟之心，有助於王室的安定。

荊莊王立三年，不聽而好讔㊀。成公賈入諫，王曰：「不穀禁諫者，今子諫何故㊁？」對曰：「臣非敢諫也，願與君王讔也。」王曰：「胡不設不穀矣。」對曰：「有鳥止於南方之阜，三年不動不飛不鳴，是何鳥也？王射之㊂。」曰：「有鳥止於南方之阜，其三年不動，將以定志意也；其不飛，將以長羽翼也；其不鳴，將以覽民則也。是鳥雖無飛，飛將沖天，雖無鳴，鳴將駭人㊃。賈出矣，不穀知之矣。」明日朝，所進者五人，所退者十人，羣臣大說，荊國之眾相賀也。故詩曰：「何其久也，必有以也，何其處也，必有與也。」其莊王之謂邪？成公賈之讔也，賢於太宰嚭之說也㊄。太宰嚭之說，聽乎夫差，而吳國為墟；成公賈之讔，喻乎荊王，而荊國以霸。

【今註】 ㊀楚莊王是春秋時五霸之一。讔是隱語、謎語或燈謎，文心雕龍諧隱篇「言怪異之事。」史記楚世家及新序雜事二，楚莊王好隱。㊁不穀是楚王自己謙稱，老子「人之所惡，惟孤寡不穀，而王公以為稱。」㊂射是猜謎的術語，許釋引俞樾說以「王射之曰」為句，尹校據改。按高注以「王射之」為成公賈語，亦可通。㊃這是成語「一鳴驚人」的所本。㊄太宰嚭是吳王夫差的邪臣，見當染、長攻篇。

【今譯】 楚莊王即位三年，不聽政事而喜歡隱語。成公賈要進諫，莊王說：「不穀禁止諫者，你現在為什麼要進諫？」對答說：「我不敢進諫，祇希望和王猜謎罷了。」王說：「為什麼不隱射不穀呢？」對答說：「有鳥棲止於南方的山岡上，三年不動、不飛、不鳴，這是什麼鳥？請王猜。」王說：「有鳥棲止於南方的山岡上，它三年不動，是將要立定志意；它不飛，是將要生長羽翼；它不鳴，是將要觀察民情。這隻鳥雖然沒有飛，一飛勢將沖天，雖然沒有鳴，一鳴勢將驚人。賈可以出去了，不穀知道了。」第二天朝會，進用者五人，免職者十人，大家都很高興，楚國大眾互相慶賀。所以詩經上說：「為什麼這樣長久，必有所為；為什麼在此居處，必有所與。」這就是莊王的做法吧！成公賈的隱語，賢於太宰嚭的說辭。太宰嚭的說辭見聽於夫差，而吳國滅亡；成公賈的隱語，曉喻了楚王，而楚國稱霸。

齊桓公與管仲謀伐莒，謀未發而聞於國。桓公怪之，曰：「與仲父謀伐莒，謀未發而聞於國，其故何也？」管仲曰：「國必有聖人也。」桓公曰：「譆！日之役者，有執蹠痛而上視者㈠，意者其是邪？」乃令復役，無得相代，少頃，東郭牙至㈡，管仲曰：「此必是已。」乃令賓者延之而上，分級而立。管子曰：「子邪言伐莒者？」對曰：「然。」管仲曰：「我不言伐莒，子何故言伐莒？」對曰：「臣聞君子善謀，小人善意，臣竊意之也。」管仲曰：「我不言伐莒，子何以意之？」對曰：「臣聞君子有三色，顯然喜樂者，鐘鼓之色也，湫然清靜者，衰絰之色也，艴然充盈手足矜者，兵革之色也。日者臣望君之在臺上也，艴然充盈手足矜者，此兵革之色也。君呿而不唫㊂，所言者莒也。君舉臂而指，所當者莒也。臣竊以慮諸侯之不服者，其惟莒乎？臣故言之。」凡耳之聞以聲也，今不聞其聲而以其容與臂，是東郭牙不以耳聽而聞也。桓公管仲雖善匿，弗能隱矣。故聖人聽於無聲，視於無形，詹何、田子方、老耽是也㊃。

【今註】㊀「蹠⿸疒舀」：畢校，⿸疒舀字無考，高注以踰訓蹠，亦難曉。說苑權謀篇作執柘杵。孫志祖校說「疑蹠⿸疒舀即柘杵之譌。」惟柘杵亦不知為何種用具。㊁東郭牙見勿躬篇，管仲請桓公用為大諫臣。㊂呿（ㄑㄩˋ）是張口，唫（ㄐㄧㄣˋ）是閉口，莊子秋水篇「公孫龍口呿而不合」，與此意同。㊃詹何見執一篇，言為國之本在於為身。又審為篇，論重生輕利。田子方，史記儒林傳「如田子方、段干木、吳起，禽滑釐之屬，皆受業於子夏之倫。」老耽即老子，見不二篇。

【今譯】齊桓公與管仲謀伐莒，謀未發而國人已知，桓公覺得奇怪，說：「與仲父謀伐莒，謀未發而國人已知，是什麼緣故？」管仲說：「國內必有聖人。」桓公說：「嘻！那一天的工人有手執柘杵而向上望的，或者是他？」乃命令那人再服役，不得相代。過了一會，東郭牙來到，管仲說：「這必定是了。」乃使賓者引他上來，分階而立，管仲問他說：「說伐莒事，是你嗎？」對答說：「是。」管仲說：「我不說伐莒，你何故說伐莒？」對答說：「我聽說，君子善謀慮，小人善猜度，我私下猜想罷了。」管仲說：「我不說伐莒，你怎麼猜度呢？」對答說：「我聽說，君子有三種氣色：顯然喜樂的是鐘鼓之色；湫然清靜的是衰絰之色，艴然充盈而手足矜持的是兵革之之色。我望見君在臺上，艴然充盈而手足矜持，這是兵革之色；君開口而不閉，所說的是莒；君舉臂而指，所當的是莒；我私下計慮諸侯中不服從的，祇有莒吧！我所以說伐莒。」大概耳所以能聞是由於聲，現在不聞其聲，而以其容與臂，這是東郭牙不用耳聽而能聞，桓公管仲雖善於守密，亦不能隱蔽了。所以聖人能聽於無聲，視於無形，詹何、田子方、老眀都是。

三曰精諭

【今註】精諭是不待說明而可以領悟其意旨，所謂徐言、微言、知言，都是可意會而不可以言傳，亦有勿言而可以神會。所以說：「聖人相諭不待言，有先言言者也。」至謂「至言無言，至為無為，淺智者之所爭，則末矣。」則是老子所謂「聖人處無為之事，行不言之教」「夫惟不爭，故無尤矣。」的意思。其實最好的精諭方法，還是孟子的觀其眸子，孟子說：「存乎人者，莫良於眸子，眸子不能掩其惡，胷中正則眸子瞭焉；胷中不正則眸子眊焉。聽其言也，觀其眸子，人焉廋哉？」

聖人相諭不待言，有先言言者也，海上之人有好蜻者㊀，每居海上，從蜻游，蜻之至者百數而不止，前後左右盡蜻也，終日玩之而不去。其父告之曰：「聞蜻皆從女居，取而來，吾將玩之。」明日之海上，而蜻無至者矣。

【今註】㊀蜻，畢校「列子黃帝篇作有好漚鳥者。」尹校謂「王引之云，蜻即青鳥也，作蜻者借字耳。列子黃帝篇蜻作漚，漚與鷗同。文選江淹雜體詩，青鳥海上遊、李善注引海上好蜻云云，正以蜻釋青鳥。」按言海上自以海鷗為是，高注為蜻蜓，非是。成語有「鷗鷺忘機」，以喻人無機心，能使異類也相與狎近，正是本文所述。

【今譯】聖人相曉諭不待言語，有未開口而先已有所說明。海上有人喜歡鷗鳥，每次到海上，便和鷗鳥遊玩，鷗鳥飛來的多至數百，前後左右都是鷗鳥，玩樂了整日而不去。其父告訴他說：「聽說鷗鳥都和你相處，拿幾隻回來，我也要玩玩。」第二天到了海上，鷗鳥沒有飛來了。

勝書說周公旦曰㊀：「廷小人眾，徐言則不聞，疾言則人知之，徐言乎？疾言乎？」周公旦曰：「徐言。」勝書曰：「有事於此，而精言之而不明，勿言之而不成，精言乎？勿言乎㊁？」

周公旦曰：「勿言。」故勝書能以不言說，而周公旦能以不言聽，此之謂不言之聽。不言之謀，不聞之事，殷雖惡周，不能疵矣㊂。口唶不言，以精相告，紂雖多心，弗能知矣㊃。目視於無形，耳聽於無聲，商聞雖眾，弗能窺矣。同惡同好，志皆有欲，雖為天子，弗能離矣㊄。

【今註】㊀勝書，畢校「韓詩外傳，但作客，說苑指武篇作王滿生。」按外傳與說苑所述，要在客善以不言之說，周公善聽不言之說，其事實為「明日誅管蔡」。本篇則結以殷雖惡周，不能疵矣，較為含蓄。㊁「疾言」：論語鄉黨篇「不疾言」，註為不高聲言談。如此則徐言當是低聲言談，精言為簡要的說，勿言為不說。許釋引陶鴻慶說謂「勿言之而不成」當作「勿言之而成」，謂不言而後能成也，即下文所謂勝書能以不言說也。故周公答以勿言也。㊂殷指武庚等殷遺族，管蔡利用之反周公。㊃其時紂已死，不應說紂雖多心，當是原文有誤。㊄這是說不論同惡同好，都有相同的志趣欲望，所以許多事都可不言而喻。

【今譯】勝書對周公旦說：「朝廷小而人數眾多，輕徐的說則他人勿聞，快疾的說則他人都知道，輕徐的說呢？快疾的說呢？」周公旦說：「輕徐的說。」勝書說：「這裏有一件事，精簡的說而意義不明，不說則反而可成，精簡的說呢？還是不說呢？」周公旦說：「不要說。」所以勝書能以不言說事，而周公能以不言聽事，這叫做不言之聽。不言之謀，不聞之事，殷雖惡周，不能為害了。口閉不言，以精意相告，紂雖多心，不能知道了。目視于無形，耳聽于無聲，商的情報雖多，不能窺見祕密了。不論同惡同好，都有相同的欲望，雖貴為天子，亦不能離開此原則了。

孔子見溫伯雪子㈠，不言而出。子貢曰：「夫子之欲見溫伯雪子，好矣㈡，今也見之而不言，其故何也？」孔子曰：「若夫人者目擊而道存矣，不可以容聲矣。故未見其人而知其志，見其人而心與志皆見，天符同也㈢。」聖人之相知，豈待言哉？

【今註】㈠溫伯雪子，高注為得道人。㈡「好矣」：畢校謂莊子田子方篇作久矣。㈢「天符」：高注「符道也」。按符是符節，孔子自言與溫伯雪子的心與志，若合符節。心志是天生的，故曰天符同也。

【今譯】孔子去見溫伯雪子，不說話就出來了。子貢說：「老師要見溫伯雪子好久了，現在見面而不說話，這是什麼意思？」孔子說：「那位先生一見而知其為有道之人，不可以再多言了。所以未見其人已了解其志趣，一見其人則心與志皆看見了，天生的符節是相同的。」聖人的相互了解，那裏還要等待說明呢？

白公問於孔子曰：「人可與微言乎？」孔子不應㈠。白公曰：「若以石投水，奚若？」孔子曰：「沒，人能取之。」白公曰：「若以水投水，奚若？」孔子曰：「淄澠之合者，易牙嘗而知之㈡。」白公曰：「然則人不可與微言乎？」孔子曰：「胡為不可？唯知言之謂者為可耳㈢。」白公弗得也。知謂則不以言矣，言者謂之屬也。求魚者濡，爭獸者趨，非樂之也。故至言去言㈣，至為無為㈤，淺智者之所爭則末矣。此白公之所以死於法室。

【今註】㈠白公名勝是楚平王之孫，太子建之子。太子建為費無極所讒，出奔鄭，與晉通謀，欲反鄭于晉，鄭人殺之。勝數請庶父令尹子西、司馬子期伐鄭，報父之仇，許而未行。晉人伐鄭，子西子期率師救鄭，勝怒曰：「鄭人在此，讎不遠矣」。欲殺子西子期，故問微言。微言是陰謀密事。孔子知其意，故不應。許釋引梁玉繩校補「白公作亂，在孔子卒後三月，恐未必有問答。此本列子說符，當是寓言。」按楚惠王二年，子西召勝為白公，六年，勝數請子西伐鄭，十年，白公作亂。是白公的陰謀作亂，已有數年。㈡「淄澠」，高注「齊之兩水名也，易牙能別淄澠之味。」㈢「謂」：離謂篇「言者以諭意也」，謂當作意解。書旅獒注「在心為志，發氣為言」，志就是意，所以說「言者謂之屬也。」漢書景帝紀「事有可稱曰有謂，失於事宜，不可名言曰無謂。」注「道曰謂。」道即道理，亦與意同。又莊子齊物論「今我則已有謂矣，而未知吾所謂之果有謂乎？其果無謂乎？」集解「合於道為言，不合則有言與無言等。」許釋引陶鴻慶說亦謂「謂猶意也，知言之謂者，聽言而知其意也。」㈣「至言去言」：許釋引孫鏘鳴高注補正「言之至者，無待乎言，故可以去言。論語曰、天何言哉？」按孫說是。老子說：「多言數窮，不如守中。」多言是去言的反面，中是中空之意，猶如橐籥未動時情況，象徵虛靜無為的道體。㈤「至為無為」：高注「至德之人，為乃無為，無為因天無為，天無為而萬物成，乃有為也，故至德之人能體之也。」

【今譯】　白公問於孔子說：「人與人可以微言嗎？」孔子不應。白公說：「譬如以石投水，怎麼樣？」孔子說：「沒入水中的人能夠取出。」白公說：「譬如以水投水，怎麼樣？」孔子說：「淄澠兩水的混合，易牙嘗味可以分辨。」白公說：「那麼人與人不可以微言嗎？」孔子說：「為什麼不可？祇有懂得語意的人纔可微言而已。」可是白公卻不了解。懂得語意那就不用說話了，說話祇是語意的附屬。捕魚的要沾水，爭獸的要快跑，這是必然之理，不是喜歡這樣做。所以言之至者不待乎言，可以去言；至德之人，為乃無為，可以無為；智識淺薄者所爭執的已是微末了，這就是白公的所以死於法室。

齊桓公合諸侯，衛人後至，公朝而與管仲謀伐衛㈠。退朝而入，衛姬望見君，下堂再拜，請衛君之罪。公曰：「吾於衛無故，子曷為請？」對曰：「妾望君之入也，足高氣彊，有伐國之志也。見妾而有動色，伐衞也。」明日，君朝揖管仲而進之。管仲曰：「君舍衞乎？」公曰：「仲父安識之？」管仲曰：「君之揖朝也恭，而言也徐，見臣而有慙色，臣是以知之。」君曰：「善，仲父治外，夫人治內，寡人知終不為諸侯笑矣。」桓公之所以匿者不言也，今管子乃以容貌音聲，夫人乃以行步氣志，桓公雖不言，若暗夜而燭燎也。

【今註】㈠其時齊桓公已霸，此次會合諸侯，衞人後至，未知為何時。周惠王十一年（魯莊二十八年，西元前六六六）齊伐衞，敗衞師。後六年，狄入衞，齊桓封衞於楚丘而城之，安中國，存亡繼絕，唯此為最。

【今譯】　齊桓公會合諸侯，衞人後至，公在朝中與管仲謀伐衞。退朝回宮，衞姬望見桓公，下堂再拜，請示衞君之罪。公說：「我對衞國沒有事，你為什麼請示？」對答說：「妾望見君的進來，趾高氣揚，有伐國之意；看見妾而動色，這是伐衞呀！」第二天，桓公朝會，揖請管仲上來，管仲說：「君要放棄伐衞嗎？」公說：「仲父怎麼看出來？」管仲說：「君的作揖謙恭，而說話緩慢，看見臣似有慚愧的神色，臣因此知道。」公說：「很好，仲父治外，夫人治內，寡人曉得終不會給諸侯譏笑了。」桓公所隱匿的是不說話，現在管子乃從其容貌聲音，夫人則從其行步氣志，桓公雖不說話，已如暗夜燃著燭火，明如瞭掌。

晉襄公使人於周曰：「弊邑寡君寢疾，卜以守龜曰：三塗為祟，弊邑寡君使下臣願藉途而祈福焉㈠。」天子許之㈡。朝禮使者事畢，客出，萇弘謂劉康公曰：「夫祈福於三塗，而受禮於天子，此柔嘉之事也。而客武色，殆有他事，願公備之也㈢。」劉康公乃儆戎車卒士以待之。晉果使祭事先，因令楊子將卒十二萬而隨之，涉於棘津，襲聊阮梁蠻氏，滅三國焉。此形名不相當，聖人之所察也，萇弘則審矣。故言不足以斷小事，唯知言之謂者可為。

【今註】㈠晉襄公是文公之子。三塗山在陸渾南，故假道於周室。惟襄公時並無此事，魯昭公十七年傳載：「晉侯使屠蒯如周，請有事於雒與三塗，萇弘謂劉子曰：『客容猛，非祭也，其伐戎乎？陸渾甚睦於楚，必是故也，君其備之。』……晉荀吳帥師，涉自棘津，使祭史先用牲於雒，陸渾人弗知，師從之，遂滅陸渾，數之以其貳於楚也。」此言襄公，高注已指其誤，按魯昭公十七年乃是晉頃公元年，六卿強，公室卑。㈡天子是周景王。㈢萇弘是周大夫。

【今譯】晉襄公使人請示於周天子說：「敝國寡君有病，卜以守龜，謂是三塗山鬼為祟，敝國寡君遣下臣來請借路前往以祈福。」天子當即允許。朝禮使者事畢，客已離去，萇弘告訴劉康公說：「祈福於三塗，而受禮於天子，這是柔和嘉美的事，而客人有威武的神色，恐怕另有他事，請公予以戒備。」劉康公乃準備戎車卒士來等候。晉國果然使人先辦祭事祈福，因命楊子率領兵卒十二萬人隨其後，從棘津過渡，偷襲聊、阮梁、蠻氏三國而滅之。這事的形名不相合，聖人都知道觀察，萇弘很審慎了。所以言辭不足以判斷小事，祇有懂得言辭的主意的人才可以斷事。

四曰離謂

【今註】謂即意，已見上精諭篇註，離謂就是言意相離。所謂言是由口發聲，宣講自己的意見，書旅獒注「在心為志，發氣為言。」志即意，言意是不可相離的，言意相離就是言不由衷，沒有誠信，所以說：「言者以諭意也，言意相離，凶也。」本篇以鄧析為主，鄧析是辯而不當理的詭辯者，故終為子產所殺。子產殺鄧析，「民心乃服，是非乃定，法律乃行。」今日世局混亂，實多鄧析之流，假託民主自由以散佈流言，顛倒是非；尤其是共產黨是主張言意相離，史達林曾說：「言辭和行動並無關係，否則，還算什麼外交？美麗的言辭只是隱匿惡行的面具，誠實外交的不可能，正如不可有乾燥的水或木質的鐵一樣。」本篇所謂「今世之人多欲治其國，而莫之誅鄧析之類，此所以欲治而愈亂也。」正可為今世主政者進一解。

言者以諭意也，言意相離，凶也㈠。亂國之俗，甚多流言，而不顧其實，務以相毀，務以相譽，毀譽成黨，眾口熏天，賢不肖不分，以此治國，賢主猶惑之也，又況乎不肖者乎？惑者之患，不自以為惑，故惑惑之中有曉焉，冥冥之中有昭焉㈡，亡國之主不自以為惑，故與桀紂幽厲皆也，然有亡者國，無二道矣。

【今註】㈠許釋引孫鏘鳴補注「意者即上篇所云言之謂也，言意相離是不知言之意也，故以離謂名篇。」㈡許釋、尹校均據陳昌齊正誤以「故惑惑之中有曉焉」為句，以惑惑對下句冥冥。按依文義，以「故惑」為句，意義較明。

【今譯】語言是用以表明意志的，語言與意志相分離，是不祥的。亂國的習俗，很多流言，不顧事實，或專以相毀謗，或專以相稱譽；毀譽成黨，眾口鑠金，賢不肖不分，以此治國，賢主猶覺迷惑，又況乎不肖之主呢？迷惑者的毛病不自以為迷惑，所以迷惑；不過迷惑之中有時亦有些清醒，猶如黑暗之中有時亦有些明亮。至於亡國之主，不自以為迷惑，故與桀紂幽厲相同，然而有國必亡，沒有第二條路可走了。

鄭國多相縣以書者，子產令無縣書，鄧析致之；子產令無致書，鄧析倚之㊀；令無窮則鄧析應之亦無窮矣，是可不可無辨也㊁。可不可無辨，而以賞罰，其罰愈疾，其亂愈疾，此為國之禁也。故辨而不當理則偽，知而不當理則詐，詐偽之民，先王之所誅也。理也者，是非之宗也。

【今註】㊀尹校引范耕研補注「書者文字，懸書者張之道衢，致書者投遞也，倚者依也，倚書者依倚他物，雜而寄之。」㊁鄧析，春秋時鄭人，漢書藝文志列入名家，四庫全書列入法家，其書今傳無厚、轉辭兩篇，頗雜撮老莊自然及法家論治之言。其轉辭篇論明法謂「夫治之法，莫大于使私不行；君之功，莫大于使民不爭。今也立法而行私與法爭，其亂也，甚於無法；立君而尊賢與君爭，其亂也，甚於無君。故有道之國，法立則私善不行，君立而賢者不尊。民一於君，事斷於法，此治國之道也。」又論治道則謂「為治之道，君臣各有本職，不盡職則害政。故君之職在循名責實，臣之職在奉法宣令；夫然則君無三累，臣無四責，可以安國。」與本篇所述，判若兩人。

【今譯】鄭國多以文書張貼通衢，子產命令禁止張貼，鄧析改為投遞致送；子產命令禁止投遞，鄧析乃用依託他物雜而寄之；命令無窮，則鄧析應付的方法亦無窮，這就使可不可沒有辨別了。可不可沒有辨別，而用賞罰禁止，罰愈快亂亦愈快，這是治國所當避免。所以辨而不當理則偽巧，知而不當理則欺詐，欺詐偽巧的人是先王所應誅殺的，因為理是是非的根本。

洧水甚大㊀，鄭之富人有溺者，人得其死者㊁，富人請贖之，其人求金甚多，以告鄧析，鄧析曰：「安之，人必莫之賣矣。」得死者患之，以告鄧析，鄧析又答之曰：「安之，此必無所更買矣。」夫傷忠臣者，有似於此也。夫無功不得民，則以其無功不得民傷之，有功得民，則又以其有功得民傷之，人主之無度者，無以知此，豈不悲哉？比干萇弘以此死，箕子商容以此窮，周公召公以此疑，范蠡子胥以此流㊂，死生存亡安危，從此生矣。

【今註】㊀洧（ㄨㄟˇ）水出潁川陽城山，東南入於潁水。㊁畢校「死與尸同，……期賢篇、扶傷輿死，亦是。意林作有人得富者尸。」㊂此四句都是說明人主之無度者不辨是非，故或死、或窮、或疑、或流。

【今譯】洧水高漲，鄭國的富人有渡水而溺死者，有人得到死者的尸體，富人的家屬請贖回，那人要求很多的金，於是其家屬告訴鄧析，鄧析說：「放心，那人必定賣不了的。」得尸的人因此憂慮，亦告訴鄧析，鄧析說：「放心，這必定沒有地方更可買得到的。」那些傷害忠臣的人，有似於此：無功不得民，則以無功不得民中傷他；有功得民，則又以有功得民中傷他；人主沒有識度的，不知道此中是非，豈不可悲嗎？所以比干萇弘因此而殺死，箕子商容因此而窮困，周公召公因此而見疑，范蠡子胥因此而流放，死生、存亡、安危，都從此發生了。

子產治鄭，鄧析務難之。與民之有獄者約，大獄一衣，小獄襦袴㈠，民之獻衣襦袴而學訟者，不可勝數。以非為是，以是為非，是非無度，而可與不可日變㈡，所欲勝，因勝；所欲罪，因罪。鄭國大亂，民口讙譁。子產患之，於是殺鄧析而戮之㈢，民心乃服，是非乃定，法律乃行。今世之人多欲治其國，而莫之誅鄧析之類，此所以欲治而愈亂也。

【今註】㈠襦（ㄖㄨˊ）是短衣。㈡「日變」：許釋謂舊校日作因，當從之。尹校改日為因。按此言是非不定，日日有變，意義較佳，不宜改。㈢戮是殺了之後，宣佈其罪狀，陳尸示眾。史記孔子世家「防風氏後至，禹殺而戮之。」惟據左傳昭公二十年子產卒，定公九年，駟顓殺鄧析而用其竹刑，則非子產所殺。

【今譯】子產治鄭，鄧析專與為難，與百姓中有訟獄的人約定：大獄一衣，小獄襦袴。百姓獻衣襦袴而學訟的不可勝數。於是以非為是，以是為非，是非沒有標準，而可不可天天要變，希望勝利的就得到勝利，希望使人得罪的就得罪，鄭國的法紀大亂，民口喧譁；子產因此憂慮，於是殺鄧析而宣佈其罪狀，陳尸示眾，民心乃服，是非乃定，法律乃行。現在世人多要其國家治安，而不敢誅殺鄧析之流，此所以欲治而愈亂呀！

齊有事人者，所事有難而弗死也。遇故人於塗，故人曰：「固不死乎？」對曰：「然，凡事人以為利也，死不利，故不死。」故人曰：「子尚可以見人乎？」對曰：「子以死為顧可以見人乎？」是者數傳㈠，不死於其君長，大不義也，其辭猶不可服，辭之不足以斷事也明矣。夫辭者意之表也，鑒其表而棄其意，悖。故古之人得其意則舍其言矣。聽言者以言觀意也，聽言而意不可知，其與橋言無擇㈡。齊人有淳于髡者，以從說魏王，魏王辯之㈢，約車十乘，將使之荊，辭而行。有以橫說魏王，魏王乃止其行。失從之意，又失橫之事，夫其多能不若寡能，其有辯不若無辯。周鼎著倕而齕其指㈣，先王有以見大巧之不可為也。

【今註】㈠尹校引范耕研補注謂「傳，轉也，言辯辭轉折失本，令人眩惑也。」許釋引松皐圓說「是上恐脫如字。」按兩說均可取。㈡「橋言」：高注「戾也」，尹校引范耕研補注「橋借為矯，周語：

其刑矯誣，註：以詐用法曰矯。」按高注是。橋本為曲木架空之意，荀子儒效篇：「以橋飾其性情」，注「橋，曲也。」曲言是言意相離。㊂淳于髡見上報更篇。㊃倕是堯時的巧工，周鼎著倕使自咬指頭，表示不該太巧，以警戒後世，此以喻名家縱橫家的說辭不宜太巧辯，終必自害。

【今譯】齊國有服事他人的人，所服事的人有難而不為之死，在路上遇到老友，老友問他說：「真的不死嗎？」對答說：「是的，服事他人本來是為求利，死是不利，所以不死。」老友說：「你這樣做還可以見人嗎？」對答說：「你以為死了反可以見人嗎？」這樣的數次轉折，不死於其君長，本來是大不義，經過辯辭猶不可服，言辭的不足以斷事可謂明顯了。所謂言辭只是心意的外表，觀察外表而放棄了心意，是悖惑的。所以古人懂得其心意便捨棄其言辭了，聽言的人要從言辭觀察用意，如果聽言而其用意不可知，這就與橋言無異。齊人有名叫淳于髡，以合縱說魏王，魏王以為辯而可用，許給他車十乘，使往楚國去；淳于髡已向魏王辭行，就要起程。又有人以連衡說魏王，魏王遂即停止淳于髡往楚。這樣做，既失了合縱之意，又失了連橫之事，多能不如少能，有辯不如無辯。周鼎上鑄著巧工倕的像，自咬其指頭，先王的用意是儆戒世人，大巧是不可為的。

五曰淫辭

【今註】辭是言辭，凡言辭不切實用或辭意相離的都是淫辭。易繫辭傳說「將叛者其辭慚，中心疑者其辭枝，吉人之辭寡，躁人之辭多，誣妄之人其辭游，失其守者其辭曲。」凡此都是欺心之言，言心相離，言行相違，都是不祥的。所以孔子教人要「言思忠」「言忠信，行篤敬」孟子教人「言非禮義，謂之自暴也」「言無實，不祥。」本篇與上篇大意相同，上篇說「言者以諭意也，言意相離，凶也。」本篇亦說「凡言者以諭心也，言心相離，……言行相詭，不祥莫大焉。」可以說完全相同的。

非辭無以相期，從辭則亂，亂辭之中又有辭焉，心之謂也，言不欺心，則近之矣㈠。凡言者以諭心也，言心相離，而上無以參之，則下多所言非所行也㈡，所行非所言也，言行相詭，不祥莫大焉。

【今註】㈠「從辭」：許釋引陶鴻慶札記謂從當為徒，以形似而誤，徒，空也，即下文所謂欺心之言。尹校則謂從讀為放縱之縱。按陶尹兩說皆非。本文謂非辭無以相期，可是辭乃意之表，辭之中又有辭，就是心，心纔是真意。所以從辭而不知真意，則不免混亂。如果言不欺心，則可以從辭，所以說則近之矣。又許釋引陳昌齊說謂「亂辭」之亂字因上句而衍，陶說亦同，按此亂字可刪。㈡「所言非所行」，即言不顧行；所行非所言，即行不顧言。

【今譯】非辭無以相知，可是從辭則往往混亂，因為辭之中又有辭，就是所謂心，如果言不欺心，則從辭亦可。大凡言辭是用以表明心意，言辭與心意相分離，而在上者不予考驗，則在下者多言不顧行，行不顧言，言行相違，是最大的不祥。

空雄之遇㊀，秦趙相與約。約曰：「自今以來，秦之所欲為，趙助之，趙之所欲為，秦助之。」居無幾何，秦興兵攻魏，趙欲救之，秦王不說，使人讓趙王曰：「約曰：秦之所欲為，趙助之，趙之所欲為，秦助之。今秦欲攻魏，而趙因欲救之，此非約也。」趙王以告平原君㊁，平原君以告公孫龍㊂，公孫龍曰：「亦可以發使而讓秦王曰：趙欲救之，今秦王獨不助趙，此非約也。」

【今註】㊀空雄，是地名，秦趙兩國曾在此盟會。實即澠池之會，在趙惠文王二十年（西元前二七九）畢校謂聽言篇作空洛，此疑本是空雒，寫者誤耳。尹校據改。㊁平原君是趙公子勝，趙惠王在周赧王十八年（西元前二九七）封他，為戰國五公子之一。㊂公孫龍趙人，已見上審應篇。游于平原君之門，善為堅白同異之辯，其書今存白馬論、指物論、通變論、堅白論、名實論各篇。

【今譯】空雒之會，秦趙相與盟約，約文說：「自今以來，秦國所要做的事，趙國相助；趙國所要做的事，秦國相助。」過了幾年，秦起兵攻魏，趙打算救魏，秦王不高興，使人譴責趙王說：「盟約說：秦國所要做的事，趙國相助；趙國所要做的事，秦國相助。現在秦要攻魏，而趙反而要救魏，這是不守約。」趙王把這些話告訴平原君，平原君又告訴公孫龍，公孫龍說：「亦可以發使責讓秦王說：趙要救魏，而秦獨不助趙，這亦是不守約。」

孔穿公孫龍相與論於平原君所㈠，深而辯，至於藏三牙，公孫龍言藏之三牙甚辯㈡。孔穿不應，少選辭而出。明日，孔穿朝，平原君謂孔穿曰：「昔者公孫龍之言甚辯。」孔穿曰：「然，幾能令藏三牙矣，雖然難。願得有問於君，謂藏三牙甚難，而實非也，謂藏兩牙甚易，而實是也，不知君將從易而是者乎？將從難而非者乎？」平原君不應。明日謂公孫龍曰：「公無與孔穿辯㈢。」

【今註】㈠孔穿字子高，是孔子的玄孫。㈡「藏三牙」：尹校據孔叢子公孫龍篇改為「臧三耳」，並謂方言、荊淮海岱燕齊之間罵奴曰臧。許釋引王念孫說亦謂三耳是也。按或謂臧、羬古通用，羊也。臧三耳與「雞三足」相似，是堅白相離相同的分類理論。㈢畢校謂孔叢子有「其人理勝于辭，公辭勝于理」二語，亦當並引；尹校加此二語，文義較明。

【今譯】孔穿、公孫龍相與辯論于平原君處，意深而言辯；說到臧三耳時，公孫龍說明臧三耳的理論十分辯博，孔穿不答應，一會兒告辭而出。第二天，孔穿見平原君，平原君對孔穿說：「昨天公孫龍的話十分辯博。」孔穿說：「是的，幾乎能真使臧三耳了。雖然，很難成功。我要請問於君：說臧三耳很難而實不合理，論臧兩耳而實合理；不知道你要聽從易而合理的呢？抑將聽從難而不合理的呢？」平原君不答應。隔一天，告訴公孫龍說：「你不要再和孔穿辯論吧！」

荊柱國莊伯㈠令其父視，曰：「日在天。」「視其奚如？」曰：「正圓。」視其時，曰：「當今。」令謁者駕，曰：「無馬。」令涓人取冠，進上。問馬齒，圉人曰：「齒十二與牙三十㈡。」人有任臣不亡者，臣亡，莊伯決之任者無罪㈢。

【今註】㈠柱國是楚國官名。㈡許釋引孫鏘鳴高注補正「視曰當作視日，日在天當作曰在天，曰當今當作曰當今。視日、問日之早暮也，乃始以在天對，繼以正圓對，至問其時，則又不告以日所加之辰。謁者主駕，而言無馬；問馬齒，欲知馬之年數也，而以齒與牙對。皆所答非所問也。涓人、中涓也，主知清潔洒掃之事。」又孫詒讓札迻亦謂「此章皆言辭意相左之弊。」㈢任是保證，保證失信，而莊伯決定保證人無罪，是不合規定的。

【今譯】楚柱國莊伯請其父看太陽是何時候，其父說：「在天上。」「看是什麼樣子？」其父說：「正圓。」「看是什麼時候？」其父說「正是現在。」莊伯使謁者駕車，謁者說：「沒有馬。」使涓人取冠，涓人進上。莊伯又問馬齒，圉人說：「齒十二，加牙共三十了。」有人保證小臣不逃亡，可是小臣逃亡了，莊伯決定保證者無罪。

宋有澄子者亡緇衣，求之塗，見婦人衣緇衣，援而弗舍，欲取其衣，曰：「今者我亡緇衣。」婦人曰：「公雖亡緇衣，此實吾所自為也。」澄子曰：「子不如速與我衣，昔吾所亡者紡緇也，今子之衣禪緇也，以禪緇當紡緇，子豈不得哉㈠？」

【今註】㈠緇（ㄗ）衣是黑色衣服，紡緇是細線織成的，禪（ㄉㄢ）緇是單衣。澄子所言以禪緇當紡緇，是辭意相離。

【今譯】宋國有澄子其人，遺失了緇衣，到路上尋找，看見婦人穿著緇衣，就拉著不放，要取她的衣，說：「現在我遺失了緇衣。」婦人說：「先生雖然失了緇衣，這一件實在是我自己所製的。」澄子說：「你不如快給我衣服吧，昨日我所失的是紡緇，現在你的衣服是禪緇，用禪緇當作紡緇，你豈有不合算嗎？」

宋王㈠謂其相唐鞅㈡曰：「寡人所殺戮者眾矣，而羣臣愈不畏，其故何也？」唐鞅對曰：「王之所罪，盡不善者也，罪不善，善者故為不畏。王欲羣臣之畏也，不若無辨其善與不善而時罪之，若此則羣臣畏矣。」居無幾何，宋君殺唐鞅。唐鞅之對也，不若無對。

【今註】㈠宋王是宋康王，暴虐無道。㈡唐鞅教宋王不論善與不善皆罪之以立威，宋王因殺唐鞅，唐鞅之對，實罪有應得。

【今譯】宋王告訴其相唐鞅說：「寡人所殺戮的已很多了，可是羣臣愈不怕，這是什麼緣故？」唐鞅對答說：「王所殺的都是壞人，祇殺壞人，所以好人不怕。王如果要立威使羣臣都怕，不如不問好壞而時加罪殺，這將使羣臣畏懼了。」過了不久，宋王殺唐鞅。唐鞅的應對不如不對。

惠子㈠為魏惠王為法，為法已成，以示諸民人，民人皆善之。獻之惠王，惠王善之，以示翟翦，翟翦曰：「善也。」惠王曰：「可行邪？」翟翦曰：「不可。」惠王曰：「善而不可行，何故？」翟翦對曰：「今舉大木者，前乎輿謣，後亦應之，此其於舉大木者善矣㈡。豈無鄭衞之音哉？然不若此其宜也㈢。夫國亦木之大者也。」

【今註】㈠惠子即惠施，宋人，仕魏為惠王相。戰國時名家總稱其學為堅白同異之辯，實分為「合同異」與「離堅白」兩派。惠施是合同異的代表，其觀點注重于個體，所以說「萬物畢同畢異。」公孫龍是離堅白的代表，其觀點注重于共相，所以說「白馬非馬。」㈡輿謣或作邪（讀音似ㄏㄚ）許（讀音似ㄏㄨˇ）是眾人扛物時所發的呼聲，前唱後和。㈢鄭衛之音是眾人所悅的靡靡之聲，可是不宜用于舉大木，以喻惠施之法，有如鄭衛之音，宜于眾人之耳，而不宜于治國。故曰善而不可行，也就是說惠施之法不切實用。

【今譯】　惠施為魏惠王制訂法律，法已訂成，公告于百姓，百姓都說很好。獻給惠王，惠王亦認為很好，交給翟翦，翟翦說：「很好。」惠王說：「可以施行嗎？」翟翦說：「不可以。」惠王說：「很好而不可施行，為什麼？」翟翦對答說：「譬如眾人舉大木，前面的邪許，後面的也相應，這用于舉大木是很好的了。難道沒有鄭衛之音嗎？然而不如用邪許相宜。國家也可以說是木中之大者呀！」

六曰不屈

【今註】不屈是說惠施在言辭上不肯屈服于人，所以荀子解蔽篇說「惠子蔽于辭而不知實。」本篇作者是不贊同讓國傳賢之事，所以在篇首先說魏王的失察。匡章白圭兩人故意在魏王面前責惠施的無功而且有害于魏國，而惠施則以飾非惑愚的言論相應對，魏王則于國將危亡，始謝于翟翦而更聽其謀，社稷乃存，這就是不屈的結果。惠子之治魏一段，是作者以自己的觀點作結論，其所以詳述此事，目的不在述史，乃借此事以警戒世主而已。

察士㈠以為得道，則未也；雖然，其應物也辭難窮矣，辭難窮，其為禍福猶未可知。察而以達理明義，則察為福矣，察而以飾非惑愚，則察為禍矣。古者之貴善御也，以逐暴禁邪也㈡。

【今註】㈠察士是明察之士，指名家而言。㈡許釋謂語氣不完，疑有脫文。尹校以此二句與上下文無關，而與異用篇古之人貴能射也一段語意相似，當為異用篇之文，按尹說可取。

【今譯】明察之士以為得道則未有；雖然，他能應付事物，言辭難窮。不過言辭難窮的為禍為福，尚未可知。如果察而能達理明義，那察就是福了；如果察而用以飾非惑愚，那察就是禍了。古代所以重視善御，是因為善御可以逐暴禁邪啊！

魏惠王謂惠子曰：「上世之有國，必賢者也。今寡人實不若先生，願得傳國㈠。」惠子辭。王又固請曰：「寡人莫有之國於此者㈡也，而傳之賢者，民之貪爭之心止矣，欲先生之以此聽寡人也。」惠子曰：「若王之言，則施不可而聽矣。王固萬乘之主也，以國與人猶尚可，今施布衣也，可以有萬乘之國而辭之，此其止貪爭之心愈甚也。」惠王謂惠子曰：「古之有國者必賢者也」，夫受而賢者舜也，是欲惠子之為舜也。夫辭而賢者許由也，是惠子欲為許由也。傳而賢者堯也，是惠王欲為堯也。堯舜許由之作，非獨傳舜而由辭也，他行稱此，今無其他而欲為堯舜許由，故惠王布冠而拘于鄄㊂，齊威王幾弗受，惠子易衣變冠乘輿而走，幾不出乎魏境㊃，凡自行不可以幸為，必誠㊄。

【今註】㊀戰國之世，自從孟子「言必稱堯舜」「人人皆可為堯舜」民間口傳的堯舜禪讓之事，因而成為一時政治思潮，而讓國傳賢之事屢見于史策，如秦孝公要讓國于商鞅（見戰國策，當在周顯王十五年前後，西元前三五四），梁惠王要傳國于惠施（見本篇，當在周顯王二十年後，西元前三四四），及燕王噲讓國于子之（見戰國策及韓非子外儲右下，在周慎靚王五年，西元前三一六，赧王元年齊伐燕）。可是當時學者多反對讓國，莊子孟子與此同時代，目擊此事，莊子說：「堯舜讓而帝，之噲讓而絕。」（秋水篇）孟子則勸齊宣王伐燕。至荀子遂否定堯舜禪讓事，正論篇說：「堯舜嬗讓是虛言也，是淺者之傳，陋者之說也。」韓非則更反堯舜、反禪讓了。㊁尹校改此句為「寡人有萬乘之國于此者也」，謂萬誤莫，又脫乘字，因誤倒而為莫有。按尹說可取。㊂魏惠王于周顯王十三年（西元前三五六）稱王，十五年圍邯鄲，趙告急於齊，十六年，齊威王（顯王十七年稱王，宣王之父）用孫臏策攻魏救趙，殺龐涓，即所謂馬陵之戰。鄄地名，惠王兵敗，自拘于鄄，請服于齊。㈣惠施逃難當在馬陵戰敗之年（周顯王十七年，西元前三五二），讓國事當在此前。惟近張其昀氏中華五千年史（戰國史）謂「惠施何時仕于魏，不得而知，但是惠施之名初次見于歷史上者，乃于馬陵戰敗事件之時。當時惠王曾就此事請教于惠施，那是惠王三十年（前三四一）之事。」與本文不同，未知孰是。㈤高注「言惠王幸享傳國之名，惠子幸享以不受之名，以為必誠也。」許釋引陶鴻慶札記謂「此當于幸為絕句，必誠為句。」尹校謂「必為倒，當乙，為讀為以。」按兩說均有可取。

【今譯】　魏惠王告訴惠子說：「上世有國家的必定是賢人，現在寡人實不及先生，願意傳國于先生。」惠子辭謝不受。王又固請說：「寡人有萬乘之國在此，而傳給賢人，人民的貪爭之心可因而止息了，希望先生聽從寡人。」惠子說：「如王所說，則施不可聽從了。王實萬乘之主，以國與人尚且可止貪爭之心；現在施是布衣之士，可以有萬乘之國而不受，這樣的止貪爭之心更為有效了。」惠王的告訴惠子謂古代有國家的必是賢人，則受而賢的是舜，這是要惠子做舜；辭而賢的是許由，這是惠子要做許由；傳而賢的是堯，這是惠王要做堯。堯舜許由的作為，並不是祇有傳舜而由辭，其他的言行，都要與此相稱；現在沒有其他的善行，而要做堯舜許由，所以惠王布冠而自拘于鄄，齊威王幾乎不受其降；惠子易衣變冠，乘車逃走，幾乎不能離開魏境。大凡言行不可以僥倖有成，必須有真誠。

匡章謂惠子於魏王之前㈠，曰：「蝗螟，農夫得而殺之，奚

故？為其害稼也㊁。今公行，多者數百乘，步者數百人，少者數十乘，步者數十人，此無耕而食者，其害稼亦甚矣。」惠王曰：「惠子施也難以辭與公相應，雖然請言其志。」惠子曰：「今之城者，或者操大築乎城上，或負畚而赴乎城下，或操表掇以善睎望，若施者其操表掇者也㊂。使工女化而為絲，不能治絲，使大匠化而為木，不能治木，使聖人化而為農夫，不能治農夫，施而治農夫者也，公何事比施於螣螟乎？」惠子之治魏為本，其治不治，當惠王之時，五十戰而二十敗，所殺者不可勝數，大將愛子有禽者也㊃。大術之愚為天下笑㊄，得舉其諱，乃請令周太史更著其名。圍邯鄲三年而弗能取，士民罷潞㊅，國家空虛，天下之兵四至，罪庶誹謗，諸侯不譽，謝於翟翦而更聽其謀，社稷乃存㊆。名寶散出，土地四削，魏國從此衰矣。仲父大名也，讓國大實也，說以不聽不信，聽而若此，不可謂工矣，不工而治，賊天下莫大焉。幸而獨聽於魏也，以賊天下為實，以治之為名，匡章之非，不亦可乎？

【今註】㈠匡章，高注「孟子弟子」。按孟子弟子有萬章沒有匡章，高注似非。據世界大事年表，孟子生于周烈王四年（西元前三七二），魏伐趙圍邯鄲，在周顯王十五年（西元前三五四），次年，齊用孫臏策攻魏以救趙；顯王三十三年（西元前三三六），孟子至魏，見梁惠王。在馬陵戰敗後，惠施滯留楚宋，直至惠王歿後又歸魏。齊破燕時，惠施曾使趙勸伐齊而存燕。（張其昀氏中華五千年史據戰國策，恐有誤。）所以匡章之非惠施，不知在何時。㈡蝗螟是稻禾的害蟲，下文為螣（ㄉㄞˋ）螟，蝗即螣。㈢大築是築土的大杵，以木杵擣土使城牆堅實。畚（ㄅㄣˇ）是盛土器。表掇（ㄉㄨㄛˊ）是測量用的儀度。睎（ㄒㄧ）是望遠。㈣惠王用惠子的計謀，為爭土地而戰敗，人民被殺不可勝數，最後乃驅其所愛的子弟作戰，即孟子盡心篇所謂「不仁哉梁惠王也，仁者以其所愛及其所不愛，不仁者以甚所不愛及其所愛。公孫丑問曰：何謂也？梁惠王以土地之故，糜爛其民而戰之，大敗，將復之，恐不能勝，故驅其所愛子弟以殉之。」㈤大術指惠子的計謀，天下人笑其愚，得舉書其諱惡，惠王祖護惠子，比于管仲，要更著其名為仲父。㈥「罷潞」：高注「潞羸也」畢校謂潞與露同。按高注畢校都是，管子五輔篇「匡貧窶，振罷露。」正是疲羸之意。孟子「是率天下而路也」，注「路，勞弊也。」㈦翟翦曾告訴惠王謂惠子之法不可施行，見淫辭篇。

【今譯】匡章在惠王之前批評惠子說：「蝗螟為農夫所得就殺死它們，為的什麼？為它們傷害禾稼。現在先生的出行，從者之多常達數百乘，步者數百人，少亦數十乘，步者數十人，這都是不耕而食的，為害禾稼，亦太多了。」惠王說：「惠子很難用言辭來解釋，雖然請說明意志。」惠子說：「今天的建築城垣，有些人拿著大木杵在城上擣土，有些人挑著土畚在城下運土，還有人拿著測量的儀器東張西望，我惠施就是拿測量儀器的人。使女工繅繭為絲，而不能治絲；使大匠斵削木材，而不能治木；使聖賢化為農夫，而不能農事；我惠施是能管理農夫的，先生何故要比我於螣螟呢？」其實惠子的治理魏國，所用的治術本不是治術，當惠王的時候，五十戰而二十敗，所殺傷的人民，不可勝數，大將的愛子亦有為敵所擄。惠施計謀的愚蠢為天下人所譏笑，而惠王還要諱惡，乃請令周太史更著惠子的名號為仲父。魏軍包圍邯鄲三年而不能取，士兵疲弊，國庫空虛，天下救趙的兵從四方前來，受罪的百姓怨聲載道，諸侯都說魏王的醜惡；最後惠王向翟翦道歉，而聽用其謀，幸得保存了魏國的社稷。可是名寶因賂送鄰國而散出，四境土地被鄰國削奪，魏國從此衰弱了。仲父是德業並稱的大名，讓國是舉世讚譽的大事，所說計謀沒有不聽不信，聽言如此，不可謂工了，不工而治，為害於天下沒有再大的了。幸而祇有聽用於魏國，以害天下為實，而以治魏國為名，匡章的批評，不是也可以嗎？

白圭㈠新與惠子相見也，惠子說之以彊，白圭無以應。惠子出，白圭告人曰：「人有新取婦者，婦至，宜安矜，煙視媚行㈡，豎子操蕉火㈢而鉅，新婦曰：『蕉火大鉅。』入於門，門中有斂陷㈣，新婦曰：『塞之，將傷人之足。』此非不便之家氏㈤也，然而有大甚者。今惠子之遇我尚新，其說我有大甚者。」惠子聞之曰：「不然，詩曰：愷悌君子，民之父母。愷者大也，悌者長也，君子之德長且大者，則為民父母。父母之教子也，豈待久哉？何事比我於新婦乎？詩豈曰愷悌新婦哉？」誹汙因汙，誹辟因辟，是誹者與所非同也㊅。白圭曰：「惠子之遇我尚新，其說我有大甚者。」惠子聞而誹之，因自以為為之父母，其非有甚於白圭，亦有大甚者。

【今註】㊀白圭名丹，即孟子告子下篇的白圭，自謂治水愈於禹及欲二十而取一，孟子斥其大言不慚，亦是詭辯家之流。㊁安矜是安靜矜持，煙視是微張目而視，媚行是徐行。㊂蕉通樵，蕉火是薪火。㊃「歛陷」：尹校據蔣維喬校改為欿（ㄎㄢˇ）陷，是地上低陷不平的坎（ㄎㄢˇ）穴。㊄「家氏」：許釋引松皐圓說「之家氏猶言其夫家也。」㊅許釋引松皐圓說「白圭固以惠子為有太甚者，然觀惠子所說失理自飾，比諸白圭所誹，其謬更為過甚也。」

【今譯】白圭新與惠子相見，惠子即說以強國之道，白圭沒有答應。惠子走了以後，白圭告訴人家說：「人有娶新婦者，婦到夫家時應該安靜矜持，微視徐行，豎子操薪火太大，新婦說：『薪火太大。』進入門，門中有地坎，新婦說：『填塞了，這將要傷人足。』這些話並不是有不便於其夫家，然而有太過分了。今天惠子新遇到我，交淺言深，亦有些過分了。」惠子聽到，說：「不是的，詩經說：愷悌君子，民之父母。愷是大的意思，悌是長的意思，這是說君子的道德，長而大者則為人民的父母。父母的教導子女，豈等待長久嗎？怎麼比我於新婦呢？難道詩經是說愷悌新婦嗎？」誹謗他人的汙穢亦因而汙穢，誹謗他人的邪辟亦因而邪辟，這就是誹人者和所批評的相同。白圭說：「惠子之遇我尚新，他對我說的話有太甚者」；惠子聞而譏評白圭，因自以為為民之父母，其荒謬又甚於白圭，亦有過甚者。

七曰應言

【今註】應言是指言語的應對，不論君臣朋友及對外國的使臣，都必須謹慎，一言不慎，就無以應，失言的害處，與離謂淫辭相同。所以書・大禹謨說：「無稽之言勿聽。」大學說：「是故言悖而出者亦悖而入。」孔子教人「敏於事而慎於言。」「言寡尤，行寡悔。」「非禮勿言。」「仁者其言也訒。」「言忠信。」「不可與言而與之言，失言。」「巧言亂德。」「未見顏色而言謂之瞽。」孟子亦謂「不仁而可與言，則何亡國敗家之有？」「自暴者不可與有言也。」「言非禮義，謂之自暴也。」「位卑而言高，罪也。」本篇的意旨是有似鬼谷子捭闔之術的反應，聽人言以反駁之，因反駁又思索他理以應之，是為反應，本篇所引例證，都是反應式的應言。

白圭謂魏王曰：「市丘之鼎以烹雞㊀，多洎之則淡而不可食，少洎之則焦而不熟㊁，然而視之蝺焉美，無所可用㊂，惠子之言，有似於此。」惠子聞之，曰：「不然，使三軍饑而居鼎旁，適為之甑，則莫宜之此鼎矣。」白圭聞之，曰：「無所可用者，意者徒加其甑邪㊃？」白圭之論自悖，其少魏王大甚，以惠子之言蝺焉美無所可用，是魏王以言無所可用者為仲父也，是以言無所用者為美也㊄。

【今註】㊀市丘，高注為魏邑。畢校作沛丘齊地。又史記孟荀列傳作函牛，尹校據改為函牛之鼎。許釋謂當作帝丘。按各說皆有所據，本文意在大鼎不宜烹雞，似可不必深究。㊁洎（ㄐㄧˋ）高注「肉汁曰洎」，按洎是向釜中添水之意。㊂蝺（ㄐㄩˇ）焉美：高注「蝺好貌。」畢校疑與偊踽同。按畢說可取，說文：踽是無所親無所比的獨行貌，從禹聲，以禹治水之功，後世罕匹，取罕與倫比意，這是說大鼎外表壯美，無與倫比。㊃甑（ㄗㄥˋ）是烹食物的瓦器。㊄無所可用：近人張其昀氏中華五千年史述「惠學精義」「一曰尚用，惠子墨徒也，墨學主用，惠子亦然。惠子謂莊子曰：子言無用。（莊子外物篇）惠之不滿於莊者，曰其無用，則惠子論學之主用可知。然惠子好辯，人之論惠子，亦常以其文辯無用譏之。莊子曰：由天地之道，觀惠施之能，其猶一蚊一蝱之勞者也，其於物也何庸？

（天下篇）」大概惠施是深思勤學，正如莊子所謂「惠施不能以此自寧，……逐萬物而不反」故其言不免空虛而無所可用。

【今譯】 白圭對惠王說：「用市丘的大鼎來烹雞，多添水則淡而不可食，少添水則燒焦而不熟，看那大鼎表面上很壯麗，而其實無所可用；惠子的言論有似於此。」惠子聽到，說：「不是的，假使三軍饑餓而處於鼎旁，正需要用甑，那麼沒有比這大鼎更合宜的了。」白圭聽到，說：「沒有什麼可用的，大概僅可用作烹調的瓦器罷了。」白圭的辯論自然有些悖慢，他輕視惠王太甚。他認為惠子之言徒有壯美的外表而無所可用，這是說惠王以言無可用者為仲父，也就是以言無所用者為美好可用。

公孫龍說燕昭王以偃兵㈠，昭王曰：「甚善，寡人願與客計之。」公孫龍曰：「竊意大王之弗為也。」王曰：「何故？」公孫龍曰：「日者大王欲破齊，諸天下之士其欲破齊者，大王盡養之，知齊之險阻要塞、君臣之際者，大王盡養之，雖知而弗欲破者，大王猶若弗養㈡，其卒果破齊以為功。今大王曰：我甚取偃兵。諸侯之士在大王之本朝者，盡善用兵者也。臣是以知大王之弗為也。」王無以應。

【今註】 ㈠燕昭王是燕王噲之子，為報齊宣王伐燕之仇，故收養善用兵者。㈡猶若弗養，許釋引陶鴻慶說謂弗養當作養之，語氣正合。尹校據譚戒甫說改若為莫。按兩說均可取。

【今譯】　公孫龍以偃兵說燕昭王，昭王說：「很好，寡人願意與客來計議。」公孫龍說：「我私自猜想，大王是不會偃兵的。」王說：「為什麼？」公孫龍說：「近來大王要破齊，凡是天下之士有意破齊者，大王都加以收養；知道齊國的險阻要塞及君臣的關係者，亦都加以收養；雖知齊國情勢而不欲破齊者，大王尚且要收養；結果是以破齊為功。現在大王說：我甚欲偃兵，諸侯之士在大王的朝廷者，都是善於用兵的人，我是以知道大王是不會偃兵的。」王無以應。

司馬喜難墨者師於中山王前以非攻，曰：「先生之所術非攻夫㈠？」墨者師曰：「然㈡。」曰：「今王興兵而攻燕，先生將非王乎？」墨者師對曰：「然則相國是攻之乎？」司馬喜曰：「然。」墨者師曰：「今趙興兵而攻中山，相國將是之乎？」司馬喜無以應。

【今註】㈠司馬喜是趙國的相國。夫，用於句末，表示疑問語氣。㈡非攻論是墨家的政治主張，墨子目擊當時諸侯互相征伐，意欲弭止兵禍，所以倡非攻論，使當局明白征伐的害處，他說：「天欲人之相愛相利，不欲人之相惡相賊。」

【今譯】　司馬喜在中山王前責難墨者師的非攻理論，他說：「先生的學術是非攻嗎？」墨者師說：

「是的。」司馬喜說：「現在王如起兵攻燕，先生將反對王嗎？」墨者師說：「那麼相國是贊成攻燕嗎？」司馬喜說：「是的。」墨者師說：「現在趙國興兵而攻中山，相國亦將贊成嗎？」司馬喜無以應。

路說謂周頗曰：「公不愛趙，天下必從。」周頗曰：「固欲天下之從也，天下從則秦利也㊀。」路說應之曰：「然則公欲秦之利夫？」周頗曰：「欲之。」路說曰：「公欲之，則胡不為從矣。」

【今註】㊀從是合縱。路說是趙人，周頗是秦人，從是合六國以抗秦，實不利於秦，此為周頗的失言。

【今譯】路說對周頗說：「公不愛趙國，天下必將合從。」周頗說：「實在希望天下的合從，天下合從就是秦國之利。」路說應答說：「那麼，公是希望秦國得利吧？」周頗說：「希望的。」路說說：「公既希望這樣，那為什麼不從事合從呢？」

魏令孟卬割絳安邑之地以與秦王㊀。王喜，令起賈為孟卬求司徒於魏王。魏王不說，應起賈曰：「卬，寡人之臣也，寡人寧以臧為司徒，無用卬㊁，願大王之更以他人詔之也。」起賈出，遇孟卬於廷，曰：「公之事何如？」起賈曰：「公甚賤於公之主。公之主曰：寧用臧為司徒，無用公。」孟卬入見謂魏王曰：「秦客何言？」王曰：「求以女為司徒。」孟卬曰：「王應之謂何？」王曰：「寧以臧無用卬也。」孟卬太息曰：「宜矣王之制於秦也，王何疑秦之善臣也。以絳窌安邑，令負牛書與秦，猶乃善牛也㊂，卬雖不肖，獨不如牛乎？且王令三將軍為臣先，曰：視卬如身，是重臣也；令二，輕臣也㊃。令臣責，卬雖賢，固能乎？」居三日，魏王乃聽起賈。凡人主之與其大官也，為有益也，今割國之錙錘矣，而因得大官，且何地以給之？大官，人臣之所欲也，孟卬令秦得其所欲，秦亦令孟卬得其所欲，責以償矣，尚有何責？魏雖彊，猶不能責無責，又況於弱？魏王之令乎孟卬為司徒，以棄其責，則拙也。

【今註】㊀孟卬，畢校謂「乃孟卯之誤，淮南子注云，孟卯齊人，戰國策作芒卯。案魏策芒卯謂秦王曰：王有所欲於魏者，長羊王屋洛林之地也，王能使臣為魏之司徒，則臣能使魏獻之。今此云割絳窌安邑之地，窌疑即汾之異文，字書不載。梁仲子云，安邑魏都也，奈何割其國都以與人，此殊不可信。」許釋引王念孫校本「梁說非，此時魏已遷都大梁矣。」㊁臧即臧獲，高注臧亦魏臣，非是。

㊂負牛，高注畢校皆謂是魏臣。許釋引陳昌齊等說謂當作牛負，言使牛負書而行。㊃「令二」：高注「二，疑也，臣見疑則不重矣。」許釋引陳昌齊說謂當作「今二」；俞樾說謂當作「今王」。按陳說是，二同貳，任賢勿貳，貳亦訓疑，此謂前後不同，前令重臣，後言輕臣，高注亦是。

【今譯】魏使孟卬割絳汾安邑之地以與秦王，秦王很高興，使起賈為孟卬求司徒於魏王。魏王不高興，回起賈說：「卬是寡人的臣下，寡人寧可用臧奴為司徒，不能用卬。希望大王更以他人見告。」起賈出來，遇著孟卬於廷上，孟卬問說：「你說得怎麼樣？」起賈說：「魏王很看不起你，王說：寧可用臧奴為司徒，不用你。」孟卬入見魏王說：「秦國的客人說什麼？」王說：「要求用你為司徒。」孟卬說：「王怎麼應答他？」王說：「寧可用臧奴不用卬呀！」孟卬說：「應該啊！王被制於秦國！王何以懷疑秦國對臣表示好意，把絳汾安邑使牛負書致送於秦，秦國亦將善視此牛，卬雖不肖，難道不如牛嗎？而且王先令三將軍為臣先導，告訴他們要視卬如王身，這是重視臣；現在見疑是輕視臣。要臣負責，臣雖賢，還能負責嗎？」過了三天，魏王乃接受起賈的話，用卬為司徒。大凡人主的給與大官，是為有益於事，現在已割讓國家的重鎮了，而因此得大官，將來如再發生此類事，將拿什麼地給與呢？大官是人臣所欲的，孟卬使秦得其所欲，秦亦使孟卬得其所欲，各已如願而償，還有什麼責呢？魏雖強盛，尚且不能責人負責，又況是衰弱呢？魏王的任用孟卬為司徒，以棄其職責，這是愚拙的措施。

秦王立帝㊀。宜陽許綰誕魏王㊁，魏王將入秦，魏敬謂王曰：「以河內孰與梁重？」王曰：「梁重。」又曰：「梁孰與身重？」王曰：「身重。」又曰：「若使秦求河內，則王將與之乎？」王曰：「弗與也。」魏敬曰：「河內三論之下也，身三論之上也㊂，秦索其下，而王弗聽，索其上而王聽之，臣竊不取也㊃。」王曰：「甚然。」乃輟行。秦雖大勝於長平，三年然後決，士民倦糧食㊄，當此時也，兩周全，其北存，魏舉陶削衞，地方六百㊅，有之勢是㊆，而入大蚤，奚待於魏敬之說也。夫未可以入而入，其患有將可以入而不入，入與不入之時，不可不熟論也。

【今註】㊀周赧王二十七年（西元前二八八），秦稱西帝，齊稱東帝，不久又共去之。㊁許綰，高注「秦臣也，秦實未為帝，詐魏王言帝，欲令魏王入朝也。」許釋引孫志祖校說：「此疑即新序刺奢篇，說魏王罷起臺之許綰，魏臣，非秦臣也。」㊂三論，高注「謂河內與梁及身也。」㊃周赧王五十三年，秦伐韓，上黨降趙；秦白起攻上黨，至赧王五十五年（西元前二六〇），拔上黨，坑趙降卒四十萬於長平。故曰三年然後決。後三年，秦殺白起，魏信陵君大破秦軍，次年，赧王入秦，周室乃亡（西元前二五六）。此後至始皇二十二年（西元前二二五）秦王賁滅魏，葢魏於周亡後尚得存三十年之久，而離秦稱西帝時，相去六十餘年，故下文曰入與不入之時，不可不熟論也。㈤畢校謂糧食下脫一字，按其意當為糧食盡。㈥此言魏國之勢尚足自保，大梁是今河南開封，兩周在洛邑（今洛陽），韓國在其北（今鄭州），故曰兩周全，其北存，就是說兩周及韓國為之障塞；而又東向舉陶削衞，得地六百里，退尚可守。史記魏世家安釐王十一年，無忌（信陵君）謂異日者秦在河西，晉國去梁千里，有河山以闌之，有周韓以間之，從鄉林軍以至於今，秦七攻魏，五入囿中，又長驅梁北，東至陶衞之郊。可證明本文的大勢。㈦「有之勢是」，許釋引陳昌齊說「當作有之是勢，與十二紀行之是令，同一句法。」

【今譯】　秦王將稱帝，宜陽人許綰欺騙魏王使入朝，魏王將入秦，魏敬告訴魏王說：「以河內比大梁那個重要？」王說：「大梁重要。」魏敬又說：「大梁與王身哪個重要？」王說：「身重要。」魏敬說：「假使秦要求河內，王將給它嗎？」王說：「不給呀！」魏敬說：「河內是三者之下，身是三者之上，秦索取其下，而王不聽，索取其上，而王聽從，臣私意不敢贊同。」王說：「很對。」乃止而不行。秦國雖然大勝於長平，可是費了三年之力才決定，士卒疲倦，糧食將盡。當此時也，魏國形勢：東西兩周尚保全，韓國尚在其北，又東向取陶削衞，得地六百里。有如此形勢，而要入朝當然太早，何必待魏敬的說明呢？未可以入而入，其禍患將有甚於可以入而不入，入與不入的時間，不可不深辨熟慮。

八曰具備

【今註】本篇論凡事業的成功，皆須具備應有的條件，良弓無弦，必不能射中，湯武伊周君臣不相得，不能立功名。此與首時篇主意相同，時亦是具。韓非子功名篇謂立功成名之道四，即天時、人心、技能、勢位。本篇則重勢位，而首時篇則重時勢與賢人。

今有羿蠭蒙繁弱於此，而無弦，則必不能中也㈠，中非獨弦也，而弦為弓中之具也。夫立功名亦有具，不得其具，賢雖過湯武，則勞而無功矣。湯嘗約於郼薄矣㈡，武王嘗窮於畢裎矣㈢，伊尹嘗居於庖廚矣，太公嘗隱於釣魚矣㈣，賢非衰也，智非愚也，皆無其具也。故凡立功名，雖賢必有其具然後可成。

【今註】㈠羿（ㄧˋ）善射，傳說是夏代有窮國的君主，奔月的嫦娥是其妻。蠭蒙即逄（ㄆㄤˊ）蒙，是羿的弟子，亦能百發百中。繁弱是良弓。㈡約是節約，論語里仁「不仁者不可以處約。」是窮困意。郼薄是湯為諸侯時所有地。郼見上用民篇。薄即亳，史記殷本紀「湯始居亳，從先王居。」先王指帝嚳，亳即今河南偃師。㈢畢在今陝西鄠縣，裎（ㄔㄥˊ）是周邑名，故地在今陝西咸陽縣東北。㈣伊尹出處，史記殷本紀謂其「負鼎俎以滋味說湯」，孟子則力辨其耕於有莘之野，而本篇則謂其嘗居於庖廚，求人篇亦謂「伊尹庖廚之臣也」，本味篇所述皆鹽梅和羹之事，則伊尹為庖人或有其事。太公隱於釣魚，見觀世篇謂太公釣於滋泉。

【今譯】　現在有羿、逢蒙和繁弱在此，而沒有弦，則必不能射中；射中並不是單靠弦，可是弦是弓中必備的器具。建立功名亦要有器具，不得其具，賢能雖過湯武，亦將勞而無功了。商湯曾經窮困於郼亳了，周武曾經窮困於畢裎了，伊尹曾經屈身於庖廚了，太公曾經隱藏於釣魚了，賢能並未衰滅，智慧並非愚魯，都因為沒有具備的條件。所以凡是建立功名，雖賢能亦必要有具備的條件，然後可成。

宓子賤治亶父㈠，恐魯君之聽讒人，而令己不得行其術也，將辭而行，請近吏二人於魯君，與之俱至於亶父。邑吏皆朝，宓子賤令吏二人書，吏方將書，宓子賤從旁時掣搖其肘㈡，吏書之不善，則宓子賤為之怒，吏甚患之，辭而請歸。宓子賤曰：「子之書甚不善，子勉歸矣。」二吏歸報於君，曰：「宓子不得為書。」君曰：「何故？」吏對曰：「宓子使臣書，而時掣搖臣之肘，書惡而有甚怒，吏皆笑宓子，此臣所以辭而去也。」魯君太息而歎曰：「宓子以此諫寡人之不肖也，寡人之亂子㈢，而令宓子不得行其術，必數有之矣，微二人，寡人幾過。」遂發所愛而令之亶父，告宓子曰：「自今以來，亶父非寡人之有也，子之有也，有便於亶父者，子決為之矣，五歲而言其要。」宓子敬諾，乃得行其術於亶父。三年，巫馬旗短褐衣弊裘㊃，而往觀化於亶父，見夜漁者得則舍之，巫馬旗問焉，曰：「漁為得也，今子得而舍之，何也？」對曰：「宓子不欲人之取小魚也，所舍者小魚也。」巫馬旗歸告孔子曰：「宓子之德至矣，使民闇行，若有嚴刑於旁，敢問宓子何以至於此？」孔子曰：「丘嘗與之言曰：誠乎此者刑乎彼㊄，宓子必行此術於亶父也。」夫宓子之得行此術也，魯君後得之也，魯君後得之者，宓子先有其備也，先有其備，豈遽必哉？此魯君之賢也。

【今註】㊀宓（ㄇㄧˋ）子賤即宓不齊，魯人，是孔子弟子，孔子稱其為君子。亶父（ㄉㄢˇ ㄈㄨˇ）即單父，今山東單縣南，東門留有子賤碑。㊁掣是牽制、拉曳，「掣肘」成語即本於此。㊂亂子，家語作「亂宓子之政」。是擾亂、干涉之意。㊃巫馬施字子期，史記作子旗，家語作巫馬期，陳人，是孔子弟子。短褐即裋褐，是僮僕的粗布衣，弊裘是破裘，這是化裝前往，不使宓子賤知道。㊄刑與形同，大學「此謂誠於中形於外」，高注非。

【今譯】宓子賤治理亶父，恐怕魯君聽信讒言，使自己不得施行治術，將辭行前往，請求魯君派遣信任的書吏二人，一同到亶父去。到了亶父，邑中官吏都來會見，宓子賤使吏二人書寫，吏正在書寫，宓子賤從旁時時掣搖其肘；吏書寫不好，宓子賤因而發怒。二吏深以此為苦，請求回去，宓子賤說：「你們的書法很不好，還是勉強的回去罷。」二吏歸魯報告魯君說：「宓子不要書吏。」魯君說：「為什麼？」吏說：「宓子使臣書寫而時時掣搖我的肘；書寫不好又要發怒，邑吏都笑起來，這是臣所以要辭職回來。」魯君太息而歎氣說：「宓子是用此諫寡人的不肖。寡人的干涉宓子之政，而使宓子不得實行其治術，必定已有數次了，不是你們，寡人真錯了。」遂即派遣所愛的官吏到亶父去告訴宓子賤說：「自今以來，亶父不是寡人所有，是你所有，凡有便利於亶父的事，你決定去做，過了五年，再報告施政的大要。」宓子敬諾，乃得行其治術於亶父。

過了三年，巫馬旗穿著短褐弊裘，前往亶父去觀察宓子的教化，看見夜裏捕魚的漁夫得魚便放，巫馬旗問他說：「捕魚是要有得，現在你得到便放是為什麼？」漁夫對答說：「宓子不希望人捕取小魚，所放的是小魚。」巫馬旗回來告訴孔子說：「宓子的德政成功了，使人民夜間行事，好像有嚴刑在旁，敢問宓子賤何以能做到這樣？」孔子說：「我曾經和他說過，誠於此者形於彼，宓子賤必定是施行此治術於亶父。」其實宓子賤的得行此治術，是魯君後來所得的，魯君的後來所得，是宓子先有所準備。先有準備，難道必能達成嗎？這是由於魯君的賢明。

三月嬰兒，軒冕在前，弗知欲也，斧鉞在後，弗知惡也，慈母之愛諭焉，誠也。故誠有誠，乃合於情，精有精，乃通於天㈠，乃通於天，水木石之性㈡，皆可動也，又況於有血氣者乎？故凡說與治之務，莫若誠。聽言哀者，不若見其哭也，聽言怒者，不若見其鬬也，說與治不誠，其動人心不神。

【今註】㈠許釋引陶鴻慶說「兩有字皆讀為又，情亦當為精，上下文正相承，文子精誠篇云，其所以能行者，精誠也。又云，故精誠內形，氣動於天。」可證此文之義。㈡畢校謂五字疑誤衍。許釋引吳汝綸說謂水字屬下為句。按水木石之性，皆可動也，即所謂精誠所至、金石為開之意。

【今譯】三個月的嬰兒，軒冕在前不知愛，斧鉞在後不知惡，祇曉得慈母之愛，這就是誠。所以誠而又誠，乃合於精，精而又精，乃通於天。精誠通於天，則水木石之性皆可感動，又況於有血氣的人呢？所以凡是說辭與治術的要務，莫如至誠。聽人說悲哀，不如看見他哭泣，聽人說憤怒，不如看見他狠鬬，說辭與治術不出於至誠，則感動人心不能神化。

卷十九　離俗覽

第七，凡八篇

一曰離俗

【今註】離俗是清高絕俗之意，近人徐文珊氏先秦諸子導讀謂「離俗覽八篇，上半言隱士，無足取；下半言治民，皆名言。」「隱士自高其義而不與流俗合汙，本極可貴，惟不可矯情以離俗，諷世以鳴高，但拘者為之，往往矯枉而過其正，或自命高義而輕其死，皆非所取也。文中歷述石戶之農、北人無擇、卞隨、務光，皆其類也。聆其言，迂而非賢；觀其死，輕于鴻毛；此而謂為隱君子，則天下何貴乎有隱君子？」所評亦是。本篇是道家的出世思想。孔子雖曾說「賢者辟世，其次辟地，其次辟色，其次辟言。」實則只是主張見幾而作，而仍以天下為己任，所以又說「隱居以求其志，行義以達其道。」「知其不可為而為之。」才是儒家之士的大義。

世之所不足者理義也，所有餘者妄苟也㈠，民之情貴所不足，賤所有餘。故布衣人臣之行，潔白清廉中繩，愈窮愈榮㈡，雖死，天下愈高之，所不足也。然而以理義斲削㈢，神農黃帝猶有可非，微獨舜湯，飛兔要褭㈣，古之駿馬也，材猶有短，故以繩墨取木，則宮室不成矣。

【今註】㈠高注「妄作苟為，不尊理義，君子少，小人多，故有餘。」㈡「中繩」是合于法度之意，繩是繩墨，匠人以絜曲直的工具。高註「繩正也」非是。㈢斲（ㄓㄨㄛˊ）削是雕飾改正，有吹毛求疵之意。舉難篇「以全舉人固難，物之情也，人傷堯以不慈之名，舜以卑父之號，禹以貪位之意，湯武以放弒之謀，五霸以侵奪之事。」㈣飛兔要褭（ㄋㄠˊ）是駿馬名。

【今譯】世人所不足的是理義，所有餘的是妄苟，人情都貴所不足而賤所有餘，所以布衣人臣的行為，潔白清廉合于法度的，愈窮困愈有榮名，雖因窮困而死，天下之人愈稱譽其高尚，這是重視所不足的理義呀！然而嚴格的用理義來衡量，神農黃帝猶有可非議之處，非獨舜湯而已。飛兔要褭是古代的駿馬，亦力有不足，如用繩墨取木，則宮室不能建成了。

舜讓其友石戶之農，石戶之農曰：「棬棬乎後之為人也㈠。」葆力之士也㈡，以舜之德為未至也，於是乎夫負妻戴，攜子以入於海，去之終身不反。舜又讓其友北人無擇，北人無擇曰：「異哉后之為人也，居於甽畝之中，而游入於堯之門，不若是而已，又欲以其辱行漫我，我羞之。」而自投於蒼領之淵㊂。湯將伐桀，因卞隨而謀，卞隨辭曰：「非吾事也。」湯曰：「孰可？」卞隨曰：「吾不知也。」湯又因務光而謀㊃，務光曰：「非吾事也。」湯曰：「孰可？」務光曰：「吾不知也。」湯曰：「伊尹何如？」務光曰：「彊力忍詬㊄，吾不知其他也。」湯遂與伊尹謀夏伐桀，克之。以讓卞隨，卞隨辭曰：「后之伐桀也，謀乎我？必以我為賊也；勝桀而讓我，必以我為貪也；吾生乎亂世，而無道之人再來詬我，吾不忍數聞也。」乃自投於潁水而死㊅。湯又讓於務光曰：「智者謀之，武者遂之，仁者居之，古之道也。吾子胡不位之，請相吾子。」務光辭曰：「廢上，非義也，殺民，非仁也，人犯其難，我享其利，非廉也。吾聞之，非其義不受其利，無道之世不踐其土，況於尊我乎？吾不忍久見也。」乃負石而沈於募水㊆。故如石戶之農、北人無擇、卞隨、務光者，其視天下若六合之外，人之所不能察㊇，其視貴富也，苟可得已，則必不之賴，高節厲行，獨樂其意，而物莫之害，不漫於利，不牽於埶，而羞居濁世，惟此四士者之節。若夫舜湯，則苞裹覆容㊈，緣不得已而動，因時而為，以愛利為本，以萬民為義。譬之若釣者，魚有小大，餌有宜適，羽有動靜㊉。

【今註】㊀「棬棬」，畢校謂莊子讓王篇作捲捲（讀音似ㄑㄩㄢ），用力貌。按莊子註為「自勞貌」，意較是。㊁「葆力之士」是指石戶之農，葆同保，是保力全生意。㊂蒼領或作青令、清泠，是水名。㊃務光，畢校謂莊子作瞀光，荀子成相篇作牟光。㊄詢（ㄍㄡˋ），高注「辱也」，畢校謂莊子作垢。按詢當即詬。㊅潁水在今河南臨汝縣。古時許由、卞隨、務光等事蹟，據考古學家的發掘證明，都在潁汝二水之間。卞隨以湯伐桀，故謂之無道之人。㊆募（ㄨˋ）水是水名，莊子作盧水。募盧音近。㊇若六合之外，猶言在天地之外，孔子謂「不義而富且貴，于我如浮雲。」㊈「苞裹覆容」是包羅萬象、無所不容，此處是痌瘝為懷之意，故下文謂以愛利為本，以萬民為義。㊉羽是釣絲浮在水面的浮子，以觀察魚的動靜。

【今譯】　舜以天子讓其友石戶之農，石戶之農說：「自己勞苦呀！后之為人。」石戶之農是保力全生之士，以為舜的道德有所未至，于是夫負妻戴，攜子避于海上，終身不返。舜又讓其友北人無擇，北人無擇說：「奇怪呀！后之為人，居處田野之間，游入帝堯之門，還不肯就此休止；又要把自己的恥辱來污染我，我以此為羞。」因而自沈于蒼領的深淵。

湯將要討伐夏桀，因和卞隨計謀，卞隨辭謝說：「不是我的事呀！」湯說：「誰可以？」卞隨說：「我不知道。」湯又因和務光計謀，務光說：「不是我的事呀！」湯說：「誰可以？」務光說：「我不知道。」湯說：「伊尹怎麼樣？」務光說：「有幹勁而能忍辱，我不知道別的。」湯遂即和伊尹謀伐夏桀。勝利了，以天下讓卞隨，卞隨辭謝說：「后之伐桀，謀于我，必定認為我能做殘賊的事；既勝桀而以天下讓我，必定認為我是貪心的人。我不幸生于亂世，而無道之人再來侮辱我，我不甘心屢次遭遇不幸。」因此自投于潁水而死。湯又讓于務光說：「有材智的來圖謀，有武力的來達成，有仁德的來治理，這是自古以來的道理，先生何不就天子之位，我請為相。」務光辭謝說：「伐桀廢上是非義的，戰伐殺民是不仁的，人犯其難，我享其利，是非廉的。我聽說，不合于義，不受其利，無道之世，不踐其土，何況是尊貴我呢？我不忍長見此類事呀！」因負石而沈于募水。

所以如石戶之農、北人無擇、卞隨、務光這些人，視天下如在六合之外，不是人所能察見，他們對于富貴，如果可以放棄就立即放棄，決不會遲疑，高節厲行，獨樂其樂，萬物無所相害，不污染于利祿，不拘束于權勢，而恥居于濁亂之世，這就是他們的節操。至于舜湯則痌瘝為懷，由于不得已而動，因時而為，以救世為本，以救民為義。譬如釣者要看魚有大小，餌有宜適，浮子有動靜。

齊晉相與戰，平阿之餘子亡戟得矛㈠，卻而去，不自快，謂路之人曰：「亡戟得矛，可以歸乎？」路之人曰：「戟亦兵也，

矛亦兵也，亡兵得兵，何為不可以歸？」去行，心猶不自快，遇高唐之孤叔無孫㈡，當其馬前曰：「今者戰，亡戟得矛，可以歸乎？」叔無孫曰：「矛非戟也，戟非矛也，亡戟得矛，豈亢責也哉？」平阿之餘子曰：「嘻！還反戰，趨尚及之。」遂戰而死。叔無孫曰：「吾聞之，君子濟人於患，必離其難。」疾驅而從之，亦死而不反。令此將眾，亦必不北矣，令此處人主之旁，亦必死義矣。今死矣，而無大功，其任小故也，任小者不知大也。今焉知天下之無平阿餘子與叔無孫也？故人主之欲得廉士者，不可不務求。

【今註】㈠高注「平阿，齊邑也。餘子，官氏也。」㈡高注「高唐，齊邑也。孤，孤特位尊，叔姓無孫名，守高唐之大夫也。」

【今譯】齊晉兩國作戰，齊國平阿的餘子失了他的戟而得到晉人的矛，退卻後心中覺得不安，告訴路人說：「亡戟得矛，可以回家嗎？」路人說：「戟是兵器，矛亦是兵器，失了兵器得回兵器，為什麼不可以回去？」在回去的路上，心中猶自覺不快，遇著高唐的守吏叔無孫，當著他的馬前說：「今天作戰，亡戟得矛，可以回去嗎？」叔無孫說：「矛不是戟，戟不是矛，亡戟得矛，豈可以盡責呢？」

平阿之餘子說：「嘻！返回作戰，快去還來得及。」遂再戰而死。叔無孫說：「我聽說，君子要救人于患難之中，餘子此去必定遭難了。」快跑而從其後，亦死而不還。使這些人率領羣眾，亦必不會敗北了，使這些人處人主的左右，亦將能死義了。現在都死了，並無大功可言，因為所負的責任很小，任小的人不知道大事。天下之大，那裏沒有平阿餘子和叔無孫這種人，所以人主要求得廉節之士，不可不專心去求。

齊莊公之時，有士曰賓卑聚，夢有壯子白縞之冠、丹績之袧㊀，東布之衣，新素履，墨劍室㊁，從而叱之，唾其面，惕然而寤，徒夢也。終夜坐不自快，明日，召其友而告之曰：「吾少好勇，年六十而無所挫辱，今夜辱吾，將索其形，期得之則可，不得將死之。」每朝與其友俱立乎衢，三日不得，卻而自殁㊂。謂此當務則未也，雖然，其心之不辱也，有可以加乎？

【今註】㊀袧（ㄒㄩㄣˊ），高注「纓也」。畢校「績疑繢（ㄏㄨㄟˋ）。」繢是彩色。㊁「東布」：許釋「東布亦見達鬱篇。左閔二年傳云，文公大布之衣，杜注，大布，麤布。墨子兼愛下，淮南齊俗訓，皆有大布之衣語。此作東布，其義未詳。」墨劍室是黑色的劍匣。㊂「自殁」：許釋引俞樾平議「殁當作刎。高義篇，殁頭乎王庭，殁亦當為刎。」

【今譯】齊莊公的時候，有勇士名叫賓卑聚，夜裏夢見有個壯士戴著白縞的冠，丹纘的纓，穿著東布的衣服，新鮮的素履，墨色的劍匣，跟隨著賓卑聚而大聲叱罵，唾面侮辱，驚惕的覺醒了，徒然是個夢而已。終夜坐著，心裏很不痛快。第二天，邀請他的朋友來告訴他們說：「我從少好勇，年六十而無所挫辱，今夜受辱，我要求索這樣的人，必要得到為止，得不到就死了。」每天從早和他的朋友站在通衢上，三天無所得，回家後就自殺了。說應該這樣做則不是，雖然，他的心理上不肯受辱，還有人可及得他嗎？

二曰高義

【今註】高義是說「當功以受賞，當罪以受罰。賞不當，雖與之，必辭；罰誠當，雖赦之，不外。」前者以孔子墨子為例，後者以子囊石渚為例。孔子說：「富與貴是人之所欲也，不以其道得之，不去也。」孟子說：「生亦我所欲也，義亦我所欲也，二者不可得兼，舍生而取義者也。生亦我所欲，所欲有甚於生者，故不為苟得也。死亦我所惡，所惡有甚于死者，故患有所不辟也。」正是本篇的說明。

君子之自行也，動必緣義，行必誠義，俗雖謂之窮，通也。行不誠義，動不緣義，俗雖謂之通，窮也。然則君子之窮通，有異乎俗者也㊀。故當功以受賞，當罪以受罰。賞不當，雖與之，必辭。罰誠當，雖赦之，不外。度之於國，必利長久，長久之於主，必宜內反於心，不慚然後動。

【今註】㊀孔子說：「君子義以為質，禮以行之，孫以出之，信以成之。」「不義而富且貴，於我如浮雲。」在陳絕糧，從者病莫能興，子路慍見曰：「君子亦有窮乎？」子曰：「君子固窮，小人窮斯濫矣。」（論語衞靈公）行必誠義，如非誠義，易流于虛偽。

【今譯】君子的行為，動必由義，行必誠義，俗人雖謂之窮困，其實是通達的；行不誠義，動不由義，俗人雖謂之通達，其實是窮困的。所以君子的窮通是和俗人所見不同的。所以當有功纔受賞，當有罪必受罪。賞不得當，雖然給他，必定辭謝；罰實得當，雖然赦免，亦不要避。法度之於國家，必求其有利于長治久安，長治久安之于人主，必須要內心加以反省，覺得沒有慚愧然後動。

孔子見齊景公，景公致廩丘以為養，孔子辭不受。入謂弟子曰：「吾聞君子當功以受祿，今說景公，景公未之行，而賜之廩丘，其不知丘亦甚矣。」令弟子趣駕，辭而行㊀。孔子布衣也，官在魯司寇，萬乘難與比行，三王之佐不顯焉，取舍不苟也夫。

【今註】㊀齊景公與魯昭公同時，昭公二十五年（西元前五一七），謀去季孫氏，不成，出奔於齊，魯亂。孔子適齊，時年三十五，思所以救亂。時景公亦受制于陳氏，問政於孔子。景公欲以廩丘（墨子作尼谿）之地封孔子，晏嬰以為不可，孔子亦辭不受，不久返魯。論語微子篇載：齊景公待孔子曰：「若季氏，則吾不能，以季孟之間待之。」曰：「吾老矣，不能用也。」孔子行。

【今譯】孔子見齊景公，景公致送廩丘之地以備給養；孔子辭謝不受。回來告訴弟子說：「我聽說，君子當有功以受祿，現在同景公談為政之道，景公沒有施行，而賞給我廩丘之地，他真太不瞭解我了。」使弟子們快駕馬，離開齊國而去。孔子是布衣之士，官在魯僅為司寇，可是萬乘的國君難與並行，三王的輔佐都不如他顯揚，是因為取舍不苟且而已。

子墨子游公上過於越㊀，公上過語墨子之義，越王說之，謂公上過曰：「子之師苟肎至越，請以故吳之地，陰江之浦書社三百以封夫子㊁。」公上過往復於子墨子，子墨子曰：「子之觀越王也，能聽吾言、用吾道乎？」公上過曰：「殆未能也。」墨子曰：「不唯越王不知翟之意，雖子亦不知翟之意。若越王聽吾言、用吾道，翟度身而衣，量腹而食，比於賓萌，未敢求仕㊂。越王不聽吾言，不用吾道，雖全越以與我，吾無所用之。越王不聽吾言、不用吾道，而受其國，是以義翟也，義翟何必越，雖於中國亦可㈣。」凡人不可不熟論，秦之野人以小利之故，弟兄相獄，親戚相忍，今可得其國，恐虧其義而辭之，可謂能守行矣，其與秦之野人相去亦遠矣。

【今註】㈠公上過是墨子的弟子，墨子使他到越國游說。本篇文大概是出於墨者之手，故尊稱墨子為子墨子。㈡三百社是七千五百家。故吳之地當在越滅吳之後，越于周元王三年（西元前四七三）滅吳，在孔子卒後六年，是墨子生卒在孔子之後。㈢「賓萌」：高注「賓，客也。萌，民也。」㈣「義翟」：畢校「墨子作是我以義糶也，鈞之糶，亦于中國耳，何必于越哉？此兩翟字訛。糶字無考，當是糶之誤。」許釋謂畢說是，糶（ㄊㄧㄠˋ），賣也。尹校據改。按此段中連用五翟字，似不必認定此兩翟字訛，義糶既可解為「是我以義出賣」，則義翟何不可解為「是以義施翟」。

【今譯】子墨子使公上過游說於越，公上過說明墨子的主義，越王很高興，告訴公上過說：「你的老師如果肯來越國，請以原為吳地陰江之浦的書社三百封給他。」公上過回去報告於墨子，墨子說：「你看越王能夠聽從我的說辭，實行我的主張嗎？」公上過說：「恐怕不能呀！」墨子說：「不獨越王不瞭解翟的意志，連你也不瞭解翟的意志。如果越王能聽我言、用我道，翟可以祇穿一身衣、吃一肚飽，和客民一樣，未敢要做什麼官。越王如果不聽我言，不用我道，雖然把整個越國給我，我也沒有什麼用。現在越王不聽我言、不用我道，而我接受其國家，這是以義施翟，以義施翟，何必越國，雖在中國亦可得到。」對於這點，人們不可不詳加辯論。秦國的野人多為了小利的緣故，兄弟相訟，親戚相忍；今可得其國，恐虧其義而辭卻不受，可以說能守義了，這和秦國的野人真有天壤之別了。

荊人與吳人將戰，荊師寡，吳師眾，荊將軍子囊曰：「我與吳人戰必敗，敗王師，辱王名，虧壤土，忠臣不忍為也。」不復於王而遁，至於郊，使人復於王曰：「臣請死。」王曰：「將軍之遁也，以其為利也，今誠利，將軍何死？」子囊曰：「遁者無罪，則後世之為王臣者㈠，將皆依不利之名，而效臣遁，若是則荊國終為天下撓。」遂伏劍而死。王曰：「請成將軍之義。」乃為之桐棺三寸，加斧鑕其上。人主之患，存而不知所以存，亡而不知所以亡，此存亡之所以數至也。郼岐之廣也㈡，萬國之順也，從此生矣。荊之為四十二世矣，嘗有乾谿白公之亂矣㈢，嘗有鄭襄州侯之避矣㈣，而今猶為萬乘之大國，其時有臣如子囊與！子囊之節，非獨厲一世之人臣也。

【今註】㈠子囊是楚令尹公子貞，楚莊王之子。左傳魯襄公十四年（西元前五五九），子囊還自伐吳，卒，遺書城郢，君子謂子囊忠，將死不忘衞社稷，並無本文所述事，或係子囊因兵敗之故自殺。㈡鄗是湯所居，岐是武王所居，即具備篇所謂「湯嘗約于鄗薄矣，武王嘗窮於畢裎矣。」㈢左昭七年傳，楚靈王作章華之臺于乾谿，滅蔡伐吳，驕縱無度。十二年（西元前五二九），公子棄疾作亂，靈王自縊于乾谿，棄疾立為平王。白公勝是平王太子建之子，建出奔鄭，為鄭人所殺，時勝在吳，令尹子西召之為白公。勝請令尹子西、司馬子旗伐鄭復仇，許而未行。晉人伐鄭，楚救鄭，哀十六年（西元前四七九）白公勝怒，殺子西子旗，是為白公之亂，為葉公子高所平。㈣高注「鄭襄州侯事晉而伐楚，楚人避之。」許釋謂鄭褏州侯助楚王淫辟事，見楚策四。

【今譯】楚人與吳人將戰，楚師少，吳師眾，楚將軍子囊說：「我與吳人作戰必敗，敗王師，辱王名，失國土，不是忠臣所應該做的。」于是不報告楚王而遁歸，到了楚都的郊外，使人報告於王說：「臣請死。」王說：「將軍的逃歸，是因為有利，現在已回來，實為有利，又為何請死？」子囊說：「遁歸的無罪，那麼將來為臣的都要借不利的名義而效臣遁歸，這樣做將使楚終為天下的弱國。」遂伏劍而死。王說：「請成全將軍的高義。」乃為子囊殮以桐棺三寸，加斧鑕於棺上。人主的禍患是存而不知所以存，亡而不知所以亡，這就是國家的存亡所以常見。鄗岐的廣大，萬國的歸順，從此而生了。楚的傳國四十二世之久，雖曾有乾谿白公之亂了，曾有鄭褏州侯之辟了，而迄今猶為萬乘的大國，就因為其時有臣如子囊吧！子囊的節操，不獨激厲一世的人臣而已。

荊昭王之時有士焉曰石渚㊀，其為人也，公直無私，王使為政㊁。道有殺人者，石渚追之，則其父也。還車而反立於廷曰：「殺人者僕之父也，以父行法，不忍；阿有罪，廢國法，不可。失法伏罪，人臣之義也。」於是乎伏斧鑕請死於王。王曰：「追而不及，豈必伏罪哉？子復事矣。」石渚辭曰：「不私其親，不可謂孝子，事君枉法，不可謂忠臣。君令赦之，上之惠也，不敢廢法，臣之行也。」不去斧鑕，歿頭乎王廷㊂。正法枉必死，父犯法而不忍，王赦之而不宥，石渚之為人臣也，可謂忠且孝矣。

【今註】㊀石渚，畢校謂韓詩外傳二、新序節士篇、史記循吏傳皆作石奢。許釋謂漢書古今人表作石堵。㊁政即正，是主持司法的官吏，韓詩外傳作理。詩鄭風羔裘「彼己之子，邦之司直」，下文「正法枉必死」則作正。㊂「歿頭」：許釋謂韓詩外傳及新序作刎頸，歿刎義同，尹校改為刎頭。

【今譯】楚昭王的時候，有賢士名叫石渚，為人公直無私，王使為司法官。路上有殺人者，石渚追去，乃是其父，還車而返，站在王廷上說：「殺人的是我父親，我不忍對父親行刑，又不可阿私有罪，以廢國法，失法伏罪，是人臣的大義。」於是自伏斧躓請死於王。王說：「追而不及，何必伏罪呢？你回去辦事吧！」石渚辭謝說：「不私其親，不可謂孝子；事君枉法，不可謂忠臣。君令赦免，是君上的德惠；不敢廢法，是臣下的行為。」不去斧鑕，刎頸於王廷。為司法官枉法必定處死，父犯罪而不忍執法，王赦免而不肯廢法，石渚的為人，可謂忠且孝了。

三曰上德

【今註】上德是儒家的政治思想，孔子說：「為政以德」「上好義則民莫不服。」孟子說「以德行仁者王。」都主張治國以德為本。秦自孝公用商鞅變法，以嚴刑峻法為尚，呂氏是採取儒家修齊治平的理論，而參以墨家的貴義及道家清靜無為的學說，對於法家祇取其信賞必罰的精神，而不贊成厚賞嚴刑。所以本篇說：「嚴罰厚賞，此衰世之政也。」又說：「今世之言治，多以嚴罰厚賞，此上世之若客也。」（韓非守道篇明言守國之道，必須厚賞嚴罰。）

為天下及國，莫如以德，莫如行義，以德以義，不賞而民勸，不罰而邪止，此神農黃帝之政也。以德以義，則四海之大，江河之水，不能亢矣，太華之高，會稽之險，不能障矣，闔廬之教，孫吳之兵，不能當矣㈠。故古之王者，德迴乎天地，澹乎四海㊁，東西南北，極日月之所燭，天覆地載，愛思不臧㊂，虛素以公，小民皆之㊃，其之敵而不知其所以然㊄，此之謂順天。教變容改俗，而莫得其所受之，此之謂順情㊅。故古之人身隱而功著，形息而名彰，說通而化奮，利行乎天下，而民不識，豈必以嚴罰厚賞哉？嚴罰厚賞，此衰世之政也。

【今註】 ㊀孫吳是孫武、吳起。吳起已見上長見、執一篇。孫武齊人，是孫子兵法十三篇的作者，教吳王闔閭練兵。㊁澮是水不斷搖蕩之意，此句與孟子所謂「故沛然德教溢乎四海」意相同，高注、畢校、許釋引王念孫俞樾說均非是。㊂「臧」：高注「匱也。」畢校「思舊作惡，校云：惡一作思，今從舊校改。臧之訓匱，未知所出。」許釋從舊本「愛惡不臧猶云愛惡而不匿藏，其義與上下文亦相應。註匱字乃匿之形譌，臧為藏之本字。」尹校據許釋改。按許釋是，下文「其臧武通於周矣」之臧亦當作藏。㊃許釋謂「在上者能虛其質以奉公正，則小民自皆公正也。老子曰，我好靜而民自正，即其義也。」皆之，許釋謂「之為正之譌，之正二字隸書形似。」尹校引范耕研補註「素讀如中庸君子素其位而行之素，言古之王者，虛衷素位以奉公也。皆同偕。」按此說以許釋為是，「虛素以公」猶言虛無樸素而公正也，是兼採道家思想。皆是僉同之意，小民皆之即孟子所謂「君義莫不義。」㊄「其之敵」：許釋謂其下之字，之猶與也，敵與適古通，適，往也，此言小民與王偕往而不知其所以然也。尹校改其為莫。按尹校可取。㈥「順情」：高注「情，性也，順其天性也。」按順天意亦同，此即下文所謂「利行乎天下，而民不識。」不識不知，順帝之則。

【今譯】治天下國家，莫如以德，莫如行義。以德以義，不賞而民善，不罰而邪止，這是神農黃帝的政治。以德以義，則四海之大，江河之水，不能抗禦了；太華之高，會稽之險，不能阻礙了；闔閭之教，孫吳之兵，不能抵拒了。所以古代的王者，德化通於天地，溢於四海，東西南北，遠達日月所照，如天之覆，如地之載，愛惡而不藏匿，虛無素樸而公正，小民僉同，無可與敵而不知其所以然，這叫做順應天理。教民移風易俗，而不知其何所受，這叫做順適天性。所以古人多身隱不仕而功業昭著，形體已息而聲名益彰，學說通行而教化奮發，利民之德通行天下，而一般小民不識不知，何必要用嚴罰厚賞呢？嚴罰厚賞祇是衰世的政治罷了。

三苗不服，禹請攻之。舜曰：「以德可也。」行德三年，而三苗服㈠。孔子聞之曰：「通乎德之情，則孟門太行不為險矣。」故曰德之速，疾乎以郵傳命㈡。周明堂金在其後，有以見先德後武也㈢。舜其猶此乎？其臧武通於周矣。

【今註】㈠三苗即後世之苗族，高注謂在豫章之彭蠡，即今江西一帶。崔述唐虞考信錄謂三苗事見於虞夏書者凡四：一為「竄三苗於三危」，是堯時事；二為「分北三苗」；三為「苗頑弗即工」；四為「三危既宅，三苗丕敘。」並未述及舜行德三年而三苗服事。㊁孟門太行是險阻的要塞。孔子說「德之流行，速於置郵而傳命。」見孟子公孫丑篇。㊂全是用以製造兵器，此言明堂作樂，金鏄在後（鏄即大鐘），所以說先德後武。

【今譯】三苗不服，禹請用兵攻伐，舜說：「用德就可以。」施行德政三年而三苗服從。孔子述及此事，說：「通行德化的情形，則孟門太行不算險阻了。」所以說，德化的流行甚速，比之以郵驛傳達命令還要快。周代明堂作樂，金鏄在後，就可見先德後武的意義。舜的用意亦是如此嗎？其隱藏武事與周明堂的先德後武相通了。

晉獻公為麗姬遠太子，太子申生居曲沃，公子重耳居蒲，公子夷吾居屈。麗姬謂太子曰：「往昔君夢見姜氏。」太子祠而膳於公，麗姬易之，公將嘗膳，姬曰：「所由遠，請使人嘗之。」嘗人人死，食狗狗死，故誅太子。太子不肯自釋，曰：「君非麗姬居不安，食不甘。」遂以劍死㊀。公子夷吾自屈奔梁。公子重耳自蒲奔翟，去翟過衞，衞文公無禮焉。過五鹿如齊，齊桓公死，去齊之曹，曹共公視其駢脅，使袒而捕池魚。去曹過宋，宋襄公加禮焉。之鄭，鄭文公不敬，被瞻諫曰：「臣聞賢主不窮窮，今晉公子之從者皆賢者也，君不禮也，不如殺之㊁。」鄭君不聽，去鄭之荊，荊成王慢焉。去荊之秦，秦繆公入之。晉既定，興師攻鄭，求被瞻，被瞻謂鄭君曰：「不若以臣與之。」鄭君曰：「此孤之過也。」被瞻曰：「殺臣以免國，臣願之。」被瞻入晉軍，文公將亨之，被瞻據鑊而呼曰：「三軍之士皆聽瞻也，自今以來，無有忠於其君，忠於其君者將亨。」文公謝焉，罷師，歸之於鄭。且被瞻忠於其君，而君免於晉患也，行義於鄭，而見說於文公也，故義之為利博矣。

【今註】㊀晉獻公伐驪戎，得其女驪姬，生奚齊；其妹生卓子。驪姬有寵，欲立其子為太子，獻公乃於周惠王十一年（魯莊二十九年，西元前六六六）使太子申生居曲沃，公子重耳（文公）居蒲，夷吾（惠公）居屈，惟二姬之子在絳。惠王二十一年，驪姬謂太子曰：「君夢齊姜（申生生母），必速祭之。」太子祭於曲沃，歸胙於公，公田，姬置諸宮中六日，公至，毒而獻之。膳是進獻祭祀所用之肉。㊁被瞻，左傳作叔詹，此段詳述晉事，而要在述被瞻忠於鄭君，而使鄭國免於晉患，故曰「行義於鄭，而見說於文公也，故義之為利博矣。」

【今譯】晉獻公為麗姬的緣故而疏遠太子，使太子申生居曲沃，公子重耳居蒲，公子夷吾居屈。麗姬告訴太子說：「前夜君夢見姜氏。」太子祭其母而進獻祭肉於公，麗姬易之以毒。公將要嘗食，麗姬說：「這肉是由遠方來的，請先使人嘗之。」於是給人吃人死，給狗吃狗死，所以獻公要誅殺太子。太子不肯向公解釋，說：「君不是麗姬居不安席，食不甘味。」遂伏劍而死。公子夷吾自屈奔梁。公子重耳自蒲奔狄。其後去狄過衞，衞文公沒有禮遇；於是過五鹿往齊。及齊桓公去世，又去齊往曹，曹共公要看重耳的駢脅，使他脫衣到池裏捕魚。去曹過宋，宋襄公加禮相待。到了鄭國，鄭文公不以禮貌相待，被瞻諫鄭文公說：「我聽說，賢主不輕侮窮困的人，現在晉公子的從者都是賢能，君既不能以禮相待，不如殺了他。」鄭文公不聽。去鄭往楚，楚成王亦傲慢不加敬重。去楚往秦，秦穆公派兵送他回晉國去。晉既安定，起兵攻伐鄭國，要求交出被瞻，被瞻告訴鄭君說：「不如把我給他。」鄭君說：「這是我的過失。」被瞻說：「殺了我，可以免去國家的禍患，我很願意。」被瞻到了晉軍，晉文公要烹死他，被瞻攀著鼎鑊大聲的說：「三軍將士請聽被瞻的話，從此以後，不要有人忠於其君，忠於其君的人將受烹。」文公向他道歉，於是退兵，而送還被瞻於鄭。被瞻忠於其君，而使其君免於晉患，他行義於鄭，而見悅於晉文公，所以行義的利益是非常的博大了。

墨者鉅子孟勝善荊之陽城君㊀，陽城君令守於國，毀璜以為符，約曰：符合聽之㊁。荊王薨，羣臣攻吳起，兵於喪所，陽城君與焉㊂。荊罪之，陽城君走，荊收其國。孟勝曰：「受人之國，與之有符，今不見符，而力不能禁，不能死，不可。」其弟子徐弱諫孟勝曰：「死而有益陽城君，死之可矣，無益也，而絕墨者於世，不可。」孟勝曰：「不然，吾於陽城君也，非師則友也，非友則臣也。不死，自今以來，求嚴師必不於墨者矣，求賢友必不於墨者矣，求良臣必不於墨者矣，死之所以行墨者之義而繼其業者也㊃。我將屬鉅子於宋之田襄子，田襄子賢者也，何患墨者之絕世也。」徐弱曰：「若夫子之言，弱請先死以除路。」還歿頭前於孟勝。因使二人傳鉅子於田襄子。孟勝死，弟子死之者百八十三人。以致令於田襄子㊄。」欲反死孟勝於荊，田襄子止之曰：「孟子已傳鉅子於我矣。」不聽，遂反死之。墨者以為不聽鉅子，不察嚴罰厚賞不足以致此。今世之言治，多以嚴罰厚賞，此上世之若客也㊅。

【今註】㊀鉅子是墨者集團的領袖，有絕對權威，對於違犯集團規律的墨者，有生殺與奪之權。孟勝是鉅子名。陽城君是楚貴族。㊁璜是玉佩的一種，分為兩半，可做軍符。㊂吳起被殺事見下貴卒篇。㊃墨子有「貴義篇」，謂「萬事莫貴於義」，在無法將義行得通時，也不可將義放棄。所以說

「死之所以行墨者之義」。㊄畢校謂「句上當有二人二字，以猶已也。」尹校據補。許釋引吳闓生校說謂「畢說非也，上文百八十人為句，三人下屬，三乃二之誤耳。」許謂「淮南泰族篇云，墨子服役百八十人，皆可使赴火蹈刃，死不旋踵，化之所致也。與吳說合。」㊅「若客」，畢校「義未詳。」許釋疑若客為苛察形似之誤，莊子天下篇，「君子不為苛察」。淮南道應篇「其為政也以苛為察。」並其義。按如許言，亦可為「莫容」形似之誤，上文謂不賞而民勸，不罰而邪止，此神農黃帝之政也；故此曰嚴罰厚賞，此上世之莫容也。

【今譯】　墨者鉅子孟勝與楚陽城君相友善，陽城君使守備其國，毀玉佩以為符，相約說：「符相合就聽從。」楚王去世，羣臣攻吳起，殺之於停屍處，陽城君亦參加其事。楚國追究亂事之罪，陽城君逃避他方，楚要沒收其國。孟勝說：「我受人之託守備其國，有符約定，現在不見符，而力量不能禁止，既不能守，非死不可。」其弟子徐弱諫阻孟勝說：「一死如有益於陽城君，死了是可以的；如果無益於事，而使墨者之義，因而斷絕於世，是不可的。」孟勝說：「不對的，我與陽城君的關係，非師則友，非友則臣。如果不死，自今以後，求嚴師必不在墨者了，求賢友必不在墨者了，求良臣必不在墨者了。一死即所以行墨者之義，而使其事業得以繼續。我要把鉅子交給宋國的田襄子，田襄子是賢者，何必怕墨者的絕世呢？」徐弱說：「照老師的說法，弱請先死以為前導。」回去就先於孟勝自殺。孟勝因使弟子兩人傳達鉅子於田襄子，亦就死了，其弟子跟著死的一百八十人。那兩人既已致送命令於田襄子，亦要回到楚國為孟勝死，田襄子阻止他們說：「孟子已傳鉅子於我了。」不聽，遂反楚國而死。墨者以為不聽鉅子，而不知嚴罰厚賞不足以做到這樣的。現在世上許多論治國之道，多主張嚴罰厚賞，這是上古時代所不容許的。

四曰用民

【今註】本篇亦主張以儒家的德義治民，而反對法家的嚴刑峻法，所謂「凡用民太上以義，其次以賞罰。」與孔子所謂「道之以政，齊之以刑，民免而無恥；道之以德，齊之以禮，有恥且格。」用意相同。亦可以說以義是王道，以賞罰是霸道。民為邦本，本固邦寧，所以民心的得失，不獨是治亂的關鍵，抑亦興亡之所繫。如果不能用義，又不能用賞罰，「若是而能用其民者，古今無有。」所以共產主義的暴政必亡無疑。

凡用民太上以義，其次以賞罰。其義則不足死，賞罰則不足去就，若是而能用其民者，古今無有。民無常用也，無常不用也，唯得其道為可。闔廬之用兵也，不過三萬，吳起之用兵也，不過五萬。萬乘之國，其為三萬五萬尚多，今外之則不可以拒敵，內之則不可以守國，其民非不可用也，不得所以用之也。

不得所以用之，國雖大，勢雖便，卒雖眾，何益？古者多有天下而亡者矣，其民不為用也，用民之論，不可不熟。劍不徒斷，車不自行，或使之也。夫種麥而得麥，種稷而得稷，人不怪也，用民亦有種，不審其種，而祈民之用，惑莫大焉。

【今譯】 大凡用民之道，太上以義，其次以賞罰。如果行義不足以使民樂於效死，賞罰又不足使民決定去就，這樣的政治，自古至今，沒有能用其民的。人民是沒有經常可用的，也沒有經常不可用的，惟有運用得當的才可用之。闔閭的用兵，不過三萬，吳起的用兵，不過五萬。萬乘的大國，可用的三萬五萬還多，可是現在對外不可以拒敵，對內不可以守國，並不是其民不可用，實在是由於不得其所以用民之道。不得其所以用民之道，國家雖大，形勢雖利，兵卒雖多，有何益處？古代許多已有天下而終於滅亡者，就由於其民不肯效力，所以用民之道，不可不熟思深慮。劍不能憑空斷物，車不能自動前進，必定是或有所使。種麥的得麥，種稷的得稷，世人不以為怪；用民亦有種子，不審察所用的種子，而希望得到人民的效力，這是世人所大惑不解的。

當禹之時，天下萬國，至於湯而三千餘國，今無存者矣，皆不能用其民也；民之不用，賞罰不充也㈠。湯武因夏商之民也，得所以用之也，管商亦因齊秦之民也，得所以用之也。民之用也有故，得其故，民無所不用。用民有紀有綱，壹引其紀，萬目皆起，壹引其綱，萬目皆張，為民紀綱者何也？欲也，惡也。何欲？何惡？欲榮利，惡辱害。辱害所以為罰充也，榮利所以為賞實也，賞罰皆有充實，則民無不用矣㊁。

【今註】㊀不充是不實在，就是當賞不賞，當罰不罰，則人民對於政令沒有懷念和畏服。㊁「賞罰充實」，高注未明，法家行法三原則，是法一而固，賞厚而信，罰重而必。呂氏雖主張上德重義，不用嚴刑峻法，但採取法家的守法精神，主張信賞必罰，以輔助德義的不足。賞厚而信，罰重而必，故曰賞罰皆有充實。

【今譯】當夏禹的時候，天下有萬國之多，商湯時已祇有三千餘國，到了現在已沒有存在了，這些國家的滅亡，都由於不能用其民，人民的不肯為用，是由於賞罰的運用不當。湯武的取天下是利用夏商之民，得所以用民之道；管仲商鞅是利用齊秦之民，亦得所以用民之道。人民的效力為用是有事故的，得其事故，人民便沒有不可用的。用民是有紀有綱，一引其紀，萬目皆起，一引其綱，萬目皆張。作為人民的紀綱是什麼呢？是欲望，是厭惡。什麼欲望呢？是欲得榮利。什麼厭惡呢？是惡得辱害。惡辱害所以用重罰來禁制。欲榮利所以用厚賞來誘導。賞罰都切實得當，則民心悅服，無不可用了。

闔廬試其民於五湖，劍皆加於肩，地流血幾不可止。句踐試其民於寢宮，民爭入水火，死者千餘矣，遽擊金而卻之㈠，賞罰有充也，莫邪不為勇者興，懼者變㈡，勇者以工，懼者以拙，能與不能也㈢。夙沙之民自攻其君而歸神農，密須之民自縛其主而與文王。湯武非徒能用其民也，又能用非己之民，能用非己之民，國雖小，卒雖少，功名猶可立㈣。古昔多由布衣定一世者矣，皆能用非其有也，用非其有之心，不可察之本，三代之道無二，以信為管㈤。

【今註】 ㈠闔閭句踐是用嚴罰得民死力，所以稱霸一時。畢校「韓非內儲說上，越王將復吳而試其教，燔臺而鼓之，使民赴火者，賞在火也，臨江而鼓之，使人赴水者，賞在水也。即此事。」㈡「莫邪」：高注良劍也，不為勇者利，怯者鈍也。許釋引王念孫校本「興當為與，莫邪不為勇者與懼者變，言不為勇者變而大利，不為怯者變而大鈍也。」㈢「能與不能」，許釋引陶鴻慶說「此為能用其民者設譬，能與不能也疑當作能用與不能用也。」㈣神農、文王、湯武，都是以義得民心，所以久王天下。夙沙是傳疑時代大庭氏的末世。密須是文王時的諸侯，即詩經「密人不共，敢距大邦」的密人。㈤三代之道無二，都是孔子所謂「上好禮則民莫敢不敬，上好義則民莫敢不服，上好信則民莫敢不用情。」（論語子路篇）本篇用民是著重在信賞必罰，故曰以信為管。管是管籥、關鍵，猶今言管道。

【今譯】闔閭試用其民於五湖，劍加於肩，地上血流幾不可止。句踐試用其民於寢宮之內，民爭入水火，死者已千餘人，很快的擊金使民退卻。這都是賞罰充實的效果。莫邪良劍不為勇者利，不為怯者鈍，勇者工於運用，怯者拙於運用，就是能用與不能用罷了。夙沙人民自攻其君而歸順神農，密須人民自縛其主而投降文王。湯武的取天下，不但能用自己的人民，又能用不是自己的人民；能用不是自己的人民，國家雖小，兵卒雖少，功名還可以成就。所以古代許多帝王由布衣崛起而平定天下，都能用不是自己所有的人民，而能用不是自己所有的用心，是不可不察的根本，三代所用之道沒有不同，就是以信義為關鍵。

宋人有取道者，其馬不進，倒而投之鸂水；又復取道，其馬不進，又倒而投之鸂水；如此者三，雖造父之所以威馬，不過此矣。不得造父之道，而徒得其威，無益於御㈠。人主之不肖者，有似於此，不得其道，而徒多其威，威愈多，民愈不用。亡國之主多以多威使其民矣，故威不可無有，而不足專恃。譬之若鹽之於味，凡鹽之用，有所託也，不適則敗託而不可食，威亦然，必有所託，然後可行。惡乎託？託於愛利。愛利之心諭，威乃可行。威太甚，則愛利之心息，愛利之心息，而徒疾行威，身必咎矣，此殷夏之所以絕也。君利勢也，次官也，處次官，執利勢，不可而不察於此。夫不禁而禁者，其唯深見此論邪？

【今註】㊀此說宋人用馬只知用威而不得其道，以喻亡國的無道人主，專以嚴罰用民，故民不可用。或疑此段是下適威篇錯簡。

【今譯】宋人有趕路的，其馬不肯前進，就殺馬而投棄於灘水中；又復前行，其馬亦不前進，又殺馬而投棄於灘水中，如此者三次，雖然造父的所以威迫其馬，不過於此了。不得造父御馬之道，而祇知用威，是無益於御的。不肖的人主有似於此，不得用民之道，而只知多用威勢，威迫愈多，民心愈失而不可用。亡國的君主大都是多用威迫其民了。所以威勢是不可沒有，而不足專恃，譬如用鹽調味，用鹽必有所寄託，用得過多，則使所寄託的敗壞而不可食。威勢亦是這樣，必有所寄託，然後可行。所寄託的是什麼？所寄託的是愛利。明曉愛利的用心，乃可運用威勢，威迫太甚，則沒有愛利之心了；沒有愛利之心，而祇用威迫，那必定受罪了。這就是夏商的所以滅亡。人君所有的是利勢，是任官，任用官位，執行利勢，不可不察於此。那不禁止而禁止者，恐怕是深見及此吧。

五曰適威

【今註】　威是威力、威勢及刑罰，適威是言人主用威，應有所節制，適可而止，不可太甚。威與德是相對的，本篇要旨仍與上德用民各篇意義相同，呂氏春秋採用儒家的德治主義，而反對法家的專任刑罰。韓非詭使篇謂「聖人之所以為治道者三：一曰利，二曰威，三曰名。」「威者所以行令也。」本篇用適威為題，正是針對當時的法家思想而言。所舉事例，如李克論吳王夫差的所以亡及顏闔論東野稷御馬的不知節制，用意都很明顯。春秋繁露為人者天篇謂「天地之氣不能獨以寒暑成歲，必有春夏秋冬；聖人之道，不能獨以威勢成政，必有教化。」此之謂也。

先王之使其民，若御良馬，輕任新節㈠，欲走不得，故致千里，善用其民者亦然。民日夜祈用而不可得，若得為上用，民之走之也，若決積水於千仞之谿，其誰能當之㈡。周書曰：民善之則畜也，不善則讎也㈢，有讎而眾，不若無有。厲王天子也，有讎而眾，故流于彘，禍及子孫，微召公虎而絕無後嗣㈣。今世之人主，多欲眾之，而不知善，此多其讎也。不善則不有，有必緣其心愛之謂也，有其形不可謂有之。舜布衣而有天下，桀天子也而不得息，由此生矣㈤。有無之論，不可不熟，湯武通於此論，故功名立。古之君民者，仁義以治之，愛利以安之，忠信以導之，務除其災，思致其福。故民之於上也，若璽之於塗也，抑之以方則方，抑之以圜則圜㈥。若五種之於地也，必應其類而蕃息於百倍㈦，此五帝三王之所以無敵也，身已終矣，而後世化之如神，其人事審也。

【今註】㈠節，高注畢校皆非，許釋引淮南主術篇註「節，策也。」輕任新節是輕用新策或不用鞭策之意。㈡此即孟子所謂「民歸之，由水之就下，沛然誰能禦之。」㈢畜，高注為好，意未明。按禮祭統「孝者畜也，順於道不逆於倫，是之謂畜。」注「畜，順德也。」此正與下讎字義相反。㈣周厲王流于彘，見下達鬱篇。畢校「周本紀云，厲王太子靜匿召公家，國人圍之，召公以己子代太子，太子得免，是為宣王。」崔述考信錄，辨召公以子代宣王之說，謂「緣春秋戰國以降，風俗日偷，君與民相疾視如仇讎然，故疑此時宣王必不能自免于難，因揣度附會之而為此說耳。」㈤息，高注「安也，不得安其位。」尹校改息為有之，不足取。㈥璽是印，塗是印泥。㈦此即用民篇所謂「種麥而得麥，種稷而得稷。」今成語為種瓜得瓜，種豆得豆。

【今譯】 先王使用其民，猶如御者駕馭良馬，輕用新策，使馬欲走而不得走，所以愛惜馬力而能遠至千里；善用其民者亦當如此。人民日夜求用而不可得，如果得到為其上者效力的機會，他們爭來服役，有如決放積水于千仞之谿，水力之大，有誰能夠抵禦。周書裏說：「人民認為善良的便順從，認為不善良的就是仇讎，仇讎眾多，不如沒有。」周厲王是天子，有眾多的仇讎，所以被逐流亡于彘地，禍患及于子孫，如果沒有召公虎就要斷絕了後嗣。現在的人主都要人民眾多，而不能行義，這就等于增多了仇讎，不能行義便不能有其民，有其民必定是由于得民心，這就是所謂仁愛。在形式上有其民，不能說有其民，舜布衣而有天下，桀是天子而不得安其位，便由此發生了。有沒有的意義，不可不加以熟慮，湯武通達此義，所以功成名就。古代治民的君主，治之以仁義，安之以愛利，導之以忠信，為民除害以致其福，所以人民對于國君，有如印章之于印泥，壓以方印則形方，壓以圓印則形圓。又如播五穀的種子于土中，必定各依其類而大量的生產，這就是五帝三王的所以無敵于天下；一身既已終了，而後世仰其教化有如神明，可知其所施行能得民心，可以為人法式。

魏武侯之居中山也，問於李克曰：「吳之所以亡者何也㈠？」李克對曰：「驟戰而驟勝㈡。」武侯曰：「驟戰而驟勝，國家之福也，其獨以亡，何故？」對曰：「驟戰則民罷，驟勝則主驕，以驕主使罷民，然而國不亡者，天下少矣。驕則恣，恣則極物，罷則怨，怨則極慮㊂。上下俱極，吳之亡猶晚。此夫差之所以自歿于干隧也㊃。」

【今註】㊀魏武侯是文侯之子。周威烈王十八年（西元前四〇八），晉魏斯伐中山，樂羊將，取中山（見樂成篇），後五年，魏斯受王命為諸侯，是為文侯。本文「魏武侯之居中山」，畢校謂「韓詩外傳十、新序雜事，俱作魏文侯」，淮南道應則作武侯。許釋謂「文侯取中山，作文侯是，淮南沿此而誤。」尹校據改為文侯。按文侯得中山，而使其子（武侯）居中山，並無不可，各書皆本呂文而誤改。下自知篇任座謂文侯得中山不以封其弟而封其子，可為證。李克即李悝，子夏弟子，相魏文侯，盡地力，造法經。韓詩外傳作里克，韓非難二謂李克治中山。李克之治中山，當在相魏文侯之前，其時武侯亦居中山，故問李克以吳之所以亡。（其時吳亡已七十年）（又舉難篇李充是李克之誤）㊁驟（ㄗㄡˋ），高注「數也」，韓詩外傳等均作數戰而數勝。按驟是快速突然之意，驟戰驟勝有勢猛快速而亦有數急，較數字為佳。㊂「怨則極慮」，高注「極其巧欺不臣之慮」。荀子載顏淵與魯定公論東野畢之御有「鳥窮則啄，獸窮則攫，人窮則詐。」即此意。㊃吳王夫差為句踐所敗，自刎於干隧。

【今譯】魏武侯在中山時，問李克說：「吳國所以亡的理由是什麼？」李克對答說：「是因為驟戰而驟勝。」武侯說：「驟戰而驟勝是國家之福，為什麼吳獨以亡呢？」對答說：「驟戰則民疲，驟勝則主驕，以驕主用疲民，很少不亡其國的。因為驕傲便放恣，放恣就要窮奢極欲；疲弱便怨恨，怨恨就要巧詐不臣。上下都用其極，吳國的滅亡尚晚了，這就是夫差所以自殺於干隧。」

東野稷以御見莊公㈠，進退中繩，左右旋中規㈡。莊公曰：「善。」以為造父不過也，使之鉤百而少及焉㈢。顏闔入見，莊公曰：「子遇東野稷乎？」對曰：「然，臣遇之，其馬必敗。」莊公曰：「將何敗？」少頃，東野之馬敗而至，莊公召顏闔而問之，曰：「子何以知其敗也？」顏闔對曰：「夫進退中繩，左右旋中規，造父之御，無以過焉。鄉臣遇之，猶求其馬，臣是以知其敗也。」

【今註】㈠此事並見荀子哀公篇、韓詩外傳二、莊子達生篇、孔子家語顏回篇及新序雜事五。本書與莊子同，荀子、外傳、家語及新序均作顏淵與魯定公論東野畢之御，蓋傳聞異辭。崔述考信錄謂「觀呂覽之文，亦非實事，乃為黃老言者假設此事，借治馬以喻其意，欲為政者之安靜無為耳。故曰：『禮煩不莊，令苛則不聽也。』」崔說是，高注畢校均未妥。又顏闔是得道之人，已見貴生篇。㈡進退平直可中繩墨，左右旋轉可中圓規。㈢「鉤百」：許釋引孫鏘鳴補正「莊子達生篇作使之鉤百而返，釋文，司馬云，稷自矜其能，圓而驅之，如鉤復迹，百反而不知止。」按高注「不達」亦是，言東野稷使馬進退旋轉，周而復始，所以不達，而馬力極疲了。

【今譯】東野稷以善御見魯莊公，前後進退，直而中繩，左右旋轉，圓而中規，莊公說：「很好。」認為造父不過如此，使圓而驅之，如鉤復迹，百反而不知止。顏闔晉見莊公，莊公說：「你遇見東野稷嗎？」對答說：「是的，臣遇見他了，他的馬必定敗壞。」莊公說：「為什麼要敗壞呢？」沒有多久，東野稷之馬敗壞了的消息傳到，莊公召請顏闔來問他說：「你何以知道會敗壞呢？」顏闔對答說：「前後進退直而中繩，左右旋轉圓而中規，造父的御馬確沒有勝過他。不過臣遇見他時，他還對馬苛求不已，臣是以知道他要失敗了。」

故亂國之使其民，不論人之性，不反人之情，煩為教而過不識，數為令而非不從，巨為危而罪不敢㈠，重為任而罰不勝。民進則欲其賞，退則畏其罪，知其能力之不足也，則以為繼矣，以為繼知㈡，則上又從而罪之，是以罪召罪，上下之相讎也，由是起矣。故禮煩則不莊，業煩則無功，令苛則不聽，禁多則不行。桀紂之禁不可勝數，故民因㈢而身為戮，極也，不能用威適。子陽極也，好嚴有過，而折弓者恐必死，遂應猘狗而弒子陽，極也㈣。周鼎有竊，曲狀甚長，上下皆曲，以見極之敗也㈤。

【今註】㊀許釋謂莊子作「大為難而罪不敢」。㊁畢校「則以為繼矣，以為繼知，疑當作則難以為繼矣，難以為繼，脫兩難字，下知字衍。」許釋引俞樾說謂「二為字當作偽，古通用。知其能力之不足也，則以偽繼矣，以偽繼，則上又從而罪之，文義甚明。莊子則陽篇亦有此文，大略相同，正作民知力竭，則以偽繼之，可證明此文之義。」按俞說是。惟知字亦非衍，以偽繼有知有不知，其為上所知者，則上又從而罪之，其文義亦甚明。㊂因，畢校「當是困字」。㊃子陽事見首時篇。㊄竊，高注未聞，尹校改「有竊」為「著窮」，謂「窮有極意，與上下文正相應，不過不知窮為何物耳。」按說文，竊象米及物在穴中，盜得財物自穴中外出，此言周鼎上有盜竊形曲狀甚長，上下皆曲，是穴形。禮運「故政不正則君位危，君位危則大臣倍，小臣竊。」竊係指非分之事，非分之事終必窮極而敗，文義亦相應。

【今譯】所以亂國的使用人民，不研究人性，不考察人情，教令頻煩而斥責人民不了解，法令多變而責備人民不服從，危難艱巨而加罪人民不敢冒犯，責任重大而處罰人人不能盡職。人民進思求賞，退則畏罪，自知能力不足，則以作偽來應付，以作偽應付為上所知，則上又從而加以罪罰。這樣的因罪致罪，於是上下相仇，由此起來了。所以禮節煩瑣則人民不敬，事業繁重則績效不彰，政令煩苛則羣眾不聽，禁制過多則命令不行。桀紂的禁令不可勝數，所以人民困苦而自身為戮，這是由於窮凶極惡，不能節用權威。鄭子陽的為政過于嚴厲，有折弓者恐怕要處死，遂附和猘狗之亂而殺子陽，這就是子陽太過分了。周鼎上有竊形，屈曲的形狀很長，上下都是曲的，就是表示不知節制而窮極的失敗。

六曰為欲

【今註】欲是欲望，情欲篇說：「天生人而使有貪有欲。」所以欲望是人生而有之，如食衣住行育樂等，都是必要的需求。本篇是主張節欲的，重己、貴生、論人、去私各篇都曾有所說明，本篇則是說明如何利用欲望以推行政治，正如禮記禮運篇所謂「故聖王脩義之柄，禮之序，以治人情。」所以說：「故人之欲多者，其可得用亦多；人之欲少者，其得用亦少；無欲者不可得用也。」這是為欲的意義，是參用法家厚賞的意旨。

使民無欲，上雖賢，猶不能用。夫無欲者，其視為天子也，與為輿隸同，其視有天下也，與無立錐之地同，其視為彭祖也，與為殤子同。天子至貴也，天下至富也，彭祖至壽也，誠無欲則是三者不足以勸。輿隸至賤也，無立錐之地至貧也，殤子至夭也，誠無欲則是三者不足以禁㈠。會有一欲，則北至大夏，南至北戶，西至三危，東至扶木，不敢亂矣。犯白刃，冒流矢，趣水火，不敢卻也。晨寤興，務耕疾庸，檳為煩辱，不敢休矣㈡。故人之欲多者，其可得用亦多，人之欲少者，其得用亦少，無欲者不可得用也。人之欲雖多，而上無以令之，人雖得其欲，人猶不可用也。令人得欲之道，不可不審矣㊂。

【今註】㊀此節說明無欲不能用。因為無欲則富貴長壽不足以勸，貧賤夭殤不足以禁。春秋繁露保位權篇「民無所好，君無以勸也；民無所惡，君無以畏也。無以勸，無以畏，則君無以禁制也。」與此同。㊁此節說明有一欲即可用。欲望所在，雖冒險犯難、勤苦耕耘，有所不辭。耰，高注「古耕字」，畢校謂「上既云務耕疾庸，則耰必非耕字，又似屬下句，闕疑可也。」許釋引王念孫校本改註「耰古耜（ㄙˋ）字」。按王注可用，耜為起土的耕具，下文煩辱之辱字當即耨（ㄋㄡˋ），是除草的農具。㊂此節說明多欲可得多用，但須明審令人得欲之道。

【今譯】假使人民沒有欲望，雖賢君亦不能用其民。沒有欲望的人，他的看法認為做天子與做輿夫是相同的，認為富有天下之大與貧無立錐之地是相同的，認為長壽的彭祖與短命的殤子是相同的。天子是最貴的，天下是最富的，彭祖是最長壽的，如果真的沒有欲望，這三者不足以勸。輿夫是最賤的，無立錐之地是最貧的，殤子是最短命的，如果真的沒有欲望，這三者不足以禁。祇要有一欲望，那麼使他北至大夏，南至北戶，西至三危，東至扶木，不敢違命了，使他犯白刃，冒流矢，赴水火，不敢退卻了；早晨起來，專力耕作，翻土除草，不敢休息了。所以欲望多的人，可得用的地方亦多；欲望少的人，可得用的地方亦少；沒有欲望的人，就不可得用了。人民的欲望雖多，而國君不知所以用之，那麼雖然人人得適其欲，還是不可用；所以如何使人各得滿足欲望的道理，不可不審慎了。

善為上者能令人得欲無窮，故人之可得用，亦無窮也㊀。蠻夷反舌殊俗異習之國，其衣服冠帶，宮室居處，舟車器械，聲色滋味皆異，其為欲使一也，三王不能革，不能革而功成者，順其天也，桀紂不能離，不能離而國亡者，逆其天也。逆而不知其逆也，湛於俗也，久湛而不去則若性，性異非性㊁，不可不熟，不聞道者何以去非性哉？無以去非性，則欲未嘗正矣，欲不正，以治身則夭，以治國則亡。故古之聖王，審順其天而以行欲，則民無不令矣，功無不立矣。聖王執一，四夷皆至者，其此之謂也。執一者至貴也，至貴者無敵，聖王託於無敵，故民命敵焉㊂。

【今註】㊀許釋謂「御覽作能令人欲無窮，故人亦可得用而無窮。」按此節是承上文令人得欲之道，而說明用欲，以原文為是。㊁許釋引孫鏘鳴、陶鴻慶說「異當作與」。㊂「民命敵焉」：許釋引陳昌齊正誤「下敵字當作繫，淮南齊俗訓云：聖人託于無敵，故民命繫焉，語蓋本此。」尹校據改。

【今譯】善為君者能使人民得欲無窮，所以人民的可得用亦無窮。蠻夷反舌殊俗異習的國家，其衣服冠帶、宮室居處、舟車器械、聲色滋味都不同，可是欲望是相同的；三王不能改革，不能改革而治理功成者，由於順應其天性；桀紂不能分離，不能分離而國家滅亡者，由於違反其天性。違反而不知其違反，由於沈浸于習俗之中，長久沈浸而不去，則習慣成自然，猶如天性。天性與非天性不同，不可不熟知。不聞先王之道者何以能去非天性呢？不能去非天性，則欲望不正了；欲望不正，用以治身則短命，用以治國則亂亡。所以古代的聖王，審慎的順應人民的天性，而以行欲，則人民沒有不善良了，功名沒有不建立了，所謂聖王執一，四夷皆至，就是這個意思。執一是至貴的，至貴是無敵的，聖王寄託於無敵，是人民的生命所繫。

羣狗相與居，皆靜無爭，投以炙雞，則相與爭矣，或折其骨，或絕其筋，爭術存也。爭術存因爭，不爭之術存因不爭㈠，取爭之術而相與爭㈡，萬國無一。凡治國令其民爭行義也，亂國令其民爭為不義也，彊國令其民爭樂用也，弱國令其民爭競不用也。夫爭行義樂用，與爭為不義競不用，此其為禍福也，天不能覆，地不能載。

【今註】㈠荀子禮亂篇「人生而有欲；欲而不得，則不能無求；求而無度量分界，則不能不爭。爭則亂，亂則窮。」可知爭亦是天性，故曰爭術存因爭。爭的結果，影響國家社會的動亂敗壞。古人為正本清源，多主張節欲，本書重己、貴生已多所論述，本篇則主張令民爭行義、爭樂用。所以荀子又說：「先王恐其亂也，故制禮義以分之，以養人之欲，給人之求。」禮記禮運篇亦說「故聖王脩義之柄，禮之序，以治人情。」近陳立夫先生在人理學中說：「一人之生存能力愈強，則愈要居義由禮，一人追求欲望之能力愈強，其控制欲望之能力亦須相對加強。此與汽車火車之馬力大、衝力強者，其煞車亦需隨比例而加強，始能隨時予以控制，理正相同。一人之能否成為高尚人物，端視其自我控制之能力如何。故曾云：學問之第一目的為管制自己，即是此意。」㈡尹校改「相與爭」作「欲不爭」，甚是。

【今譯】一羣狗在一起，都安靜無所鬥爭，如果投以炙雞，則相互爭執了，或折斷了骨，或咬絕了筋，因有爭術存在。爭術存在是因為有可爭，不爭之術存在是因為不要爭或無可爭。採取爭術而希望其不爭，是萬國所沒有的。大凡治國是使其民爭于行義，亂國是使其民爭為不義；強國是使其民爭于樂用，弱國是使其民爭競不用。爭于行義、樂用，和爭為不義、競不用，這就是為禍為福的關鍵，其關係之大，天不能覆，地不能載。

晉文公伐原㈠，與士期七日，七日而原不下㈡，命去之。謀士言曰：「原將下矣。」師吏請待之，公曰：「信，國之寶也，得原失寶，吾不為也。」遂去之。明年復伐之，與士期必得原然後反，原人聞之，乃下。衞人聞之，以文公之信為至矣，乃歸文公。故曰攻原得衞者，此之謂也。文公非不欲得原也，以不信得原，不若勿得也。必誠信以得之，歸之者非獨衞也，文公可謂知求欲矣。

【今註】㈠原是晉邑，晉文公復國，原不服從，故伐原。㈡七日，畢校謂左僖二十五年傳，淮南道應訓俱作三日，韓非外儲說左上作十日，新序雜事四作五日。

【今譯】晉文公伐原，與軍士約期七天，七天到了而原不投降，文公下令回去。謀士說：「原邑將要投降了。」師吏請等待幾天，文公說：「信是國家之寶，得原失寶，我是不做的。」遂即離原而去。第二年，復伐原，與軍士約必得原然後回來，原人聽到，乃投降。衞國人聽到這事，認為文公有誠信，亦歸服文公，當時所謂攻原得衞，就是這個意思。文公並不是不要得原，是因為失信得原，不如勿得，必須誠信以得之，則諸侯歸順的不獨衞國而已。文公可以說知道如何求達欲望了。

七曰貴信

【今註】信義的行為是起於人類的社會關係，社會關係隨文化的進步而發展，由二人開始而家族、而國家、而天下，社會關係愈來愈擴大，人與人的交往愈複雜，則言必信、行必義的要求也愈為重要。當春秋之世，周道既衰，詐力並起，所以孔子教人以信為重要善德。至于戰國，楊墨名法縱橫諸家，莫不造言設事以誣聖賢，游說之士借物以喻其意，虛言衍成事實，故孟子主張「壯者以其暇日，脩其孝悌忠信。」故本篇貴信言論，當是孟子以後儒者所述。董仲舒謂「春秋之義貴信而賤詐，詐人而勝之，雖有功，君子弗為也。」正是本篇管仲所謂「雖亡地亦得信，以四百里之地見信于天下，君猶得也。」及上為欲篇晉文公所謂「信，國之寶也，得原失寶，吾不為也。」齊晉兩國皆因立信而成霸業，而管仲的外交政策，崇德講信，尤為成功。所以孔子謂「桓公九合諸侯，不以兵車，管仲之力也。」現代世界的外交最不重信義，所以本篇仍有其時代意義。

凡人主必信，信而又信，誰人不親㊀。故周書曰：「允哉允哉」，以言非信，則百事不滿也㊁。故信之為功大矣。信立則虛言可以賞矣，虛言可以賞，則六合之內皆為己府矣，信之所及，盡制之矣。制之而不用，人之有也，制之而用之，己之有也，己有之，則天地之物畢為用矣。人主有見此論者，其王不久矣；人臣有知此論者，可以為王者佐矣㊂。

【今註】㊀儒家主張人主要有誠信，不可欺騙百姓，故孔子說：「自古皆有死，民無信不立。」用民篇謂「三代之道無二，以信為管。」與此意同。㊁周書，高注「逸書也。」允是誠實，滿是圓滿成功。㊂大學謂「君子有大道，必忠信以得之，驕泰以失之。」

【今譯】凡人主必定要守信，信而又信，誰人不親。所以周書說：「誠實啊！誠實啊！」這是說沒有誠信，則百事不能圓滿成功。誠信的功效太偉大了。有了誠信則虛言可以賞了，虛言可以賞，則六合之內都是自己一家了，誠信所到之處都可控制了。控制而不用，是他人所有，控制而利用之，便是自己所有。既為自己所有，那麼天地間的萬物盡可利用了。人主懂得這個理論，不久可王天下了；人臣懂得這個理論，可以為帝王的輔佐了。

天行不信，不能成歲，地行不信，草木不大㊀。春之德風，風不信，其華不盛，華不盛，則果實不生。夏之德暑，暑不信，其土不肥，土不肥則長遂不精。秋之德雨，雨不信，其穀不堅，穀不堅則五種不成。冬之德寒，寒不信，其地不剛，地不剛則凍閉不開㊁。天地之大，四時之化，而猶不能以不信成物，又況乎人事？君臣不信，則百姓誹謗，社稷不寧；處官不信，則少不畏長，貴賤相輕；賞罰不信，則民易犯法，不可使令；交友不信，則離散鬱怨，不能相親；百工不信，則器械苦偽，丹漆染色不貞。夫可與為始，可與為終，可與尊通，可與卑窮者，其唯信乎？信而又信，重襲於身，乃通於天，以此治人，則膏雨甘露降矣，寒暑四時當矣。

【今註】㊀天行是日月星辰的運行，一歲之內，都有一定的軌道可循。地行是地氣的流轉運動，猶如人身氣血的流轉運行。由于地心磁力與空氣壓力，互相交感，而生陰陽二氣，春夏秋冬的風雨寒暑，皆由二氣的消長盈虛變化而來。陰陽流轉變化而成秩序，故天行信而成歲，地行信而生草木。㊁節氣是自然的轉運，故孟春紀謂「天氣下降，地氣上騰，天地和同，草木繁動。」孟冬紀謂「天氣上騰，地氣下降，天地不通，閉而成冬。」地不剛即凍閉不密，地氣發泄，蟄蟲復出。

【今譯】天行不信，不能成歲；地行不信，草木不長（ㄓㄤˋ）。春季的大德是風，春風不來，則草木的花葉不會茂盛，花葉不茂盛則果實不生。夏季的大德是暑，暑而不熱，則土壤不會肥沃，土壤不肥沃，則禾稼的長成不良。秋季的大德是雨，雨水失調，則穀物的生長不堅實，穀物不堅則五種不熟。冬季的大德是寒，冬至不寒，則凍閉不密，凍閉不密則地氣發泄。天地之大，四時之化，尚且不能以不信成物，又何況於人事？君臣不信則百姓誹謗，國家不安；居官不信則少不畏長，貴賤相輕；賞罰不信則民易犯法，不可使用；交友不信則離散積怨，不能相親；百工不信則器械偷工減料，丹漆染色不正。所以可與為始，可與為終，可與尊貴，可與卑窮的，祇有誠信是可靠的。信而又信，集于一身，則至誠如神，這樣的治理人事，那就膏雨甘露下降了，寒暑四時適當了。

齊桓公伐魯㊀，魯人不敢輕戰，去魯國五十里而封之，魯請比關內侯以聽㊁，桓公許之。曹翽謂魯莊公曰㊂：「君寧死而又死乎？其寧生而又生乎？」莊公曰：「何謂也？」曹翽曰：「聽臣之言，國必廣大，身必安樂，是生而又生也。不聽臣之言，國必滅亡，身必危辱，是死而又死也。」莊公曰：「請從。」於是明日將盟，莊公與曹翽皆懷劍，至於壇上，莊公左搏桓公，右抽劍以自承，曰：「魯國去境數百里，今去境五十里，亦無生矣，鈞其死也，戮於君前。」管仲鮑叔進，曹翽按劍當兩陛之間，曰：「且二君將改圖，毋或進者。」莊公曰：「封於汶則可，不則請死。」管仲曰：「以地衞君，非以君衞地，君其許之。」乃遂封於汶南。與之盟歸，而欲勿予，管仲曰：「不可，人特劫君而不盟君，不知不可謂智，臨難而不能勿聽，不可謂勇，許之而不予，不可謂信。不智、不勇、不信，有此三者，不可以立功名。予之，雖亡地亦得信，以四百里之地，見信於天下，君猶得也。」莊公仇也㊃，曹翽賊也，信於仇賊，又況於非仇賊者乎？夫九合之而合，壹匡之而聽㈤，從此生矣，管仲可謂能因物矣。以辱為榮，以窮為通，雖失乎前，可謂後得之矣，物固不可全也。

【今註】㈠此是齊桓公未霸之時，與魯盟于柯，曹翽（ㄏㄨㄟˋ）要盟，而桓公不欺，公羊傳謂「桓公之信著乎天下，自柯之盟始焉。」穀梁傳謂「衣裳之會十有一，未嘗歃血之盟也，信厚也。」春秋繁露楚莊王篇謂「春秋尊禮而重信，信重于地，禮尊于身。」又精華篇謂「齊桓挾賢相之能，用大國之資，即位五年不能致一諸侯，于柯之盟見其大信，一年而近國之君畢至，鄄幽之會是也。其後二十年之間亦久矣，尚未能大合諸侯也，至于救邢衛之事，見存亡繼絕之義，而明年遠國之君畢至，貫澤陽穀之會是也。故曰：親近者不以言，召遠者不以使，此其效也。其後矜功，振而自足，而不修德，故楚人滅弦而志弗憂，江黃伐陳而不往救，功未良成而志已滿矣。故曰：管仲之器小哉，此之謂也。自是日衰，九國叛矣。」由此可見信義的重要。㈡「關內侯」：畢校引梁仲子說：「管子大匡篇載此事云，魯不敢戰，去國五十里而為之關，魯請比于關內以從于齊。據此，疑侯字衍。」許釋引俞樾說「所謂關者，凡國皆有關，燕策、蒙嘉云，願舉國為內臣，比諸侯之列，給貢賦，比郡縣，是魯比關內侯之義，其地固不能遷也。」㈢曹翽（ㄏㄨㄟˋ）是魯將，畢校謂左傳作曹劌（ㄍㄨㄟˋ），公羊國策史記並作曹沫（ㄇㄟˋ）。㈣魯桓公娶齊襄公之妹齊姜而生莊公，魯桓公為齊襄公所殺，而齊桓公是襄公之子，故曰莊公仇也。㊄信著乎天下，故九合之而合，壹匡之而聽。

【今譯】 齊桓公伐魯，魯人不敢輕易迎戰，離去魯國五十里的地方設為關隘，請比於關內侯以服從於齊，桓公允許了。曹翽對魯莊公說：「君寧可死而又死呢？或者寧可生而又生呢？」莊公說：「什麼意思？」曹翽說：「聽臣的話，國必擴大，身必安樂，這就是生而又生。不聽臣的話，國必滅亡，身必危辱，這就是死了又死。」莊公說：「聽你的。」於是第二天將要會盟，莊公和曹翽都懷藏利劍，到了壇上，莊公左手拉住桓公，右手抽劍自向，說：「魯國去境數百里，現在去境只五十里，亦無以為生了，同樣要死的，不如在君面前自殺。」管仲鮑叔要上來，曹翽按劍擋住在兩階之間，說：「且等候兩君修改盟約，不要上去。」莊公說：「在汶地為關則可，如不同意，即請死。」管仲對桓公說：「這是以地衞君，不是以君衞地，君應許了吧！」於是在汶南為關，齊與魯盟。桓公歸齊，意欲反悔，管仲說：「不可，人家只是劫君而不是會盟，我們事先不知道會被劫，可以說是不智；臨難被迫不能不許，可以說是不勇；已許之而不給予，可以說是不信。不智、不勇、不信，有此三者，不可以立功名。現在予之，雖然失地亦得信，以四百里之地見信於天下，君還是有所得。」莊公是仇人，曹翽是強盜，不失信於仇人強盜，又何況於不是仇人強盜呢？此後九合諸侯而諸侯會合，一匡天下而天下服從，都是此事所生的影響，管仲可以說能夠因事制宜了，以辱為榮，以窮為通，雖然失之於前，可是得之於後了，世間的事物實在是不可求全的。

八曰舉難

【今註】 舉難是言用人舉賢的難處，承上篇「物固不可全也」即接著說：「以全舉人固難，物之情也。」所引事例如魏文侯問置相，李克告以觀士之法，韓詩外傳及史記魏世家記述較詳。李克謂「居視其所親，富視其所與，達視其所舉，窮視其所不為，貧視其所不取，此五者足以定之矣。」文侯因此決定人選，此較之本篇所載為佳。本篇所對僅就其所舉的兩人來觀察，則殊不合理；白圭論文侯用人以私勝公，衰國之政，則頗為正確。

以全舉人固難，物之情也。人傷堯以不慈之名，舜以卑父之號，禹以貪位之意，湯武以放弒之謀，五伯以侵奪之事㈠，由此觀之，物豈可全哉？故君子責人則以人㈡，自責則以義。責人以人則易足，易足則得人；自責以義則難為非，難為非則行飾㈢，故任天地而有餘。不肖者則不然，責人則以義，自責則以人。責人以義責難贍，難贍則失親，自責以人則易為，易為則行苟㈣，故天下之大而不容也，身取危，國取亡焉，此桀紂幽厲之行也。尺之木必有節目，寸之玉必有瑕瓋，先王知物之不可全也，故

擇務而貴取一也㊄。

【今註】㊀此數語與當務篇盜跖譏刺六王五伯之言相同，崔述考信錄謂「戰國之俗好為大言，楊墨之徒莫不自尊其師，非堯舜、薄湯武，而遠稱黃農以駕乎其上。」㊁「責人則以人」：畢校引梁仲子云，此即以眾人望人之意。許釋引俞樾平議「下人字當讀作仁，責人則以仁，與下文自責則以義正相對。」按俞說是，春秋繁露仁義法篇「春秋之所治，人與我也，所以治人與我者仁與義也，以仁安人，以義正我。」「求諸己謂之厚，求諸人謂之薄，自責以備謂之明，責人以備謂之惑。」蘇輿義疏謂董氏此義，實本於呂氏此文「責人則以人（仁），自責則以義。」亦所以發揮孔子所謂「躬自厚而薄責於人」的旨意。㊂飾，高注「通勅，正也。」㊃瞻，畢校疑當作贍。春秋繁露仁義法篇「是故以自治之節治人，是居上不寬也；以治人之度自治，是為禮不敬也。為禮不敬，則傷行而民弗尊；居上不寬，則傷厚而民弗親。弗親則弗信，弗尊則弗敬，二端之政詭於上，而僻行之則誹於下，仁義之處，可無論乎？」與本節大意相同。㊄許釋引陶鴻慶說「擇務下當有博字，下文云，擇者欲其博也，是其證。謂所擇者廣而所取者約也。下文云，且人固難全，權而用其長者，即此義。」

【今譯】舉用人才而求全責備，實是難事，這是事物的真情。有人誹毀堯以不慈之名，舜以卑父之號，禹以貪位之意，湯武以放弒之謀，五霸以侵奪之事，由這些看來，一切事物豈可求全呢？所以君子責人則以仁，自責則以義。責人以仁則易於滿意，易於滿意則可得人；自責以義則不易於做壞事，不做壞事則行為正，這就可擔任天下大事而有餘力。不肖者則不然，責人則以義，自責則以仁。責人以義則難於滿意，難於滿意則失其所親；自責以仁則輕易從事，輕易從事則行為苟且，天下之大將無所容身。如此而身要危，國要亡，這是桀紂幽厲的行為。一尺之木必有節眼，一寸之玉必有瑕疵，先王知道事物的不可求全，所以選擇務求其廣博而審慎的取其一長。

季孫氏劫公家㈠，孔子欲諭術則見外㈡，於是受養而便說，魯國以訾，孔子曰：「龍食乎清而游乎清，螭食乎清而游乎濁㈢，魚食乎濁而游乎濁。今丘上不及龍，下不若魚，丘其螭邪？」夫欲立功者，豈得中繩哉？救溺者濡，追逃者趨。

【今註】㈠季孫氏，高注為季武子，畢校為季桓子，許釋謂一說為季康子脅定公而專其政。按季氏專政數世，本文並非專指一人一事。㈡畢校謂「孔子欲以道術諭之而慮見遠外。」㈢螭（ㄔ）古代指似黃龍而無角的一種動物，彝器、碑額、柱頭等常刻為裝飾，叫做螭首。

【今譯】季孫氏劫奪公家的政權，孔子欲以道術曉諭季氏而又恐因此見外疏遠，不得進言的機會，於是仍受養於季氏以便進言，魯國人多以此毀謗孔子。孔子說：「龍是食於清而游於清，螭是食於清而游於濁，魚則食於濁而游於濁。我現在上不及龍，下不同魚，我難道不如螭嗎？」大凡要立功成事者，豈得事事合于繩墨呢？救溺的人必定沾溼，追逃的人必定疾趨。

魏文侯弟曰季成，友曰翟璜，文侯欲相之而未能決，以問季充㈠。季充對曰：「君欲置相，則問樂騰與王孫苟端孰賢？」文侯曰：「善。」以王孫苟端為不肖，翟璜進之，以樂騰為賢，季成進之，故相季成。凡聽於主，言人不可不慎，季成弟也，翟璜友也，而猶不能知？何由知樂騰與王孫苟端哉？疏賤者知，親習者不知，理無自然。自然而斷相過，季充之對文侯也亦過㈡；雖皆過，譬之若金之與木，金雖柔猶堅於木。孟嘗君問於白圭曰：「魏文侯名過桓公，而功不及五伯，何也？」白圭對曰：「文侯師子夏，友田子方，敬段干木，此名之所以過桓公也。卜相曰：成與璜孰可？此功之所以不及五伯也。」相也者百官之長也，擇者欲其博也，今擇而不去二人㈢，與用其讎亦遠矣。且師友也者公可也，戚愛也者私安也㈣，以私勝公，衰國之政也，然而名號顯榮者，三士羽翼之也。

【今註】㈠季充，畢校「乃李克也，因形近而誤。」許釋尹校均改為李克，李克已見上適威篇註。

㈡許釋引俞樾平議「理無自然下，奪理無二字，蓋言疏賤者知，而親習者不知，此理之所無由然也；

理之所無由然，而以之斷其孰為相則過矣。今奪二字，文義未足。」㊂尹校改不去為不出，並謂用其讎是指桓公用管仲。㊃尹校引范耕研補註「公可者公意之所可也，私安者私情之所安也。」

【今譯】魏文侯有弟名季成，有友名翟璜，文侯要於二人中擇一為相而未能決定，因而問於李克。李克說：「君要置相，那就問樂騰和王孫苟端兩人那一位賢良。」文侯說：「很好。」因為王孫苟端不肖是翟璜所薦，樂騰賢是季成所薦，所以就用季成為相。凡見信於人主，對於論人不可不慎，季成是弟，翟璜是友，尚且不能知道，何由知道樂騰和王孫苟端呢？疏賤的知道，親善的不知道，這是理所無由如此的，理所無由如此而據以斷定置相大事，是文侯的過失；而李克的對文侯所言亦是過失。雖然都是過失，譬之金和木，金雖柔猶堅于木。孟嘗君問白圭說：「魏文侯聲名過于齊桓公，而功業不及五霸，為什麼？」白圭對答說：「文侯師事子夏，友善田子方，敬重段干木，這就是他的聲名所以過于桓公。可是他用相的時候說：成與璜誰可以相？這就是他的功業所以不及五霸。」相是百官之長，選擇的範圍要廣博，現在文侯擇相不出二人，這和桓公的能用其讎，相去太遠了。而且師友是公意之所可，戚愛是私情之所安，以私勝公，是衰世的政治，然而文侯的名號顯榮一世，是三位賢士助成的關係。

甯戚欲干齊桓公，窮困無以自進，於是為商旅，將任車以至齊㊀，暮宿於郭門之外。桓公郊迎客，夜開門，辟任車，爝火甚盛㊁，從者甚眾。甯戚飯牛居車下，望桓公而悲，擊牛角疾歌㊂，桓公聞之，撫其僕之手曰：「異哉，之歌者非常人也。」命後車載之。桓公反至，從者以請，桓公曰：賜之衣冠，將見之。甯戚見，說桓公以治境內。明日復見，說桓公以為天下。桓公大說，將任之，羣臣爭之，曰：「客衛人也，衛之去齊不遠，君不若使人問之，而固賢者也，用之未晚也。」桓公曰：「不然，問之，患其有小惡，以人之小惡，亡人之大美，此人主之所以失天下之士也已。」凡聽，必有以矣，今聽而不復問，合其所以也。且人固難全，權而用其長者，當舉也，桓公得之矣。

【今註】㊀任，畢校引淮南道應訓註「任，載也。」㊁「爝火」，即求人篇的焦火，不屈篇的蕉火，是用薪草燒的。㊂「疾歌」：高注謂歌碩鼠詩，畢校具錄漢書馬融傳註、史記鄒陽傳集解及藝文類聚，則不止一詩。疾歌是高歌。

【今譯】甯戚欲求見齊桓公，窮困無以自進，於是為商旅看管載貨車到了齊國，晚上露宿于郭門之外。桓公到郊外接客，夜開郭門，避開載貨車，火把很亮，從者很多。甯戚正在車下餵牛，望見桓公，心中悲傷，就敲擊牛角高歌。桓公聽見，撫著僕御的手說：「奇怪啊！這歌者不是普通的人呀！」

命隨從車載他回去。桓公返回宮中，隨從請示如何安置，桓公命賜給他衣冠，將要見他。甯戚晉見，先同桓公說治國；第二天又見，向桓公說平天下。桓公非常高興，就要任用他，許多臣下都不贊同說：「客是衞國人，衞國去齊不遠，不如使人去查問一下，如果確是賢者，再用他不晚。」桓公說「不是的，去查問恐怕他有小毛病，如果因為人的小毛病而失了他的大美，這就是人主所以失去天下的賢士了。」大凡聽言必有目的，現在聽了而不復查問，是合於目的，而且人固難以求全，權衡輕重而用其長處，這就是舉用得當，桓公是得其當了。

卷二十　恃君覽

第八，凡八篇

一曰恃君

【今註】恃君是言人類羣居，要能互助生存，有恃人君的領導，所以說：「羣之可聚也，相與利之也，利之出於羣也，君道立也。故君道立則利出於羣，而人備可完矣。」這是荀子的思想。荀子大略篇「力不若牛，走不若馬，而牛馬為用，何也？曰：人能羣，彼不能羣也。人何以能羣？曰：分。分何以能行？曰：義。故義以分則和，和則一，一則多力，多力則強，人強則勝物。故人生不能無羣，羣而無分則爭，爭則亂，亂則離，離則弱，弱則不能勝物。君者善羣也。羣道當則萬物皆得其宜，六畜皆得其長，羣生皆得其命。」這是本篇的說明。　國父發明社會進化的定律，認為人類進化以互助為原則，社會國家者互助之體也，道德仁義者互助之用也。人類順此原則則昌，不順此原則則亡。則較之本篇要旨更進一步了。

凡人之性，爪牙不足以自守衛，肌膚不足以扞寒暑，筋骨不足以從利辟害，勇敢不足以卻猛禁悍，然且猶裁萬物，制禽獸，服狡蟲，寒暑燥溼弗能害，不唯先有其備而以羣聚邪？羣之可聚也，相與利之也，利之出於羣也，君道立也。故君道立則利出於羣㈠，而人備可完矣。昔太古嘗無君矣，其民聚生羣處，知母不知父，無親戚、兄弟、夫妻、男女之別，無上下長幼之道，無進退揖讓之禮，無衣服、履帶、宮室、畜積之便，無器械、舟車、城郭、險阻之備，此無君之患，故君臣之義，不可不明也。自上世以來，天下亡國多矣，而君道不廢者，天下之利也。故廢其非君，而立其行君道者㈡。君道何如？利而物利章㈢。

【今註】 ㈠「相與利之」正是互助的意思。孫文學說謂「人類初生之時，亦與禽獸無異，再經幾許萬年之進化，而始成長人性，而人類之進化，於是乎起源。此期之進化原則，則與物種之進化原則不同，物種以競爭為原則，人類則以互助為原則。社會國家者，互助之體也，道德仁義者，互助之用也。人類順此原則則昌，不順此原則則亡。此原則行之於人類當已數十萬年矣。然而人類今日猶未能盡守此原則者，則以人類本從物種而來，其入於第三期之進化，為時尚淺，而一切物種遺傳之性，尚未能悉行化除也。」所謂人類初生之時，即未能羣聚之時，聚生羣處，與禽獸無異。進化到人性成長，始知相與利之，於是君道以立，治道以成，所以說，社會國家者互助之體也，道德仁義者互助之用也。春秋繁露謂「君也者掌令者也，令行而禁止也。」君道立就是行令以禁止不義，故曰君道立則利出於羣。㈡春秋繁露堯舜不擅移湯武不專殺篇「天之生民非為王也，而天之立王以為民也，故其德足以安樂民者天予之，其惡足以賊害民者天奪之。」故曰廢其非君而立其行君道者。㈢「利而物利章」，許釋引俞樾平議「章字衍文，物當為勿，古字本通。君道何如，利而勿利，言君人之道宜何如乎？務在利民而勿以自利而已。貴公篇曰，伯禽將行，請所以治魯，周公曰：利而勿利也。此可為證。下文曰，德衰世亂，然後天子利天下，國君利國，官長利官，此國之所以遞興遞廢也，亂難之所以時作也。然則君道以利而勿利為貴，正呂氏此篇之旨矣。」許謂「俞說是，據注章字非衍文，意謂利民而勿自利，以為標識。」尹校據譚戒甫校呂遺誼謂「章當作者也。」改本文為「利而勿利者也」。

【今譯】　大凡人的本能，爪牙不足以自守衞，肌膚不足以禦寒暑，筋骨不足以趨利避害，勇敢不足以禁止兇悍，可是還能裁成萬物，禁制禽獸，克服害蟲，寒暑燥溼不能為害，這不是先有防備而能合羣相聚嗎？羣的可以合聚是由於有相與互助之利，互助之利出於羣眾，是由於君道的建立。所以建立管理眾人的君道，則愛利出於羣眾，相互為助，而人類的種種防備可以完成了。從前太古時代還沒有立君，一般人民聚生羣處，知有母不知有父，沒有親戚、兄弟、夫妻、男女的區別，沒有上下長幼的道義，沒有進退揖讓的禮節，沒有衣服、冠履、宮室、蓄積的便利，沒有器械、舟車、城郭、險阻的設備，這就是無君的禍患。所以君臣之義，不可不明。從上世以來，天下亡國的很多了，可是君道始終不能廢止，因為有君道是天下之利，所以要廢其不能行君道者而立其能行君道者。所謂君道應該怎樣呢？在於利民而勿自利而已。

非濱之東，夷穢之鄉，大解、陵魚，其鹿野搖山揚島。大人之居，多無君；揚漢之南，百越之際，敝凱、諸夫風，餘靡之地，縛婁、陽禺、驩兜之國，多無君；氐羌、呼唐、離水之西，僰人野人，篇笮之川，舟人送龍突人之鄉，多無君；鴈門之北，鷹隼所鷙，須窺之國，饕餮窮奇之地，叔逆之所，儋耳之居，多無君。此四方之無君者也㈠。其民麋鹿禽獸，少者使長，長者畏壯，有力者賢，暴傲者尊，日夜相殘，無時休息，以盡其類。聖人深見此患也，故為天下長慮，莫如置天子也，為一國長慮，莫如置君也。置君非以阿君也，置天子非以阿天子也，置官長非以阿官長也，德衰世亂，然後天子利天下㈡，國君利國，官長利官，此國所以遞興遞廢也，亂難之所以時作也。故忠臣廉士內之則諫其君之過也，外之則死人臣之義也㈢。

【今註】㈠自非濱之東至此四方之無君者也一節，說明當時四方之國多無君，其所舉地名已無從查考。非濱之東，高注為「朝鮮樂浪之縣，箕子所封，濱於東海也。」畢校「疑非當作此，猶言北海之東。」夷穢之鄉，高注「穢夷國名。」按朝鮮古代部落有穢貊，或即指此。西方的僰（ㄅㄛˊ）人是種族名，現西南各省尚有。野人則雲南騰衝西北有野人山，為滇緬間棄地，或是古代野人族居之地。雁門在今山西代縣西北。饕餮窮奇是古代神話中的惡獸。孔子說：「夷狄之有君，不如諸夏之亡也」故曰多無君。㈡「利天下」，畢校引盧文弨說謂以天下為己利也，故有興有廢而亂難時作。按此指德衰世亂以後的天子，已不能行利而勿利的君道。㈢故忠臣廉士二句，尹校據范耕研補注謂「此二句二十三字，與上文不屬，疑為他篇錯簡。」按此二句乃承上起下，說明忠臣廉士對於以天下國家為己利者，內則諫止，外則死難，以引起下文豫讓、柱厲叔的事例，所以結論說「忠臣察則君道固矣」。尹校范注非是。

【今譯】　海濱之東，夷穢之鄉，大解、陵魚、其鹿、野搖山、揚島、大人之居，多無君；揚州漢水之南，百越之際，敝凱、諸夫風、餘靡之地，縛婁、陽禺、驩兜之國，多無君；氐羌、呼唐、離水之西，僰人野人，篇笮之川，舟人、送龍、突人之鄉，多無君；鴈門之北，鷹隼所鷙，須窺之國，饕餮窮奇之地，叔逆之所，儋耳之居，多無君。此四方的國家多是無君。它們的人民不知禮義，猶如麋鹿禽獸，年輕的差遣年長的，年長的畏懼年壯的，強健有力的便是賢豪，暴戾桀傲的便為尊貴，於是互相殘殺，日夜不休，以滅盡其族類。聖王深知無君的禍患，認為為天下的長治久安計慮，沒有比設置天子更為重要，為一國的長遠計慮，沒有比設置國君更為重要。設置國君並不是阿私於國君，設置天子並不是阿私於天子，設置官長並不是阿私於官長。可是到了德衰世亂，然後天子以天下為己利，國君以國家為己利，官長以職位為己利，這就是國家的所以遞興遞亡，而亂難的所以時時發作。所以忠臣廉士對內則諫勸其君的過失，對外則効死於人臣之義。

豫讓欲殺趙襄子㊀，滅鬚去眉，自刑以變其容，為乞人，而往乞於其妻之所，其妻曰：「狀貌無似吾夫者，其音何類吾夫之甚也？」又吞炭以變其音。其友謂之曰：「子之所道，甚難而無功，謂子有志，則然矣，謂子智，則不然。以子之材，而索事襄子，襄子必近子，子得近而行所欲，此甚易而功必成。」豫讓笑而應之曰：「是先知報後知也，為故君賊新君矣，大亂君臣之義者無過此，失吾所為為之矣㊁。凡吾所為為此者，所以明君臣之義也，非從易也。」

【今註】㊀豫讓為智伯報仇，已分見論威、不侵、序意各篇。㊁原作「無此」，畢校「猶言無如此」，尹校補為「無過此」於義為長。所為，尹校「猶所以也。」

【今譯】豫讓欲殺趙襄子，自己滅鬚去眉，改變其容貌，化裝為乞丐往向其妻乞食，其妻說：「狀貌沒有像我丈夫，聲音何以很類似我丈夫呢？」於是又吞炭以變其聲音。他的朋友告訴他說：「你這樣做法，很困難而不易成功，說你有志節是對了，說你聰明則不對。用你的材能去求事於襄子，襄子必定接近你，你既得接近而做你所要做的事，這就很輕易而必可成功。」豫讓笑著應答說：「這是為先知報後知，為舊君殺新君了，大亂君臣之義無甚於此，失了我所以為的目的了。大概我所以為這事，是所以明辨君臣之義，並非不知道從輕易處進行呀！」

柱厲叔事莒敖公㈠，自以為不知，而去居於海上，夏日則食菱芡，冬日則食橡栗。莒敖公有難，柱厲叔辭其友而往死之，其友曰：「子自以為不知，故去；今又往死之，是知與不知無異別也。」柱厲叔曰：「不然，自以為不知故去，今死而弗往死，是果知我也㈡。吾將死之，以醜後世人主之不知其臣者也，所以激君人者之行，而厲人主之節也㈢。」行激節厲，忠臣幸於得察，忠臣察，則君道固矣。

【今註】㈠畢校謂說苑立節篇作莒穆公有臣曰朱厲附。㈡高注「今不死其難，是為使敖公果知我為不良臣也。」㈢「人主」，畢校謂「御覽作人臣，非是，下云，行激節厲，忠臣幸於得察，則節厲正指人主言。」尹校據王叔岷校補改為人臣。

【今譯】柱厲叔臣事莒敖公，自以為不見知於敖公，遠去居於海上，夏天食菱芡，冬天食橡栗以維持生活。莒敖公有難，柱厲叔向其友人辭行，要去死敖公之難，友人說：「你自以為不見知，所以遠去，今又往死其難，這是見知與不見知沒有區別了。」杜厲叔說：「不是的，自以為不見知，所以遠去，現在敖公死而不去從死，這是敖公果然知道我為不良之臣了。我將往死，是要使後世人主的不知其臣者有所慚愧罷了，所以激發君人者的行為，而磨厲人臣的志節。」行激節厲，忠臣或者僥倖得見知於其君，忠臣見知則君道安固不危了。

二曰長利

【今註】此承上篇君道利民而勿自利，而利民又須有長治久安之計，所以說：「利雖倍於今而不便於後，弗為也；安雖長久，而以私其子孫，弗行也。」這是儒家天下為公的思想。所引事例，如伯成子高為禁後世之亂，辭諸侯而耕；周公不欲子孫長為無道，而不取險固之地；戎夷有利人之心，以必死見義；都是不為一時的利害打算，而考慮到後世的影響，與上長見篇的意旨有相似處。曹冏六代論謂「三代之君與天下共其民，故天下同其憂，……夫與人共其樂者，人必憂其憂；與人同其安者，人必拯其危。先王知獨治之不能久也，故與人共治之，知獨守之不能固也，故與人共守之。兼親疏而兩用，參同異而並進，是以輕重足以相鎮，親疎足以相衞，並兼路塞，逆節不生。」此足為本篇長利的說明，亦足為今日民主政治的參考。

天下之士也者，慮天下之長利，而固處之以身若也㈠，利雖倍於今，而不便於後，弗為也；安雖長久，而以私其子孫，弗行也。自此觀之，陳無宇之可醜亦重矣㈡，其與伯成子高、周公旦、戎夷也，形雖同，取舍之殊，豈不遠哉。

【今註】㈠許釋引孫鏘鳴高注補正「伯成子高禁後世之亂，而身辭諸侯，周公不欲子孫之長為無道，而不受險固之封，戎夷有利人之心，而必死見義，此皆以身處天下之長利者也。處，居也。若猶然也。」許謂孫說是，王念孫校本改若為者。尹校據改。按孫說亦未明此言，天下之士計慮天下的長利，當如設身處地一樣。若不宜改為者。㈡陳無宇是齊大夫陳桓子，與鮑文子同伐欒高氏，欒施高彊出奔，陳鮑分取欒高的財產，此言其貪得可恥，與下文所述的伯成子高、周公旦及戎夷的行為，相去絕遠。

【今譯】天下之士計慮天下的長利，應該有如設身處地一樣：利雖倍於今而不便於後世的，不要做；安雖長久，而以私其子孫的，不要行。由此觀之，陳無宇的可恥太甚了，以他和伯成子高、周公旦及戎夷相比，形體雖同，但對於利祿取捨的異別，豈不是相去很遠麼。

堯治天下，伯成子高立為諸侯。堯授舜，舜授禹，伯成子高辭諸侯而耕。禹往見之，則耕在野，禹趨就下風而問曰：「堯理天下，吾子立為諸侯，今至於我而辭之，故何也？」伯成子高曰：「當堯之時，未賞而民勸，未罰而民畏，民不知怨，不知說，愉愉其如赤子。今賞罰甚數，而民爭利，且不服，德自此衰，利自此作，後世之亂自此始。夫子盍行乎？無慮吾農事㈠。」協而耰，遂不顧㈡。夫為諸侯名顯榮，實佚樂，繼嗣皆得其澤，伯成子高不待問而知之，然而辭為諸侯者，以禁後世之亂也。

【今註】㈠慮，高注「猶亂也。」畢校「莊子作無落吾事，慮落聲相近。」許釋引李賡芸說謂慮與錄聲之轉。按慮字的本義是深思或憂慮之意，思慮貴有條理，不應有擾亂意。此言雖辭諸侯而耕，亦可以生活，不要憂慮吾的農事。㈡「協而耰」，高注「協，和悅也，耰，覆種也。」許釋引劉師培說「協即莊子天下篇之悒悒，協又訓和。」

【今譯】堯治天下，伯成子高為諸侯。堯以天下授舜，舜又以授禹，伯成子高辭諸侯而耕。禹往見他，正在田野中耕種，禹很快的走到他面前，問說：「堯治天下，老兄立為諸侯，現在到了我的時候而辭去，為的什麼？」伯成子高說：「當堯之時，未賞而民勸善，未罰而民畏罪，民不知怨恨，不知喜悅，愉快的面色有如嬰孩。現在賞罰很多，而人民爭利，而且不服從，道德從此衰退，爭利從此起來，後世爭榮的禍亂將從此開始了。先生何不回去呢？不要憂慮我的農事。」遂即和悅的覆蓋種子，不復回顧。諸侯的名位顯榮，生活逸樂，子孫皆得其遺澤，伯成子高當然是知道的；然而辭為諸侯，是為的禁止後世爭榮的禍亂。

辛寬見魯繆公曰：「臣而今而後知吾先君周公之不若太公望封之知也㈠。昔者太公望封於營丘之渚，海阻山高，險固之地也㈡，是故地日廣，子孫彌隆。吾先君周公封於魯，無山林谿谷之險，諸侯四面以達，是故地日削，子孫彌殺㈢。」辛寬出，南宮括入見，公曰：「今者寬也非周公，其辭若是也。」南宮括對曰：「寬少者弗識也㈣。君獨不聞成王之定成周之說乎？其辭曰：惟余一人，營居於成周，惟余一人，有善易得而見也，有不善易得而誅也。故曰善者得之，不善者失之，古之道也㈤。夫賢者豈欲其子孫之阻山林之險，以長為無道哉？小人哉，寬也！今使燕爵為鴻鵠鳳皇慮，則必不得矣，其所求者瓦之閒隙，屋之翳蔚也，與一舉則有千里之志，德不盛，義不大，則不至其郊，愚庳之民，其為賢者慮，亦猶此也。固妄誹訾，豈不悲哉㈥？

【今註】㊀許釋引陳昌齊正誤「不若太公望下不得有封字」。㊁渚，畢校「李善注文選司馬相如子虛賦引辛寬曰，太公望封於營丘，渚海阻山，無之字高字，渚屬下讀是，營丘恐不得言渚也。」尹校據改。按渚是四方有水其中獨高可居的陸地，當亦隘地之意，不宜據文選注以改原文。㊂殺，高注「衰也」。㊃南宮括是孔子弟子，論語作适，按南宮括在孔子卒時已年五十二歲，至魯穆公時當已百二十餘歲，恐不可信，此恃德不恃險之說，或係依託之言。㊄高注「得之者若湯武也，失之者若桀紂，故曰古之道也。」㊅本段可參閱貴公篇伯禽請所以治魯及長見篇太公與周公論治術的不同。

【今譯】辛寬見魯穆公說：「臣自今而後，纔知道先君周公不及太公望的智能。從前太公望封於營丘的隘地，海阻山高，是險固的地方，所以國土時時擴大，子孫愈益興隆。先君周公封於魯地，沒有山林谿谷的險阻，諸侯可從四面來到，所以土地時時減削，子孫愈益衰弱。」辛寬出來，南宮括入見，公說：「剛纔辛寬非議周公，他的話好像是的。」南宮括對答說：「寬年輕，不懂這道理的。君難道不聞成王定成周的說法嗎？其辭說：祇有我一人營居於成周，祇有我一人，有善容易得而見，有不善亦易得而誅戮。所以說，善者得之，不善者失之，這是古代的道理。賢者豈是希望其子孫依賴山林的險阻、長為無道嗎？小人啊，寬呀！」現在使燕雀為鴻鵠鳳凰計慮，那必不得當了，因為燕雀所求的只是屋瓦的空隙，屋宇的翳蔽，與那一舉而有數千里之志，德不盛，義不大，則不至其郊。愚卑之民為賢者計慮，亦是如此，妄加誹謗訾毀，豈不可悲傷嗎？

戎夷違齊如魯，天大寒而後門㈠，與弟子一人宿於郭外，寒愈甚，謂其弟子曰：「子與我衣，我活也；我與子衣，子活也。我國士也，為天下惜死，子不肖人也，不足愛也，子與我子之衣。」弟子曰：「夫不肖人也，又惡能與國士之衣哉？」戎夷太息歎曰：「嗟乎！道其不濟夫！」解衣與弟子，夜半而死，弟子遂活。謂戎夷其能必定一世，則未之識，若夫欲利人之心，不可以加矣。達乎分仁愛之心識也㈡，故能以必死見其義㈢。

【今註】㈠戎夷是齊國仁人，或作祝夷、式夷。違，高注「去也，去齊至魯也。後門，日夕門已閉也。」㈡許釋引陳昌齊說「識當作誠。」又孫鏘鳴說「疑當作達乎生死之分，仁愛之心誠也。文脫三字，誠誤為識。」㈢高注「誘以戎夷不義之義耳，欲求弟子之衣以惜其死，是不義也；弟子拒之以不肖人惡能與國士之衣，計不能兩生，窮乃解衣，是不義之義也。」高說是，此事實非長利。

【今譯】戎夷去齊往魯，天大寒，到魯時已日晚，城門已閉，與其弟子一人宿於郭外。夜寒愈甚，告訴弟子說：「你解衣給我，我可得活；我解衣給你，你可得活。我是國士，要為天下愛惜生命，你是不肖人，不足愛惜，把你的衣服給我吧！」弟子說：「不肖人又怎能把衣服給國士呢？」戎夷歎氣說：「唉！道將不濟嗎？」就解衣給弟子，夜半而死，弟子得活。說戎夷的才能必能安定一世，是不得而知，但是他的利人之心，可以說是了不起的，達乎死生之分，仁愛之心是真誠的，所以能以必死表現其義。

三曰知分

【今註】知分是知道死生之分，所以說：「達士者達乎死生之分，達乎死生之分，則利害存亡弗能惑矣。」所引事例，如晏子與崔杼盟而不變其義，吳季札不肯為王而去之延陵，孫叔敖三仕三黜而不喜不憂，這就是孔子所謂「君子義以為質」，即以義為一切行為的前提，孟子則勉人重視氣節，當生與義不可兼得之時，寧可捨生以全義，所以說「義，人之正路也。」世人多因為貪生怕死，而多行不義之事，這就是不達乎死生之分。

達士者達乎死生之分㈠，達乎死生之分，則利害存亡弗能惑矣。故晏子與崔杼盟而不變其義㈡，延陵季子吳人願以為王而不肎㈢，孫叔敖三為令尹而不喜，三去令尹而不憂㈣，皆有所達也，有所達則物弗能惑。

【今註】㈠高注「君子死義不求苟生，不義而生，弗為也，故曰達乎死生之分。不為利存而遂苟生，不為害亡而辭死，故曰利害存亡弗能惑移也。」㊁晏子與崔杼盟見下文第四段。㊂延陵季子是吳王壽夢的小子，名札，壽夢以其賢，吩咐其諸兄傳位於他，他不肯為王，去之延陵，不入吳國。㊃孫叔敖是楚國令尹，輔佐楚莊王成霸業，見察傳、贊能、異寶、情欲各篇，論語公冶長篇所言令尹子文三仕三已是否即孫叔敖，尚無定論。

【今譯】　通達之士明於死生之分；明於死生之分，則對於利害存亡不至於迷惑了。所以晏子與崔杼盟而不變其義，延陵季子吳人願以為王而不肯，孫叔敖三為令尹而不喜，三去令尹而不憂，都有所通達，有所通達則事物不能迷惑。

荊有次非者，得寶劍於干遂㊀，還反涉江，至於中流，有兩蛟夾繞其船。次非謂舟人曰：「子嘗見兩蛟繞船，能兩活者乎㊁？」船人曰：「未之見也。」次非攘臂袪衣，拔寶劍曰：「此江中之腐肉朽骨也，棄劍以全己，余奚愛焉㊂。」於是赴江刺蛟，殺之而復上船，舟中之人皆得活。荊王聞之，仕之執圭㊃。孔子聞之曰：「夫善哉，不以腐肉朽骨而棄劍者，其次非之謂乎？」

【今註】㊀干遂是吳邑，適威篇作干隧。次非或作茲非、佽非，茲飛，博物志以為荊軻之字。㊁「兩活」：許釋引王念孫說「下兩字疑衍，淮南作嘗有如此而得活者乎？御覽作子嘗見兩蛟繞船而活者乎？」又俞樾說「兩活無義，兩疑而字之誤，本在能字之上，其父曰子嘗見兩蛟繞船而能活者乎？」按王俞說均非是，所謂兩活者是說兩蛟繞船，船可不覆，則船上之人得活，而蛟亦不死而去。次非之意，如能兩活，則不必冒險赴江刺蛟，故以此詢問舟人。㊂許釋引孫鏘鳴補正「腐肉朽骨，謂蛟之必死也。兩蛟夾船欲得劍也，次非謂此不過江中之腐肉朽骨耳，棄劍與之，求以自全，非余所欲也。故赴江刺殺之。」㊃「執圭」：高注「周禮，侯執信圭，楚以次非勇武而侯之。」

【今譯】　楚國有人名叫次非，在吳國干遂得到寶劍，回來時要渡江，到了江中，有兩蛟夾繞其船，次非對舟人說：「你曾見過兩蛟繞船能夠兩方都活的嗎？」舟人說：「沒有見過。」次非攘臂脫衣，拔出寶劍說：「這不過是江中的腐肉朽骨罷了，棄劍以求自全，我那愛這樣做呢？」於是入江刺蛟，殺了蛟重復上船，船中人都得活。楚王聽到此事，以次非勇武，用為侯爵。孔子聽到此事，說：「很好，不為腐肉朽骨而棄劍，這不是次非的勇武嗎？」

禹南省㊀，方濟乎江，黃龍負舟，舟中之人五色無主㊁，禹仰視天而歎曰：「吾受命於天，竭力以養人，生性也，死命也，余何憂於龍焉？」龍俛耳低尾而逝。則禹達乎死生之分，利害之經也。凡人物者陰陽之化也，陰陽者造乎天而成者也，天固有衰嗛廢伏，有盛盈坌息，人亦有困窮屈匱，有充實達遂，此

皆天之容物理也，而不得不然之數也㊂。古聖人不以慼私傷神，俞然而以待耳。

【今註】㊀南省是到南方去視察。㊁「五色無主」是恐懼得面無人色。㊂這是說明盈虛消長的變化，是天人合一的自然之理。所謂盛盈充實是盈，衰嗛（歉）困窮是虛，廢伏屈匱是消，坌息達遂是長。易豐卦彖辭「日中則昃，月盈則食，天地盈虛，與時消息，而況於人乎？」故剝卦彖辭說「君子尚消息盈虛，天行也。」天地之大，尚有此虛彼盈，此盈彼虛，隨時在相為消長，而況於人事呢？所以君子貴能體會陰陽的消長盈虛，以順應時變，動靜各得其宜，有如天體運行的自然而合理。故曰此皆天之容、物之理也，而不得不然之數也。尹校據譚戒甫校呂遺誼「物字下補一之字」。坌（ㄆㄣˋ）息，許釋引孫鏘鳴補正「坌坌通，（坌是聚集），猶墳起也。息，生也。」

【今譯】禹往南方視察治水工作，正在渡江，有黃龍負起所乘之舟，舟中人都惶恐變色，禹仰首視天而歎息說：「我受命於天，盡力撫養人民，生是天性，死是天命，對於龍有什麼可懼呢？」黃龍於是垂耳曳尾而去。這是禹通達於生死之分及利害之道。大凡人物是陰陽所化生，陰陽是由天而成，天實有衰歉廢伏，有盛盈坌息（生聚），人亦有困窮屈匱，有充實達成，這都是天之容、物之理，其數不得不如此。所以聖人不以慼私傷神，愉然以待天命而已。

晏子與崔杼盟，其辭曰：「不與崔氏而與公孫氏者，受其不祥。」晏子俛而飲血，仰而呼天，曰：「不與公孫氏而與崔氏者，受此不祥㊀。」崔杼不說，直兵造胷，句兵鉤頸㊁，謂晏子曰：「子變子言，則齊國吾與子共之；子不變子言，則今是已。」晏子曰：「崔子，子獨不為夫詩乎？詩曰：莫莫葛藟，延於條枚，凱弟君子，求福不回㊂。嬰且可以回而求福乎？子惟之矣。」崔杼曰：「此賢者，不可殺也。」罷兵而去。晏子援綏而乘，其僕將馳，晏子撫其僕之手，曰：「安之，毋失節。疾不必生，徐不必死。鹿生於山而命懸於廚，今嬰之命有所懸矣。」晏子可謂知命矣㊃。命也者不知所以然而然者也，人事智巧以舉錯者，不得與焉。故命也者就之未得，去之未失㊄。國士知其若此也，故以義為之決，而安處之。

【今註】 ㊀周靈王二十四年（西元前五四八）齊崔杼弒其君莊公，強迫羣臣與盟，晏子獨反其盟辭。公孫氏是齊羣公子之子。事詳左傳魯襄公二十五年，及晏子春秋內篇。㊁直兵是矛，句兵是戟。㊂詩是詩經大雅旱麓的末章，其意謂茂盛的葛藟，延蔓於木的枝條上，以喻善良的子孫應依緣先人的功業而求福，不可有違先德。㊃「知命」：近陳立夫先生人理學研究謂命字的廣義，實指趨勢而言，過去種如何之因，今日即得如何之果，此謂為命，不僅不迷信，且極合乎理則學的道理。算命者先了解一般人事變化的通則，再根據當事人過去的所作所為，而判定此人未來的禍福吉凶，表面視之似甚玄虛，實則亦有科學的根據。滿清末年，內則政治腐敗，外則列強覬覦，國勢陵夷，人心思變。國父默察此一趨勢，一出而領導革命，全國志士雲集影從，民國的建立，中華的再造，實為必然的結果。國父曾說：「事有順乎天理，應乎人情，適乎世界之潮流，合乎人羣之需要，而為先知先覺所決定行之者，則斷無不成者也。」此言可謂「知命」的最佳解釋。若縮小其範圍，則一家的盛衰，個人的成敗，莫不有其一定的因果，必然的趨勢。所以孔子說：「不知命，無以為君子也。」就本文而言，晏子對於當時的趨勢及崔杼的為人，已看得清楚，以義為之決而安處之，故可謂知命矣。㊄高注「蹈義就死，未必死也，故曰就之未得。苟從不義以去死求生，未必生，故曰去之未失也。」

【今譯】　晏子與崔杼盟誓，盟辭是「不與崔氏而與公孫氏者受其不祥。」晏子俯而飲血，仰而呼天說：「不與公孫氏而與崔氏者，受此不祥。」崔杼不高興，以矛指其胸，戟鉤其頸，告訴晏子說：「你改變你的誓辭，那麼我和你共有齊國；如不改變，那你現在就完了。」晏子說：「崔子，你難道不知道那詩句嗎？詩句說：莫莫葛藟，延於條枚，凱弟君子，求福不回。嬰豈可有違正道而求福呢？你考慮罷了！」崔杼說：「這是賢者，不可殺。」放下矛戟而去。晏子抓著繩子上車，他的僕人要快跑，晏子撫著僕人的手說：「不要慌，不要失了節制，快不一定就活，慢不一定就死，麋鹿生在山中，而生命懸掛在廚中，現在我的生命亦已有所懸了。」晏子可以說是知命了。所謂命是不知其所以然而然的，人事智巧所安排的，是沒有關係的，所以蹈義就死未必得死，不義求生未必得生。國士知道這些道理，所以凡事用義來決定，而安心處之。

白圭問於鄒公子夏后啟曰㈠：「踐繩之節，四上之志，三晉之事，此天下之豪英㈡，以處於晉，而迭聞晉事，未嘗聞踐繩之節，四上之志，願得而聞之。」夏后啟曰：「鄙人也，焉足以問。」白圭曰：「願公子之毋讓也。」夏后啟曰：「以為可為故為之，為之天下弗能禁矣，以為不可為故釋之，釋之天下弗能使矣。」白圭曰：「利弗能使乎？威弗能禁乎？」夏后啟曰：「生不足以使之，則利曷足以使之矣，死不足以禁之，則害曷足以禁之矣㈢。」白圭無以應。夏后啟辭而出。凡使賢不肖異，使不肖以賞罰，使賢以義。故賢主之使其下也必義，審賞罰，然後賢不肖盡為用矣。

【今註】㈠白圭已見上聽言、不屈、先識各篇。夏后啟是鄒公子之名。㈡「四上之志」：高注「踐繩之節，正直也。四上謂君也，卿大夫士與君為四，四者之中，君處其上，故曰四上之志。晉之三卿韓魏趙氏，皆以豪英之才，專制晉國，三分之為諸侯，卒皆稱王，故曰三晉之事。」許釋引俞樾平議「高說四上，義甚迂迴，且下文所言，亦非君之志也。四上疑當作匹士，皆字之譌耳。」尹校引文廷式說謂楚辭大招、四上競氣，王逸注，四上謂上四國，代秦鄭衛也，則四上猶云以上四者耳。此四上前固無承，然就志字言，當亦踐繩之類。」按各注皆非，士為士農工商四民之上，故曰四上，儒家認為士是衛道者，有正人心而維世道之志，故曰四上之志。㊂高注「生重利輕，言令必生猶不可以使也，但以所利諭之，何足以使之。死重害輕，言為義者雖死為之，故曰不足以禁之；死且猶弗禁，何況害也，何足以禁之也。」

【今譯】　白圭問鄒公子夏后啟說：「正直的節操，賢士的志趣，三晉的事功，這些都是天下的英豪。因為久居晉國，已屢聞三晉之事，可是未曾聽到有正直的節操和賢士的志趣，希望你賜教。」夏后啟說：「我是鄙陋的人，何足以問。」白圭說：「希望公子不要客氣。」夏后啟說：「認為可為，故為之，為之，天下不能禁止了；認為不可為，故捨而不為，捨而不為，天下不能使用了。」白圭說：「利不能使用嗎？威不能禁止嗎？」夏后啟說：「保障生命不足以使用之，那麼利何足以使用呢？死不足以禁止之，那麼害何足以禁止呢？」白圭無可答應。夏后啟遂辭別而去。大凡使用賢者與不肖者有異，使用不肖的可用賞罰，使用賢士必須以義，所以賢主的使用臣下必以義理，亦必審慎賞罰，然後賢不肖都為己用了。

四曰召類

【今註】本篇言得失治亂、榮辱禍福，皆以類相召，得賢則治，治則為榮為福；失賢則亂，亂則為辱為禍。所舉事例，宋有司馬子罕，得免楚國的攻伐；衞得多賢，使趙簡子按兵而不動。所以說：「故割地寶器戈劍，卑辭屈服，不足以止攻，唯治為足；治則為利者不攻矣，為名者不伐矣。」又說：「治而攻之，不祥莫大焉；亂而弗討，害民莫長焉，此治亂之化也。……聖人不能為時，而能以事適時，事適於時者其功大。」

類同相召，氣同則合，聲比則應，故鼓宮而宮應，鼓角而角動，以龍致雨，以形逐影㈠，禍福之所自來，眾人以為命焉，不知其所由㈡，故國亂非獨亂，有必召寇，獨亂未必亡也，召寇則無以存矣。凡兵之用也，用於利，用於義。攻亂則服，服則攻者利；攻亂則義，義則攻者榮；榮且利，中主猶且為之，有況於賢主乎？故割地寶器戈劍，卑辭屈服，不足以止攻，唯治為足。治則為利者不攻矣，為名者不伐矣，凡人之攻伐也，非為利則固為名也，名實不得，國雖彊大，則無為攻矣㈢。

【今註】㊀類同相召數句，已見上應同篇註。㊁許釋引陳昌齊王念孫說，認為應同篇作「眾人以為命，安知其所？」此處「焉不知其所由」疑不字由字衍。尹校則據王叔岷校補刪不字。按各說均不可取，此應讀作「眾人以為命焉，不知其所由。」意義明白而肯定，不必與應同篇相同。㊂高注不明，許釋引吳先生說：謂不得名實，國雖強大，有戰勝攻取之具，亦不欲妄攻人國也。尹校據應同篇改無為曷。按吳說是。

【今譯】類相同則相召，氣相同則相合，聲相比則相應，所以擊大宮而小宮應，擊大角而小角動，以龍致雨，以形逐影，禍福的來臨必有所自，眾人都認為這是命運，而不知其所由來。所以國亂非獨亂，又必召寇，獨亂未必亡國，召寇則無以存在了。大凡兵的使用，是用於有利可圖，用於有義可取。攻亂則敵服，敵服則攻者可得利；攻亂則合於義，合於義則攻者可得榮名；榮而且利，中等的君主尚且會做，又何況於賢主呢？所以割地寶器戈劍，卑辭屈服，不足以使人不攻，惟有國治足以使人不攻。因為國治則為利者不攻了，為名者不伐了。大概用兵攻伐不是為利，便是為名，如果名實都不可得，那麼國雖強大而有戰勝攻取的可能，亦不要從事攻伐了。

兵所自來者久矣，堯戰於丹水之浦，以服南蠻㊀，舜卻苗民，更易其俗，禹攻曹魏屈驁有扈，以行其教㊁。三王以上，固皆用兵也，亂則用，治則止。治而攻之，不祥莫大焉，亂而弗討，害民莫長焉，此治亂之化也，文武之所由起也。文者愛之徵也，武者惡之表也，愛惡循義，文武有常，聖人之元也。譬之若寒暑之序，時至而事生之，聖人不能為時，而能以事適時，事適於時者其功大。

【今註】㈠丹水即丹江，入漢水，在今河南淅川縣境內，沿岸已發現新石器時代的文化遺址。堯伐驩兜，與戰於丹水。㈡各地名已無從稽考，許釋引梁履繩馬敘倫說亦未明。

【今譯】兵的由來已經很久了，堯戰於丹水的水邊，以服南蠻，舜伐苗民而改變其習俗，禹攻曹魏、屈驁、有扈，以推行教化。三王以上，實在都曾用兵，亂則用，治則止。治而攻之，便是最不祥的事，亂而弗討，是最害民的事；這就是治亂的變化，也是文事武功的所由起。文者是愛的象徵，武者是惡的表示，愛惡依循義理，文武自有常用，這是聖人為治之寶。譬如寒暑的次序，時候到而成為寒或暑，聖人不能造時，而能以事適應時，事能適得其時，則事成而功大。

士尹池為荊使於宋，司城子罕觴之㈠。南家之牆犨於前而不直㈡，西家之潦徑其宮而不止，士尹池問其故。司馬子罕曰：「南家工人也，為鞔者也㈢，吾將徙之，其父曰：吾恃為鞔以食三世矣，今徙之，是宋國之求鞔者不知吾處也，吾將不食，願相國之憂吾不食也。為是故，吾弗徙也。西家高，吾宮庳，潦之經吾宮也利，故弗禁也。」士尹池歸荊，荊王適興兵而攻宋，士尹池諫於荊王曰：「宋不可攻也，其主賢，其相仁，賢者能得民，仁者能用人，荊國攻之，其無功而為天下笑乎？」故釋宋而攻鄭。孔子聞之曰：「夫脩之於廟堂之上，而折衝乎千里之外者，其司城子罕之謂乎？」宋在三大萬乘之閒㊃，子罕之時，無所相侵，邊境四益，相平公、元公、景公，以終其身，其唯仁且節與？故仁節之為功大矣。故明堂茅茨蒿柱㊄，土階三等，以見節儉。

【今註】㊀司城即司空，宋武公名司空，故改稱司城。子罕是樂喜，為春秋時宋賢臣，孔子贊其仁節。㊁犨（ㄔㄡ）是突出之意。㊂鞔（ㄇㄢˊ）高注「履也」。畢校引說文為「履空」，徐鍇注為「履殼」。段玉裁謂即「鞵幫」。㊃高注「南有楚，北有晉，東有齊，故曰三大萬乘之閒。」㊄茅茨是以茅葦蓋屋，蒿柱是以蒿稈做柱子，極言其簡陋節儉。

【今譯】士尹池為楚聘於宋，司城子罕在家裏宴請他。他看見子罕的住宅，南家鄰居的牆垣突出於前而不直，西家的溝水流經子罕宅內而不止，就問子罕為什麼這樣的？司城子罕說：「南家是做鞋的工人，我要他遷移，他的父親說：我們靠做鞋謀生已經三代了，如果遷到別處，從此宋國買鞋的人不知道我們的地址，那麼我們的鞋賣不了，便無以謀生，希望相國顧慮到我們的生活。因此，我就不要他遷移了。至於西家地高，我家地卑，水流經過我家是順利的，所以不予禁止。」士尹池回到楚國，楚王正要起兵攻宋，士尹池諫阻楚王說：「宋不可攻，其主賢，其相仁。賢者能得民心，仁者能用民力，楚國攻宋，恐怕不會成功，為天下人所笑。」於是捨棄了宋國而攻鄭國。孔子聽到這件事，說：「脩理政事於廟堂之上，而折還衝車於千里之外，這就是說司城子罕嗎？」宋在三大國之間，當子罕為相時，無有侵伐，四境平靜，歷相平公、元公、景公三世以終其身，不是由於仁愛而節儉嗎？仁愛節儉的功效可謂很大了。所以周時明堂茅茨蒿柱，土階三級，以表示節儉。

趙簡子將襲衛，使史默往睹之。期以一月，六月而後反，趙簡子曰：「何其久也？」史默曰：「謀利而得害，猶弗察也。今蘧伯玉為相，史鰌佐焉㈠，孔子為客，子貢使令於君前甚聽。易曰：渙其羣元，吉。渙者賢也，羣者眾也，元者吉之始也。渙其羣元者，其佐多賢也㈡。」趙簡子按兵而不動。凡謀者疑也，疑則從義，斷事從義，斷事則謀不虧，謀不虧則名實從之，賢主之舉也，豈必旗僨將斃而乃知勝敗哉？察其理而得失榮辱定矣。故三代之所貴，無若賢也。

【今註】㊀蘧伯玉、史鰌都是衛國賢大夫。論語衛靈公篇「子曰：直哉史魚，邦有道如矢，邦無道如矢。君子哉蘧伯玉，邦有道則仕，邦無道則可卷而懷之。」史魚即史鰌（ㄑㄧㄡ）。㊁高注「謂孔子子貢之客也。吳公子札適衛，說蘧伯玉、史鰌、公子荊、公叔發、公子朝曰：衛多君子，未有患也。故曰其佐多賢也。」易渙卦六四、渙其羣之象是同類相應，人才並進，故大善大吉。

【今譯】趙簡子將要襲攻衛國，使史默先往觀察情勢，約期一個月，過了六個月纔回來，趙簡子說：「為什麼這樣長久？」史默說：「謀利而得害，還有所未知呀！現在蘧伯玉為相，史鰌輔佐，孔子在衛為客，子貢在衛君面前也頗得信任。易經上說：『渙其羣，元吉』。渙是賢者能結合渙散的人心，羣是眾多，元是吉的開始，渙其羣元吉者是其輔佐多賢的意思。」趙簡子於是按兵不動。大凡謀慮必有所疑，疑則以義斷事，以義斷事則謀不虧，謀不虧則名實都得其利。賢主的行事，豈必軍旗敗壞、將帥死亡，纔知道勝負呢？審察事理就可決定得失榮辱了。所以三代所尊貴的，沒有如同賢者。

五曰達鬱

【今註】治身與治國同理，是本書說明修齊治平的一貫意義，本篇是以人體比喻為政，人體鬱則病，國政鬱則亂。並引召公諫厲王止謗事為證，所以說：「國亦有鬱，生德不通，民欲不達，此國之鬱也。國鬱處久，則百惡並起，而萬災叢至矣。上下相忍也。由此出矣，故聖王之貴豪士與忠臣也，為其敢直言而決鬱塞也。」其要旨仍為尚賢，如管仲的矯正齊桓公，尹鐸的諫阻趙簡子，都是能直言以達鬱塞的效果。所以人主要能儘量納諫，以便得知自己過失而補其不足；以現代言，就是政府要儘量採納輿論，尊重民意。

凡人三百六十節、九竅、五藏、六府，肌膚欲其比也，血脈欲其通也，筋骨欲其固也，心志欲其和也，精氣欲其行也㈠，若此則病無所居，而惡無由生矣。病之留、惡之生也，精氣鬱也㈡。故水鬱則為汙，樹鬱則為蠹，草鬱則為蕢㈢。國亦有鬱，生德不通㈣，民欲不達，此國之鬱也。國鬱處久，則百惡竝起，而萬災叢至矣，上下之相忍也，由此出矣。故聖王之貴豪士與忠臣也，為其敢直言而決鬱塞也。

【今註】㈠靈樞九鍼十二原篇「節者神氣所遊行出入也，非皮肉筋骨也。」本藏篇「人之血氣精神者，所以奉生而周於性命者也；經脈者所以行血氣而營陰陽、濡筋骨、利關節者也；衞氣者所以溫分肉、充皮膚、肥腠理、司開闔者也；志意者所以御精神、收魂魄、適寒溫、和喜怒者也。是故血和則經脈流行，營覆陰陽，筋骨強勁，關節清利矣；衞氣和則分肉解利，皮膚調柔，腠理緻密矣；志意和則精神專直，魂魄不散，悔怒不起，五藏不受邪矣；寒溫和則六府化穀，風痺不作，經脈通利，肢節得安矣；此人之常平也。」「五藏者所以藏精神血氣魂魄者也，六府者所以化水穀而行津液者也。」故曰肌膚欲其比也，血脈欲其通也，筋骨欲其固也，心志欲其和也，精氣欲其行也。㈡「精氣」：靈樞決氣篇「兩神相搏，合而成形，常先身生，是謂精。上焦開發，宣五穀味，薰膚充身澤毛，若霧露之溉，是謂氣。」鬱，高注「鬱滯不通也。」中醫有五鬱治法，即素問六元正紀大論所謂「木鬱達之，火鬱發之，土鬱奪之，金鬱泄之，水鬱折之。」要為吐瀉升散以調其氣，故上文曰精氣欲其行也。㈢蕢（ㄎㄨㄟˋ）畢校謂蕢疑為菑，爾雅，木立死曰菑（ㄗˋ）。㈣生德，畢校疑主德，許釋尹校均據改。

【今譯】大凡人體有三百六十節、九竅、五藏、六府，肌膚要緻密，血脈要流通，筋骨要堅固，心志要調和，精氣要通行；如此則百病無所居留，而惡疾無從發生了。病之留、惡之生，是由於精氣鬱滯不通。所以水鬱則成為汙臭，樹鬱則生蠹蟲，草鬱則荒穢而枯。國家亦有鬱，主德鬱塞不通，民意不能上達，這就是國家之鬱。國家之鬱為時過久，則百惡並起，萬災叢生了，上下不相親愛，從此發生了。所以聖王尊貴豪士和忠臣，因為他們敢於真言，可以打通人主的鬱塞。

周厲王虐民，國人皆謗㈠，召公以告曰：「民不堪命矣。」王

使衛巫監謗者，得則殺之，國莫敢言，道路以目。王喜，以告召公曰：「吾能弭謗矣。」召公曰：「是障之也，非弭之也。防民之口，甚於防川，川壅而潰，敗人必多，夫民猶是也，是故治川者決之使導，治民者宣之使言。是故天子聽政，使公卿列士正諫，好學博聞獻詩，矇箴師誦㊁，庶人傳語㊂，近臣盡規，親戚補察，而後王斟酌焉，是以下無遺善，上無過舉。今王塞下之口，而遂上之過，恐為社稷憂。」王弗聽也，三年，國人流王於彘，此鬱之敗也。鬱者不陽也，周鼎著鼠，令馬履之，為其不陽也，不陽者亡國之俗也㊃。

【今註】 ㊀國語「厲王說榮夷公，芮良夫曰：王室其將卑乎？夫榮公好專利而不知大難，若用，周必敗。及後榮公為卿士，諸侯不享，王流於彘。」按厲王流於彘，實已在位三十七年（西元前八四二）又共和十四年，厲王死於彘。是厲王虐民，是由晚年用榮夷公之故。㊁畢校引國語云，使公卿至於列士獻詩，瞽獻曲，史獻書，師箴瞍賦，矇誦，百工諫。按瞽師瞍矇都是目不見。㊂庶人無官，不得見王，故傳語，傳語猶今言建議。㊃不陽是陰暗而不宣揚。

【今譯】 周厲王暴虐人民，國人都怨恨誹謗，召公告訴王說：「人民不能生活了。」王使衞巫監視謗者，得到便殺，於是國內沒有人敢說話，在路上遇見時衹以目相視。王很高興，告訴召公說：「我能夠止謗了。」召公說：「這是堵塞，不是弭止。堵塞人民的嘴巴比之堵塞河川還厲害，河川崩潰，害人必多，人民的嘴巴亦是如此。所以治水的一定要疏導流通，治民的一定要宣之使言。所以天子聽政，使公卿列士正面諫阻，好學博聞的人獻詩，矇師箴瞍朗誦，庶人建議，近臣規諫，親戚補助審察，而後天子加以斟酌採納。因此，下情得以上達，人主沒有過失。現在君王堵塞下民的嘴吧，彌縫自己的過失，恐怕成為國家社稷的憂患。」厲王不聽，過了三年，國人為亂，流放厲王於彘地，這就是鬱塞的敗事。所謂鬱塞是陰暗而不見陽光，周鼎上刻有老鼠，使馬踐踏著，因為老鼠是久居暗處而不見陽光的，不見陽光者是亡國的陋俗。

管仲觴桓公，日暮矣，桓公樂之，而徵燭，管仲曰：「臣卜其晝，未卜其夜，君可以出矣。」公不說曰：「仲父年老矣，寡人與仲父為樂將幾之㈠，請夜之。」管仲曰：「君過矣，夫厚於味者薄於德，沈於樂者反於憂㈡，壯而怠則失時，老而解則無名㈢，臣乃今將為君勉之，若何其沈於酒也？」管仲可謂能立行矣。凡行之墮也於樂，今樂而益飭，行之壞也於貴㈣，今主欲留而不許，伸志行理，貴樂弗為變，以事其主，此桓公之所以霸也㈤。

【今註】㈠幾之，畢校疑是幾何。許釋引王念孫說謂之疑當讀為時，古字時與之通。又俞樾說「幾與既通，周易歸妹六五、中孚六四、月幾望，釋文並曰，荀本幾作既。既之言終也，將既之者，將終之也。」按畢校意是。㈡許釋引孫人和說謂管子中匡篇作「沈於樂者洽於憂，厚於味者薄於行。」御覽引子思子曰「緊於樂者重於憂，厚於味者薄於行。」疑德當作行。㈢解，許釋與懈通。無名，高注「無善終之名。」㈣逸豫可以亡身，故曰行之墮也於樂；貴則驕恣，故曰行之壞也於貴。㈤畢校謂管子中匡篇所載略同，說苑反質篇以為景公晏子事。

【今譯】管仲請桓公宴飲，天晚了，桓公以此為樂，要來火燭，管仲說：「臣卜其晝，未卜其夜，君可以休息了。」公不高興的說：「仲父年老了，寡人和仲父共相娛樂還能多少，請繼續夜飲。」管仲說：「君錯了，厚於味者薄於德，沈於樂者反於憂，壯年怠惰則失立業之時，老年懈弛則無善終之名；臣現在將要為君勉勵，怎麼可以沈湎於酒呢？」管仲可以說能立定行為的標準了。大凡行為的墮落多由於酣樂，現在樂而益正；行為的敗壞多由於貴而驕，現在人主要留而不許，伸其意志行以理義，不為貴樂而改變，以此奉事其主，這就是桓公的所以成就霸業。

列精子高聽行乎齊湣王㈠，善衣東布衣，白縞冠，顙推之履，特會朝雨，袪步堂下㈡，謂其侍者曰：「我何若？」侍者曰：「公姣且麗。」列精子高因步而窺於井，粲然惡丈夫之狀也，喟然歎曰：「侍者為吾聽行於齊王也，夫何阿哉？又況於所聽行乎萬乘之主？人之阿之亦甚矣。而無所鏡其殘，亡無日矣㈢。孰當可而鏡，其唯士乎？」人皆知說鏡之明己也，而惡士之明己也，鏡之明己也功細，士之明己也功大，得其細，失其大，不知類耳。

【今註】㈠列精子高，高注「六國時賢人也。聽行，其德行見敬於齊王也。」㈡此數語頗不易曉，高注、畢校、許釋、尹校均未甚明。按陳昌齊說「疑善為嘗之訛」，許釋引「墨子兼愛下云，晉國之士，大布之衣，練帛之冠，且苴之履。此云顙推之履，即彼云且苴之履，高訓弊履，殆亦指粗惡言，其名狀謂顙推，亦通。下文謂窺於井粲然惡丈夫狀，知其衣冠履及袪（ㄑㄩ）步，皆為醜狀。」並謂東布衣亦見離俗篇。此言列精子高「嘗衣東布衣、白縞冠、顙推之履」，其義甚明。下文特會朝雨袪步堂下句，特會是適值，朝雨是早晨下雨，袪是舉袖，因朝雨故堂下之地尚溼，故以手舉袖而步堂下，其義亦通。尹校改原文為「著東布衣：白縞冠，顙推之履，將會朝，而袪步堂下」，似非是。

㈢鏡是照見。

【今譯】　列精子高見敬於齊湣王，有一天，他穿著東布衣，白縞冠，顙推之履，適值早晨下雨，於是舉袖而步於堂下，對他的侍者說：「我怎麼樣？」侍者說：「公英俊而美麗。」列精子高因而走到井邊窺視，很明顯的是醜惡的樣子，於是慨歎的說：「侍者因為我見敬於齊王吧，為什麼要阿諛呢？又況乎見敬於萬乘之主，那麼人們的阿諛亦要更多了，然而人主無從照見其殘暴，不久要滅亡了。誰當可以為照見之鏡，恐怕祇有賢士吧！」一般的人都喜愛用鏡子照見自己，而厭惡賢士的指明自己的缺點。鏡子的照見自己，功效很小，賢士的指明缺點，功效很大，得其小而失其大，是不知事物的類別而已。

趙簡子曰：「厥也愛我，鐸也不愛我㊀。厥之諫我也，必於無人之所；鐸之諫我也，喜質我於人中，必使我醜。」尹鐸對曰：「厥也愛君之醜也，而不愛君之過也；鐸也愛君之過也，而不愛君之醜也。臣嘗聞相人於師，敦顏而土色者忍醜，不質君於人中，恐君之不變也。」此簡子之賢也，人主賢，則人臣之言刻。簡子不賢，鐸也卒不居趙地，有況乎在簡子之側哉？

【今註】　㊀趙厥、尹鐸都是趙簡子的家臣。尹鐸又見似順篇。

【今譯】　趙簡子說：「厥愛我，鐸不愛我。因為厥的諫我，必於無人之處；鐸的諫我，喜歡於眾人之中質問我，必使我恥辱。」尹鐸對答說：「厥是愛惜君的恥辱。而不愛惜君的過失；鐸是愛惜君的過失，而不愛惜君的恥辱。臣曾經聽過相術於老師，大凡厚顏而土色的人能忍恥辱，不在眾人之中質問君，恐怕君不會改變呀。」這是簡子的賢明，人主賢明則人臣的諫言深刻。簡子如果不賢，尹鐸亦終不會留在趙地，又何況在簡子的左右呢？

六曰行論

【今註】行論是論述人主的行事。人主的行事必須顧及國家的安全及人民的福利，與一般人不同，勢不便，時不利，則事仇以求存，亦所不計。本篇舉禹的事舜，文王的事紂兩事為證；越王句踐困於會稽，屈身事吳以求存，更為明顯的事實。勢便時利，亦不可自驕而輕人，自驕輕人，如齊湣王的待燕昭王，終為燕所敗亡；楚莊王的圍宋，以義進退而成霸業，而燕昭王宋昭公亦是事仇以求存。

人主之行與布衣異㊀。勢不便，時不利，事讎以求存，執民之命。執民之命，重任也，不得以快志為故㊁。故布衣行此，指於國，不容鄉曲㊂。

【今註】㊀布衣是古時指無官職的人士。㊁故，高注「事也。」不得以快志為事，即必須事讎以求存。㊂故，許釋引陶鴻慶說謂：「布衣上故字不當有。上文言人主事讎求存，執民之命；此言布衣若行此指，則不容鄉曲矣；正見人主之行與布衣異也。」尹校據刪。按陶說非是，古書虛字集釋訓故猶「若」也，陶謂布衣若行此指，則可知故字非衍。又尹校據范耕研補注以布衣行此為句，指於國為句，謂布衣若事讎求存，則為國人所指斥也。按范說是，因為布衣之人何能行此志於國。

【今譯】人主的行事與布衣之士不同，形勢不便，時機不利，不得已屈身事仇以求生存，以維護人民的生命；維護人民的生命是重大的責任，不得以快志為事。若布衣之士如此行事，將為國人所指斥，不容於鄉里了。

堯以天下讓舜，鮌為諸侯㊀，怒於堯曰：「得天之道者為帝，得地之道者為三公，今我得地之道，而不以我為三公。」以堯為失論，欲得三公，怒甚猛獸，欲以為亂㊁。比獸之角，能以為城，舉其尾能以為旌，召之不來，仿佯於野以患帝㊂。舜於是殛之於羽山，副之以吳刀㊃。禹不敢怨，而反事之，官為司空，以通水潦，顏色黎黑，步不相過，竅氣不通，以中帝心㊄。

【今註】㊀鮌應作鯀（ㄍㄨㄣˇ），是禹之父，堯時治水九年不成。㊁「怒甚猛獸」，許釋引王念孫說，謂「論衡率性篇作怒其猛獸，當從之。」尹校據改。按孟子「當堯之時，天下猶未平：洪水橫流，氾濫於天下；草木暢茂，禽獸繁殖，五穀不登；禽獸偪人，獸蹄鳥跡之道交於中國。」可知其時禽獸繁殖偪人，故鮌利用猛獸為亂。㊂仿佯即彷（ㄆㄤˊ）徉（ㄧㄤˊ），是來去不定。㊃殛（ㄐㄧˊ）是誅殺，羽山，高注「東極之山」。副，許釋「判也」，與疈同，周禮大宗伯鄭注「疈牲胸也。」此言以吳刀解剖其腹。開春論作堯殛鮌而舜而禹。㊄「步不相過」是快步行走，左足前而右足即隨舉，右足前則左足即隨舉，故不相過。竅是人身的九竅，因過於忙碌勤勞，以致竅氣不通，靈樞脈度篇「五藏不和，則七竅不通。」此言禹治水的勞苦以取得舜的歡心。

【今譯】 堯以天下讓舜，鮌是諸侯，對堯發怒說：「得天之道的人可以為帝，得地之道的人可以為三公，現在我得地之道，而不用我為三公。」他認為堯的處置失理，因為希望得到三公，就激怒其猛獸，將要作亂，排比獸角可作為城垣，舉起獸尾可作為旌旗；舜召他也不回來，在曠野中來去不定，為帝禍患。舜於是殛鮌於羽山，用吳刀剖其腹。鮌之子禹不敢怨恨，而反事舜，官為司空，負責治理洪水，顏色黎黑，步行快速，竅氣不通，這樣的勤勞，乃得舜的歡心。

昔者紂為無道，殺梅伯而醢之，殺鬼侯而脯之，以禮諸侯於廟㊀，文王流涕而咨之。紂恐其畔，欲殺文王而滅周，文王曰：「父雖無道，子敢不事父乎？君雖不惠，臣敢不事君乎？孰王而可畔也？」紂乃赦之。天下聞之，以文王為畏上而哀下也。

詩曰：惟此文王，小心翼翼，昭事上帝，聿懷多福㈡。

【今註】㈠醢是肉醬，脯是乾肉。梅伯鬼侯都是紂的諸侯，梅伯對紂說鬼侯的女兒美麗，請紂娶她；可是紂聽妲己的話，以為不美，因醢梅伯而脯鬼侯，而且用這醢和脯宴請諸侯於廟中。㈡詩是詩經大雅大明的第三章，是說文王小心翼翼，服事紂王，所以轉禍為福。

【今譯】從前紂王暴虐無道，殺梅伯而剁為肉醬，殺鬼侯而曬為乾肉，而且還用這肉醬乾肉宴請諸侯於廟中。文王因此而流涕嗟歎，紂怕文王背叛，又要殺文王而滅周國，文王說：「父親雖然無道，兒子敢不事父嗎？人君雖然不惠，臣下敢不事君嗎？那有可以背叛帝王呢？」紂乃放了他。天下人聽到此事，以為文王畏怕君上而哀矜下民。詩經上說：祇有文王，小心翼翼，服事紂王，所以得到多福。

齊攻宋，燕王使張魁將燕兵以從焉，齊王殺之。燕王聞之，泣數行而下，召有司而告之曰：「余興事而齊殺我使，請令舉兵以攻齊也。」使受命矣，凡繇進見爭之曰：「賢王故願為臣，今王非賢主也，願辭不為臣。」昭王曰：「是何也？」對曰：「松下亂，先君以不安棄羣臣也，王苦痛之而事齊者，力不足也㈠。今魁死而王攻齊，是視魁而賢於先君。」王曰：「諾。」

請王止兵，王曰：「然則若何？」凡繇對曰：「請王縞素辟舍於郊，遣使於齊客而謝焉，曰：此盡寡人之罪也。大王賢主也，豈盡殺諸侯之使者哉？然而燕之使者獨死，此弊邑之擇人不謹也。願得變更請罪。」使者行至齊，齊王方大飲，左右官實御者甚眾，因令使者進報。使者報言燕王之甚恐懼而請罪也，畢又復之，以矜左右官實㈡。因乃發小使以反令燕王復舍。此濟上之所以敗，齊國以虛也，七十城，微田單固幾不反㈢。湣王以大齊驕而殘，田單以即墨城而立功。詩曰：將欲毀之，必重累之，將欲踣之，必高舉之，其此之謂乎㈣？累矣而不毀，舉矣而不踣，其唯有道者乎！

【今註】㈠昭王之父子噲讓國子之，燕國亂，齊宣王伐燕，敗燕軍於松下，虜子噲。㈡「官實」：高注「官長也。」許釋謂左宣十二年傳，在軍，無日不討軍實而申儆之。軍實指士卒言，官實指僚屬言。㈢周赧王三十一年（西元前二八四），燕昭王使樂毅伐齊，敗齊湣王軍於濟上，得齊七十城。湣王逃衞，為其臣淖齒所殺。後田單率即墨市民大破燕軍，復齊國。㈣詩，高注為逸詩，按老子「將欲噏之，必固張之；將欲弱之，必固強之；將欲廢之，必固興之；將欲奪之，必固與之。」與此同。

惟有道者能滿而不溢，高而不危。

【今譯】齊國攻伐宋國，燕王使張魁率領燕兵參加，齊王殺張魁，燕王聽到這個消息，涙數行下，召集有司對他們說：「我派兵參與伐宋，而齊國殺了我所使的人，請舉兵攻齊。」使者已受命了，凡繇進見燕王諫阻說：「我以為王是賢王，所以願意為臣，現在看來，王並非賢王，我要辭去了。」昭王說：「這是為什麼？」對答說：「松下之亂，先君不安其位而離棄羣臣，王為此苦痛，不得已而事齊，是為的力量不夠。現在張魁被殺而王要攻齊，這是看張魁重於先君。」王說：「對的。」凡繇請王停止出兵，王說：「那怎麼辦呢？」凡繇對答說：「請王穿著縞素的衣服避居郊外；遣使於齊道歉說：『這都是寡人的罪，大王是賢主，難道盡殺諸侯的使者嗎？然而燕國使者獨死，這是敝國的擇人不謹，願意更改請罪。』」使者到了齊國，齊王正大舉宴飲，左右官長及侍御參加的人很多，因令使者進來報告。使者報告燕王的恐懼請罪，報告完畢，又使再說，以矜誇於左右官長，於是乃遣小使去使燕王復舍。這就是濟上的所以失敗，齊國因而成為廢墟的七十城，如果沒有田單幾乎不能復國。湣王以齊國之大，因驕傲而敗殘，田單以即墨一城而立功復國，所以古詩有說：將欲毀之，必重累之；將欲踣之，必高舉之，就是這個意思吧！重累而不毀，高舉而不踣，那衹是有道者麼！

楚莊王使文無畏於齊，過於宋不先假道，還反，華元言於宋昭公曰：「往不假道，來不假道，是以宋為野鄙也。楚之會田也，故鞭君之僕於孟諸，請誅之。」乃殺文無畏於揚梁之隄。莊王方削袂，聞之，曰：「嘻！」投袂而起，履及諸庭，劍及諸門，車及之蒲疏之市，遂舍於郊。興師圍宋九月㈠，宋人易子而食之，析骨而爨之，宋公肉袒執犧，委服告病，曰：「大國若宥圖之，唯命是聽。」莊王曰：「情矣，宋公之言也。」乃為郤四十里，而舍於盧門之闔，所以為成而歸也㈡。凡事之本在人主，人主之患在先事而簡人，簡人則事窮矣。今人臣死而不當，親帥士民以討其故，可謂不簡人矣，宋公服以病告而還師，可謂不窮矣。夫舍諸侯於漢陽，而飲至者，其以義進退邪，彊不足以成此也㈢。

【今註】㈠左宣十四年傳「楚子使申舟（即文無畏）聘於齊，曰：『無假道於宋』。亦使公子馮聘於晉，不假道於鄭。申舟以孟諸之役惡宋，（左文十年事）曰：『鄭昭宋聾，晉使不害，我則必死。』王曰：『殺女，我伐之。』見犀（以子犀託王）而行。及宋，宋人止之。華元曰：『過宋而不假道，鄙我也，鄙我，亡也。殺其死者，必伐我，伐我，亦亡也。亡，一也。』乃殺之。楚子聞之，投袂而起，屨及於窒皇，劍及於寢門之外，車及於蒲胥之市。秋九月，楚子圍宋。」假道猶如現在的過境簽證。揚梁是宋地。袂是衣袖，古人衣袖長，工作時捲袖，閒居時落袖，此言削袂，正是閒居落袖，投袂是怒時拂袖。畢校謂「削，裁也。投袂，投其所削之袂也。」非是。又屨及、劍及、車及的及，許釋謂「及者追及之也。謂莊王興師之速，急遽而走，未納屨，未帶劍，未乘車。屨人奉屨，追及於庭，劍人進劍，追及於門，車人駕車，追及於蒲疏之市。」㈡楚與宋和，實為司馬子反事。春秋繁露竹林篇「司馬子反為其君使，廢君命，與敵情，從其所請與宋平。是內專政而外擅名也，專政則輕君，擅名則不臣，而春秋大之，奚由哉？曰，為其有慘怛之恩，不忍餓一國之民使之相食，推恩者遠之而大，為仁者自然而美。今子反出己之心，矜宋之民，無計其間，故大之也。」公羊傳「莊子圍宋，軍有七日之糧爾，盡此不勝，將去而歸爾。於是使司馬子反乘堙而窺宋城，宋華元亦乘堙而出見之。司馬子反曰：『子之國何如？』華元曰：『憊矣！』曰：『何如？』曰：『易子而食之，析骸而炊之。』司馬子反曰：『嘻！甚矣憊！雖然，吾聞之也，圍者拑馬而秣之，使肥者應客，是何子之情也？』華元曰：『吾聞之，君子見人之厄則矜之，小人見人之厄則幸之。吾見子之君子也，是以告情於子也。』司馬子反曰：『諾，勉之矣！吾軍亦有七日之糧爾，盡此不勝，將去而歸爾。』揖而去之。反於莊王，莊王曰：『何如？』司馬子反曰：『憊矣！』曰：『何如？』曰：『易子而食之，析骸而炊之。』莊王曰：『嘻！甚矣憊！雖然，吾今取此，然後而歸爾。』司馬子反曰：『不可，臣已告之矣，軍有七日之糧爾。』莊王怒曰：『吾使子往視之，子曷為告之？』司馬子反曰：『以區區之宋，猶有不欺人之臣，可以楚而無乎？是以告之也。』莊王曰：『諾，舍而止。雖然，吾猶取此，然後歸爾。』司馬子反曰：『然則君請處於此，臣請歸爾。』莊王曰：『子去我而歸，吾孰與處於此，吾亦從子而歸爾。』引師而去之。」左傳則謂「宋使華元夜入楚師，登子反之牀，起之曰：『寡君使元以病告，曰：敝邑易子而食，析骸以爨，雖然，城下之盟，有以國斃，不能從也。去我三十里，唯命是聽。』子反懼，與之盟而告王，退三十里，宋及楚平。華元為質，盟曰：『我無爾詐，爾無我虞』。」盧門是宋城門，闔是門扉，仲春紀「乃修闔扇。」㊂「簡人」是指對文無畏而言。「舍諸侯」：畢校疑舍為合之誤，尹校據改。按舍諸侯即上文宋公服而還師，舍字是。「飲至」：尹校謂「古者戰勝而歸，飲於宗廟，曰飲至。」「以義進退」：高注「叛而討之，以義進也；服而舍之，以義退也。」晉楚邲之戰，士會謂「楚莊用師，叛而伐之，服而舍之，德刑成矣。伐叛，刑也，柔服，德也，二者立矣。昔歲入陳，今茲入鄭，民不罷勞，君無怨讟，政有經矣。」故曰彊不足以成此也。

【今譯】 楚莊王使文無畏聘於齊，過宋地不先通知假道，回來又過宋，華元對宋昭公說：「往不假道，來不假道，這是把宋國視同楚國的郊野。從前宋楚會同田獵於孟諸，他曾故意鞭打君的僕人。請殺了他。」乃殺文無畏於揚梁的堤上。莊王正落袖閒居，聽到這消息，怒說：「嘻！」拂袖而起，到了庭前始穿履，到了寢門外始帶劍，到了蒲疏街上始乘車，遂住在郊外，起兵圍宋，達九個月之久。宋人易子而食，析骨而炊，窮困已極，宋公肉袒執犧向楚屈服，說明病苦情況，而且說：「大國如果能原宥，唯命是聽。」莊王說：「宋公的話是真情。」於是退兵四十里，而暫息於盧門的門旁，因而與宋謀和而歸楚。大凡政事成敗的根本在於人主，人主處事的毛病，在於事先簡慢待人，簡慢待人則事情就僵了。現在人臣的死是不當的，親率士兵以討伐宋罪，可以說不是簡慢待人了；宋公屈服以病困相告而還師，可以說適可而止而事情不僵了。舍諸侯於漢水之北而飲至於宗廟，不是進退都合於義理嗎？強而不義，不足以成此大功。

七曰驕恣

【今註】本篇是儆戒人主不可驕恣，不可自智，不可輕物，所以說：「亡國之主必自驕，必自智，必輕物。自驕則簡士，自智則專獨，輕物則無備。無備召禍，專獨位危，簡士壅塞。欲無壅塞必禮士，欲位無危必得眾，欲無召禍必完備。三者人君之大經也。」所引事例都很貼切，足為鑒戒。而三者之中，去驕禮士尤為重要，故以驕恣名篇。大學說：「是故君子有大道，必忠信以得之，驕泰以失之。」孔子說：「如有周公之才之美，使驕且吝，其餘不足觀也已。」可知有才能而無謙德，是孔子所不取的，故曰：滿招損，謙受益。

亡國之主必自驕，必自智，必輕物㈠。自驕則簡士㈡，自智則專獨，輕物則無備。無備召禍，專獨位危，簡士壅塞。欲無壅塞必禮士，欲位無危必得眾，欲無召禍必完備。三者人君之大經也。

【今註】㊀許釋引孫人和舉正「此節必驕、必自智、必輕物，三者平列，而意實一貫，驕則自以為智，則輕事物，故下文申之曰，驕則簡士，自智則專獨，輕物則無備。高氏舍驕而言自智，誼既未晐，以輕物為輕人，與簡士何異，又失呂氏之本旨矣。」按三者雖平列，而自智輕物是由驕來。㊁「簡士」：高注「簡，傲也。」許釋謂「治要引注簡賤也。」

【今譯】亡國之主必自驕，必自智，必輕物。自驕則簡慢賢士，自智則專獨剛愎，輕物則無有防備。無有防備則召致禍患，專獨剛愎則君位危殆，簡慢賢士則忠言壅塞。要不壅塞必須以禮待士，要位不危必須得民心，要不召禍必須完成防備。這三者是人君治國的大道。

晉厲公侈淫，好聽讒人，欲盡去其大臣，而立其左右。胥童謂厲公曰：「必先殺三郤，族大多怨，去大族不偪。」公曰：「諾。」乃使長魚矯殺郤犨、郤錡、郤至于朝而陳其尸㊀。於是厲公遊于匠麗氏，欒書中行偃劫而幽之㊁，諸侯莫之救，百姓莫之哀，三月而殺之。人主之患，患在知能害人，而不知害人之不當，而反自及也。是何也？智短也。智短則不知化，不知化者舉自危。

【今註】㈠晉厲公殺三郤是左傳成公十七年事，正說明厲公的驕恣自智而輕物。郤即郤。㈡既殺三郤，胥童以甲劫欒書、中行偃於朝，長魚矯說：「不殺二子，憂必及君。」厲公說：「一朝而殺三卿，余不忍再殺。」對答說：「人將忍君，臣聞亂在外為姦，在內為軌，御姦以德，御軌以刑，德刑不立，姦軌並至。臣請行。」遂出奔狄。公使辭於二子，說：「寡人有討於郤氏，郤氏既伏其罪，大夫無辱，其復職位。」皆再拜稽首說：「君討有罪，而免臣於死，君之惠也，二臣雖死，敢忘君德。」乃皆歸。於是厲公遊於匠麗氏，欒書、中行偃遂執公焉，殺胥童，次年正月，欒書、中行偃使程滑殺厲公，迎立悼公周子，使魏相、士魴、魏頡、趙武為卿，晉以復霸。

【今譯】晉厲公奢侈荒淫，好聽讒言，打算統統去了大臣而用左右近臣，胥童對厲公說：「必須先殺三郤，他們族大多怨，去了大族，可不致偪害公室。」公說：「是的。」乃使長魚矯殺郤犨（ㄔㄡ）、郤錡、郤至於朝廷之上而陳列其尸以示眾。於是厲公出遊於匠麗氏，欒書、中行偃劫持厲公而囚之，諸侯沒有救援，百姓沒有哀傷，過了三個月就殺了厲公。人主的禍患在於祇知殺人而不知殺人的不當，結果反以自害。這是為什麼？是因為智力短淺。智力短淺就不知道事情的變化，不知道事情的變化必將自危。

魏武侯謀事而當，攘臂疾言於庭曰：「大夫之慮，莫如寡人矣㊀。」立有閒，再三言。李悝趨進曰：「昔者楚莊王謀事而當，有大功，退朝而有憂色。左右曰：『王有大功，退朝而有憂色，敢問其說？』王曰：『仲虺有言，不穀說之，曰：諸侯之德，能自為取師者王，能自取友者存，其所擇而莫如己者亡㊁。今以不穀之不肖也，羣臣之謀又莫吾及也，我其亡乎？』」曰：此霸王之所憂也。而君獨伐之，其可乎？」武侯曰：「善。」人主之患也，不在於自少，而在於自多，自多則辭受，辭受則原竭，李悝可謂能諫其君矣，壹稱而令武侯益知君人之道。

【今註】㊀魏武侯是文侯之子，見上適威篇。李悝亦即適威篇的李克，畢校謂「荀子堯問篇、新序雜事一，李悝皆作吳起。」攘臂疾言於庭，而且再三言，正是自驕、自智而輕物。㊁仲虺（ㄏㄨㄟˇ）是商湯的左相，尚書有仲虺訓一篇。許釋引孫人和舉正謂「荀子堯問篇作諸侯自為得師者王，得友者霸，得疑者存，自為謀而莫己若者亡。吳子圖國篇作能得其師者王，能得其友者霸。韓詩外傳亦作吾聞諸侯之德，能自取師者王，能自取友者霸，而與居不若其身者亡。新序雜事一作吾聞之，諸侯自擇師者王，自擇友者霸，足己而羣臣莫之若者亡。所載微有異同，並以王霸對舉。今書仲虺之誥作能自得師者王，謂人莫己若者亡。蓋梅氏所刪節，細繹本書取友者下，當脫霸字，蓋王霸對舉，存亡對舉，意同荀子，而其文句自不必同，故霸下存上所脫之文，不可塙考矣。」按此係引仲虺之言，不宜有王霸對舉，取友者存，或已是楚莊王所加，孫謂有脫文，非是。

【今譯】　魏武侯謀事而得當，攘臂疾言於庭上，說：「各位大夫的謀慮，都不如寡人了。」站了一下，再三的說。李悝很快的前進，說：「從前楚莊王謀事而當，有大功，退朝而有憂色。左右的人說：『王有大功，退朝而有憂色，請問為什麼？』王說：『仲虺有言，不穀很喜歡它，他說：諸侯的德行，能夠為自己擇取老師的，可以王天下；能夠為自己擇取朋友的，可以保存；如果所擇取的人還不如自己，就要亡國。現在以不穀的不肖，而羣臣的智謀又不及我，難道我要亡了嗎？』所以謀事而當是霸王所憂的，而君獨以此自伐，那裏可以呢？」武侯說：「很好。」人主的禍患，不在於自以為智少，而在於自以為智多，自以為智多，就要辭去應受的忠言，辭去應受的忠言，則忠言的來源枯竭，李悝可以說能諫勸其君，一次說話而使武侯更懂得為君之道。

齊宣王為大室，大益百畝，堂上三百戶，以齊之大，具之三年而未能成。羣臣莫敢諫王。春居問於宣王曰：「荊王釋先王之禮樂，而樂為輕㊀，敢問荊國為有主乎？」王曰：「為無主。」「賢臣以千數而莫敢諫，敢問荊國為有臣乎？」王曰：「為無臣。」「今王為大室，其大益百畝，堂上三百戶，以齊國之大，具之三年而弗能成，羣臣莫敢諫，敢問王為有臣乎？」王曰：「為無臣。」春居曰：「臣請辟矣。」趨而出。王曰：「春子反，何諫寡人之晚也，寡人請今止之。」遽召掌書曰：「書之，寡人不肖而好為大室，春子止寡人。」箴諫不可不熟，莫敢諫若非弗欲也㊁，春居之所以欲之與人同，其所以入之與人異，宣王微春居，幾為天下笑矣。由是論之，失國之主多如宣王，然患在乎無春居。故忠臣之諫者，亦從入之，不可不慎，此得失之本也。

【今註】㊀孔子說「君子不重則不威」，這是說有才德的人，不厚重自尊，流於輕薄，即無威儀，楚王放棄先王的禮樂，而喜歡輕薄的，所以不是賢主。㊁許釋引俞樾平議「此當作莫敢諫者，非弗欲也，言羣臣莫敢諫者，非不欲諫，乃未得進言之道耳。」王念孫亦謂「若疑當為者。」

【今譯】齊宣王築大室，大過百畝，堂上三百戶，以齊國財力的雄厚，費了三年未能完成，羣臣無敢諫王。春居問於宣王說：「楚王捨棄了先王的禮樂，而喜為輕薄的禮樂，敢問楚國是有賢主嗎？」王說：「是沒有賢主。」「賢臣數千人而無敢進諫，敢問楚國是有賢臣嗎？」王說：「是沒有賢臣。」

「現在王建大室，大過百畝，堂上三百戶，以齊國之大，費了三年尚未完成，羣臣之中無敢進諫，敢問王是有賢臣嗎？」王說：「是沒有賢臣。」春居說：「臣請去了。」很快的走出去。王說：「春子、春子，回來，為什麼不早些同寡人說呢？寡人現在立刻通知停工。」立即召來主管文書的人說：「記下來，寡人不肖而好建大室，春子阻止寡人。」大凡箴諫不可不熟思，無人敢諫，並不是不欲諫，春居的所以要諫是與人相同，可是所以進言之道是與人不同，宣王沒有春居，幾為天下人所笑了。從這件事說來，失國之主多是和宣王一樣，可是害處在於沒有春居。所以忠臣的進諫不可不慎，這是得失的本源。

趙簡子沈鸞徼於河，曰：「吾嘗好聲色矣，而鸞徼致之，吾嘗好宮室臺榭矣，而鸞徼為之，吾嘗好良馬善御矣，而鸞徼來之。今吾好士六年矣，而鸞徼未嘗進一人也，是長吾過而絀善也。」故若簡子者，能厚以理督責於其臣矣。以理督責於其臣，則人主可與為善，而不可與為非，可與為直，而不可與為枉，此三代之盛教。

【今譯】　趙簡子沈鸞徼於河中，說：「我曾喜好聲色，而鸞徼為我羅致；我曾喜好宮室臺榭，而鸞徼為我建築；我曾喜好良馬善御，而鸞徼為我招來；可是我喜好賢士已六年了，而鸞徼未嘗推薦一人，這可見他是助長我過失而短絀我善事。」所以如同趙簡子這種人，能用理義厚責其臣下了。用理義督責臣下，那人主可以同他做好事，而不可以同他做壞事，可以同他為正直，而不可以同他為枉曲，這是三代盛平之世的教化。

八曰觀表

【今註】本篇是研究論人觀事的方法，不可不審慎。因為人心隱匿難見，淵深莫測，而人類的欲望又多，「事隨心，心隨欲，欲無度者其心無度，心無度則其所為不可知矣。」本篇提出要先知人事，必須審察徵表，並舉引郈成子吳起兩事例及相馬的方法，加以說明，足為論世觀人的參考。

凡論人心，觀事傳㈠，不可不熟，不可不深。天為高矣，而日月星辰雲氣雨露未嘗休也；地為大矣，而水泉草木毛羽裸鱗未嘗息也。凡居於天地之閒，六合之內者，其務為相安利也㈡，夫為相害危者不可勝數。人事皆然，事隨心，心隨欲，欲無度者其心無度，心無度者則其所為不可知矣。人之心隱匿難見，淵深難測，故聖人於事志焉。聖人之所以過人，以先知，先知必審徵表，無徵表而欲先知，堯舜與眾人同等。徵雖易，表雖難，聖人則不可以飃矣，眾人則無道至焉，無道至則以為神，以為幸，非神非幸，其數不得不然，郈成子吳起近之矣。

【今註】㊀「事傳」：許釋引孫鏘鳴正誤「傳猶跡也，謂已行之事也。」必己篇「萬物之情，人倫之傳，義亦同。」㊁許釋引陶鴻慶札記「其務為相安利也，也讀為邪，言外若相安利，而內實相害危也。」

【今譯】大凡論人心，觀事迹，不可不熟慮，不可不深思。天是高了，而日月星辰雲氣雨露未嘗休止；地是大了，而水泉草木毛羽裸鱗未嘗安息。凡居處於天地之間、六合之內的，表面上是務為相安相利，其實那相害相危的不可勝數。人事都是如此，因為事情的進展是隨著心意的決定，而心意的決定是隨著欲望的變化，欲望的變化沒有法度，因而心意的決定也沒有法度，心意沒有法度則所做事情的進展不可得而知了。人的心隱匿難見，淵深莫測，所以聖人於事先觀其志，聖人的所以過人是由於能先知，先知必定審察事物的徵兆和表示，沒有徵兆表示而要先知，堯舜與眾人同等。徵兆雖然易見，表示雖然難知，聖人審察徵表都不可輕忽，眾人不能審察徵表則無由先知。無由先知則以能先知者為神，或以為幸中；其實非神非幸，其變化的理數不得不如此，郈成子、吳起是近於先知了。

郈成子為魯聘於晉，過衛，右宰穀臣止而觴之㊀，陳樂而不樂，酒酣而送之以璧。顧反過而弗辭。其僕曰：「嚮者右宰穀臣之觴吾子，吾子也甚歡，今侯渫，過而弗辭㊁？」郈成子曰：「夫止而觴我，與我歡也，陳樂而不樂，告我憂也，酒酣而送我以璧，寄之我也。若由是觀之，衛其有亂乎？」倍衛三十里㊂，聞甯喜之難作，右宰穀臣死之㊃。還車而臨，三舉而歸㊄。至，使人迎其妻子，隔宅而異之，分祿而食之，其子長而反其璧。孔子聞之曰：「夫智可以微謀，仁可以託財者，其郈成子之謂乎？」郈成子之觀右宰穀臣也，深矣妙矣，不觀其事，而觀其志，可謂能觀人矣。

【今註】 ㊀郈成子是魯國大夫，右宰穀臣是衛國大夫。㊁嚮（ㄒㄧㄤˋ）是從前，前者。許釋尹校均據陳昌齊、陶鴻慶說，謂吾子二字重複，刪去其一；陶並謂甚歡指右宰言，不指郈成子言。按不宜刪。侯渫，高注「侯，何也。重過為渫過。」按高注非，渫（ㄒㄧㄝˋ）本為汙義，易井卦「井渫不食」。此處引伸為慢義，詩傳「醉而不出是渫宗也。」正義「是渫慢宗子也。」此言今何渫慢，過境而不告辭？高以渫過連讀，非是。㊂倍，許釋倍與背古通。背道而馳，方向相反。㊃甯喜是衛大夫甯殖之子，魯襄十四年，孫林父甯殖逐衞獻公（見下慎小篇）。甯殖臨終時吩咐其子返獻公以掩其過，甯喜許諾。襄二十五年，諸侯會於夷儀，獻公使與甯喜言，求復國，甯喜許之，以告右宰穀臣，右宰穀臣以為不可，請使焉而觀之，遂見公於夷儀，反曰「君淹恤在外十二年矣，而無憂色，亦無寬言，若不已，死無日矣。」甯喜不聽。二十六年春，甯喜弒其君剽，獻公復歸於衞。甯喜專政，獻公患之，次年夏，公孫免餘攻殺甯喜及右宰穀臣，尸諸朝。初大叔儀知其事，曾謂「甯喜不恤其後，視君不如弈棊，弈者舉棋不定，不勝其耦，而況置君乎？必不免矣，九世之卿族，一舉而滅之，可哀也哉！」穀臣本不贊同甯喜的做法，故向郈成子有所表示。㈤臨是弔唁，三舉當是舉行三叩首祭禮，舊注皆不可取。

【今譯】　郈成子為魯聘於晉，道經衞國，衞右宰穀臣留他宴飲，陳設樂器而不演奏，酒酣時取璧玉送給郈成子，可是郈成子從晉國回來重過衞國，而不向右宰辭行。他的僕從說：「以前右宰穀臣的款待先生，先生也很高興，現在為什麼這樣渫慢，過境而不辭右宰？」郈成子說：「他留我宴飲，是要我高興；陳設樂器而不演奏，是告訴我有憂慮；酒酣而送我以璧，是把璧寄託於我；如果從這些表示看來，恐怕衞國要有亂事呢？」背離衞國不過三十里，就聽到甯喜的禍難發作，右宰穀臣也被殺死了。立即還車到右宰家弔唁，行三跪拜禮然後返魯。到了魯國，就遣人去迎接右宰的妻子，把自己住宅隔開幾間給她們住，分給祿米，等到右宰的兒子長大，交還他的璧玉。孔子聞知此事說：「智可以識知微情，仁可以信託財物，這就是郈成子啊！」郈成子的觀察右宰穀臣，真是深奧微妙了，不觀其事而觀其志，可以說能察人事了。

吳起治西河之外，王錯譖之於魏武侯，武侯使人召之。吳起至於岸門，止車而休，望西河，泣數行而下。其僕謂之曰：「竊觀公之志，視舍天下若舍屣，今去西河而泣，何也？」吳起雪泣而應之曰：「子弗識也。君誠知我而使我畢能，秦必可亡，而西河可以王。今君聽讒人之議，而不知我，西河之為秦也不久矣。魏國從此削矣。」吳起果去魏入荊，而西河舉入秦，魏日以削，秦日益大，此吳起之所以先見而泣也㈠。

【今註】㈠吳起去西河事，已見上長見篇。

【今譯】吳起治西河之外，王錯在魏武侯處誣陷他，武侯使人召吳起回來。吳起到了西河的岸門，停車休息，遙望西河，淚數行下。他的僕人說：「私下觀察公的志向，輕視天下有如棄去弊履，現在離去西河而流涕，為什麼？」吳起拭去淚水而答應說：「你不懂的，國君如果真相信我，盡我所能以治理西河，必可亡秦，而用西河可以王天下。現在國君聽信小人的話，而不知道西河不久便要歸於秦國了，魏國從此削弱了。」吳起去魏往楚，而西河果然盡歸於秦，魏日以削弱，秦日益強大，這就是吳起的所以先見而流涕呀！

古之善相馬者，寒風是相口齒，麻朝相頰，子女厲相目，衞忌相髭，許鄙相尻，投伐褐相胷脅，管青相臏肳，陳悲相股腳，秦牙相前，贊君相後。凡此十人者，皆天下之良工也㈠，若趙之王良，秦之伯樂、九方堙，尤盡其妙矣。其所以相者不同，見馬之一徵也，而知節之高卑，足之滑易，材之堅脃，能之長短。非獨相馬然也，人亦有徵，事與國皆有徵，聖人上知千歲，下知千歲，非意之也，蓋有自云也，綠圖幡薄從此生矣㈡。

【今註】㈠寒風等十人都是古代善相馬者。尻即尻（ㄎㄠ），脊椎骨的尾端。臏肳或作脣吻。㈡「綠圖幡薄」：畢校謂語未詳，高注欠明，淮南俶真訓有洛出丹書，河出綠圖語。按當與河圖洛書同義。韓詩外傳載子夏之言，顓頊學乎綠圖，崔述考信錄謂為楊墨之所託言。

【今譯】古代的善相馬者，寒風是相口齒，麻朝相兩頰，子女厲相目，衞忌相髭，許鄙相尻，投伐褐相胸部及兩脇，管青相唇吻，陳悲相兩股和四腳，秦牙相前，贊君相後。大概這十人都是天下的良工；至於趙國的王良，秦國的伯樂、九方堙，更是極相馬的奧祕了。他們所用以相馬的方法不同，看見馬身上的一點特徵，就能知道骨節的高低，腳力的滑易，身材的堅脃，能力的長短。不獨相馬如此，人亦有特徵，事與國都有特徵，聖人上知千載，下知千載，並不是臆測，實有所本，綠圖幡薄就從此產生了。

六　論

計六卷、三十六篇

六論的內容及文字與八覽相近，多論述君道為治及人事道德，而引證古事；最後則為有關農業的論文四篇，為全書之殿。覽各八篇，論各六篇，六論合共三十六篇。每論的各篇主旨亦大致相同，惟篇幅較八覽為簡短。直諫篇謂「凡國之存也，主之安也，必有以也；不知所以，雖存必亡，雖安必危，所以不可不論也。」振亂篇謂「夫以利天下之民為心者，不可不熟察此論也。」此可知六論的意義與價值了。

卷二十一　開春論

第一，凡六篇

一曰開春

【今註】本篇是論善說者所言盡合於理義，而得失利害即可決定。如惠施述文王之德義使魏太子改期，祈奚論先王之德使叔向得免於刑，封人子高稱段喬之功以救縣吏之囚，可知善說者必言之合理，故能生效。惟言之合理，非有學問不可，故結論謂「學豈可以已哉？」以見善說者必博學多聞，始能大言天下之事，得其分理，愛之不助，憎之不枉，使聽者決定事之利害得失。其實仍是尚賢之意。篇名開春是取篇首兩字，與有始覽相同，並無意義。

開春始雷，則蟄蟲動矣㈠；時雨降則草木育矣；飲食居處適，則九竅百節千脈皆通利矣。王者厚其德，積眾善，而鳳皇聖人皆來至矣。共伯和修其行，好賢仁，而海內皆以來為稽矣㈡；周厲之難，天子曠絕，而天下皆來謂矣㈢。以此言物之相應也㈣，故曰行也成也。善說者亦然，言盡理而得失利害定矣，豈為一人言哉？

【今註】㊀仲春紀「是月也，日夜分，雷乃發聲，始電，蟄動咸動。」是開春為春分。㊁畢校謂竹書紀年，厲王十二年奔彘，十三年共伯和攝行天子事，至二十六年，宣王立，共伯和遂歸國。（亦見慎人篇注）案周厲王卅七年流於彘，周公召公攝政，謂之共和。（見達鬱篇注）共和與共伯和事，尚無定論。又許釋引俞樾說，謂以、為二字衍文，而「海內皆來稽矣」與上文文法一律，並證明「稽，同也」，言海內皆來同也。尹校據改。按稽是遲留意，以來為稽，是以來附為稽遲，亦有向善歸仁之意，高注是。㊂謂，許釋引孫鏘鳴、劉師培說，應作請或謁。按謂字本義訓報，乃稱論人得其當，事得其宜之詞，韻會「事有可稱曰有謂，失於事宜不可名言曰無謂。」「皆來謂」即有謂。㊃「以此」是凡此意，指上文六事皆說明事物的相應，所以說「行也，成也」，事必行而後成。

【今譯】開春始雷，則蟄蟲蠕動了；時雨下降，則草木繁育了；飲食起居適宜，則九竅百節千脈都暢通了。王者厚其德，積眾善，而鳳凰、聖人皆來到了。共伯和修其行，好賢仁，而海內皆以來附為稽遲了；周厲王之難，天子曠絕，而天下都來稱謂共伯得宜了。凡此都說明事物的相應，所以說先行而後成。善說者亦如此，所言盡合於理義，而得失利害決定了，豈是專為一人說的嗎？

魏惠王死，葬有日矣㊀，天大雨雪，至於牛目，羣臣多諫於太

子者曰：「雪甚如此而行葬，民必甚疾之，官費又恐不給，請弛期更日。」太子曰：「為人子者，以民勞與官費用之故，而不行先王之葬，不義也，子勿復言。」羣臣皆莫敢諫，而以告犀首㈡，犀首曰：「吾未有以言之，是其唯惠公乎？請告惠公㈢。」惠公曰：「諾。」駕而見太子曰：「葬有日矣。」太子曰：「然。」惠公曰：「昔王季歷葬於渦山之尾，欒水齧其墓，見棺之前和㈣，文王曰：『譆，先君必欲一見羣臣百姓也，天故使欒水見之。』於是出而為之張朝，百姓皆見之，三日而後更葬，此文王之義也。今葬有日矣，而雪甚及牛目，難以行，太子為及日之故，得無嫌於欲亟葬乎？願太子易日，先王必欲少留而撫社稷、安黔首也，故使雨雪甚，因弛朝而更為日，此文王之義也。若此而不為，意者羞法文王也。」太子曰：「甚善，敬弛期，更擇葬日。」惠子不徒行說也，又令魏太子未葬其先君，而因有說文王之義，說文王之義以示天下，豈小功也哉？

【今註】 ㈠魏惠王即梁惠王，周顯王二十九年（西元前三四〇），秦伐魏，魏徙都大梁（即今開封），後五年，孟子至魏。㈡犀（ㄒ一）首即魏人公孫衍，是縱橫家。㈢惠公即惠施，曾相惠王，見審應，不屈篇注。㈣王季歷見首時篇，渦（ㄍㄨㄛ）山或作楚山、滑山、渦水。欒（ㄌㄨㄢˊ）水是漏水。齧（ㄋ一ㄝˋ）是侵蝕。前和是棺的前端。

【今譯】　魏惠王死，已定期安葬，而天大雨雪，至於牛目，羣臣多諫阻太子說：「雪大如此而舉行葬禮，百姓必很勞苦，公家的費用又恐不足，請延期改日。」太子說：「為人子者因為民勞和公家費用之故，而不舉行先王的葬禮，是不合義理的，你們不要再說吧！」羣臣都不敢再說，而以此事告訴犀首，犀首說：「我沒有辦法，這恐怕祇有惠公吧！請告訴惠公。」惠公說：「好的。」駕車往見太子說：「安葬的日子已定嗎？」太子說：「是的。」惠公說：「從前王季歷葬於渦山之尾，漏流侵蝕其墓，露出棺槨的前和，文王說：『嘻，先君必定要一見羣臣百姓，所以上天使漏水相見。』於是取出棺木而為之佈置朝會，百姓皆來瞻仰，過了三天而後葬，這是文王之義。現在已定期安葬，而大雪深及牛目，難以前行，太子為趁著日期的緣故，不是有意要急於安葬嗎？希望太子更改日期，先王必定是要稍留幾天以安撫社稷，安定百姓，所以使天下大雪。因此而另行擇日，此乃文王之義，如果不肯這樣做，難道是羞於效法文王嗎？」太子說：「很好，敬請延期，更擇葬日。」惠子不但善於說辭，使魏太子未葬其先君，因而又說明瞭文王之義；說明文王之義昭示天下，豈是小功嗎？

韓氏城新城㈠，期十五日而成。段喬為司空，有一縣後二日，

段喬執其吏而囚之。囚者之子走告封人子高曰：「唯先生能活臣父之死㈡，願委之先生。」封人子高曰：「諾。」乃見段喬，自扶而上城，封人子高左右望，曰：「美哉城乎，一大功矣，子必有厚賞矣。自古及今，功若此其大也，而能無有罪戮者，未嘗有也。」封人子高出，段喬使人夜解其吏之束縛也而出之。故曰：封人子高為之言也，而匿己之為而為也；段喬聽而行之也，匿己之行而行也。說之行若此其精也，封人子高可謂善說矣。

【今註】㈠韓國本都宜陽（今河南），周顯王三十四年（西元前三三五）秦陷韓宜陽，乃遷都新城（今河北）。㈡高注「子高賢者也，封人，田大夫，職在封疆，故謂之封人。周禮亦有封人之官，傳曰，潁考叔為潁谷封人也。」

【今譯】韓國築新城，限期十五日完成。段喬為監工，有一縣遲了兩天，段喬執其吏而囚之。囚者之子走告封人子高說：「祇有先生能救我父親，拜託先生。」封人子高說：「好的。」乃去會見段喬，相扶上城，封人子高東張西望的說：「壯麗啊這新城！真是一大功勞了，你一定有厚賞了。自古及今，工程如此之大，而能不殺一人，未曾有過呀！」封人子高去後，段喬使人連夜解去縣吏的束縛，放了他。封人子高為人說話，是隱匿自己的意見而說的；段喬聽了就做，也隱匿了自己的意見而做的。說辭的效驗如此精密，封人子高可謂善於說辭了。

叔嚮之弟羊舌虎善欒盈，欒盈有罪於晉，晉誅羊舌虎，叔嚮為之奴而朡㈠。祈奚曰㈡：「吾聞小人得位不爭，不祥，君子在憂不救，不祥。」乃往見范宣子，曰：「聞善為國者，賞不過而刑不慢，賞過則懼及淫人，刑慢則懼及君子。與其不幸而過，寧過而賞淫人，毋過而刑君子。故堯之刑也，殛鮌於虞而用禹，周之刑也，戮管蔡而相周公，不慢刑也㈢。」宣子乃命吏出叔嚮。救人之患者，行危苦不避煩辱，猶不能免，今祈奚論先王之德，而叔嚮得免焉，學豈可以已哉？類多若此。

【今註】㈠叔嚮即叔向，名羊舌肸，是春秋時晉國賢大夫。朡（ㄗㄨㄥ）高注「繫也。」律坐父兄，沒入為奴。囚叔向見左魯襄公二十一年傳。㈡祈奚即祁黃羊，見去私篇。㈢殛鮌而用禹，是父子不連坐；戮管蔡而相周公，是兄弟不連坐。

【今譯】叔向之弟羊舌虎與欒盈友善，欒盈有罪，晉殺羊舌虎，叔向亦沒入公家為奴而被拘留。祈奚說：「我聽說，小人得了祿位不予諫阻，是不祥的；君子有了憂患不予救免，亦是不祥的。」乃往見范宣子，說：「善於治理國家的，行賞不過濫而用刑不輕慢，賞過濫則恐怕賞及壞人，刑輕慢則恐怕刑及君子。與其不幸有所過失，寧可錯賞壞人，不可錯刑君子。所以堯的用刑，殛鮌於虞而用禹；周的用刑，殺管蔡而用周公，這就是不輕慢用刑。」宣子乃命吏釋放叔向。救人的患難，雖所行危苦不避煩辱，尚且不得免；現在祈奚祇稱述先王之德而叔向得免於刑，可知學問的重要，豈可有止境嗎？許多事情都與此相似。

二曰察賢

【今註】本篇是儒家用賢的思想，論治國要在得賢，如魏文侯、宓子賤皆能任用賢人而自身安逸，此與勿躬篇大意相近。法家韓非外儲說右上，以事例說明六種主術，其第五種亦說人主躬親而不責成之害，可知其時儒道法三家都有無為而治的思想，而意義作用各有不同，不可不辨。又本篇似有佚文，蔣維喬等「呂氏春秋彙校」輯有吳起以忠信勇敢治西河一則，疑為本篇佚文（譚戒甫校呂遺誼謂當屬觀表篇）。

今有良醫於此，治十人而起九人，所以求之萬也。故賢者之致功名也，比乎良醫，而君人者不知疾求，豈不過哉㊀？今夫塞者㊁，勇力時日卜筮禱祠無事焉，善者必勝，立功名亦然，要在得賢。魏文侯師卜子夏，友田子方，禮段干木，國治身逸㊂。天下之賢主，豈必苦形愁慮哉？執其要而已矣。雪霜雨露時，則萬物育矣，人民修矣，疾病妖厲去矣。故曰堯之容若委衣裘，以言少事也。

【今註】㊀高注「人皆知求良醫以治病，而人君不知求賢臣以治國，故曰豈不過哉？」㊁塞是博塞，古時戲具，行棋互相堵塞，猶如圍棋、跳棋。㊂史記魏世家「文侯受子夏經藝，客段干木，過其閭，未嘗不軾也。」（文侯禮段干木見下賢篇），史記儒林傳「如田子方、段干木、吳起、禽滑釐之屬，皆受業於子夏之倫。」（當染篇謂「吳起學於曾子。」傳春秋）

【今譯】今有良醫診治十人的病症而能治癒九人，則求醫的人必將萬計；賢者的成就功名，比乎良醫，可是君人者不知急速求取，豈不是有失君人之道嗎？譬如玩塞棋的，勇力、時間、卜筮、禱祝都無濟於事，技術良善者必可得勝利；建立功名亦如此，要在得賢。魏文侯師卜子夏，友田子方，禮段干木，所以國治而身逸。天下的賢主，豈必苦其形骸、愁其思慮呢？祇是能執著要點罷了。猶如雪霜雨露各適其時，則萬物化育了，人民安康了，疾病妖厲消除了。所以堯治天下有如委棄衣裘於朝堂之上，這就是無為而治。

宓子賤治單父，彈鳴琴，身不下堂，而單父治。巫馬期以星出，以星入，日夜不居，以身親之，而單父亦治㈠。巫馬期問其故於宓子，宓子曰：「我之謂任人，子之謂任力。任力者故勞，任人者故逸。」宓子則君子矣，逸四肢，全耳目，平心氣，而百官以治義矣，任其數㈡而已矣。巫馬期則不然，弊生事精，勞手足，煩教詔，雖治猶未至也。

【今註】㈠宓子賤、巫馬期都是孔子弟子，治單父見上具備篇。韓詩外傳二、說苑政理篇亦載此事，外傳記宓子賤謂「我任人，子任力，任人者佚，任力者勞。」語最簡明。㈡任其數是法家治術，見上任數篇。史記仲尼弟子列傳，宓子賤報告孔子，說單父有賢者五人，教其所以治。

【今譯】宓子賤治單父，彈鳴琴，身不下堂，而單父治。巫馬期每天早出晚歸，日夜不得休息，事必躬親，而單父亦治。巫馬期問宓子賤這是何故？宓子賤說：「我的做法是任用他人，你的做法是自用其力。自用其力所以勞瘁，任用他人所以安逸。」宓子可以說是君子了，四肢安逸，耳目精明，心氣和平，而百官因而治理得宜，任其術而已。巫馬期不是如此，疲其生命，竭其精力，手足勤勞，命令頻煩，雖然得治，而猶未得為治之道。

三曰期賢

【今註】本篇與察賢篇旨意相同，察賢篇謂立功名要在得賢，本篇則謂凡國不徒安，名不徒顯，必得賢士。所引趙簡子、魏文侯事例，與召類篇相同，人主如期望賢士來歸，必先明其德。又本篇亦似有佚文，蔣維喬彙校輯有御覽所引：「史臺問中向曰：吾所患者不知賢。中向曰：人之患不在乎不言用賢，而在乎不誠用賢。夫言用賢者口也，郤賢者行也，言行相反，而欲賢者用，不肖者廢，不亦難乎？人主誠用賢，則境內賢者出矣，天下賢者至矣。」蔣謂此或期賢篇佚文。姑錄於此，以資參考。

今夫爚蟬者，務在乎明其火，振其樹而已，火不明，雖振其樹何益㊀？明火不獨在乎火，在於闇。當今之時，世闇甚矣，人主有能明其德者，天下之士其歸之也，若蟬之走明火也。凡國不徒安，名不徒顯，必得賢士。

【今註】㊀爚（ㄧㄠˋ）是光耀，蟬向亮光處飛，故捕蟬者利用火光來捕蟬。許釋謂淮南說山篇爚作燿，聲同字通。燿蟬者火必明而後蟬投焉。

【今譯】大凡捕蟬的人要在於明其火，搖其樹而已；如果火不明，雖搖其樹有何用處？明火不獨在於火，在於能照見闇處。當今之世，黑暗得很了，人主如有能明其德，那麼天下之士的來歸，將如蟬的趨向明火。大凡國家不是憑空得到治安，功名不是憑空得到顯著，必定能得賢士。

趙簡子晝居，喟然太息曰：「異哉！吾欲伐衞十年矣，而衞不伐㊀。」侍者曰：「以趙之大而伐衞之細，君若不欲則可也，君若欲之請令伐之。」簡子曰：「不如而言也。衞有士十人於吾所，吾乃且伐之，十人者其言不義也，而我伐之，是我為不義也。」故簡子之時，衞以十人者按趙之兵，歿簡子之身。衞可謂知用人矣，遊十士而國家得安，簡子可謂好從諫矣，聽十士而無侵小奪弱之名。

【今註】㊀趙簡子要伐衞事，又見召類篇。

【今譯】趙簡子閒居，喟然太息說：「奇怪啊，我要攻伐衞國已經十年了，可是始終不果伐。」侍從的說：「以趙國的強大攻伐衞國的弱小，君如不要伐是可以的，如果要伐，請即下令伐之。」簡子說：「不是你所說的簡單。衞國有賢士十人在我這裏，我要去伐衞，這十人都說伐衞為不義；我如果真的去伐，這就是我做了不義的事。」所以簡子的時候，衞國用了十人止住趙國的兵，直至簡子去世為止。衞國可謂知道用人了，出動十士而國家得安；簡子可謂聽從諫言了，聽從十人而沒有侵小奪弱的不義之名。

魏文侯過段干木之閭而軾之㈠，其僕曰：「君胡為軾？」曰：「此非段干木之閭歟？段干木蓋賢者也，吾安敢不軾㈡？且吾聞段干木未嘗肎以己易寡人也，吾安敢驕之？段干木光乎德，寡人光乎地，段干木富乎義，寡人富乎財。」其僕曰：「然則君何不相之？」於是君請相之，段干木不肎受，則君乃致祿百萬，而時往館之。於是國人皆喜，相與誦之曰：「吾君好正，段干木之敬；吾君好忠，段干木之隆。」居無幾何，秦興兵欲攻魏，司馬唐諫秦君曰：「段干木賢者也，而魏禮之，天下莫不聞，無乃不可加兵乎？」秦君以為然，乃按兵輟不敢攻之。魏文侯可謂善用兵矣。嘗聞君子之用兵，莫見其形，其功已成，其此之謂也。野人之用兵也，鼓聲則似雷，號呼則動地，塵氣充天，流矢如雨，扶傷輿死，履腸涉血，無罪之民其死者量於澤矣㈢，而國之存亡，主之死生，猶不可知也，其離仁義亦遠矣。

【今註】 ㈠魏文侯禮段干木，又見下賢、察賢篇。㈡周禮，二十五家為閭。軾是古時車前可憑臨的橫木，軾之是伏軾為禮，以表示敬意。㈢量於澤是極言其多，荀子富國篇「然後葷菜百蔬以澤量。」

淮南氾論訓「道路死人以溝量。」

【今譯】魏文侯過段干木所居之閭而伏軾為禮，僕人說：「君為什麼要伏軾？」文侯說：「這不是段干木所居的閭里嗎？段干木是賢者，我何敢不伏軾？而且我聽說，段干木不肯以自己的道德交換我的地位，我那裏敢傲慢他？段干木的光榮在於德，寡人的光榮在於地；段干木富於義，寡人富於財。」僕人說：「那為什麼不用他為相？」於是文侯請段干木為相，段干木不肯接受；文侯乃致送祿米百萬，而時時前往其所居的客舍，於是國人都很高興，相與歌誦說：「我君喜好正，段干木之敬；吾君喜好忠，段干木之隆。」過了一段時間，秦國要起兵攻伐魏國，司馬唐諫阻秦君說：「段干木是賢者，而魏侯敬禮他，是天下人都知道的，恐怕不可以加兵吧！」秦君認為說得對，乃按兵不動，不敢進攻。魏文侯可謂善於用兵了。有人說，君子的用兵，沒有看見軍隊而功業已成，就是此意。野人的用兵，鼓聲雷動，號呼震地，塵氣滿天，流矢如雨，扶傷救死，履腸涉血，無罪的百姓因而死者填滿川澤；而國家的存亡，人主的死生，還是不可知。這種用兵可謂距離仁義太遠了。

四曰審為

【今註】審為是審察所為與所以為，也就是事先要考慮為什麼要這樣做？本書是主張貴生重己的，所為者重而所以為者輕，本篇所說重身輕利，與重己貴生兩篇所說重己而輕天下國家，大意相同，可參閱。不過這是偏重道家的養生全生思想，至於儒家則重義利之辨，所為與所以為的價值觀念，並不在此。

身者所為也，天下者所以為也，審所以為，而輕重得矣㊀。今有人於此，斷首以易冠，殺身以易衣，世必惑之，是何也？冠所以飾首也，衣所以飾身也，殺所飾要所以飾，則不知所為矣。世之走利有似於此，危身傷生，刈頸斷頭，以徇利，則亦不知所為也。

【今註】㊀許釋引陶鴻慶說謂「為字皆當讀去聲。審所以為而輕重得矣，當作審所為而輕重得矣。所為者重，所以為者輕，此當舉其重者言之。下文兩言不知所為，即承此。」尹校引胡適說補所為二字。按兩說均可取。

【今譯】身是所為，天下是所以為，審察所為和所以為，而孰輕孰重得知了。譬如有人斷首以易冠，殺身以易衣，世人必以為怪，這為什麼？因為冠所以飾首，衣所以飾身，殺所飾要換所以飾，那就不知道所為何事了。世人的趨利，有似於此，危身傷生，刈頸斷頭以偽重於利，這亦是不知道所為何事。

太王亶父居邠，狄人攻之，事以皮帛而不受，事以珠玉而不冐，狄人之所求者地也㈠。太王亶父曰：「與人之兄居而殺其弟，與人之父處而殺其子，吾不忍為也。皆勉處矣，為吾臣與狄人臣奚以異？且吾聞之，不以所以養害所養。」杖策而去㈡，民相連而從之，遂成國於岐山之下㈢。太王亶父可謂能尊生矣。能尊生，雖貴富不以養傷身，雖貧賤不以利累形。今受其先人之爵祿，則必重失之，生之所自來者久矣，而輕失之，豈不惑哉？

【今註】㈠太王亶（ㄉㄢˇ）父郎古公亶父，是周文王的祖父。邠（ㄅㄧㄣ）在今陝西邠縣。狄人獫狁就是漢代的匈奴。㈡土地是所以養，所養是人民。㈢岐山在今陝西岐山縣東北。

【今譯】太王亶父居邠地，北方的狄人常來攻擊，給他們皮帛而不受，給他們珠玉也不肯受，他們所要的是土地。太王亶父說：「與人的兄同處而殺其弟，與人的父同處而殺其子，我不忍這樣的做，請大家安居吧，做我的臣子和做狄人的臣下有什麼不同呢？而且我聽說，不要用所以養的土地而害了所養的人民。」於是手持鞭箠而離開了邠地，人民都連續不斷的跟著他，遂於岐山之下成了國家。太王亶父可以說能夠重視生命了。能重視生命，雖富貴不會因為養尊處優而傷害身體，雖貧賤也不會因為貨利誘惑而累及形骸。今人受先人的爵祿，必不肯輕易失去，而生命的所自來已久了，而反輕易失之，豈不是迷惑嗎？

韓魏相與爭侵地，子華子見昭釐侯，昭釐侯有憂色㊀。子華子曰：「今使天下書銘於君之前，書之曰：左手攫之則右手廢，右手攫之則左手廢，然而攫之必有天下，君將攫之乎？亡其不與㊁？」昭釐侯曰：「寡人不攫也。」子華子曰：「甚善，自是觀之，兩臂重於天下也，身又重於兩臂。韓之輕於天下遠，今之所爭者，其輕於韓又遠。君固愁身傷生以憂之戚，不得也。」昭釐侯曰：「善，教寡人者眾矣，未嘗得聞此言也。」子華子可謂知輕重矣，知輕重故論不過。

【今註】㊀子華子已見上貴生篇。昭釐侯見任數篇。王應麟困學紀聞謂子華子即孔子所遇的程本子，惟昭釐侯上距孔子之卒已二百二十年，恐非一人，或此為依託之詞。㊁「亡其」許釋謂為轉語之詞，後人多用抑字。按即可是、還是、或者之意。

【今譯】韓魏正互相爭奪侵地，子華子見韓昭釐侯，昭釐侯有憂色，子華子說：「假使有人寫了保證書放在君侯面前，保證書上說：左手取之則右手廢去，右手取之則左手廢去，可是取之必有天下，君侯將要取呢？或者不取呢？」昭釐侯說：「寡人不取。」子華子說：「很好，這樣看來，兩臂是比天下為重，而身體又重於兩臂，韓國則輕於天下甚遠；而現在所爭的又輕於韓國甚遠。君侯乃反而為此愁身傷生，以憂之甚戚，似乎還有所不知呀！」昭釐侯說：「很好，教寡人的多了，可未曾聽過這樣說法。」子華子可以說知道輕重了，知道輕重，故所說不失。

中山公子牟謂詹子曰：「身在江海之上，心居乎魏闕之下，奈何㊀？」詹子曰：「重生，重生則輕利。」中山公子牟曰：「雖知之，猶不能自勝也。」詹子曰：「不能自勝，則縱之，神無惡乎㊁？不能自勝而強不縱者，此之謂重傷，重傷之人，無壽類矣。」

【今註】㊀公子牟是魏公子，魏得中山以封子牟，故稱為中山公子牟。詹子即詹何，是得道之士。魏闕指魏國宮廷，詹子勸其重生，即勸其安於中山，不必要想到魏闕。㊁高注「言人不能自勝其情欲，則放之，放之神無所憎惡，言當寧神以保性也。」按此是義利之別，公子牟不能自勝，是不能剋制重利之志。

【今譯】中山公子牟告訴詹子說：「身在江海之上，而心在魏闕之下，怎麼辦呢？」詹子說：「重視生命，重視生命，自然輕視利欲。」中山公子牟說：「雖然知道，還是不能勝過自己的欲望。」詹子說：「不能勝過自己的欲望，那就放縱聽其自然，精神不覺得厭惡嗎？不能勝過自己的情欲，如果勉強抑制而不放，這叫做重傷；重傷的人沒有長壽的了。」

五曰愛類

【今註】愛類是愛其同類，所以說：「仁也者仁乎其類者也。」春秋繁露必仁且智篇「仁者所以愛人類也。」仁義法「以仁安人」，「故仁之為言人也。」淮南主術訓「偏愛羣生，而不愛人類，不可謂仁。」都是愛類之意。由所引事例來說，本篇是墨家的兼愛思想。至於儒家言仁是始於自愛，推於愛人，極於愛物，即所謂親親而仁民，仁民而愛物，雖亦愛乎其類，而愛有差等，不遺庶物，與本篇意旨稍有不同。

仁於他物，不仁於人，不得為仁。不仁於他物，獨仁於人，猶若為仁。仁也者仁乎其類者也，故仁人之於民也，可以便之，無不行也。神農之教曰：士有當年而不耕者，則天下或受其饑矣㈠，女有當年而不績者，則天下或受其寒矣。故身親耕，妻親織，所以見致民利也。賢人之不遠海內之路，而時往來乎王公之朝，非以要利也，以民為務故也；人主有能以民為務者，則天下歸之矣。王也者非必堅甲利兵、選卒練士也，非必隳人之城郭、殺人之士民也，上世之王者眾矣，而事皆不同，其當世之急，憂民之利，除民之害，同。

【今註】㊀「當年」：高注「當其丁壯之年。」許釋引王念孫說「丁當語之轉，當年猶丁年耳。鴻烈齊俗篇作丈夫丁壯而不耕，天下有受其饑者。」按高注是。

【今譯】仁愛於他物，不仁愛於人，不得稱為仁；不仁愛於他物，獨能仁愛於人，還可以說是仁。所謂仁是仁愛其同類的意思，所以仁人對於人民，凡可以便利人民的事，沒有不施行的。神農的教令說：人民如有正當壯年而不從事耕種的，天下或將有人要受饑餓了；女子如有正當壯年而不從事紡織的，天下或將有人要受寒冷了。所以神農躬親耕稼，其後親自織布，所以表示致力於利民。賢人不遠千里時時往來王公之朝，不是為求利，是以利民為事。所以人主如有能以利民為事者，則天下人民都歸服了。所謂王者並不是必須堅甲利兵、選卒練士，亦不是必須毀壞他人的城郭，殺傷他人的人民。前代的王者很多，所行的事都不相同，可是他們把握時局的急要，憂念百姓的利益，除去百姓的禍害，卻是相同的。

公輸般為高雲梯欲以攻宋㊀。墨子聞之，自魯往，裂裳裹足，日夜不休，十日十夜而至於郢。見荊王曰：「臣北方之鄙人也，聞大王將攻宋，信有之乎？」王曰：「然。」墨子曰：「必得宋乃攻之乎？亡其不得宋，且不義，猶攻之乎㊁？」王曰：「必不得宋，且有不義，則曷為攻之㊂？」墨子曰：「甚善，臣以宋必不可得。」王曰：「公輸般天下之巧工也，已為攻宋之械矣。」墨子曰：「請令公輸般試攻之，臣請試守之。」於是公輸般設攻宋之械，墨子設守宋之備，公輸般九攻之，墨子九卻之，不能入。故荊輟不攻宋。墨子能以術禦荊，免宋之難者，此之謂也。

【今註】㊀公輸般是木匠的神，在墨子書中為公輸盤，因為是魯國人，又叫做魯般，他是中國古代技術者。雲梯是高梯形武器，掛在敵人城牆上以攻擊敵人，一說它是樓車。㊁亡其，見上審為篇註。㊂「且有不義」，許釋「有讀為又。」尹校引王叔岷校補據淮南務修篇改為「有且不義。」按且已有又意，且有猶又有也，尹據王說乙，非是。

【今譯】公輸般為楚國製造很高的雲梯，將用以攻宋。墨子聽到這消息，從魯國趕往楚國，足破血流，就撕下衣襟來裹足，日夜不休，十天十夜到達郢都。進見楚王說：「臣是北方的鄙人，聽說大王將要攻宋，真有這事嗎？」王說：「是的。」墨子說：「必定可以得宋乃進攻呢？或者不能得宋，而且有不義之名，還要進攻呢？」王說：「要是必不得宋，而且有不義之名，那為什麼要攻？」墨子說：「很好，臣以為宋必不可得。」王說：「公輸般是天下的巧工，已製造攻宋的器械了。」墨子說：「請令公試般試守輸攻之，臣請之。」於是公輸般設置攻宋的器械，墨子設置守備的，公輸般作攻九次，墨子九次把他退卻，不能進入。所以楚國停止了攻宋，墨子能以技術抵禦楚國，免除宋國的禍難九次，就說這件事。

聖王通士不出於利民者無有。昔上古龍門未開，呂梁未發，河出孟門，大溢逆流，無有丘陵沃衍、平原高阜，盡皆滅之，名曰鴻水㈠。禹於是疏河決江，為彭蠡之障㈡，乾東土，所活者千八百國，此禹之功也。勤勞為民，無苦乎禹者矣。

【今註】㈠鴻水即洪水。㈡孟子滕文公篇「禹疏九河，瀹濟漯而注諸海，決汝漢、排淮泗而注之江。」

【今譯】聖王通士的行為沒有不出於利民的。從前上古時代，龍門閉塞未開，呂梁堵阻未通，黃河從孟門山上流下，逆流大溢，不論丘陵沃野、平原高阜，都為水所湮沒，這叫做洪水。大禹於是疏河決江，建造彭蠡的隄防，使東方土地乾燥，因而救活的有一千八百國，這是禹的功績。為民勤勞，沒有比禹更辛苦的人了。

匡章謂惠子曰：「公之學去尊，今又王齊王，何其到也㈠？」惠子曰：「今有人於此，欲必擊其愛子之頭，石可以代之。」匡章曰：「公取之代乎？其不與㈡？」「施取代之，子頭所重也，石所輕也，擊其所輕，以免其所重，豈不可哉？」匡章曰：「齊王之所以用兵而不休，攻擊人而不止者，其故何也？」惠子曰：「大者可以王，其次可以霸也。今可以王齊王，而壽黔首之命，免民之死，是以石代愛子頭也，何為不為㈡？民寒則欲火，暑則欲冰，燥則欲溼，溼則欲燥，寒暑燥溼相反，其於利民一也。利民豈一道哉？當其時而已矣。」

【今註】㈠「去尊」：墨家之愛無差等，惠施亦說「天地一體」，「天與地卑，山與澤平」，故主張平等而去尊。匡章難惠施事，已見上不屈篇。周顯王十三年（西元前三五六），魏惠王始稱王，其時惠施為相，秦齊等稱王尚在其後三十餘年。匡章所謂「王齊王」，似指齊稱東帝事，（赧王二十七年，西元前二八八）而時間相去太遠，此恐為依託之詞。到通倒，謂惠子言行顛倒。㈡許釋引孫鏘鳴、陶鴻慶說謂不當有「匡章曰」三字，尹校據刪。按此段三問三答，辭意甚明，惟施取代之句上，似應有「惠子曰」三字，不過刪去亦可。㈢許釋引蘇時學爻山筆話「惠子意，言齊王所以用兵而不休者，亦欲成霸王之名耳，今以王之虛名奉之，而可以免民之死，是亦以石代子頭之說也，何為不可乎？舊注大謬。」

【今譯】匡章對惠子說：「公的學說主張去尊，現在又要使齊王稱帝，何其顛倒呢？」惠子說：「現在有人要打擊他愛子的頭，可以用石頭來代替。」匡章說：「公取石頭來代替呢？還是不取呢？」惠子說：「施要取石頭來代替，因為愛子的頭是所重的，石頭是所輕的，擊其所輕以免其所重，難道不可以嗎？」匡章說：「齊王的所以用兵不休，攻擊他國而不止，是為的什麼？」惠子說：「大者可以王，其次可以霸。今可以王齊王，而使天下人得以保命免死，這就是以石頭代替愛子頭的用意，為什麼不能這樣做？人民寒則要火，暑則要冰，燥則要溼，溼則要燥，寒暑燥溼相反，而有利於民是一樣的，利民的方法豈只一道嗎？祇要能適合其時罷了。」

六曰貴卒

【今註】貴卒是貴有急智機警，以應付危急的事變，轉危為安。開春論各篇都是論治國以得賢為上，大賢才有各種不同的典型，而應變之才亦是重要的一種，在春秋戰國世事多變的時代，尤貴有急智。大凡才識足以應變，必能文理密察，非常聰明，可謂才學俱佳而有廉潔勇毅智信之德的成人。本篇所舉事例，如鮑叔吳起都是才識超羣而文理密察的人，故有急智；伶俚似效法鮑叔所為。此後漢高祖的捫足以安軍心，則反鮑叔所為，其急智亦屬可貴。

力貴突，智貴卒㈠，得之同則遬為上，勝之同則溼為下。所為貴驥者，為其一日千里也，旬日取之，與駑駘同。所為貴鏃矢者，為其應聲而至㈡，終日而至，則與無至同。

【今註】㈠卒（ㄘㄨˋ）同猝字。遬即速。溼，高注「猶遲久之也。」㈡鏃矢是金鏃箭羽而輕利的矢。

【今譯】兵力貴能突擊，智慧貴能應急。同樣的可以得到，則以快速為上，同樣的可以勝利，則以遲久為下。所以重視驥馬，是因為牠能一日千里，如果要十日到達，這就和駑駘一樣。所以重視輕利的鏃矢，是因為它能應聲射到，如果要整天才到，那就和沒有到一樣。

吳起謂荊王曰：「荊所有餘者地也，所不足者民也。今君王以所不足益所有餘，臣不得而為也。」於是令貴人往實廣虛之地，皆甚苦之。荊王死，貴人皆來，尸在堂上，貴人相與射吳起，吳起號呼曰：「吾示子吾用兵也。」拔矢而走，伏尸插矢而疾言曰：「羣臣亂王，吳起死矣㈠。」且荊國之法，麗兵於王尸者，盡加重罪，逮三族，吳起之智可謂捷矣。

【今註】㊀周安王二十一年（西元前三八一）楚悼王卒，宗室大臣殺吳起。上德篇謂「荊王薨，羣臣攻吳起，兵於喪所，陽城君與焉，荊罪之，陽城君走，荊收其國。」

【今譯】吳起告訴楚王說：「楚國所有餘的是土地，所不足的是人民，現在君主以所不足益所有餘，這是臣未得為君王獻計。」於是使貴臣移居於廣大而空曠的地方，大家都以此為苦。楚王死，貴臣都回來弔喪，王尸尚在堂上，貴臣共同射吳起，吳起號呼說：「我把用兵之道表示給你們看。」拔矢而走，伏王尸上而以矢插入王尸，高聲的說：「羣臣作亂殺王，吳起死了。」依照楚國之法，將兵器附著於王尸的都加以重罪，逮捕三族，吳起的智力可謂迅捷了。

齊襄公即位，憎公孫無知，收其祿。無知不說，殺襄公。公子糾走魯，公子小白奔莒。既而國殺無知，未有君，公子糾與公子小白皆歸，俱至，爭先入公家㊀。管仲扜弓射公子小白，中鉤㊁；鮑叔御，公子小白僵㊂。管子以為小白死，告公子糾曰：「安之，公子小白已死矣。」鮑叔因疾驅先入，故公子小白得以為君。鮑叔之智，應射而令公子小白僵也，其智若鏃矢也。

【今註】㊀齊襄公是齊僖公之子。公孫無知是僖公之弟夷仲年之子，亦是襄公的從弟。公子糾、公子小白都是襄公之弟。周莊王十二年（西元前六八五），公孫無知殺襄公而自立，為國人所殺，公子糾公子小白爭先回齊，小白先入為君，就是五霸之一的齊桓公。㈡扞（ㄏㄢˋ）或作捍，此是拉弓之意。㈢御，高注「御，猶使也，僵，猶偃也。」許釋謂「此文當從御字絕句，御下宜有令字，下文鮑叔因疾驅先入，則鮑叔為車御明矣。下文鮑叔之智，應射而令公子小白僵也，即承此言，高釋御為使，是其所據本已奪令字。」按許說是。

【今譯】 齊襄公即位，憎惡公孫無知，收其食祿。無知不高興，殺襄公。公子糾走魯，公子小白奔莒。沒有多久，國人殺無知，於是齊國未有君，公子糾與公子小白都回來，到了齊國，爭先進入公家。管仲拉弓射公子小白，中帶鉤。鮑叔御車，使公子小白僵臥。管仲以為小白被射死，告訴公子糾說：「放心，公子小白已死了。」鮑叔因此很快的驅車先入，所以小白得立為齊君。鮑叔應射而使小白僵臥，他的急智猶如輕利迅速的鏃矢。

周武君使人刺伶悝於東周㈠，伶悝僵，令其子速哭曰：「以誰刺我父也？」刺者聞，以為死也；周以為不信，因厚罪之。

【今註】 ㈠周武君是西周之君，伶悝是東周之臣，此說伶悝急智。

【今譯】 周武君使人刺伶悝於東周，伶悝僵臥，使其子趕快的哭說：「是誰刺殺我父？」刺者聽到，以為伶悝已死；周武君認為使者不信實，因此重罪使者。

趙氏攻中山，中山之人多力者曰吾丘鴪，衣鐵甲，操鐵杖以戰，而所擊無不碎，所衝無不陷，以車投車，以人投人也，幾至將所而後死㊀。

【今註】㊀此言吾丘鴪（ㄖㄨㄥˇ）的力大，能突破趙軍，似與本篇貴卒無關，而是力貴突的說明。尹校認為本節文義未完，當有脫譌。

【今譯】趙氏攻打中山，中山的大力士名叫吾丘鴪，穿著鐵甲、拿著鐵杖作戰，所擊無不碎，所衝無不陷，用車去投車，用人去投人，幾乎衝到趙軍的將領處，纔是死了。……

卷二十二　慎行論

第二，凡六篇

一曰慎行

【今註】 慎行是論小人害人而終於害己，警戒世人於其行事，必須就義理上審慎考慮。所以說：「君子計行慮義，小人計行其利，乃不利。有知不利之利者，則可與言理矣。」這是孔子所說「君子喻於義，小人喻於利」的引伸。所引費無忌、崔杼、慶封的事例，都足證明害人而終於害己的定律。驕恣篇謂「人主之患，患在知能害人而不知害人之不當而反自及也。」亦是此意。

行不可不孰，不孰如赴深谿，雖悔無及㈠。君子計行慮義，小人計行其利，乃不利。有知不利之利者，則可與言理矣。

【今註】 ㈠孰同熟，是深思熟慮，不思而行，不免後悔，猶如赴深谿必多傷亡。

【今譯】 行事不可不熟慮，不熟慮猶如奔赴深谿，雖後悔亦將不及。君子行事先考慮其是否合義，小人行事則先考慮是否有利可圖，其結果乃不利。如有知道使不利為有利的，則可與說明義理了。

荊平王有臣曰費無忌㈠，害太子建，欲去之。王為建取妻於秦而美，無忌勸王奪，王已奪之而疏太子。無忌說王曰：「晉之霸也近於諸夏，而荊僻也，故不能與爭，不若大城城父，而置太子焉，以求北方。王收南方，是得天下也㈡。」王說，使太子居于城父。居一年，乃惡之曰：「建與連尹將以方城外反㈢。」王曰：「已為我子矣，又尚奚求？」對曰：「以妻事怨，且自以為猶宋也，齊晉又輔之，將以害荊，其事已集矣。」王信之，使執連尹，太子建出犇㈣。左尹郄宛國人說之，無忌又欲殺之，謂令尹子常曰：「郄宛欲飲令尹酒。」又謂郄宛曰：「令尹欲飲酒於子之家。」郄宛曰：「我賤人也，不足以辱令尹，令尹必來辱，我且何以給待之。」無忌曰：「令尹好甲兵，子出而寘之門，令尹至，必觀之，已因以為酬。」及饗日，惟門左右而寘甲兵焉㈤。無忌因謂令尹曰：「吾幾禍令尹，郄宛將殺令尹，甲在門矣。」令尹使人視之，信，遂攻郄宛殺之。國人大怨動作者，莫不非令尹㈥，沈尹戍謂令尹曰㈦：「夫無忌荊之讒人也，亡夫太子建，殺連尹奢，屏王之耳目；今令尹又用之殺眾不辜，以興大謗，患幾及令尹。」令尹子常曰：「是吾罪也，敢不良圖。」乃殺費無忌，盡滅其族，以說其國。動而不論其義，知害人而不知人害己也，以滅其族，費無忌之謂乎？

【今註】㊀費無忌左傳作費無極。㊁城父是楚北境之邑，在今江蘇沛縣。北方指魯衛宋鄭，南方指吳越。㊂連尹伍奢是伍子胥的父親。方城是楚國的要塞，見有始覽九塞之一。㊃出奔鄭國，參閱精諭篇白公勝事。㊄畢校謂惟帷古通借，左傳作帷諸門左。㊅動作者，畢校謂左傳作進胙者，尹校作國人方怨動作者。動作者指殺郄宛的人。㊆沈尹戌是楚莊王之孫沈諸梁，葉公子高之父。

【今譯】楚平王有臣名費無忌，害怕太子建，要除去他。王為建娶妻於秦國而美好，無忌勸王奪取；王已奪取，遂疏遠了太子。無忌對王說：「晉國所以稱霸，是因為接近中原各國，而楚國僻遠，所以不能與晉國爭霸。不如大大的建築了城父而使太子治理，以求向北方發展；王則收伏南方，這就可得天下了。」王很喜悅，就使太子居於城父。居了一年，無忌乃向王斥責太子說：「建和連尹將以方城外反。」王說：「已是我的太子了，又還有何求？」無忌說：「因為娶妻那件事懷恨在心，而且自己以為猶如宋國，可以獨立，齊晉又輔助他，將以害楚，這件事已決定了。」王聽信他的話，使人執連尹，太子建出奔鄭。左尹郄宛是國人所信仰的，無忌又要殺他，告訴令尹子常說：「郄宛要請令尹吃酒。」又告訴郤宛說：「令尹要到你家裏來吃酒。」郤宛說：「我是賤人，不足以屈辱令尹；如果令尹定要屈駕，我將何以招待他呢？」無忌說：「令尹喜愛兵器，你可以把所有兵器陳列在大門口，令尹來時必定先要參觀，等他看完了，就把這些兵器做酬報。」到了宴請那天，大門左右都用布帷圍起來，陳列兵器。無忌因告訴令尹說：「我差一些要害了令尹，郤宛要殺令尹，已陳列兵器在門口了。」令尹使人去看，果然如此，遂即攻殺郤宛。國人都怨恨殺郤宛的人，莫不誹謗令尹。沈尹戌告訴令尹說：「那無忌是楚國的讒人，使太子建出奔，殺連尹奢，蔽塞王的耳目；現在令尹又聽他殺了許多無罪的人，引起國人的大謗；這禍患恐怕就要到令尹身上。」令尹子常說：「是我的罪，一定要設法補救。」於是就殺了費無忌，盡滅其族，以取悅於國人。行事而不考慮是否合於理義，祇知以讒邪害人而不知要害己，以致於滅族，這就是費無忌吧！

崔杼與慶封謀殺齊莊公，莊公死，更立景公，崔杼相之㈠。慶封又欲殺崔杼而代之相，於是椓崔杼之子，令之爭後，崔杼之子相與私鬨㈡。崔杼往見慶封而告之，慶封謂崔杼曰：「且留，吾將興甲以殺之。」因令盧滿嫳興甲以誅之，盡殺崔杼之妻子及枝屬，燒其室屋，報崔杼曰：「吾已誅之矣。」崔杼歸無歸，因而自絞也。慶封相景公，景公苦之，慶封出獵，景公與陳無字公孫竈公孫蠆誅封，慶封以其屬鬭，不勝，走如魯。齊人以為讓，又去魯而如吳，王予之朱方。荊靈王聞之，率諸侯以攻吳，圍朱方拔之，得慶封，負之斧質以徇於諸侯軍，因令其呼之曰：「毋或如齊慶封，弒其君而弱其孤以亡其大夫。」乃殺之。黃帝之貴而死，堯舜之賢而死，孟賁之勇而死，人固皆死，若慶封者可謂重死矣。身為僇，支屬不可以見，行忮之故也。凡亂人之動也，其始相助，後必相惡。為義者則不然，始而相與，久而相信，卒而相親，後世以為法程。

【今註】㈠齊景公杵臼是莊公之弟。崔杼殺莊公，在周靈王二十四年（魯襄二十五年，西元前五四九），後二年慶封殺崔杼。又一年，齊景公欲誅慶封，慶封奔吳，至周景王七年（魯昭四年，西元前五三八）楚靈王殺慶封，滅其族，事詳左傳。㈡椓（ㄓㄨㄛ）是挑撥。鬨即鬨，私鬨就是相鬥。

【今譯】崔杼和慶封諫殺齊莊公，莊公死了，更立景公，崔杼為相。慶封又要殺崔杼而代他為相，於是挑撥崔杼的兒子使爭為後嗣，崔杼之子相與私鬥。崔杼去告訴慶封，慶封對崔杼說：「你且留下來，我要起兵殺了他們。」因使盧滿嫳帶兵去，盡殺了崔杼的妻子和部屬，燒了他的房屋，回來報告崔杼說：「我已經殺了他們了。」崔杼回家，已是無家可歸，因而自縊而死。慶封相景公，景公甚以為苦。當慶封出去田獵時，景公與陳無宇、公孫竈、公孫蠆共同謀誅慶封；慶封用他的部屬來鬥，不勝，逃到魯國去。齊國責讓魯國收留慶封，又離魯而往吳國，吳王以朱方地封慶封。楚靈王聽到此事，率領諸侯的軍隊攻伐吳國，破了朱方，捕得慶封，拿斧躓背在他身上，循行諸侯的軍隊，使他高呼說：「不要像齊國慶封，謀殺了其國君，削弱了他的嗣君，以滅亡了他的大夫。」乃殺了慶封。貴如黃帝終歸於死，賢如堯舜亦死，勇如孟賁亦死，人固皆死，如同慶封可以說是死而又死了。他本身被殺，部屬都不可以免，這由於他的行為太惡的緣故。大凡亂臣賊子的行動，起始相助為亂，後必相忌相惡。忠臣義士則不是如此，始而相與，久而相信，終而相親，後世都以此為法度。

二曰無義

【今註】　本篇是繼上篇說明無義之人終必自害，所舉四事例都是無信義而賣友求榮的行為，結果適足以自害，正是上文「小人計行其利，乃不利」的說明。所以說「故義者百事之始也，萬利之本也」。大凡亂離之世，道德墮落，人慾橫流，故孔子教人「見利思義」「不義而富且貴，於我如浮雲」。孟子則更嚴義利之辨，而以「士窮不失義」告戒世人。本書舉難篇亦謂責人以仁，自責以義。其後春秋繁露更以「以仁安人，以義正我」為春秋的仁義法，而「正其義不謀其利」成為歷代崇奉的名言。近數十年，是人類史上變化最大的時期，人類文明所遭遇的危機，顯然也是精神與物質失卻平衡，本末倒置，先後錯亂的結果，使人失去人之所以為人的優點，而復回到禽獸之林，成為物質的奴役而不自知。（陳立夫先生人理學導論）故本篇所論尚有其時代意義。

先王之於論也極之矣，故義者百事之始也，萬利之本也，中智之所不及也，不及則不知，不知趨利㊀，趨利固不可必也㊁。公孫鞅、鄭平、續經、公孫竭是已。以義動則無曠事矣。人臣與人臣謀為姦，猶或與之，又況乎人主與其臣謀為義，其孰不與者，非獨其臣也，天下皆且與之㊂。

【今註】㊀畢校謂「似當作不知則趨利，脫一則字。」㊁慎行篇謂「小人計行其利乃不利」，故曰趨利固不可必也。㊂與猶助也。

【今譯】先王的論事已極為完備了，所謂義是百事的首要，萬利的本原，是中智的人所不及，不及則不知義，不知義則趨利，趨利實不可必得其利，例如公孫鞅、鄭平、續經、公孫竭就是如此。如果行動合於義，那就沒有曠廢的事了，因為人臣與人臣謀為姦，尚且有人相助，又況乎人主與其臣謀為義，誰不竭誠相助，不獨其臣相助，天下的人都將助其成事。

公孫鞅之於秦非父兄也，非有故也，以能用也，欲堙之責，非攻無以㈠，於是為秦將而攻魏。魏使公子卬將而當之。公孫鞅之居魏也，固善公子卬，使人謂公子卬曰：「凡所為游而欲貴者，以公子之故也，今秦令鞅將，魏令公子當之，豈且忍相與戰哉？公子言之公子之主，鞅請亦言之主，而皆罷軍。」於是將歸矣，使人謂公子曰：「歸未有時相見，願與公子坐而相去別也。」公子曰：「諾。」魏吏爭之曰：「不可。」公子不聽，遂相與坐。公孫鞅因伏卒與車騎以取公子卬。秦孝公薨，惠王立，以此疑公孫鞅之行，欲加罪焉。公孫鞅以其私屬與母歸魏，襄疵不受，曰：「以君之反公子卬也，吾無道知君㈡。」故士自行，不可不審也。

【今註】㈠公孫鞅即商鞅，相秦孝公，變法強秦。堙是堵塞，因為鞅是魏人，不免啟人疑慮，所以非攻伐魏國，無以堵塞他人的責備。㈡公孫鞅自知不容於秦惠王，故以其親屬與母親送歸魏國。高注疑無此事，許釋引梁玉繩說「史記商君傳，亦言鞅亡魏，弗受，復入秦被誅，不得以為妄也。」

【今譯】公孫鞅之於秦國，非親非故，是以才能見用，因此要取得秦國的信任，非攻伐魏國，無以堵塞他人的責備。於是為秦將而攻魏，魏使公子卬將兵抵禦。公孫鞅在魏國時，本與公子卬友善，使人告訴公子卬說：「凡我所以出游求取富貴，是公子所賜。現在秦使鞅為將，魏使公子來抵禦，豈能忍心相與戰鬥嗎？公子對公子的主說明，鞅亦向王說明，雙方都罷軍。」於是公孫鞅將歸秦了，又使人告訴公子說：「歸去後恐怕沒有時間相見，希望與公子稍坐而相互道別。」公子說：「好的。」魏吏諫阻公子，說：「不可以。」公子不聽，遂和公孫鞅坐談，公孫鞅因伏卒與車騎以劫殺公子卬。後來秦孝公去世，惠王即位，就因此事懷疑公孫鞅的行為，要加罪他。公孫鞅以其私屬與母親送歸魏國，襄庛不接受，說：「因為你反了公子卬，我無法相信你。」所以人士的行為，不可以不審愼。

鄭平於秦王臣也，其於應侯交也，欺交反主，為利故也。方其為秦將也，天下所貴之無不以者，重也。重以得之，輕必失之。去秦將入趙魏，天下所賤之無不以也，所可羞無不以也，行方可賤可羞，而無秦將之重，不窮奚待㊀？

【今註】㊀鄭平事不詳，大概他本是晉人，入秦為將，後又為利反秦入趙魏，為趙魏所不齒。重以得之，輕以失之，正說明鄭平的無義，尹校刪此二句，似未妥。

【今譯】鄭平對於秦王的關係是秦臣，對於應侯的關係是知交，他的欺騙知交，反叛秦王，是為私利的緣故。當他為秦將時，天下人都尊貴他，無不奉承他，是因為他有秦將可重視。重時的所得，輕時必將失去，所以當他去秦到了趙魏，凡是天下所輕賤的無不給他，所可羞恥的亦無不給他。他的行為既可賤可羞，而又無秦將的可重，那有不窮困呢？

趙急求李欸，李言續經與之俱如衛，抵公孫與，公孫與見而與入。續經因告衛吏使捕之。續經以仕趙五大夫㈠，人莫與同朝，子孫不可以交友。

【今註】㈠五大夫是戰國時諸侯的官爵。

【今譯】趙國通緝李欸（ㄎㄜˊ），李欸告訴續經同他一起避往衛國，到了公孫與家中，公孫與見過李欸而相同入內。續經因告訴衛吏使逮捕李欸。續經因此得為趙國五大夫，大家都輕視他，不與同朝，其子孫不可以交友。

公孫竭與陰君之事，而反告之樗里相國㈠，以仕秦五大夫。功非不大也，然而不得入三都㈡。又況乎無此其功而有行乎？

【今註】㈠陰君之事不明。樗（ㄕㄨ）里相國是秦相樗里疾。㈡三都，高注「趙衞魏也。」

【今譯】公孫竭參與陰君之事，而反過來向樗里相國告密，因此得仕為秦五大夫。他的告密之功不是不大，可是為趙衞魏的人所輕視，不得進入三都。又況乎沒有此功而有無義之行呢？

三曰疑似

【今註】本篇是說明「疑似之迹，不可不察。」孔子說：「惡似而非者，惡莠恐其亂苗也，惡佞恐其亂義也，惡利口恐其亂信也，惡鄭聲恐其亂樂也，惡紫恐其亂朱也，惡鄉原恐其亂德也。」可知世間疑似的事物很多，「惑乎似士而失其真士」，則是君人者所最宜審慎，本篇的意旨仍是希望人主能審慎擇士用賢。

使人大迷惑者，必物之相似也。玉人之所患，患石之似玉者，相劍者之所患，患劍之似吳干者㊀，賢主之所患，患人之博聞辯言而似通者。亡國之主似智，亡國之臣似忠，相似之物，此愚者之所大惑，而聖人之所加慮也。故墨子見歧道而哭之㊁。

【今註】㊀吳干是吳國的利劍干將。㊁為其可以南，可以北，所以哭泣而不知所從。尹校據淮南說林篇，於正文補「為其可以南，可以北。」句。

【今譯】使人大大的迷惑而不能辨別者，必定是相似之物。玉人的所害怕，是在於似玉的石子；相劍者的所害怕，是在於似干將的劍；賢主的所害怕，是在於博聞辯言而似通達的人士。亡國之主多似乎才智，亡國之臣多似乎忠良，大凡相似之物，是使愚者大為迷惑，而聖人所加以審慮，所以墨子見歧路而哭泣不知所從。

周宅酆鎬近戎人，與諸侯約，為高葆禱於王路㊀，置鼓其上，遠近相聞，即戎寇至，傳鼓相告，諸侯之兵皆至救天子。戎寇當至，幽王擊鼓，諸侯之兵皆至，褒姒大說喜之。幽王欲褒姒之笑也，因數擊鼓，諸侯之兵數至而無寇。至於後，戎寇真至，幽王擊鼓，諸侯兵不至，幽王之身乃死於麗山之下，為天下笑。此夫以無寇失真寇者也。賢者有小惡以致大惡，褒姒之敗，乃令幽王好小說以致大滅㊁，故形骸相離，三公九卿出走，此褒姒之所用死，而平王所以東徙也，秦襄、晉文之所以勞王，勞而賜地也㊂。

【今註】㊀葆，畢校謂御覽作堡，即今所謂堡壘。酆、鎬皆在今陝西西安南，周太王在岐，文王遷酆，武王遷鎬。王路是國家大道。禱，許釋引俞樾平議「禱字不可通，當讀為壔，說文：壔，保也，連言之則曰保壔。九章算術有方堢壔。尹校刪禱字。按俞說是。惟此一故事或作烽火。㊁當至，許釋謂當讀為嘗，同聲假借。褒姒是幽王的妃子。史記稱幽王三年，見褒姒而愛之。褒姒不好笑，幽王欲其笑，萬方故不笑。幽王為烽燧大鼓，有寇至則舉烽火，諸侯悉至；至而無寇，褒姒乃大笑。幽王悅之，為數舉燧火。其後不信，諸侯益亦不至。至十一年，犬戎攻幽王，幽王舉烽火徵兵，兵莫至，遂被殺於驪山下，褒姒為虜。於是諸侯乃共立幽王太子宜臼，是為平王，以奉周祀。平王立，東遷於洛邑。故詩小雅謂「赫赫宗周，褒姒滅之。」㈢周幽王為犬戎所敗，平王東遷，秦襄公將兵救周有功，周以故地酆鎬賜秦，列為諸侯。晉文是晉文侯仇，亦以功得賜地。勞王、王念孫謂猶勤王也，下勞字衍文。

【今譯】 周都酆鎬，近戎人，因與諸侯相約，各建堡壘於大路，置鼓其上，遠近都可相聞。當戎寇來時，傳鼓相告，諸侯之兵都來救天子。戎寇曾經來，幽王擊鼓，諸侯之兵都到，褒姒大為喜悅。幽王要褒姒喜笑，因此數次擊鼓，諸侯之兵亦數次來，可是並沒有戎寇。後來，戎寇真的來了，幽王擊鼓，諸侯兵不來，幽王被戎寇殺死於麗山之下，天下傳為笑話。這是以無寇失真寇，賢者有因小惡以至大惡，褒姒的失敗，乃使幽王喜好小悅以至大滅，所以形骸相離，三公九卿出走，這就是褒姒的所以死，而平王的所以東遷，秦襄晉文的所以勤王而得到賜地。

梁北有黎丘部有奇鬼焉，喜效人之子姪昆弟之狀㈠。邑丈人有之市而醉歸者，黎丘之鬼效其子之狀，扶而道苦之。丈人歸，酒醒，而誚其子曰：「吾為汝父也，豈謂不慈哉？我醉，汝道苦我，何故？」其子泣而觸地曰：「孽矣，無此事也。昔也往責於東邑人，可問也㊁。」其父信之，曰：「譆，是必夫奇鬼也，我固嘗聞之矣。明日端復飲於市，欲遇而刺殺之。」明旦之市而醉，其真子恐其父之不能反也，遂逝迎之。丈人望其真子，拔劍而刺之。丈人智惑於似其子者，而殺其真子。夫惑於似士者而失於真士，此黎丘丈人之智也。疑似之迹，不可不察，察之必於其人也。舜為御，堯為左，禹為右，入於澤而問牧童，入於水而問漁師，奚故也？其知之審也。夫孿子之相似者，其母常識之，知之審也。

【今註】㊀子姪，畢校謂子姪之稱，始見於此。許釋引王引之說，證明子姪應作子姓，即子孫。尹校據改。㊁端，許釋「專故也。韓非飾邪篇，豎穀陽之進酒也，非以端惡。注：端，故也，是其義。」

【今譯】梁北的黎丘地方有奇鬼，喜歡仿效人家子姪昆弟的狀貌。當地的丈人有一天到市集上酒醉回家，黎丘之鬼仿效其子的狀貌扶著丈人，而在路上找他麻煩。丈人回到家裏，酒醒了，斥責其子說：「我是你父親，難道說不慈嗎？我醉了，你在路上找我麻煩，為什麼？」其子泣而頓首說：「冤枉了，沒有這回事啊！昨晚我往東邑討債，可以問他們。」其父相信，說：「嘻，這必定是那奇鬼，我曾經聽說過了。明天故意復飲於市，希望再遇著而刺殺了它。」第二天早晨往市而真的醉了，其真子恐怕父親醉了不能回來，就前去迎接，丈人望見其真子，拔劍刺殺他。丈人的智力迷惑於似其子者，而殺其真子，那些迷惑於似士者而失於真士，這亦和黎丘丈人的智力一樣。疑似的形跡，不可以不審察，審察必須是對人。舜為御，堯為右，禹為左，入於澤而問牧童，入於水而問漁師，為的什麼？是要知道事物的真相。那孿子的相似，惟其母能辨識，就是知道的詳審。

四曰壹行

【今註】壹行即中庸所謂「所以行之者一也」的意思。中庸說：「智仁勇三者天下之達德也，所以行之者一也。」朱子注「一則誠而已矣。」又說：「凡為天下國家有九經，所以行之者一也。」一亦是誠。可見孔子思想不論成己成物，都是以誠為原動力。孫鏘鳴高注補正謂「此篇名壹行者，專一其行，所謂信也。」信亦就是誠。由此可知本篇文內的不可知是無誠，亦即無信；可知便是誠，亦即信。其論天下事物的成敗，皆決定於可知與不可知，益見誠信的重要。

先王所惡，無惡於不可知㈠。不可知則君臣父子兄弟朋友夫妻之際敗矣。十際皆敗，亂莫大焉㈡。凡人倫以十際為安者也，釋十際則與麋鹿虎狼無以異，多勇者則為制耳矣。不可知則知無安君，無樂親矣㊂，無榮兄、無親友、無尊夫矣。

【今註】㊀許釋引孫鏘鳴高注補正「不可知謂無信也」。㊁十際是人與人間的關係，中庸謂「君臣也、父子也、夫婦也、昆弟也、朋友之交也，五者天下之達道也。」這五達道是人生所不可缺少的關係，稱之為五倫或人倫。五倫關係為十際，十際彼此各有應盡之道，叫做倫理，禮記禮運篇「父慈、子孝、兄良、弟悌、夫義、婦聽、長惠、幼順、君仁、臣忠，十者謂之人義。」孟子則合二者而言：「父子有親，君臣有義，夫婦有別，長幼有序，朋友有信。」（禮運以長幼為朋友，孟子以長幼為兄弟）這些倫理的基本精神在於仁愛，所以行之者則為誠，也就是信，所以說人與人之間的關係如不可知而無誠信，則十際敗壞了。㊂許釋引陳昌齊、俞樾說，謂則字下衍知字。

【今譯】先王所厭惡的，沒有甚於不可知，不可知則君臣父子兄弟朋友夫妻的關係敗壞了，這十種關係都敗壞，是最大的禍亂。大概人倫以十種關係的正常為安，棄去了十種關係，那就與麋鹿虎狼沒有什麼不同，勇力多的人可以統制而已。所以不可知則沒有平安的君，沒有快樂的親了，沒有光榮的兄長，沒有可信的朋友，沒有可尊敬的丈夫了。

強大未必王也，而王必強大，王者之所藉以成也何？藉其威與其利㈠。非強大則其威不威，其利不利。其威不威，則不足以禁也，其利不利，則不足以勸也。故賢主必使其威利無敵，故以禁則必止，以勸則必為。威利敵㈡，而憂苦民，行可知者王。威利無敵，而以行不知者亡。小弱而不可知，則強大疑之矣，人之情不能愛其所疑，小弱而大不愛，則無以存。故不可知之道，王者行之廢，強大行之危，小弱行之滅。

【今註】㈠韓非詭使篇「聖人之所以為治道者三：一曰利，二曰威，三曰名。夫利所以得民也，威所以行令也，名者上下所同道也。」此處引用法家理論。下文「威利敵而憂苦民，行可知者王，威利無敵而以行不知者亡。」二句又是儒家思想。孔子說「民無信不立」，「上好信則民莫敢不用情」，「信則民任焉。」所以雖有無敵的威利而無誠信，仍不能得民心，而終不免於亡。㈡許釋引俞樾平議「威利敵當作威利無敵」，尹校據補。按俞說非，此謂威利相匹敵，則能憂苦民行誠信者王，文意甚明，不宜補無字。

【今譯】強大未必可以王天下，而王天下者必定強大。王者所賴以成功的是什麼？是賴有威與利。不強大則其威不威，其利不利。其威不威則不足以禁止邪惡；其利不利，則不足以勸進善良。所以賢主必使其威利無敵於天下，於是用之於禁則必止，用之於勸則有效。威利相等而能憂勞人民、行事誠信者可成王業；威利無敵而行事無誠信者不免於滅亡。國家小弱而行不誠信，那強大之國必因而懷疑了；人情不能愛其所疑，國既小弱而大國不愛，那就無法求存。所以不可知之道，王者行之則王業敗壞，大國行之則危殆，小弱的國家行之則滅亡。

今行者見大樹，必解衣縣冠倚劍而寢其下，大樹非人之情親知交也，而安之若此者，信也。陵上巨木，人以為期，易知故也，又況於士乎？士義可知故也，則期為必矣㈠，又況彊大之國。彊大之國誠可知，則其王不難矣。人之所乘船者㈡，為其能浮而不能沈也，世之所以賢君子者，為其能行義而不能行邪辟也。孔子卜得賁，孔子曰：「不吉㈢。」子貢曰：「夫賁亦好矣，何謂不吉乎？」孔子曰：「夫白而白，黑而黑，夫賁又何好乎？」故賢者所惡於物，無惡於無處，夫天下之所以惡，莫惡於不可知也。夫不可知，盜不與期，賊不與謀，盜賊大姦也，而猶所得匹偶，又況於欲成大功乎？夫欲成大功，令天下，皆輕勸而助之，必之士可知。

【今註】 ㈠許釋引陳昌齊、俞樾、陶鴻慶說，皆謂「故也」二字衍，尹校據刪。按孔子謂「信近於義」，本文以可知為信，士有義，因其有信故也，似並非衍。㈡所下當有以字，與下句文法一律（陶鴻慶說）。㈢賁（ㄅㄧˋ），許釋引李賡芸炳燭編謂賁卦之賁古斑字，高注：賁，色不純也。說苑反質篇則曰賁非正色也，白當白，黑當黑，較呂覽文尤明顯。蓋賁固色之不一者。按李說是，賁有ㄅㄧˋ、ㄅㄣ兩音，賁卦兼取文飾、光明兩義，其象文采光華，文采過盛，勢將掩沒實質，所以說賢者所惡於物，惡其無處可名，這就是不可知。

【今譯】行路的人看見大樹，必解衣掛冠倚劍而臥於樹下，大樹不是人的親戚朋友，而安臥如此，因為樹蔭是可信的。山上巨木，是人所同見，大家以為期會之處，因為容易知道的緣故，又何況於賢士呢？賢士有義，有信故也，則大家必以為期會之所了，又何況於強大的國家呢？強大的國家果能誠信，則其王天下不難了。人的所以乘船，是因為船能浮而不能沈，世人的所以稱譽君子，是因為君子能行義而不能行邪惡。孔子卜得賁卦，孔子說：「不吉。」子貢說：「賁卦亦很好了，怎麼會不吉呢？」孔子說：「白為白，黑為黑，那賁卦又有什麼好呢？」所以賢者所惡於物，是深惡其無處可名，天下人的所以厭惡，沒有惡於不可知，那不可知的事，盜不與期，賊不與謀；盜賊是大姦，而還要得其所需的匹偶，又何況於要成大功的人呢？要成大功，使天下人都輕進而相助，必定是可知的信義之士。

五曰求人

【今註】求人就是求賢，本篇所謂「身定國安天下治，必賢人。」得賢人，國無不安，名無不榮；失賢人，國無不危，名無不辱。」「有能益人之壽者，則人莫不願之，今壽國有道，而君人者而不求，過矣。」意義都甚明白。儒墨均尚賢，法家則非賢而任道，老子則主張「不尚賢，使民不爭。」

身定國安天下治，必賢人㊀。古之有天下也者七十一聖㊁，觀於春秋，自魯隱公以至哀公十有二世，其所以得之，所以失之，其術一也。得賢人，國無不安，名無不榮；失賢人，國無不危，名無不辱。先王之索賢人，無不以也，極卑極賤，極遠極勞。虞用宮之奇、吳用伍子胥之言，此二國者雖至於今存可也，則是國可壽也㊂。有能益人之壽者，則人莫不願之，今壽國有道，而君人者而不求，過矣。

【今註】㊀高注「身者國之本也。詹子曰，未聞身亂而國治者也。」這是儒家修齊治平之道。㊁史記封禪書「古者封泰山，禪梁父者七十二家。」㊂宮之奇諫虞公之言見權勳篇，伍子胥諫吳王夫差之言見長攻篇。

【今譯】　身定國安天下治，必須用賢人。古代有天下者七十一聖，再看春秋，自魯隱公以至哀公，十有二世，其所以得之，其所以失之，是同一的道理：得賢人，國無不安，名無不榮；失賢人，國無不危，名無不辱。所以先王的求賢，無不用盡方法，或得之於極卑極賤，或得之於極遠極勞。虞公如用宮之奇之言，吳王如用伍子胥之言，這兩個國家或可至今猶存，這可見用賢而國家可得長壽。有能裨益個人的壽命，則人莫不去求，現在壽國有術，而君人者乃不求，這就是錯了。

堯傳天下於舜，禮之諸侯，妻以二女，臣以十子，身請北面朝之，至卑也㈠。伊尹庖廚之臣也，傅說殷之胥靡也，皆上相天子，至賤也㈡。禹東至榑木之地，日出九津青羌之野，攢樹之所，㨉天之山，鳥谷青丘之鄉，黑齒之國。南至交阯孫樸續樠之國，丹粟漆樹沸水漂漂九陽之山，羽人裸民之處，不死之鄉。西至三危之國，巫山之下，飲露吸氣之民，積金之山，其肱一臂三面之鄉。北至人正之國，夏海之窮，衡山之上，犬戎之國，夸父之野，禺彊之所，積水積石之山。不有懈墮，憂其黔首，顏色黎黑，竅藏不通，步不相過，以求賢人，欲盡地利，至勞也㈢。得陶化益真窺橫革之交五人佐禹㈣，故功績銘乎金石，著於盤盂。

【今註】㈠此段申述上文「先王之索賢人，無不以也，極卑極賤、極遠極勞。」舜是平民出身，故曰至卑。㈡伊尹事見本味、愼大篇。胥靡是受刑的罪人，孟子稱傅說以版築，許釋謂版築即今之瓦工，殷高宗用之中興，成為賢相。㈢禹所至東南西北的地名，無可稽考，可參照有始、恃君兩篇所述，本文不過說明極遠極勞以求賢人的意義而已。㈣畢校謂荀子成相篇言禹得益、皋陶、橫革、直成為輔，此句陶即皋陶，化益即伯益，真窺即直成，橫革名同，唯之交未詳。

【今譯】堯傳天下於舜，使與諸侯以朝覲之禮相會，復以其二女嫁舜，使其十子為舜臣，而且躬自北面朝舜，而舜的出身是至卑的。伊尹是由庖廚出身，傳說是殷時罪犯，兩人都是至賤的而上相天子。夏禹東至榑木之地，日出九津青羌之野，攢樹之所，捪天之山，鳥谷青丘之鄉，黑齒之國；南至交阯孫樸續樠之國，丹粟漆樹沸水漂漂九陽之山，羽人裸民之處，不死之鄉；西至三危之國，巫山之下，飲露吸氣之民，積金之山，其肱一臂三面之鄉；北至人正之國，夏海之窮，衡山之上，犬戎之國，夸父之野，禺彊之所，積水積石之山。沒有懈惰休息，為人民憂勞，顏色黎黑，竅藏不通，行步急速，以求賢人，希望能盡用地利，這是至為勞苦的。得到皋陶、伯益、真窺、橫革、之交五人的輔佐，所以禹的功績銘於金石，著於盤盂。

昔者堯朝許由於沛澤之中㈠，曰：「十日出而焦火不息，不亦勞乎？夫子為天子，而天下已定矣，請屬天下於夫子。」許由辭曰：「為天下之不治與？而既已治矣，自為與！啁噍巢於林，不過一枝㈡，偃鼠飲於河，不過滿腹，歸已君乎？惡用天下㈢？」遂之箕山之下，潁水之陽，耕而食㈣，終身無經天下之色。故賢主之於賢者也，物莫之妨，戚愛習故，不以害之，故賢者聚焉。賢者所聚，天地不壞，鬼神不害，人事不謀，此五常之本事也。

【今註】㈠貴生篇述堯以天下讓子州支父。此則謂讓許由。此事又見莊子逍遙遊、大宗師。高士傳謂許由遁耕於沛澤之中，堯召為九州長，由不欲聞之，洗耳於潁水濱。時其友巢父牽犢欲飲之，見由洗耳，問其故，對曰：「堯欲召我為九州長，惡聞其聲，是故洗耳。」巢父曰：「子若處高岸深谷，人道不通，誰能見子。子故浮游，欲聞求其名譽，汙我犢口。」牽牛上流飲之。許由歿，葬於箕山之巔。洗耳河在今河南臨汝縣。㈡啁（ㄓㄡ）噍（ㄐㄧㄡ）是小鳥，莊子逍遙遊作「鷦鷯巢於深林，不過一枝。」㈢莊子作「歸休乎君，予無所用天下為。」㈣箕山潁水在今河南偃師登封縣。

【今譯】從前堯往見許由於沛澤之中，說：「十日出而焦火不息，不太勞苦嗎？現在天下已定，請把天下付託給先生。」許由辭謝說：「是因為天下不治嗎？而事實上已安定了。為我自己嗎？啁噍巢於深林，不過一枝，偃鼠飲於河水，不過滿腹。請你回去休息吧！我那裏用得到天下？」遂即隱居於箕山之下，潁水之南，耕田而食，終身無經營天下之意。所以賢主對於賢者，不以事物妨害他，戚愛故舊，亦不以事物妨害他，所以賢者因而相聚。賢者所聚之處，天地不壞，鬼神不害，奸人不謀，這是五常的本事。

皋子眾疑取國，召南宮虔孔伯產而眾口止㊀。晉人欲攻鄭，令叔嚮聘焉，視其有人與無人。子產為之詩曰：「子惠思我，褰裳涉洧，子不我思，豈無他士。」叔嚮歸曰：「鄭有人，子產在焉，不可攻也。秦荊近，其詩有異心，不可攻也㊁。」晉人乃輟攻鄭。孔子曰：「詩云：無競惟人㊂，子產一稱而鄭國免。」

【今註】㊀皋子事不知所出，疑是戰國時讓國傳賢之一，猶如秦孝公要讓國於商鞅，梁惠王要讓國於惠施。南宮虔、孔伯產是皋子同時的賢者。㊁叔向聘鄭是左傳魯昭公十六年事。洧水是晉鄭的分水界，鄭西近秦，南近楚，其意謂晉如來攻，則將事秦楚。㊂詩大雅抑篇，謂國之富強惟在得人。

【今譯】皋子為政，眾人都懷疑他要奪取國家，他於是推薦南宮虔、孔伯產兩人來共事，眾人的謠言乃止。晉人要伐鄭國，使叔嚮往聘於鄭，看它有沒有賢人。子產為叔向誦一首詩，說：「你們對我好，就揭衣渡過洧水；對我不好，難道沒有他人可親近嗎？」叔向回報說：「鄭有賢人子產在，不可以攻。且與秦楚相近，其詩有異心，不可以攻。」晉人於是停止攻鄭。孔子說：「詩云，國家之強，惟在得人，子產一言而鄭國免於禍患。」

六曰察傳

【今註】本篇與疑似篇大意相近，謂對於傳聞之言，應詳加審察，不可輕信，輕信則不免誤事。所以說：「聞而審則為福矣，聞而不審，不若無聞矣。」文中齊桓、楚莊能審而霸，夫差智伯不能審而亡，故本篇主旨仍是尚賢之意。戰國之世，楊墨名法縱橫陰陽諸家，莫不造言設事，處士橫議，說客託言，傳聞異詞，不歸於一，傳之益久，信者益多，甚至虛言竟成實事，所以本書作者特舉出察傳的意旨，以警戒世人。

夫得言不可以不察㈠，數傳而白為黑，黑為白。故狗似玃，玃似母猴，母猴似人，人之與狗則遠矣㈡，此愚者之所以大過也。聞而審則為福矣，聞而不審，不若無聞矣。齊桓公聞管子於鮑叔，楚莊聞孫叔敖於沈尹筮，審之也，故國霸諸侯也㈢。吳王聞越王句踐於太宰嚭，智伯聞趙襄子於張武，不審也，故國亡身死也㊃。凡聞言必熟論，其於人必驗之以理。

【今註】㊀得言之得，許釋引王念孫、陶鴻慶說謂得當作傳，即本篇命名之旨。尹校據蔣維喬彙校改為聞。按本篇之旨重在審察，以聞字為明，下文聞言必熟論與此同。惟得亦可有聞意，不改亦可。㊁玃（ㄐㄩㄝˊ）是大猿。新論「犬似玃，玃似狙，狙似人。」說文「狙，玃屬。」㊂齊桓公聞管子於鮑叔，楚莊王聞孫叔敖於沈尹筮，皆詳見贊能篇。㊃吳王夫差聞越王句踐於太宰嚭，見知分、長攻篇。張武是智伯臣，不審趙襄子之智能，而智伯聽信其言，圍趙襄子於晉陽，襄子與韓魏通謀，殺智伯於高梁之東，而三分其地。

【今譯】得言不可以不察。許多話經過數傳而白為黑，黑為白，有如狗像玃，玃像母猴，母猴像人，可是人與狗則相去甚遠了，這是愚者的所以大錯。所以聞言而加以審察則得福了，聞言而不加審察不如沒有聽到了。齊桓公聞管子於鮑叔，楚莊王聞孫叔敖於沈尹筮，是加以審察的，所以稱霸諸侯。吳王夫差聞越王句踐於太宰嚭，智伯聞趙襄子於張武，是不加以審察的，所以國亡身死。大凡聞言必須詳細研論，對人必須驗之以理。

魯哀公問於孔子曰：「樂正夔一足，信乎㊀？」孔子曰：「昔者舜欲以樂傳教於天下，乃令重黎舉夔於草莽之中而進之，舜以為樂正㈡。夔於是正六律，和五聲，以通八風㈢，而天下大服。重黎又欲益求人。舜曰：『夫樂天地之精也，得失之節也，故唯聖人為能和樂之本也，夔能和之以平天下，若夔者一而足矣。』故曰夔一足，非一足也。」

【今註】㈠孔叢子「或問孔子，夔有一足，信乎？孔子曰：皋陶為夔請佐，舜曰，夔一，足矣。非一足也。」崔述考信錄謂夔一足非指人，儒者知其不知而不知所由誤，乃撰為此文，又託孔子之言以曲解之。㈡樂正是樂官之長。㈢六律、五聲、八風見古樂篇。

【今譯】魯哀公問孔子說：「樂正夔只有一隻足，這可相信嗎？」孔子說：「從前舜要用音樂傳佈教化於天下，重黎推薦夔於草野之中，舜用為樂正。夔於是正六律，和五聲，以通八風，而天下大服。重黎又要再求人，舜說：『音樂是天地的精華，人事得失的準則，所以祇有聖人能調和音樂之本。夔能調和樂聲以平天下，如同夔這樣的人，一個人就足夠了。』所以夔一足，並不是說夔祇有一隻足。」

宋之丁氏家，無井，而出溉汲，常一人居外㈠。及其家穿井，告人曰：「吾穿井得一人。」有聞而傳之者，曰：「丁氏穿井得一人。」國人道之，聞之於宋君。宋君令人問之於丁氏，丁氏對曰：「得一人之使，非得一人於井中也。」求能之若此㊁，不若無聞也。

【今註】㊀溉汲是取水。㊁畢校謂求能疑是求聞，尹校據改。

【今譯】宋國丁氏的家中沒有井，要經常有一人出外取水。後來家中穿鑿了井，告訴人家說：「我穿井得到一人。」有人聽到這話而傳給人家說：「丁氏穿井得到一人。」國人都這樣的傳說，傳到宋君那裏去，宋君遣人問於丁氏，丁氏對答說：「得到一人之用，並不是得到一人於井中。」這樣的聽話，不如沒有聽到。

子夏之晉過衞，有讀史記者曰：「晉師三豕涉河。」子夏曰：「非也，是己亥也？夫己與三相近，豕與亥相似㊀。」至於晉而問之，則曰：「晉師己亥涉河也。」辭多類非而是，多類是而非，是非之經，不可不分，此聖人之所慎也。然則何以慎？緣物之情及人之情，以為所聞，則得之矣。

【今註】㊀尹校據馬敘倫讀呂氏春秋記，謂此二句是注語，混入正文，刪。按此二句亦可作子夏說辭。

【今譯】子夏往晉過衞，聽到有人在讀史記說：「晉師三豕渡河。」子夏說：「非也，是己亥吧？己與三相近，豕與亥相似。」到了晉國而查問，則果然是「晉師己亥渡河。」說辭率多似非而是，似是而非，是非的道理，不可不分明，這是聖人所審慎之處。那麼如何審慎呢？由物之情及人之情，以審察所聞，就可得到實情了。

卷二十三　貴直論

第三，凡六篇

一曰貴直

【今註】本篇是說賢主所以重士，是重在士能直言敢諫，可以糾正缺失。文內所引事例都很切實，是勸人主要用賢，要聽言。此與孔子對哀公問所謂「舉直錯諸枉，則民服。」之意相似。不但人主要用直士，就是交友亦要「友直」。因為正直之人，公正無私，心直口爽，是者是之，非者非之，人有過必直言規勸，絕不回護，故交之有益。不過有的人專門揭發他人短處，則是訐而非直，所以子貢謂「惡訐以為直者」。

賢主所貴莫如士，所以貴士，為其直言也，言直則枉者見矣。人主之患，欲聞枉而惡直言，是障其源而欲其水也，水奚自至？是賤其所欲而貴其所惡也，所欲奚自來㈠？

【今註】㈠所欲是要知道自己的枉曲過失，所惡是厭惡他人的直言極諫。淮南子說：「塞其耳而欲聞五音，掩其目而欲察青黃，不可得也。」故曰所欲奚自來？

【今譯】　賢主所貴莫如士，所以貴士，是因為士能直言；言直則事理的枉曲可以知道了。人主的毛病，要知道枉曲而厭惡直言，這是障塞源頭而希望得水，水從何來？這是賤其所欲而貴其所惡，所欲何自而來？

能意見齊宣王㈠，宣王曰：「寡人聞子好直，有之乎？」對曰：「意惡能直？意聞好直之士，家不處亂國，身不見汙君。身今得見王，而家宅乎齊，意惡能直？」宣王怒曰：「野士也。」將罪之，能意曰：「臣少而好事㈡，長而行之，王胡不能與野士乎？將以彰其所好耶？」王乃舍之。能意者使謹乎論於主之側，亦必不阿主，不阿主之所得，豈少哉？此賢主之所求而不肖主之所惡也。

【今註】　㈠能意是齊國士人。㈡好事，許釋引吳先生說，事疑當作直，尹校據改。

【今譯】　能意見齊宣王，宣王說：「寡人聽說你喜歡直言，真的嗎？」對答說：「意那裏能直言？意聽說，喜好直言之士，家不居亂國，身不見汙君。我今日得見王，而家住齊國，意那裏能直言？」且王發怒說：「野鄙的人呀！」將要治他冒犯之罪，能意說：「臣年少時喜好直言，年長時就如此，王為什麼不能用野鄙的人呢？這將可以彰明王的好直呀！」王於是釋放了他。能意這種人使謹慎論事於人主之側，亦必不會阿諛其主，不阿諛的好處難道很少嗎？這是賢主的所以求之不得，而不肖主的所厭惡而去之。

狐援說齊湣王㈠曰：「殷之鼎陳於周之廷，其社蓋於周之屏，其干戚之音在人之游㈡。亡國之音不得至於廟，亡國之社不得見於天，亡國之器陳於廷，所以為戒。王必勉之，其無使齊之大呂陳之廷，無使太公之社蓋之屏㈢，無使齊音充人之游。」齊王不受，狐援出而哭國三日，其辭曰：「先出也衣絺紵，後出也滿囹圄，吾今見民之洋洋然東走，而不知所處㈣。」齊王問吏曰：「哭國之法若何？」吏曰：「斮㈤。」王曰：「行法。」吏陳斧質於東閭，不欲殺之而欲去之。狐援聞而蹶往過之。吏曰：「哭國之法斮，先生之老歟？昏歟？」狐援曰：「曷為昏哉？」於是乃言曰：「有人自南方來，鮒入而鯢居㈥，使人之朝為草，而國為墟。殷有比干，吳有子胥，齊有狐援，已不用若言，又斮之東閭，每斮者以吾參夫二子者乎㈦？」狐援非樂斮也，國已亂矣，上已悖矣，哀社稷與民人，故出若言。出若言非平論也，將以救敗也，固嫌於危，此觸子之所以去之也，達子之所以死之也㈧。

【今註】㈠狐援是齊臣，戰國策作狐咺。齊湣王是齊宣王之子，已見權勳、正名各篇。㈡殷亡，其鼎遷於周，故曰殷鼎陳列於周之廷。周存殷社，而用屏障掩蓋其上，使人不得見。干戚是舞者所執的楯斧，應該用於宗廟，以其為亡國之音乃用在眾人游樂之處。㈢大呂是齊國鐘律。太公是指田和，始代呂氏為齊侯，亦號太公。㈣這是說先逃難的穿布衣，後出的被俘虜，敵人西來，人民逃難的西走，洋洋然極言其多。㈤斮（ㄓㄨㄛˊ）是砍斷足脛。㈥高注「鮒，小魚。鯢，大魚，魚之賊也，啖食小魚。而鯢居人國，喻為人害。」按鮒即鯽，魚之小者。鯢一名人魚，在山溪中，似鮎，有四腳，長尾，能上樹，聲如小兒啼，故曰鯢魚。雄為鯨，雌為鯢，鯨鯢以喻不義之人。此言鮒入鯢居，是鮒為鯢所食，而鯢占居其處，故下文謂使人之朝為草而國為墟。㈦參（ㄙㄢ），是言自己被斮，與比干子胥為三。㈧觸子、達子事見權勳篇。

【今譯】狐援對齊湣王說：「殷之鼎陳列於周之廷，其社為周之屏所掩蔽，其干戚之音用在眾人游樂之處。亡國之音不得用於宗廟，亡國之社不得見於天日，亡國之器陳設於廷，這些事所以戒懼滅亡。王必須勉力，不要使齊國的大呂陳設於他國之廷，不要使太公之社加蓋屏障，不要使齊音作為眾人游樂之用。」齊王不聽，狐援出而哭國三日，他的哭辭是：「先逃難的衣絺紵，後逃難的滿牢獄，我今天看見很多的人民向東逃去，而不知奔向何處。」齊王問法吏說：「哭國的于法是何罪？」吏說：「斮。」王說：「依法執行。」吏置斧鑕於東閭，實在是不想殺他，而要他避去；可是狐援聽到了，反而顛蹶的走往東閭。吏說：「哭國的法當斮，先生真是老朽呢？還是昏迷呢？」狐援說：「那裏會昏迷呢？」接著說道：「有人從南方來，猶如鮒穴而鯢居，使人之朝變為草地而國為廢墟。殷有比干，吳有子胥，齊有狐援，自己不聽用他的話，又要斮他於東閭，難道斮者要把我和二子為參嗎？」狐援不是要斮，只因國家已經大亂了，國君已是悖謬了，他憐憫人民和社稷，所以出言如此，出言如此不是平常的論調，是將以救亡圖存，固不避危難，這就是觸子的所以棄而去之，而達子的所以戰死。

趙簡子攻衛附郭，自將兵，及戰，且遠立，又居於犀蔽屏櫓之下㊀，鼓之而士不起。簡子投桴而歎曰：「嗚呼！士之遬弊，一若此乎㊁？」行人燭過免冑橫戈而進，曰：「亦有君不能耳，士何弊之有？」簡子艴然作色㊂，曰：「寡人之無使而身自將是衆也，子親謂寡人之無能，有說則可，無說則死。」對曰：「昔吾先君獻公即位五年，兼國十九，用此士也。惠公即位二年，淫色暴慢，身好玉女，秦人襲我，遜去絳七十，用此士也㊃。文公即位二年，厎之以勇，故三年而士盡果敢，城濮之戰，五敗荊人，圍衞取曹，拔石社，定天子之位，成尊名於天下，用此士也。亦有君不能取，士何弊之有？」簡子乃去犀蔽屏櫓，而立於矢石之所及，一鼓而士畢乘之。簡子曰：「與吾得革車千乘也，不如聞行人燭過之一言。」行人燭過可謂能諫其君矣。戰鬬之上，枹鼓方用，賞不加厚，罰不加重，一言而士皆樂為其上死。

【今註】㈠趙簡子是晉趙鞅，此攻衞附郭，當為晉定公十年事。（周敬王十八年，西元前五〇二）遠立是立於矢石所不及處。犀蔽屏櫓畢校謂御覽作屏蔽犀櫓，許釋謂韓非難二篇亦作犀櫓，櫓是大盾，用犀牛皮製成叫做犀盾。尹校改為屏蔽犀櫓。按許說是，應作犀櫓屏蔽。㈡桴（ㄈㄨˊ）是擊鼓的木棒，下文作枹。遬即速。㈢艴（ㄈㄨˊ）然是面上發怒變色的樣子，論語「色艴如也。」孟子「曾西艴然不悅」。㈣惠公荒淫，敗於韓原之戰，為秦所虜，見愛士篇。晉文公事見不廣、為欲、不苟各篇。

【今譯】趙簡子攻衞近郭，親自將兵，到了開戰的時候，而遠立於矢石所不及處，又處於犀櫓屏蔽之下，擊鼓而士卒不起，簡子投枹而歎息說：「嗚呼！士卒的迅速疲憊，乃至如此嗎？」行人燭過免冑橫戈而前進說：「亦是君有所不能罷了，士卒有什麼疲憊呢？」簡子艴然變色說：「寡人不派遣他人而親自督戰，你當面指責寡人無能，有理由則可，沒有理由則死。」對答說：「從前先君獻公即位五年，兼併了十九國，是用此士卒。惠公即位兩年，荒淫暴慢，喜好美女，秦人來襲，退去絳地七十里，是用此士卒。文公即位二年，砥礪士氣，所以三年而士卒盡果敢，城濮之戰，五敗楚人，圍衞取曹，取石社，安定天子之位，成尊名於天下，亦是用此士卒。所以我說，亦是君有所不能罷了，士卒有什麼疲憊呢？」簡子於是撤去犀櫓屏蔽，站在敵人的矢石所及之處，一擊鼓而士卒都乘勢而起。簡子說：「我與其得革車千乘；不如聞行人燭過的一句話。」行人燭武可以說能直諫其君了。戰陣之上，枹鼓方用，賞不加厚，罰不加重，一言而士卒皆樂為其上效死。

二曰直諫

【今註】　本篇是說臣下能直諫，而君上能聽言，則國家強盛，其主旨仍在用賢。所以說「凡國之存也，主之安也，必有以也；不知所以，雖存必亡，雖安必危。」「故不肖主無賢者，無賢則不聞極言，不聞極言則姦人比周，百邪悉起，若此則無存矣。」春秋繁露王道篇「曹羈諫其君曰，戎眾以無義，君無自適，君不聽，果死戎寇。伍子胥諫吳王，以為越不可不取，吳王不聽，至死伍子胥，還九年，越果大滅吳國。秦穆公將襲鄭，百里奚蹇叔諫曰，千里而襲人者，未有不亡者也，穆公不聽，師果大敗殽中，匹馬隻輪無反者。晉假道虞，虞公許之，宮之奇諫曰，脣亡齒寒，虞虢之相救，非相賜也，君請勿許，虞公不聽，後虞果亡於晉。春秋明此，存亡道可觀也。」是則君上能聽言尤重於臣下能直諫。

言極則怒㈠，怒則說者危，非賢者孰肎犯危，而非賢者也將以要利矣，要利之人犯危何益？故不肖主無賢者，無賢則不聞極言，不聞極言則姦人比周，百邪悉起，若此則無以存矣。凡國之存也，主之安也，必有以也，不知所以，雖存必亡，雖安必危。所以不可不論也。

【今註】㈠言極即極言，是知無不言，言無不盡，言無不盡，必有逆耳之言，聽者不能接受則發怒，故曰言極則怒。

【今譯】言極則人主怒，怒則說者危。不是賢者誰肯冒險犯危，而非賢者將利用機會求利了，求利的人自然不肯犯危。所以不肖主沒有賢者，沒有賢者就聽不到極言直諫，聽不到極言則姦人結黨營私，百邪盡起，如此則無法求存了。大凡國家的存在，人主的安全，必有其所以然的道理；如果不知其所以然，雖存必亡，雖安必危，所以不可不加以論述。

齊桓公管仲鮑叔甯戚相與飲，酒酣，桓公謂鮑叔曰：「何不起為壽？」鮑叔奉杯而進曰：「使公毋忘出奔在於莒也，使管仲毋忘束縛而在於魯也，使甯戚毋忘其飯牛而居於車下㊀。」桓公避席再拜曰：「寡人與大夫能皆毋忘夫子之言，則齊國之社稷，幸於不殆矣。」當此時也，桓公可與言極言矣，可與言極言，故可與為霸。

【今註】㊀桓公出奔在莒，見貴卒、不廣篇。鮑叔勉以毋忘出奔在莒，今言「毋忘在莒」，即本於此。管仲束縛在魯，見貴卒、贊能篇。甯戚飯牛車下，見舉難篇。鮑叔之言可謂簡要。

【今譯】齊桓公、管仲、鮑叔、甯戚相與飲，酒酣時，桓公對鮑叔說：「何不起來為大家敬酒？」鮑叔奉杯而進說：「希望公勿忘記出奔在莒，希望管仲勿忘記束縛在魯，希望甯戚勿忘記飯牛車下。」桓公避席再拜說：「寡人與大夫皆能不忘記先生之言，則齊國社稷可以僥倖不危了。」在那個時候，桓公可以與言極言了，可與言極言，所以可與成霸業。

荊文王得茹黃之狗，宛路之矰㊀，以畋於雲夢㊁，三月不反；得丹之姬，淫，朞年不聽朝。葆申曰：「先王卜以臣為葆，吉㊂，今王得茹黃之狗，宛路之矰，畋三月不反；得丹之姬，淫，朞年不聽朝，王之罪當笞。」王曰：「不穀免衣繈褓而齒於諸侯，願請變更而無笞。」葆申曰：「臣承先王之令，不敢廢也，王不受笞，是廢先王之令也。臣寧抵罪於王，毋抵罪於先王。」王曰：「敬諾。」引席，王伏，葆申束細荊五十，跪而加之於背，如此者再，謂王：「起矣。」王曰：「有笞之名一也，遂致之。」申曰：「臣聞君子恥之，小人痛之，恥之不變，痛之何益？」葆申趣出，自流於淵請死罪㈣。文王曰：「此不穀之過也，葆申何罪？」王乃變更，召葆申，殺茹黃之狗，析宛路之矰㈤，放丹之姬。後荊國兼國三十九，令荊國廣大至於此者，葆申之力也，極言之功也。

【今註】 ㈠矰是射飛鳥的短箭。㈡雲夢是楚澤，在今湖南華容縣。㈢葆是保傅官職，名申。㈣自流於淵，許釋「渚宮舊事引作『自流諸荊』，當從之。荊即指上細荊而言，謂自移諸荊而請死罪。考工記弓人，寒奠體則張不流，鄭注，流猶移也。說苑作欲自流乃請罪於王，義同。」㈤析，畢校謂說苑作折，當從之。

【今譯】 楚文王獲得茹黃之狗，宛路之矰，遊獵於雲夢澤中，三個月不回來；又得到丹之姬，為之淫惑，期年不聽朝政。葆申說：「先王卜卦用臣為葆，吉。今王得茹黃之狗，宛路之矰，遊獵三月不返；又得丹之姬，淫惑朞年不聽朝政，王的罪應當笞。」王說：「不穀自從脫去繈緥，即列為諸侯，願意改過，請勿笞。」葆申說：「臣受先王之命，不敢廢棄，王不受笞，就是廢棄先王之命了。臣寧可得罪於王，不可得罪於先王。」王說：「敬接受。」引伸坐席，王伏其上，葆申取細荊五十枝束為一鞭，自己跪下，取鞭加於王背上，這樣的做了兩次，就對王說：「可以起來了。」王說：「有笞之名是一樣的，還是重一些吧！」葆申說：「臣聽說，君子恥之，小人痛之，恥之不改，痛之何益？」葆申趨出，自移其荊而請死罪，文王說：「這是不穀的過失，葆申何罪？」王乃改過，召回葆申，殺了茹黃之狗，折了宛路之矰，放逐了丹之姬。後來楚國兼併三十九國，使國土擴大，這都是葆申的力量，是直諫的功效。

三曰知化

【今註】本篇是說人主應該事先運用智慧，了解世事的變化，如果變化未至則不知，變化已至，雖然知道，亦將無濟於事，悔之晚矣。所舉吳王夫差不聽伍子胥之言，而信太宰嚭之謀，所以身死國亡。故曰，「凡智之貴也，貴知化也。」而致知則在於學，學則可使愚者出愚，固者免固；可使智者愈智，明者愈明。故本篇的主旨，仍為任賢。

夫以勇事人者以死也，未死而言死，不論，以雖知之與勿知同㊀。凡智之貴也，貴知化也。人主之惑者則不然，化未至則不知，化已至雖知之與勿知一貫也㊁，事有可以過者，有不可以過者，而身死國亡，則胡可以過。此賢主之所重，惑主之所輕也，所輕，國惡得不危，身惡得不困？危困之道，身死國亡，在於不先知化也，吳王夫差是也，子胥非不先知化也，諫而不聽，故吳為邱墟，禍及闔廬㊂。

【今註】㊀畢校、許釋、尹校對此數句的註釋，均有未明，這是說以忠勇事人者是以死事人，未死而言死則不論，以為雖知之與勿知同。其意謂對於未死而言死的不予論察，就是不知事理的變化，故下文曰，凡智之貴也，貴知化也。㊁一貫，尹校據劉文典三餘札記謂貫當作實，一實，猶言無異也。按一貫與一實意義相似。㊂夫差是闔閭之子，夫差不知勝越，而反為越所滅，吳國化為丘墟，禍及闔閭不得血食。

【今譯】凡以忠勇事人者就是以死事人，未死而言死不加論察，以為雖知之與勿知相同。才智的可貴，是貴在能知道事理的變化；而惑亂的人主則不然，變化未至則不知，變化已至，雖知之與勿知是無異的。事情有可以失誤的，有不可以失誤的，而身死國亡，怎麼可以失誤呢？所以知化是賢主所重視的，而惑主則輕視，輕視則國家安得不危？自身安得不困？危困的結果，國亡身死，要在於不知化，吳王夫差便是如此，伍子胥並不是不知化，諫而不聽，所以吳國社稷化為丘墟，而禍患及於闔閭的宗廟破滅，不得血食。

吳王夫差將伐齊㊀，子胥曰：「不可。夫齊之與吳也，習俗不同，言語不通，我得其地不能處，得其民不得使。夫吳之與越也，接土鄰境，壤交通屬㊁，習俗同，言語通，我得其地能處之，得其民能使之；越於我亦然。夫吳越之勢不兩立，越之於吳也，譬若心腹之疾也，雖無作，其傷深而在內也。夫齊之於吳也，疥癬之病也，不苦其已也，且其無傷也。今釋越而伐齊，譬之猶懼虎而刺猏㊂，雖勝之，其後患無央。」太宰嚭曰：「不可。君王之令所以不行於上國者齊晉也，君王若伐齊而勝之，徙其兵以臨晉，晉必聽命矣。是君王一舉而服兩國也，君王之令必行於上國㊃。」夫差以為然，不聽子胥之言，而用太宰嚭之謀。子胥曰：「天將亡吳矣，則使君王戰而勝；天將不亡吳矣，則使君王戰而不勝。」夫差不聽，子胥兩祛高蹶而出於廷㊄，曰：「嗟乎！吳朝必生荊棘矣㈥。」夫差興師伐齊，戰於艾陵，大敗齊師，反而誅子胥。子胥將死，曰：「與吾安得一目，以視越人之入吳也。」乃自殺。夫差乃取其身而流之江，抉其目著之東門，曰：「女胡視越人之入我也。」居數年，越報吳，殘其國，絕其世，滅其社稷，夷其宗廟，夫差身為擒。夫差將死，曰：「死者如有知也，吾何面以見子胥於地下？」乃為幎以冒而死㈦。夫患未至則不可告也，患既至，雖知之無及矣。故夫差之知慙於子胥也，不若勿知。

【今註】㈠周敬王二十六年（西元前四九四）吳王夫差敗越，越王句踐棲於會稽；三十八年（西元前四八二），吳伐齊，敗齊師於艾陵，與晉爭霸於黃池。元王三年（西元前四七三），越滅吳，吳王夫差自殺。㈡通屬，高注「屬，連也。」許釋引陶鴻慶說「通乃道字之誤。」按陶說是。㈢狷（ㄐㄧㄢ）同豜，是大豕。周禮夏官大司馬注：一歲為豵，二歲為豝，三歲為特，四歲為肩。肩即狷。㈣上國是指中原，齊晉在內，其時吳越為蠻夷。㈤袪是衣袂的袖子，兩袪高是兩袖高捲。蹶是急遽的顛蹶而出。子胥有嗔怒意，故如此。高注畢校均以高蹶二字連文，似未妥。㈥朝生荊棘謂國必滅亡，貴直篇為「使人之朝為草而國為墟。」㈦幎是大巾。以冒而死句，許釋尹校都改為「以冒面而死」，按說文：冐「從目有所蒙」，其意已明，不宜加面字。

【今譯】 吳王夫差將伐齊，子胥說：「不可。齊與吳習俗不同，言語不通，得其地不能居，得其民不能用。至於吳與越，接土鄰境，壤交道連，習俗同，言語通，得其地可以居，得其民可以用。越對於吳亦是如此，所以吳越勢不兩立。越對於吳有如心腹之病，雖然沒有發作，而傷害深深在內；齊對於吳，是疥癬的皮膚病，雖然痛苦不已，可是沒有傷害。現在釋放越國而攻伐齊國，猶如懼怕老虎而刺殺大豕，雖然勝利了，而老虎尚在，後患無窮。」太宰嚭說：「不可。君王的命令所以不能行於中原，是因為有齊晉在；如果伐齊而得勝，移兵向晉，晉必聽命了。這就是一舉而服兩國，君王的命令必可通行於中原上國了。」夫差認為這話對，於是不聽子胥的諫言，而用太宰嚭的計謀。子胥說：「天意將要亡吳，那就會使君王伐齊而得勝；天意要是不亡吳國，那就會使君王戰而不勝。」夫差不聽。子胥高捲兩袖急步而出於朝廷，傷心的說：「嗟夫！吳國朝廷必將生長荊棘了。」

夫差起兵伐齊，戰於艾陵，大敗齊師，回來時就殺了子胥。子胥將死，說：「留我一隻眼睛，可以看見越人到吳國來。」於是自殺，夫差乃取其屍體投於江中，挖了他的眼睛黏在東門上，說：「你怎能看見越人到我國來？」

過了數年，越報吳仇，破了吳國，毀滅了吳國的社稷，剷平了吳國的宗廟，夫差被擄。夫差將死，說：「死者如果有知，我有何面目以見子胥於地下。」乃取大巾覆面而死。

禍患未至，則不可告知，禍患既至，雖然知道已來不及了。所以夫差知道對子胥慚愧，還不如不知道。

四曰過理

【今註】　過理是論述亡國之主的行事，多不合理義，本篇所引夏桀、殷紂、晉靈公、齊湣王及宋康王的殘暴行為，都是「樂不適」，所以說：「樂不適則不可以存。」春秋繁露王道篇「桀紂皆聖王之後，驕溢妄行，侈宮室，廣苑囿，窮五采之變，極飭材之工，困野獸之足，竭山澤之利，貪類惡之獸。奪民財食，高雕文刻鏤之觀，盡金玉骨象之工，盛羽旄之飾，窮白黑之變。深刑妄殺以淩下，聽鄭衞之音，充傾宮之志，靈虎兕文采之獸，以希見之意，賞佞賜讒，以糟為邱，以酒為池，孤貧不養，殺聖賢而剖其心，生燔人聞其臭，剔孕婦見其化，斮朝涉之足察其拇，殺梅伯以為醢，刑鬼侯之女取其環，誅求無已，天下空虛，羣臣畏恐，莫敢盡忠，紂愈自賢。周發兵不期會於孟津者八百諸侯，共誅紂，大亡天下，春秋以為戒，曰蒲社災。」所論過理之事，尤為詳盡，可參閱。

亡國之主一貫，天時雖異，其事雖殊，所以亡同者，樂不適也㈠。樂不適則不可以存。糟丘酒池，肉圃為格㈡，雕柱而桔諸侯，不適也㈢。刑鬼侯之女而取其環㈣，截涉者脛而視其髓㈤，殺梅伯而遺文王其醢，不適也。文王貌受以告諸侯。作為琁室，築為頃宮㈥，剖孕婦而觀其化，殺比干而視其心，不適也㈦。孔子聞之曰：「其竅通則比干不死矣。」夏商之所以亡也。

【今註】㊀樂不適是說以不適合理義的事為娛樂。適音篇謂「故樂之務在於和心，和心在於行適。」所以太鉅、太小、太清、太濁的聲音，皆非適音，桀紂的糟丘酒池，炮烙酷刑，都是樂不適。㊁格即炮烙之刑，畢校「應作炮格」。㊂桔即桔槔，是汲水的器具，用繩子懸在橫木上，一端懸水桶，另一端繫重物，使更相上下。本文是說在雕柱上加桔槔，舉諸侯而互相上下，桀視此為樂。㊃紂聽妲己之言，殺其諸侯鬼侯之女以為脯，而取其所用的佩玉。㊄截即截，是切斷。涉者脛是渡水者的小腿，以其在水中能耐寒，要看其骨髓是否與常人不同。㊅琁即璇，璇宮是以美玉裝飾的宮室；或作旋，謂其室可以旋轉。頃宮，高注為用地一頃，極言其大；或謂頃同傾，是傾斜的宮室。詩經周南「采采卷耳，不盈頃筐」，頃筐是敧筐。㊆比干是紂的叔父，數次諫紂，紂託言聖人之心七竅，乃殺比干而視其心。孔子謂紂性不仁，一竅不通。

【今譯】亡國之主是一貫的，天時雖異，行事雖殊，而所以亡國之道相同，就是所樂不適合於理義。所樂不適合理義，就不可以圖存。糟丘酒池肉脯，作為炮烙之刑，雕柱懸桔槔而上下諸侯，是不適合理義的。殺鬼侯之女而取其玉佩，切斷涉水者之脛而察看其骨髓，殺梅伯為醢而以送給文王，是不適合理義的，文王表面上雖然接受而以其事告訴諸侯。作為璇宮，建築傾宮，解剖孕婦而觀察胞胎的變化，殺比干而察看其心竅，是不適合義理的。孔子說：「紂如有一竅可通，則比干不會死了。」這些可以知道夏商的所以滅亡之道。

晉靈公無道㈠，從上彈人而觀其避丸也。使宰人臑熊蹯不熟㈡，殺之，令婦人載而過朝以示威，不適也。趙盾驟諫而不聽，公惡之，乃使沮麛㈢，沮麛見之不忍賊，曰：「不忘恭敬，民之主也，賊民之主，不忠，棄君之命，不信，一於此，不若死。」乃觸廷槐而死。

【今註】㈠晉靈公是晉文公之孫。㈡臑（ㄖㄨˊ）是煮肉類，沃之以湯。熊蹯（ㄈㄢˊ）即熊蹯，熊掌。㈢畢校「左傳作使鉏麑賊之，此處亦應有賊之二字。」

【今譯】晉靈公無道，從高臺上彈人，而觀看那人的避開彈丸，以此為樂。使廚子煮熊掌不熟，殺了他，派宮女載其屍，通過朝廷，以向羣臣示威。這些事是不適合理義的。趙盾屢次勸諫而不見聽，靈公討厭他，使鉏麛去殺害他。鉏麛看見趙盾在家，起居恭敬，不忍心加以殺害，於是說：「趙大夫不忘恭敬，是人民的主宰，殺害人民的主宰是不忠於國家，違棄國君之命，是失去信義，與其不忠不信，不如死去。」乃撞着庭中的槐樹而死。

齊湣王亡居衞，謂公王丹曰：「我何如主也㈠？」王丹對曰：

「王，賢主也。臣聞古人有辭天下而無恨色者，臣聞其聲，於王而見其實。王名稱東帝，實辨天下，去國居衛，容貌充滿，顏色發揚，無重國之意。」王曰：「甚善，丹知寡人，寡人自去國居衛也，帶益三副矣㊁。」

【今註】㊀燕樂毅伐齊，湣王兵敗出奔衛國。公玉丹見信於湣王，見正名篇。㊁心廣體胖，腰圍放大，換了三副腰帶，此言湣王不以亡國為憂，而樂其不適也，結果為其寵臣淖齒所殺。

【今譯】齊湣王出奔，寄居衛國，告訴公玉丹說：「我是怎樣的人主？」玉丹說：「王是賢主呀！臣聞古人有辭讓天下而無怨恨的神色，臣祇聽到有這樣的事，現在乃於王見其事實。王在名義上稱為東帝，其實是治理天下，去國居衛，容色充實，光采煥發，沒有重視國家的意念。」王說：「很對，丹真知道寡人，寡人自從去國居衛，帶圍加益已更換三副了。」

宋王築為蘗臺，鴟夷盛血，高懸之，著甲冑，從下射，血墜流地㊀。左右皆賀曰：「王之賢過湯武矣。湯武勝人，今王勝天，賢不可以加矣。」宋王大說，飲酒室中，有呼萬歲者，堂上盡應，堂上已應，堂下盡應，門外庭中聞之，莫敢不應，不適也。

【今註】㈠宋康王暴虐無道，巘臺，舊作孽帝，依高注改。是高臺。鴟夷是大革囊，盛血其中，高懸臺上，以象天神。

【今譯】宋康王建築高臺，用大革囊盛血，高懸臺上，射者著甲冑，從下面射去，血流墜地。左右的臣下都向王道賀，說：「王的賢德過於湯武了，湯武不過勝人，今王已勝天，賢德不可以再加了。」宋王非常的高興。他在室中飲酒，臣下有高呼萬歲者，堂上的人都應和，堂上已響應，堂下也都響應，門外庭中的人聽到，莫敢不應。這都是不適合理義的。

五曰壅塞

【今註】壅塞是指言路不通，言路不通是亡國之主的通病。因為亡國之主大都剛愎自用，不知而自以為知，不能而自以為能，不能虛心接受賢臣的直言。所引戎主宋王及齊湣王各例，大概都是當時傳聞的事實。本篇可與直諫、謹聽、達鬱、貴直各篇參看，都是間接說明任賢的意義。

亡國之主，不可以直言，不可以直言，則過無道聞，而善無自至矣，善無自至則壅。

【今譯】亡國之主不可以直言諫正，不可以直言諫正，則其過失無從聽到，而對他有益的善言無從來了，善言無從來則言路壅塞了。

秦繆公時，戎彊大。秦繆公遺之女樂二八與良宰焉㈠，戎主大喜，以其故數飲食，日夜不休。左右有言秦寇之至者，因扜弓而射之。秦寇果至，戎主醉而臥於樽下，卒生縛而擒之。未擒則不可知，已擒則又不知，雖善說者，猶若此何哉？

【今註】㈠秦繆公即秦穆公，春秋時五霸之一。戎是西戎。女樂二八是十六人，良宰是名廚。這是以女色飲食迷惑戎主。

【今譯】秦繆公的時候，西戎強大，秦繆公以女樂十六人與良技的廚子贈送給戎主，戎主非常高興，因此沈迷食色，日夜不休。左右臣下有告訴以秦兵要來了，就拉弓射他。後來秦兵果然到了，戎主正醉臥在酒樽之旁，遂為秦兵所擄。當他未被擄時固然不知道將要見擄，到了酒醉時被擄則又不知道，對於這樣的人，雖有善於說辭者，還有什麼辦法呢？

齊攻宋㈠，宋王使人候齊寇之所至，使者還曰：「齊寇近矣，國人恐矣。」左右皆謂宋王曰：「此所謂肉自生蟲者也，以宋之強，齊兵之弱，惡能如此？」宋王因怒而詘殺之。又使人往視齊寇，使者報如前，宋王又怒詘殺之㈡。如此者三。其後又使人往視，齊寇近矣，國人恐矣，使者遇其兄曰：「國危甚矣，若將安適？」其弟曰：「為王視齊寇，不意其近，而國人恐如此也。今又私患，鄉之先視齊寇者，皆以寇之近也報而死，今也報其情，死，不報其情，又恐死。將若何？」其兄曰：「如報其情，有且先夫死者死，先夫亡者亡。」於是報於王曰：「殊不知齊寇之所在，國人甚安。」王大喜，左右皆曰：「鄉之死者宜矣。」王多賜之金。寇至，王自投車上馳而走，此人得以富於他國。夫登山而視牛若羊，視羊若豚，牛之性不若羊，羊之性不若豚，所自視之勢過也，而因怒於牛羊之小也，此狂夫之大者，狂而以行賞罰，此戴氏之所以絕也㈢。

【今註】㈠宋王偃無道，齊湣王滅之，是周赧王二十九年事。㈡詘殺，高注「詘，枉也，無罪而殺之曰枉。」㈢戴氏，是宋戴公子孫，畢校謂一本作叔世。按此處戴氏似應指宋室而言。

【今譯】齊攻宋，宋王使人探視齊兵所到之處，使者回報說：「齊兵近了，國人恐懼了。」左右變臣告訴王說：「這叫做好肉會自己生蟲。以宋國的強盛，齊兵的衰弱，何能如此？」宋王因此發怒而枉殺了使者。又使人去探視齊兵，使者回來報告如前，宋王又怒而枉殺之，這樣的殺了三人。其後又使人去探視，齊兵真的近了，國人真的恐懼了，使者在途中遇到其兄，其兄問他：「國家已很危險了，汝要到那裏去？」其弟說：「為王探視齊兵，想不到齊兵真的已近，而國人的恐懼已到了這個情況。現在又怕要同先前探視的使者，都以齊兵已近的實情報告而被宋王殺死，報告實情固然要被殺死，不報告實情恐怕亦要死，不知道該怎麼辦才好？」其兄說：「如果報告實情，便要先於死者而死，先於亡者而亡。」於是回去報告宋王說：「真不知齊兵到了那裏，國人都很安靜。」宋王很高興，左右都說：「以前殺死的不冤枉了。」王於是賞賜使者很多的金子。齊兵到了，宋王自己上車而逃走，這使者既得多金，遂成為他國的富人。從山上向下看，看見牛像羊，羊像豬，其實牛的形體不像羊，羊的形體不像豬，所從視的形勢不同，因此而怪牛羊太小，這真是狂妄的人。狂妄無知而亂行賞罰，這就是宋國的所以滅亡而戴氏的所以絕祀。

齊王欲以淳于髡傅太子㈠，髡辭曰：「臣不肖，不足以當此大任也，王不若擇國之長者而使之。」齊王曰：「子無辭也，寡人豈責子之令太子必如寡人也哉？寡人固生而有之也，子為寡人令太子如堯乎？其如舜也。」凡說之行也，道不智聽智，從自非受是也㈡。今自以賢過於堯舜，彼且胡可以開說哉？說必不入，不聞存君㈢。齊宣王好射，說人之謂己能用彊弓也，其嘗所用不過三石，以示左右，左右皆試引之，中關而止㈣，皆曰「此不下九石，非王其孰能用是。」宣王之情，所用不過三石，而終身自以為用九石，豈不悲哉？非直士其孰能不阿主，世之直士其寡不勝眾，數也。故亂國之主，患存乎用三石為九石也㈤。

【今註】㈠淳于髡已見報更篇。齊王是齊宣王。太子是齊湣王。㈡許釋引陳昌齊說：「道當讀為導，連下不智聽智為句。」又俞樾說「道者由也，道不智聽智者，由不智聽智也。從非受是，文義一律。言說之所以得行者，以人主能由不智而聽智，從非而受是也。從下衍自字者，從與自同義，疑一本作從，一本作自，而傳寫誤合之也。」又陶鴻慶說：「俞氏解道為由是也。惟從畢校以自為衍字，則恐未然，自非與自是義相反，人必自知其非，而後可以受是，故曰從自非受是也。下文云，今自以賢過於堯舜，彼且胡可以開說哉？又云，宣王之情，所用不過三石，而終身自以為用九石，豈不悲哉？正謂其不知自非耳。」㈢高注「不納忠言之說，鮮不危亡，故曰不聞存君也。」㈣中關，高注「關謂關弓，弦正半而止也。」㈤高注「力不足，而自以為有餘也，其功德，其治理，皆亦如之也。」

【今譯】　齊宣王要用淳于髡為太子傅，髡辭謝說：「臣不肖，不足以當此重任，王不如選擇國中的長者為傅。」齊王說：「你不要推辭吧，我難道責成你教導太子要同我一樣嗎？我實在是生而有之，你能為我使太子賢如堯嗎？或者如舜呢？」大凡說之所以得行，是人主能由不智而聽取智者，從自己之非而接受智者之是。現在齊王自以為其賢德過於堯舜，對這樣的人那裏可以說得通呢？要是進言必不見聽，不納直言之君終必危亡。齊宣王好射，喜歡人家說他能用強力的弓，他平常所用的弓不過三石，拿給左右的人看，左右的人試拉之，拉到一半就停止，說：「這弓不下於九石，不是大王還有誰能用這強弓。」宣王實在知道所用的不過三石，可是聽了他們的話後，也就自欺欺人一輩子自以為能用九石弓，豈不可悲嗎？不是直士誰能不阿諛其主，世之直士少，不能勝過眾枉，是自然之數，所以亂國之主的禍患，就在於用三石而自以為九石。

六曰原亂

【今註】　原亂是論述禍亂的原由，本篇祇說明晉國獻公以後數十年間的所以亂，是由於晉獻公聽信驪姬，近用梁五優施，枉殺太子申生，而大難隨之者五，三君死，一君虜，禍亂二十年，直至晉文公返國而晉亂始止。此其所論，雖僅為晉國一時的情形，而古今治亂興衰的本原，實亦不外乎此，故諸葛亮出師表所謂「親賢臣，遠小人，此先漢所以興隆也；親小人，遠賢士，此後漢所以傾頹也。」寥寥數語，實為治亂的關鍵所在。

亂必有弟㈠，大亂五，小亂三，訐亂三㈡。故詩曰：「毋過亂門」，所以遠之也㈢，慮福未及，慮禍之所以兒之也㈣。武王以武得之，以文持之，倒戈弛弓，示天下不用兵，所以守之也。

【今註】㈠弟即第，高注「次也」。㈡高注「大亂五，謂晉國廢長立少，立而復殺之也。小亂三，謂殺里克之黨也。訐亂三，謂於朝欒盈以兵晝入於絳也。」許釋引李寶淦高注補正「大亂五者，里克殺夷齊一，殺卓子二，秦繆公率師納惠公三，秦晉戰於韓原，秦獲惠公以歸，囚之靈臺四，秦奉重耳入立，殺懷公於高梁五。小亂三者，即後文所謂三君死，蓋夷齊卓子懷公皆不當立，以及於難，以一身而言，則為小亂，古書以一事解作兩層者甚多，不足異也。訐亂三者，訐或本討，或罰字失其半，此指晉文公而言，即後文所謂敗荊人於城濮、定襄王、釋宋出穀戍，是謂訐亂三。高注多訛脫，又言欒盈以兵入絳及以申生列於三君，皆謬甚。」按李說亦非是，所言小亂謂以一事解作兩層，未免牽強。本篇所論原亂，是專指由驪姬所引起的內亂而言，自晉獻公二十一年殺其世子申生起，至晉文公即位為止，前後達二十年之久（魯僖公四年至二十四年），完全是爭奪權位所造成的內亂。而此一鬬爭又可分為兩階段：前一階段為驪姬與申生夷吾重耳三公子之爭；後一階段則為夷吾與重耳之爭。春秋三傳記述此亂的經過頗詳，而其實以晉文公為關鍵，里克之殺奚齊卓子，其意原欲納文公，故以三公子之徒作亂。及夷吾以賂秦得入晉為惠公，於是所謂三公子之徒又分為兩派，呂飴甥，郤芮擁護惠公，故惠公的殺里克，丕（ㄆㄟ同丕）鄭，懷公的殺狐突（為其子狐偃從亡人重耳），都是呂郤的計謀，其目的在斷絕文公的內應；所以文公歸晉後，呂郤畏偪，將焚公宮而殺文公；及至文公殺呂郤，遂結束了此長期鬥爭的內亂。由此，可知大亂五者是㈠殺太子申生，夷吾重耳出奔；㈡里克殺奚齊；㈢里克殺卓子及荀息；㈣秦晉韓原之戰，虜惠公；㈤秦納文公，殺懷公。小亂三者是㈠秦使百里奚將兵送夷吾入晉；㈡秦軍送重耳歸晉；㈢呂郤作亂，將焚公宮。訓亂三者是㈠晉惠公殺里克、丕鄭；㈡晉懷公殺狐突；㈢晉文公誅呂郤。訓（ㄒㄩㄢ），正字通謂為訆字之譌，畢校謂義皆不當，疑或是討字之訛，惠公殺里克、文公殺呂郤，是討亂三也。畢說可取。㊂詩，高注為逸詩，畢校謂左昭十九年傳子產引作諺。㊃兒，畢校疑免字之誤。許釋引陳昌齊說「慮禍下脫過字，淮南人間訓云，計福勿及，慮禍過之，語本此。兒當作免。」王念孫則謂「兒當為完，完，全也，言所以全其身也。」許謂陳王說均通。

【今譯】　亂事的發生必有次第，大亂五、小亂三，討亂三。所以詩句說：「勿過亂門。」就是要遠離之。遠離亂門，福固未及，而慮禍則知所以避免。武王以武力得天下，而用文事治理，倒戈弛弓，表示不再用兵，所以能守天下。

晉獻公立驪姬以為夫人，以奚齊為太子，里克率國人以攻殺

之。荀息立其弟公子卓，已葬，里克又率國人攻殺之㈠。於是晉無君。公子夷吾重賂秦以地而求入，秦繆公率師以納之，晉人立以為君，是為惠公。惠公既定於晉，背秦德而不予地，秦繆公率師攻晉，晉惠公逆之，與秦人戰於韓原，晉師大敗，秦獲惠公以歸，囚之於靈臺十月。乃與晉成，歸惠公，而質太子圉㈡。太子圉逃歸也，惠公死，圉立為君，是為懷公。秦繆公怒其逃歸也，起奉公子重耳以攻懷公，殺之於高梁，而立重耳，是為文公。文公施舍，振廢滯，匡乏困，救災患，禁淫慝，薄賦斂，宥罪戾，節器用，用民以時。敗荊人於城濮，定襄王，釋宋圍，出穀戍㈢，外內皆服，而後晉亂止。故獻公聽驪姬，近梁五優施，殺太子申生，而大難隨之者五，三君死，一君虜㈣，大臣卿士之死者以百數，離㈤咎二十年。自上世以來，亂未嘗一，而亂人之患也，皆曰一而已，此事慮不同情也，事慮不同情者心異也。故凡作亂之人，禍希不及身。

【今註】㈠此節敘事太簡略，以奚齊為太子下，應加「獻公卒，奚齊立。」兩句。又公子卓下「已葬」兩字似可刪，原文既未言獻公卒，此處已葬文義不明，且此處已葬或未葬並不重要。㊁韓原之戰在魯僖公十五年（晉惠公六年）秋九月，秦獲晉侯以歸，公子摯請殺之，公孫子桑曰「歸之，而質其太子，必得大成。晉未可滅，而殺其君，祇以成惡。且史佚有言曰，無始禍，無怙亂，無重怒。重怒難任，陵人不祥。」乃許晉平，歸惠公。故惠公的被虜，為時不及一月，而文中特加「十月」二字殊不妥，因全文皆未記載時間也。㊂魯僖二十五年（西元前六三五），文公率師勤王，殺王子帶，定襄王。事見上不廣篇。魯僖二十六年，楚人伐宋圍緡；魯以楚師伐齊取穀，楚申公叔侯戍之，二十七年，楚人陳侯蔡侯鄭伯許男圍宋，宋如晉告急。魯僖二十八年，晉敗楚師於城濮，於是釋宋出穀戍。晉文公遂稱霸。㊃三君死指奚齊，卓子及懷公。一君虜指惠公。㊄離，借為罹。

【今譯】晉獻公以驪姬為夫人，以奚齊為太子。獻公卒，奚齊立，里克率國人攻殺奚齊；荀息立奚齊之弟公子卓，里克又率國人攻殺公子卓。於是晉國無君，公子夷吾要求秦國相助而許賂以河東之地，秦繆公率師以納之，晉人立以為君，是為惠公。惠公既定於晉，背棄秦國相助之德而不予地，秦繆公率師攻晉，晉惠公迎戰於韓原，晉師大敗，秦虜惠公以歸，囚之於靈臺。不久乃與晉言和，歸惠公而以其太子圉為質。後太子圉逃歸，惠公死，圉立為君，是為懷公。秦繆公怒其逃歸，乃起兵奉公子重耳歸晉以攻懷公，殺之於高梁，而立重耳，是為文公。

文公施行仁政，振濟廢滯，匡助乏困，拯救災患，禁止淫邪，薄微賦斂，宥赦罪犯，節省器用，用民以時。敗楚人于城濮，定襄王，釋宋圍，出穀戍，外內皆服，而後晉亂止。所以自從獻公聽信驪姬，接近梁五優施，殺太子申生，而大難隨之而起者五，三君殺死，一君被虜，大臣卿士因而死者以百數，罹禍達二十年。自從上世以來，亂事未嘗相同，而為亂的禍患可以說是相同的。這些亂事的實情各不相同，實情的不同是由於參與作亂的人心不同。可是凡作亂之人，很少能逃避及身的禍患。

卷二十四　不苟論

第四，凡六篇

一曰不苟

【今註】　苟是不正當的，凡是不正當的事叫做苟且之事，不苟就是一舉一動必中理當義。「臨財毋苟得，臨難毋苟免」是儒家的重要道德。本篇所引事例如秦穆公、晉文公君臣的堅持正義，絲毫不苟，均是為後世取法。荀子亦有不苟篇，主張「君子養心，莫善於誠，惟仁之為守，惟義之為行。」所以以禮為人君治國之道，為個人立身處世的準繩。行義循理，則「言必當理，事必當務。」可與本篇參閱。

賢者之事君也㈠，雖貴不苟為，雖聽不自阿，必中理，然後動，必當義，然後舉。此忠臣之行也，賢主之所說，而不肖主之所不說。非惡其聲也，人主雖不肖，其說忠臣之聲與賢主同，行其實則與賢主有異。異，故其功名禍福亦異，異，故子胥見說於闔閭，而惡乎夫差，比干生而惡於商，死而見說乎周㈡。

【今註】㈠尹校於事之下補君字，意較明。㈡子胥見說於闔閭，見求人、首時篇；而惡乎夫差，見知化、察傳篇。比干生而惡於商，見過理篇；死而見說乎周，見貴因篇。此猶如處方篇所謂百里奚處虞而虞亡，處秦而秦霸；向摯處商而商滅，處周而周王。所以周公謂賢者必與賢者處，（見觀世篇）。

【今譯】賢者的事君，雖尊貴而不敢苟且從事，雖言見聽而不肯阿媚取容，一舉一動，必求其合於理，當於義。這是忠臣的行為，是賢主所敬悅，而不肖主所不悅。不肖主所以不悅忠臣，並不是惡其聲譽，人主雖然不肖，可是他喜悅忠臣的聲譽是和賢主相同，而能否實行忠臣之言則與賢主有異。能用與不能用有異，所以他們的功名禍福亦異；能用與不能用有異，所以子胥見悅於闔閭而見惡於夫差；比干生而見惡於商，死而見悅於周。

武王至殷郊，係墮㈠，五人御於前，莫肎之為㈡，曰：「吾所以事君者非係也。」武王左釋白羽，右釋黃鉞，勉而自為係。孔子聞之曰：「此五人者之所以為王者佐也，不肖主之所弗安也。」故天子有不勝細民者，天下有不勝千乘者。

【今註】㈠係即繫，是結束用的帶，如冠帶、衣帶、韈帶。畢校引韓非外儲說左下云，文王伐崇，至鳳黃虛，韈繫解，因自結，一事而傳者異。按此云係墮似指冠帶而言。㈡尹校據畢校改為「莫肯為之係。」

【今譯】　武王伐紂，到了殷郊，冠帶下墮，御者五人在前，莫肯替他結帶，他們說：「我們所以事君者不是結帶的。」武王左手放下白羽，右手放下黃鉞，很勉強的親自結帶。孔子說：「這五人的所以為王者之佐，是不肖主所不安的。」所以天子有不能爭勝於小民，天下有不能爭勝於千乘之國。

秦繆公見戎由余，說而欲留之，由余不肎。繆公以告蹇叔，蹇叔曰：「君以告內史廖。」內史廖對曰：「戎人不達於五音與五味，君不若遺之。」繆公以女樂二八人與良宰遺之㈠。戎王喜，迷惑大亂，飲酒晝夜不休。由余驟諫而不聽，因怒而歸繆公也。蹇叔非不能為內史廖之所為也，其義不行也。繆公能令人臣時立其正義，故雪殽之恥而西至河雍也㈡。

【今註】　㈠秦繆公遺戎王女樂良宰，見上壅塞篇。㈡「雪殽之恥」見上悔過篇。

【今譯】　秦繆公見戎臣由余，心裏喜愛而要留用他，由余不肯。繆公告訴蹇叔，蹇叔說：「君可以告訴內史廖。」內史廖對繆公說：「戎人不瞭解五音與五味，君不如餽贈他。」繆公把女樂二八人及良宰贈送戎王，戎王很高興，迷惑大亂，飲酒晝夜不休。由余數次勸諫而不見聽，因怒而來歸繆公。蹇叔並不是不能為內史廖的所為，因為此事不合義理所以不為。繆公能使其人臣隨時立其正義，所以能雪除殽敗之恥，而國土擴展至河雍。

秦繆公相百里奚，晉使叔虎㈠，齊使東郭蹇如秦，公孫枝請見之㈡，公曰：「請見客，子之事歟？」對曰：「非也。」「相國使子乎？」對曰：「不也。」公曰：「然則子事非子之事也㈢。秦國僻陋戎夷，事服其任，人事其事，猶懼為諸侯笑；今子為非子之事，退將論而罪。」公孫枝出，自敷於百里氏㈣，百里奚請之，公曰：「此所聞於相國歟？枝無罪，奚請？有罪，奚請焉？」百里奚歸，辭公孫枝。公孫枝徙，自敷於街，百里奚令吏行其罪。定分官㈤，此古人之所以為法也，今繆公鄉之矣㈥，其霸西戎，豈不宜哉？

【今註】㈠叔虎，畢校謂即下文郤子虎，晉大夫郤芮之父郤豹也。㈡公孫枝是秦大夫子桑。㈢「子事非子之事」，許釋引俞樾說「言子所事者非子之事也，下文今子為非子之事，是其證矣，畢氏疑上子字為衍文，非是。」按俞說是，惟上事字可作動詞用，下事字為名詞，就是說那麼你從事於不是你的職務。下文「人事其事」句同。㈣敷，許釋引孫鏘鳴高注補正「敷，陳也，自陳其事狀也。」㈤「定分官」，尹校「改為定分立官，按定分連辭，見下處方篇。」按即定分官職之意，不加立字亦可。㈥鄉（ㄒㄧㄤˋ）是向，趨向之意。

【今譯】　秦繆公用百里奚為相國。晉使叔虎、齊使東郭蹇到了秦國，公孫枝請繆公召見他們，繆公說：「請見客，是你的事嗎？」對答說：「不是。」「那麼是相國使你的嗎？」對答說：「不是。」繆公說：「這樣說，你做的不是你的事呀！秦國僻處戎夷，事服其任，人事其事，猶恐為諸侯笑，現在你做的不是你的事，退朝後要論你的罪。」公孫枝出，自陳述於百里氏請罪；百里奚為請求於繆公，繆公說：「這是相國說的嗎？枝沒有罪，何用請求？有罪，為何要請求呢？」百里奚回來，告訴公孫枝；公孫枝出來，自伏於街上，百里奚使吏行罪。定分官職，是古人所立的法則，今繆公已趨向於此了，其稱霸西戎，豈不是應該的嗎？

晉文公將伐鄴，趙衰言所以勝鄴之術，文公用之，果勝。還將行賞，衰曰：「君將賞其本乎？賞其末乎？賞其末則騎乘者存，賞其本則臣聞之郤子虎㈠。」文公召郤子虎曰：「衰言所以勝鄴，鄴既勝，將賞之，曰蓋聞之於子虎，請賞子虎。」子虎曰：「言之易，行之難，臣言之者也。」公曰：「子無辭。」郤子虎不敢固辭，乃受矣。凡行賞欲其博也，博則多助，今虎非親言者也，而賞猶及之，此疏遠者之所以盡能竭智者也。晉文公亡久矣，歸而因大亂之餘，猶能以霸，其由此歟？

【今註】㊀郤子虎已見上文。鄴是春秋時齊邑，桓公曾於此築城以衞諸侯，文公取此，戰國時為趙邑，故城在今河南臨漳縣西。

【今譯】晉文公將要伐鄴，趙衰建議所以勝鄴的計謀，文公用其計，果然勝鄴。還師，將行賞，趙衰說：「君將要賞其本呢？還是賞其末呢？賞其末則有騎乘的在；賞其本，則臣的建議是聽郤子虎說的。」文公召見郤子虎，說：「趙衰建議所以勝鄴，鄴已勝將賞他，他說是聽子虎說的，請賞子虎。」子虎說：「說是容易，行之則難；臣是說過的。」文公說：「你不要推辭。」郤子虎不敢堅辭，乃受賞。大凡行賞要廣博，廣博則可以多得人助，現在子虎不是親自建議的，而行賞尚且輪到他，這將使疏遠的人都能竭智盡慮，貢獻意見。晉文公流亡已久了，歸晉後而因大亂之餘，尚能建立霸功，就因為他能博賞得眾吧！

二曰贊能

【今註】贊能是進賢，鮑叔進管仲而齊霸，沈尹莖進孫叔敖而楚霸，故曰功無大乎進賢。為政在人，人存政舉，人亡政息，古今中外，無不如此。一國政治的好壞，固在領導者的賢能，尤賴眾官的忠勤，故求賢是求治的第一要務；使「賢者在位，能者在職」，則智慧集中於領導者的左右，則百廢可舉，政治清明。中庸論治國有九經，其中有關於任賢使能者為尊賢、為敬大臣、為體羣臣，來百工。

尊賢則不惑，敬大臣則不眩，體羣臣則士之報禮重，來百工則財用足，此可見贊能的重要。

賢者善人以入，中人以事，不肖者以財㊀。得十良馬，不若得一伯樂，得十良劍，不若得一歐冶㊁，得地千里，不若得一聖人。舜得皋陶而舜受之㊂，湯得伊尹而有夏民，文王得呂望而服殷商。夫得聖人，豈有里數哉？

【今註】㊀尹校「此言賢者之愛人也以人，即篇末所謂功無大乎進賢也，下文得十良馬不如得一伯樂云云，均言得人之重要，皆承此而言。」按尹說是，善人是孟子所謂與人為善之意，亦即愛人、助人之意。中人是中庸之人，潛夫論德化篇「上智與下愚之民少，而中庸之民多。」賢者是上智，不肖者是下愚，中人是中庸之民。賈誼過秦論「材能不及中庸」，史記作中人，春秋繁露實性篇作中民。此言中人愛人以事，不肖者愛人以財。㊁伯樂善相馬，歐冶善鑄劍，得伯樂歐冶，自然可得良馬良劍。㊂受，高注「用也」。畢校謂「受之即書所謂俾予從欲以治也，不當訓用。」許釋引陳昌齊說謂「據上下文義，正文舜受當作堯授，言舜得皋陶而堯授之天下。」又陶鴻慶說，謂「此文當有舛誤，以下文推之，當是謂舜得皋陶而受堯禪，與下文文義一律。」尹校據陳昌齊說改。按各說當以陶說為長。

【今譯】賢者愛人以人，中人愛人以事，不肖者愛人以財。得十良馬，不如得一伯樂，得十良劍，不如得一歐治，得地千里，不如得一聖人。所以舜得皋陶而舜受堯禪，湯得伊尹而有夏民，文王得呂望而服殷商，則得一聖人，豈有里數可計呢？

管子束縛在魯㊀。桓公欲相鮑叔，鮑叔曰：「吾君欲霸王，則管夷吾在彼，臣弗若也。」桓公曰：「夷吾寡人之賊也，射我者也，不可。」鮑叔曰：「夷吾為其君射人者也，君若得而臣之，則彼亦將為君射人。」桓公不聽，強相鮑叔，固辭讓而相，桓公果聽之。於是乎使人告魯曰：「管夷吾寡人之讎也，願得之而親加手焉。」魯君許諾，乃使吏鞹其拳，膠其目，盛之以鴟夷㊁，置之車中。至齊境，桓公使人以朝車迎之，祓以爟火，釁以犧猳焉㊂，身與之如國㊃，命有司除廟筵几而薦之，曰：「自孤之聞夷吾之言也，目益明，耳益聰，孤弗敢專，敢以告于先君。」因顧而命管子曰：「夷吾佐予。」管仲還走再拜稽首，受令而出。管子治齊國，舉事有功，桓公必先賞鮑叔曰：「使齊國得管子者，鮑叔也。」桓公可謂知行賞矣。凡行賞欲其本也，本則過無由生矣㊄。

【今註】㊀管仲事分見察傳、順說、不廣、勿躬各篇。㊁「鞹（ㄍㄨㄛˋ）其拳」是以皮革裹其手如拳，使不得動。「膠其目」是以膠封其目，使不得見。鴟（ㄔ）夷是皮囊。㊂爟火亦作燋火，所以祓除不祥，塗以牲豬的血。本味篇「湯得伊尹，祓之於廟，爝以爟火，釁以犧豭」與此同。㊃原作生，尹校改為身，意較明。㊄不苟篇，趙衰曰「君將賞其本乎？賞其末乎？賞其末則騎乘者在，賞其本則臣聞之郤子虎。」

【今譯】管子束縛在魯。桓公要用鮑叔為相國，鮑叔說：「吾君欲成霸王之業，則管夷吾在那裏，臣不如他。」桓公說：「夷吾是寡人之賊，曾經射我，不可以。」鮑叔說：「夷吾是為其君射人的，君如得他為臣，那麼他亦將為君射人。」桓公不聽，強相鮑叔，鮑叔堅決的辭讓其相，桓公果然聽從。於是使人告訴魯君說：「管仲是寡人的仇人，希望得到他而親手殺他。」魯君許可，乃使吏用皮革包裹管仲的手，用魚膠封閉其雙目，用皮囊裝著他，放在車中。到了齊國的邊境，桓公使人用朝車去迎接，用爟火祓除不祥，用豬血塗在他身上。桓公親身陪他到了國都，就命有司除廟筵几而薦告祖宗，桓公說：「我自從聽到夷吾的言論，目益明，耳益聰，我弗敢專擅，敢以告於先君。」因回頭命管子說：「夷吾輔佐我。」管仲退步再拜稽首受命而後出於廟。管子治齊國，舉事有功，桓公必先賞鮑叔，而且說：「使齊國得管子是鮑叔之功。」桓公可以說知道行賞了，大凡行賞要得其本，得其本就不會有過失了。

孫叔敖沈尹莖相與友㊀。叔敖遊於郢三年，聲問不知，修行不聞，沈尹莖謂孫叔敖曰：「說義以聽，方術信行，能令人主上至於王，下至於霸，我不若子也。耦世接俗，說義調均，以適主心，子不若我也。子何以不歸耕乎？吾將為子游。」沈尹莖遊於郢五年，荊王欲以為令尹，沈尹莖辭曰：「期思之鄙人有孫叔敖者聖人也㊁，王必用之，臣不若也。」荊王於是使人以王輿迎叔敖，以為令尹，十二年而莊王霸，此沈尹莖之力也。功無大乎進賢。

【今註】㊀沈尹莖，情欲篇作沈尹蒸，察傳篇作沈尹筮，尊師篇作沈申巫，去宥篇作沈尹華，皆以字形相近而誤，疑莫能定。其薦孫叔敖事亦見察傳篇。韓詩外傳二、新序雜事一、及列女傳記此事，均歸功於樊姬，而新序、列女傳沈尹並作虞丘子，虞丘子蓋即沈尹。㊁期思是楚地名，鄙人是鄉鄙之人。

【今譯】孫叔敖沈尹莖相友善。孫叔敖遊於郢三年，聲問不為人所知，修身不為人所聞，沈尹莖對孫叔敖說：「說義已聽，治國的方術得行，能使人主上至於王，下至於霸，我不如你。耦世接俗，說義調均，以適合主心，你不如我。你何不暫時歸耕呢？我將為你去游說。」沈尹莖遊於郢五年，楚王要用他做命尹，沈尹莖推辭說：「期思有鄉鄙之人孫叔敖是當世的聖人，王必須用他，臣不如他。」楚王於是使人以王輿迎接孫叔敖，用為令尹，過了十二年而莊王稱霸，這是沈尹莖的力量。功績莫大於進賢。

三曰自知

【今註】　自知是自知其過失，實在是待人告訴乃知，所以說：「人主欲自知則必直士，故天子立輔弼，設師保，所以舉過也。」此與聽言、謹聽、貴直、直諫各篇大旨相同，要在任賢。不自知便是壅塞，可與達鬱、壅塞各篇參閱。

欲知平直則必準繩，欲知方圓則必規矩，人主欲自知則必直士。故天子立輔弼，設師保，所以舉過也㊀。夫人故不能自知，人主猶其㊁，存亡安危，勿求於外，務在自知。堯有欲諫之鼓，舜而誹謗之木，湯有司過之士，武王有戒慎之鞀，猶恐不能自知㊂。今賢非堯舜湯武也，而有掩蔽之道，奚繇自知哉？荊成、齊莊不自知而殺，吳王、智伯不自知而亡，宋、中山不自知而滅㈣，晉惠公趙括不自知而虜，鑽荼、龐涓、太子申不自知而死㈤。敗莫大於不自知。

【今註】㈠準平、繩直、規圓、矩方以喻直士能正言。㈡「猶其」：畢校謂「御覽引作夫人固不能自知，人主猶甚，此猶其二字訛。」許釋引陳昌齊說謂當作尤甚，猶尤音訛，其甚形訛。㈢欲諫之鼓，淮南主術訓作敢諫之鼓；司過之士淮南作司直之士。鞀同鞉（ㄊㄠ）是小鼓，有柄可搖，古樂篇「有倕作鞀」。㈣荊成王信讒疎賢，為公子商臣所殺，見去宥篇。齊莊公無道，為崔杼所殺，見知分篇。吳王夫差不聽子胥之言，為越王句踐所亡，見知化、察傳、長攻各篇。智伯信張武言，圍趙襄子於晉陽，為韓趙魏所亡。見察傳、義賞篇。宋康無道為齊所滅，見壅塞、順說、過理各篇。中山王偃無道，為魏所滅，見樂成篇。㈤晉惠公韓原之戰為秦所虜，見原亂、愛士篇。趙括為趙將，為秦將白起所敗，坑其降卒四十萬於長平。鑽荼、龐涓是魏將，太子申是魏惠王的太子，與龐涓東伐齊，齊孫臏敗之於馬陵，盡殺之。此所謂不自知，實指龐涓不自知其兵法不及孫臏。故梁惠王謂孟子曰：「晉國天下莫強焉，叟之所知也。及寡人身，東敗於齊，長子死。」此之謂也。

【今譯】要知道是否平直，則必須用準繩；要知道是否方圓，則必須用規矩；人主要自知有無過失，則必須用直言之士。所以天子立輔弼，設師保，就是要他們舉正過失。大凡人多不自知其過失，而人主尤甚，存亡安危，不必求之於外，重要的關鍵在於能自知其過失。所以堯有欲諫之鼓，舜有誹謗之木，湯有司過之士，武王有戒慎之鞀，還恐怕不能自知；現在的人主賢能不如堯舜湯武，而有掩蔽過失的方法，何由自知呢？所以楚成王齊莊公由於不自知而被殺，吳王夫差、知伯瑤由於不自知而亡，宋康王、中山由於不自知而滅，晉惠公、趙括由於不自知而為虜，鑽荼、龐涓、太子申由於不自知而戰死。凡事的失敗沒有甚於不自知。

范氏之亡也㊀，百姓有得鍾者㊁，欲負而走，則鍾大不可負，以椎毀之，鍾況然有音㊂，恐人聞之而奪己也，遽揜其耳。惡人聞之可也，惡己自聞之，悖矣。為人主而惡聞其過，非猶此也，惡人聞其過，尚猶可。

【今註】㊀范氏是晉卿范武子之後，此指智伯伐范氏而滅之，或趙簡子率師逐范吉射而言。㊁許釋謂治要及文選注引，得下均有其字，於義較明。㊂況然是形容鍾聲的響亮。這是「掩耳盜鈴」成語的所本。

【今譯】范氏滅亡之後，百姓有得到他的大鍾，要想背負鍾而走，鍾大而重不可以背負；要用椎把它敲碎，鍾況然有大音響，恐怕給人家聽到要奪去自己的，很快的掩蔽了自己的耳朵。厭惡人家聽到是可以的，厭惡自己聽到就有些悖謬了。做人主的厭惡聽到自己的過失，不是和這事一樣嗎？厭惡人家聽到他的過失，還有可說。

魏文侯燕飲，皆令諸大夫論己，或言君之智也，至於任座，任座曰：「君不肖君也，得中山不以封君之弟，而以封君之子，是以知君之不肖也。」文侯不說，知於顏色，任座趨而出。次及翟黃，翟黃曰：「君賢君也，臣聞其主賢者，其臣之言直，今者任座之言直，是以知君之賢也。」文侯喜曰：「可反歟？」翟黃對曰：「奚為不可，臣聞忠臣畢其忠，而不敢遠其死，座殆尚在於門。」翟黃往視之，任座在於門，以君令召之，任座入，文侯下階而迎之，終座以為上客。文侯微翟黃，則幾失忠臣矣，上順乎主心，以顯賢者，其唯翟黃乎㈠？

【今註】㈠畢校謂「新序一，前作翟黃語，後作任座語，與此互異。」

【今譯】魏文侯宴飲諸大夫，要他們評論自己，有的說文侯的智慧，到了任座，任座說：「君是不肖的君，得中山不以封君之弟，而以封君之子，所以知道君的不肖。」文侯不高興，見於顏色，任座很快的走出去。次及翟黃，翟黃說：「君是賢君。臣聽說，其主賢者，其臣之言直，現在任座之言直，所以知道君的賢明。」文侯高興說：「可請他回來嗎？」翟黃對答說：「為什麼不可以？臣聽說，忠臣盡其忠，而不敢避其死罪，任座大概還在門外。」翟黃去看，任座果然在門外，遂即以君令召他回去。任座進入，文侯下階迎接，終席以為上客。文侯沒有翟黃，就幾乎失去忠臣了，上順人主的心意，而以顯揚任座之賢，唯有翟黃能夠如此嗎？

四曰當賞

【今註】當賞是說行賞應先德而後力，不可憑君主一人的愛憎，而任意賞罰。所舉事例，用意甚明，其主旨仍在任賢，是儒家思想，若在法家則先功而後賢，正與儒家相反。此可與義賞、權勳兩篇參閱。

民無道知天，民以四時寒暑日月星辰之行知天，四時寒暑日月星辰之行當，則諸生有血氣之類，皆為得其處而安其產㈠。人臣亦無道知主，人臣以賞罰爵祿之所加知主，主之賞罰爵祿之所加者宜㈡，則親疏遠近賢不肖皆盡其力而以為用矣。

【今註】㈠「知天」：所謂天是吾人所處的大環境，「天無私覆，地無私載，日月無私照」（禮記孔子閒居篇）這就是天所表現啟示者是大公無私，「萬物並育而不相害，道並行而不相悖」，故諸生有血氣之類，皆為得其處而安其生。㈡人主的賞罰爵祿得當，也是大公無私的表現，故親疏遠近賢不肖，都要盡其力而以為用了。

【今譯】　人民無由知道天意，人民從四時寒暑日月星辰的運行而知天意；四時寒暑日月星辰的運行得當，則各種生物有血氣之類，皆為得其所而安其生了。人臣也無由知道人主，人臣可從賞罰爵祿的所加而知道人主；人主的賞罰爵祿所加者得當，則親疏遠近賢不肖，都要盡其力而為君所用了。

晉文公反國，賞從亡者，而陶狐不與㊀。左右曰：「君反國家，爵祿三出，而陶狐不與，敢問其說。」文公曰：「輔我以義，導我以禮者，吾以為上賞；教我以善、彊我以賢者，吾以為次賞；拂吾所欲、數舉吾過者，吾以為末賞。三者所以賞有功之臣也。若賞唐國之勞徒，則陶狐將為首矣㊁。」周內史興聞之，曰：「晉公其霸乎㊂？昔者聖王先德而後力，晉公其當之矣。」

【今註】㊀陶狐或作壺叔、陶叔狐。㊁唐國即晉國，成王滅唐以封叔虞，後改稱晉，見上重言篇註。㊂高注「內史興、周大夫，奉使來賜文公命。」

【今譯】　晉文公返國，賞從亡者，而陶狐不在其內。左右說：「君返回國家，賞賜爵祿已三次發布，而不及陶狐，敢問何故？」文公說：「輔我以義、導我以禮者，我以為上賞；教我以善，強我以賢者，我以為次賞；拂逆我的所欲、數次糾正我的過失者，我以為末賞。這三者所以賞有功之臣。如果賞及唐國勤勞之徒，那麼陶狐將是為首的了。」周內史興聽到，說：「晉公難道要稱霸嗎？從前聖王先德是後力，晉公的賞是得當的了。」

秦小主夫人用奄變㊀，羣賢不說自匿，百姓鬱怨非上㊁。公子連亡在魏，聞之，欲入，因羣臣與民從鄭所之塞，右主然守塞，弗入，曰：「臣有義不兩主，公子勉去矣㊂。」公子連去，入翟，從焉氏塞，菌改入之。夫人聞之大駭，令吏興卒，奉命曰寇在邊，卒與吏其始發也，皆曰往擊寇，中道因變曰：非擊寇也，迎主君也。公子連因與卒俱來至雍㊃，圍夫人，夫人自殺，公子連立，是為獻公。怨右主然而將重罪之，德菌改而欲厚賞之，監突爭之曰：「不可㊄，秦公子之在外者眾，若此則人臣爭入亡公子矣，此不便主。」獻公以為然，故復右主然之罪，而賜菌改官大夫㊅，賜守塞者人米二十石，獻公可謂能用賞罰矣。凡賞非以愛之也，罰非以惡之也，用觀歸也。所歸善，雖惡之，賞；所歸不善，雖愛之，罰，此先王之所以治亂安危也。

【今註】 ㊀「小主」：高注「秦君也，秦厲公曾孫，惠公之子也。」畢校「以史記秦本紀考之，小主即出子也。」按高注亦依秦本紀，下文公子連，高注為「秦厲公曾孫，靈公之子也，於小主為從父昆弟也。」公子連即獻公，是秦孝公之父。秦孝公立於周顯王七年（西元前三六二），獻公在位二十四年，則本文所述之事，當在周安王十六年（西元前三八六）。㊁「奄變」：舊無注，義未詳。宦者為奄，名變。古有奄國，今曲阜有奄里，其子孫以國為姓，奄變亦可能為人名。惟文中未述及奄變的行為，下文夫人自殺，亦未殺奄變，則奄變似非人名，而是一種幻術，可以迷亂人性。㊂右主然是鄭所之塞的秦守塞吏，菌改是焉氏塞守吏。㊃雍是秦都。㊄監突是秦大夫名。㊅許釋引俞樾平議「高注曰，復反也，反其罪、不復罪也。僅不治其罪，而於菌改則賜之官大夫之爵，未見其能用賞罰也。下文云，凡賞非以愛之也，罰非以惡之也，用觀歸也，所歸善，雖惡之賞，所歸不善，雖愛之罰。是獻公必賞右主然而罰菌改，於下文之義方合。疑右主然菌改、傳寫互易，呂氏原文本作故復菌改之罪，而賜右主然官大夫。」尹校據改。按俞說合於本篇意旨，可採用。

【今譯】　秦小主夫人用奄變之術，羣臣不悅，各自隱匿，百姓怨恨，非議其上。公子連在魏，聽到這個情勢，希望回國，因利用羣臣與百姓，要從鄭所之塞入秦，右主然守塞，不予接納，說：「臣有義不能奉事兩主，公子還是離去吧。」公子連離去，到了翟地，從焉氏塞入秦，守塞吏菌改讓他進來。夫人得到消息，大為驚駭，命令官吏起兵，命令是說「寇盜在邊塞」，兵卒等開始出發時，都說「去擊寇盜」，到了中途就改變說「不是擊寇，是迎接主君。」公子連因與兵卒一起來雍都，圍了夫人，夫人自殺。公子連立為秦君，是為獻公。獻公怨右主然，將要重罪他；感激菌改，要厚賞他。大夫監突力爭說：「不可以，秦公子在外的很多，如果這樣辦，那人臣都爭相接納出亡的公子了，這對主而言是大不便利的。」獻公認為有理，所以反論菌改的罪，而賜右主然官為大夫，賜守塞的人各給米二十石，獻公可以說能用賞罰了。大凡賞並不是愛他，罰並不是惡他，是用賞罰來觀察其人的所歸，所歸善，雖惡他亦要賞，所歸不善，雖愛他亦要罰。這是先王所以治亂安危的道理。

五曰博志

【今註】許釋引王念孫呂氏春秋校本謂「博當為摶，與專同，謂專一其志也。篇內云，用志如此其精也，何事不達，何事不成，是其明證矣。」尹校據改為摶志。按王說是，摶（ㄓㄨㄢ）是專壹，通專，史記秦始皇本紀「普天之下，摶心揖志」，亦是專心之意。篇內所舉如獐疾走而反顧，冬夏不能兩成，及寧越的苦學，養由基的射猨，尹儒的學御，都是專一其志的說明。

先王有大務，去其害之者，故所欲以必得，所惡以必除，此功名之所以立也。俗主則不然，有大務而不能去其害之者，此所以無能成也。夫去害務與不能去害務，此賢不肖之所以分也㊀。使獐疾走，馬弗及，至已而得者，其時顧也。驥一日千里，車輕也，以重載則不能數里，任重也。賢者之舉事也，不聞無功，然而名不大立，利不及世者，愚不肖為之任也。冬與夏不能兩刑，草與稼不能兩成，新穀熟而陳穀虧。凡有角者無上齒，果實繁者木必庳，用智褊者無遂功，天之數也㊁。故天子不處全，不處極，不處盈，全則必缺，極則必反，盈則必虧。先王知物之不可兩大，故擇務當而處之㊂。

【今註】㊀禮記經解「民不求所欲而得之謂之信，除去天地之害謂之義，義與信，……霸王之器也。」有治民之意而無其器則不成。」故曰去害務與不能去害務，此賢不肖之所以分也。㊁春秋繁露天道無二篇「目不能二視，耳不能二聽，手不能二事，一手畫方，一手畫圓，莫能成。」天道無二就是天之數也。㊂宇宙萬物，無時無刻不在動，不在變，一切動變雖有賴時時調整，終不離乎物極必反的原理，一經趨向極端，即走向其相反的方向。所以在動變中能保持均衡，是最高理想的生存之道。故天子不處全，不處極，不處盈。

【今譯】先王有大事，除去其有害的，所以所愛的必得，所惡的必除，這就是功名所以成立之道。俗主不明此理，有大事而不能除去其有害的，所以功名不能成立。這除去害事和不能除去害事，就是賢不肖的分別。使獐快走，馬不能及，可是馬終得先至者，是因為獐時時反顧，稽誤行程。驥馬一日千里，是由於車輕，如果車中重載，則不能行數里，是因為所任太重了。賢者的舉事，沒有不成功的，然而亦有聲名不能大立，利益不及後世，是因為愚不肖的人為之任事。冬和夏不能兩見，草和稼不能兩成，新穀熟而陳穀虧，有角的獸沒有上齒，果實繁多的樹，枝葉必低垂，用智褊隘狹窄的人，功名難遂，這些都是自然的天數。所以天子不處全，不處極，不處盈，因為全則必缺，極則必反，盈則必虧。先王知道萬物不可兩大，所以立身處世務必擇其適當者。

孔墨甯越，皆布衣之士也，慮於天下以為無若先王之術者，故日夜學之，有便於學者，無不為也，有不便於學者，無肎為也。蓋聞孔丘墨翟，晝日諷誦習業，夜親見文王周公旦而問焉㈠，用志如此其精也，何事而不達？何為而不成？故曰精而熟之，鬼將告之，非鬼告之也，精而熟之也。今有寶劍良馬於此，玩之不厭，視之無倦，寶行良道，一而弗復，欲身之安也，名之章也，不亦難乎㈡？

【今註】㈠論語述而篇，孔子說：「甚矣，吾衰也！久矣，吾不復夢見周公。」故曰夜親見文王周公旦而問焉。㈡寶劍良馬玩之不厭，視之無倦，故能知劍的寶何如，馬的良何如。「寶行良道」，句義不明，或有錯字。至于求學，如淺嘗即止，沒有自強不息的精神，那麼要求身之安，名之立，豈不是很難的事嗎？所以中庸說「有弗行，行之弗篤，弗措也。」

【今譯】　孔子、墨翟、甯越，都是布衣之士，他們計慮天下的方術，認為沒有勝過先王之術的，所以日夜學習，有益於學問的，沒有不學習，有不利於學問的，決不肯做。曾經聽說，孔丘墨翟白天諷誦習業，夜晚還要夢見文王周公旦而請問之。他們用志如此精到，還有什麼事不通達？還有什麼事不成功呢？所以說：精而熟之，鬼神將會告訴你，並不是鬼神會告訴你什麼，實在是精熟之至，自然如此。譬如這裏有寶劍良馬，玩之不厭，視之不倦，自然精而熟之；至於求學，如果一而不復，那麼希望身體平安，聲名彰著，豈不是很難的嗎？

甯越中牟之鄙人也，苦耕稼之勞，謂其友曰：「何為而可以免此苦也？」其友曰：「莫如學，學三十歲則可以達矣。」甯越曰：「請以十五歲，人將休，吾將不敢休，人將臥，吾將不敢臥。」十五歲而周威公師之㈠。矢之速也，而不過二里止也，步之遲也，而百舍不止也㈡。今以甯越之材，而久不止，其為諸侯師，豈不宜哉？

【今註】　㈠治學所以成己，故曰莫如學。甯越治學日夜不休，即中庸所謂「人一能之，己百之；人十能之，己千之」之意，勉強而行之，專心一志，久而不止，遂以有成。㈡軍行三十里為一舍，（左傳僖公二十三年「其辟君三舍」）百舍，三千里。

【今譯】甯越是中牟的鄉鄙之人，以耕稼的勞累為苦，問其友人說：「怎樣才可以免去這些勞苦呢？」其友人說：「不如讀書，讀書三十年就可以聞達了。」甯越說：「請用十五年時間，人家將要休息，我不敢休息，人家將要睡覺，我將不敢睡覺。」苦讀十五年而周威公以為師。箭矢的快速，不過二里而止，步行的遲緩，而三千里不止。現在以甯越的材能而長久不止，卒成為諸侯師，不是很應該的嗎？

養由基、尹儒皆文藝之人也㊀。荊廷嘗有神白猨，荊之善射者莫之能中，荊王請養由基射之，養由基矯弓操矢而往，未之射而括中之矣㊁，發之則猨應矢而下，則養由基有先中中之者矣。尹儒學御三年而不得焉，苦痛之，夜夢受秋駕於其師，明日往朝；其師望而謂之㊂曰：「吾非愛道也，恐子之未可與也，今日將教子以秋駕㊃。」尹儒反走北面再拜曰：「今昔臣夢受之。」先為其師言所夢，所夢固秋駕已。上二士者可謂能學矣，可謂無害之矣，此其所以觀後世已。

【今註】㊀文藝：許釋引俞樾平議「養由基善射，尹儒善御，皆六藝之事」，尹校據改文藝為六藝。按文藝之人是韓非所謂文學之士，射御雖為六藝之事，而稱養由基尹儒為六藝之人，亦不可通，不宜改。㈡括是矢的尖頭，通箸，高注「幽通記曰，養流睇而猨號，此之謂也。」許釋引孫志祖校說「藝文類聚引，荊王有神白猨，王自射之，則搏樹而嬉。使養由基射之，始調弓，矯矢未發，猨擁樹而號，與此不同。疑誤以淮南說山為呂也，然文亦小異。」按未之射而括中之矣，正是流睇而猨號及矢未發而猨號相同，括是矢的尖末，矢尖已中猨身，極言其瞄準的正確。㈢畢校「望上師字當重」。按不宜重，是舊本斷句之誤。㈣秋駕是御法的一種技能。

【今譯】養由基、尹儒，都是文學之士。楚王有神白猨，楚國的善射者，沒有人能射中它。楚王請養由基來射，養由基調弓操矢而去，未發矢而矢的尖頭已瞄中了，發矢則白猨必定應矢而墮下，這是因為養由基在未射中之前已先瞄中了。尹儒學御三年而不得成，很覺得痛苦，夜裏夢見其師教以秋駕的御法，第二天就去朝見；其師望見他來，就告訴他說：「我不是愛惜技術不肯教你，恐怕你還未到這程度，今天將要教你秋駕的御法。」尹儒後退北面再拜說：「昨夜裏我已經從夢中受教。」於是向其師說明所夢，所夢確是秋駕的御法。上述二士可以說能學了，可以說沒有阻害而專心向學了，這就是他們所以能見重於後世了。

六　曰　貴　當

【今註】本篇是說明事功的成敗，不可強求，必由其道。所謂必由其道，是先盡其在我，所以說「君子審在己者而已矣。」能審己就是得當，也就是本篇貴當的意思。孔子說：「修己以安人，修己以安百姓。」孟子說：「禍福無不自己求之者」「枉己者未有能直人者也。」所以本篇是儒家成己之意，成己乃能成物，所引善相人者對楚莊王的一段話，則所謂貴當者仍是任賢。

名號大顯，不可彊求，必繇其道。治物者不於物、於人，治人者不於事、於君，治君者不於君、於天子，治天子者不於天子、於欲㈠，治欲者不於欲、於性㈡。性者萬物之本也，不可長，不可短，因其固然而然之，此天地之數也。窺赤肉而鳥鵲聚，貍處堂而眾鼠散，衰經陳而民知喪，竽瑟陳而民知樂，湯武修其行而天下從，桀紂慢其行而天下畔，豈待其言哉？君子審在己者而已矣。

【今註】㈠「欲」：高注「貪欲也，不貪欲則天子安樂也。」情欲篇謂「天生人而使有貪有欲。」荀子榮辱篇「夫人之情，目欲綦色，耳欲綦聲，口欲綦味，鼻欲綦臭，心欲綦佚，此五綦者，人情之所必不免也。」可知欲望是與食色的本能俱生，食衣住行育樂種種欲望，實在是人類求生存所必需的條件，所以情欲篇說「所謂全生者，六欲皆得其宜也。」故本書主張適欲，重己篇謂「凡生之長也，順之也。使生不順者，欲也。故聖人必先適欲。」人人能適欲，則社會必可安和樂利，故曰治天子者不於天子，於欲。㈡「性」：人類具有天賦的生存本能（性），求食以維持生命，求偶以延續生命，所以說「食色性也。」人類應用這兩種本能，各自尋求生存之道，如果食物的供應與男女的數量足夠所求，自能無所爭奪，並育而不相害。惟供求的相應，未必能恒久保持，而且強者的欲望發達，攫取弱者所應得，以為已有，在所難免，於是有爭鬥，爭鬥的結果，必致殘殺。當時政治家為消弭鬥爭殘殺的禍害，儒家主張德治，墨家主張兼愛，道家主張去欲，法家主張法治，本書是採取儒家的修齊治平的原則，故主張「為國之本，在於為身。身為而家為，家為而國為，國為而天下為。……此四者異位同本，故聖人之事，廣之則極宇宙，窮日月，約之則無出乎身者也。」（執一）又謂「善為天下者不於天下，於身，……得之於身者得之人，失之於身者失之人。不出於門戶而天下治者，其惟知反於己身者乎？」（先己）所謂「反於己身」，即本文所謂「治欲者不於欲，於性」。至於如何治性，即下文所謂因其固然而然之，是孟子「以直養而無害」之意。

【今譯】名號大顯是不可以勉強求得的，必由其道。治物者不在於物，在於治人；治人者不在於事，在於正君；治君者不在於君，在於正天子；治天子不在於天子，在於治貪欲；治貪欲者不在於貪欲，在於養性。所謂性是萬物的本能，不可增長，不可減短，順其固然而加以修養，這是自然的法則。看見赤肉而烏鵲聚集，狸貓在堂而羣鼠逃散，衰絰陳列而人知是喪事，竽瑟陳列而人知是喜事，湯武修其德行而天下順從，桀紂慢其行為而天下叛亂，這些事都是順應自然，難道等待說明嗎？是故君子不強求於外，祇是審察自身的行為罷了。

荊有善相人者，所言無遺策，聞於國。莊王見而問焉，對曰：「臣非能相人也，能觀人之友也㈠。觀布衣也，其友皆孝悌純謹畏令，如此者其家必日益，身必日榮矣，所謂吉人也㈡。觀事君者也，其友皆誠信有行好善，如此者事君日益，官職日進，此所謂吉臣也。觀人主也，其朝臣多賢，左右多忠，主有失皆交爭証諫，如此者國日安，主日尊，天下日服，此所謂吉主也。臣非能相人也，能觀人之友也。」莊王善之，於是疾收士，日夜不懈，遂霸天下。故賢主之時見文藝之人也，非特具之而已也，所以就大務也。

【今註】㈠觀人之友，上論人篇中的八觀六驗，六戚四隱，已有論及，可參閱。㈡許釋「矣當作此。治要引榮作安，矣作此，韓詩外傳九、新序雜事五並同，此所謂吉人也，與下文此所謂吉臣也，此所謂吉主也，文同一例。」

【今譯】楚國有善相人者，所言沒有失誤，名聞於國內。莊王召見而問他相人之術，對答說：「臣不是能相人，是能觀察人的朋友。觀察一位布衣之士，其所交友都是孝悌純謹守法，這樣的人家道必定日富，本身必定榮華，這就是所謂吉士。觀察事君的臣下，他的朋友都誠信有德行而好善，這樣的人事君必定恭謹，任職必定日有進展，這就是所謂吉臣。至於觀察人主，其朝臣多賢，左右多忠，主有過失都能交爭証諫，這樣的人主，國家日安，主位日尊，天下皆服其德，這就是所謂吉主。臣不是能相人，祇是能觀察人的朋友而已。」莊王認為說得很對，於是立即求取賢士，日夜不懈，遂稱霸於天下。所以賢主的隨時召見文學之士，並不是特為具備而已，是要因此成大事的。

夫事無大小，固相與通，田獵馳騁，弋射走狗，賢者非不為也，為之而智日得焉；不肖主為之，而智日惑焉。志曰：驕惑之事，不亡奚待？齊人有好獵者，曠日持久，而不得獸，入則媿其家室，出則媿其知友、州里。惟其所以不得之故，則狗惡也，欲得良狗，則家貧無以。於是還疾耕，疾耕則家富，家富則有以求良狗。狗良則數得獸矣，田獵之獲常過人矣。非獨獵也，百事也盡然。霸王有不先耕而成霸王者，古今無有，此賢者不肖之所以殊也。賢不肖之所欲與人同，堯桀幽厲皆然，所以為之異。故賢主察之，以為不可，弗為，以為可，故為之。為之必繇其道，物莫之能害，此功之所以相萬也。

【今譯】事無大小，其成敗之理是相與可通的。田獵馳騁，弋射走狗，賢者不是不為，為之而智識日有所得；可是不肖主為之，反而智力日加迷惑。所以古記志說：「驕奢迷惑的事，那有不滅亡的呢？」齊國有一位好獵的人，曠日持久，總是得不到禽獸，回家則愧對其家室，出外則愧見其知友鄉里。他思維所以不得獸的原故，則是由於狗不好，希望得到良狗，又因為家貧無力購買。於是回家勤事耕稼，勤事耕稼則家財富裕，家財富裕則有力量去求得良狗。有了良狗就常常得到野獸了，田獵所得常多於他人了。不獨田獵如此，百事都是這樣的。霸王有不先耕而成就霸王之業，古今無有，這就是賢不肖的所以不同。賢不肖的欲望與人相同，堯桀幽厲都是如此，而所以成功的做法不同。所以賢主的行事必先審察，認為不可，便不為；認為可，然後為之。為之必由其道，其他事物不能阻害，這就是其功業的所以相去萬倍。

卷二十五　似順論

第五，凡六篇

一曰似順

【今註】本篇是論述許多事情或言論的順逆，有時不可以常理來辨別。如所引三事例，楚莊王伐陳，是似順而逆；田完子以死敗為安，則似逆而順；趙簡子使尹鐸去壘，而尹鐸反增益之，則又似逆而順。可知事情言論的順逆是非，有時是不易辨別的，所以說：「事多似倒而順，多似順而倒，有知順之為倒，倒之為順者，則可與言化矣。」

事多似倒而順，多似順而倒㊀，有知順之為倒，倒之為順者，則可與言化矣。至長反短，至短反長，天之道也㊁。

【今註】㊀倒，高注「逆也」。㊁至長是夏至，晝最長，過至則漸短，到了秋分則晝夜均而寒暑平。至短是冬至，晝最短，過至則漸長，到了春分則晝夜均而寒暑平。

【今譯】許多事情有的看來似乎是倒的，而其實是順的；有的看來似乎是順的，而其實是倒的；如果有人知道順的是倒，倒的是順，那就可與談論事物的變化了。有如夏至至長而反短，冬至至短而反長，是天道盈虛消長之數。

荊莊王欲伐陳㊀，使人視之，使者曰：「陳不可伐也。」莊王曰：「何故？」對曰：「城郭高，溝洫深，蓄積多也。」寧國曰：「陳可伐也㊁。夫陳小國也，而蓄積多，賦斂重也，則民怨上矣。城郭高，溝洫深，則民力罷矣。興兵伐之，陳可取也。」莊王聽之，遂取陳焉㊂。

【今註】㊀楚莊王是春秋五霸之一，伐陳事見左宣十一年傳，其時陳有夏徵舒之亂。㊁畢校謂說苑權謀篇，「蓄積多」下云「其國寧也。王曰：陳可伐也。」後文「莊王聽之」作「興兵伐之。」按寧國為楚臣名，未見他處，似以說苑為是。㊂城郭高，溝洫深，蓄積多三者似順而倒。

【今譯】楚莊王要伐陳國，使人往探視，使者還報說：「陳不可伐。」莊王說：「為什麼？」對答說：「因為城郭高，溝洫深，蓄積多。」寧國說：「陳可以伐。陳是小國，而蓄積多，是由於賦稅重，人民必怨恨其上了。城郭高，溝洫深，那民力疲弊了。起兵攻伐，陳國可以取得了。」莊王聽從他的話，遂即攻取了陳國。

田成子㊀之所以得有國至今者，有兄曰完子，仁且有勇。越人興師誅田成子，曰：「奚故殺君而取國。」田成子患之，完子請率士大夫以逆越師，請必戰，戰請必敗，敗請必死。田成子曰：「夫必與越戰可也，戰必敗，敗必死，寡人疑焉。」完子曰：「君之有國也，百姓怨上，賢良又有死之臣蒙恥㈡，以完觀之也，國已懼矣。今越人起師，臣與之戰，戰而敗，賢良盡死，不死者不敢入於國，君與諸孤處於國，以臣觀之，國必安矣。」完子行，田成子泣而遣之。夫死敗人之所惡也，而反以為安，豈一道哉㈢？故人主之聽者，與士之學者，不可不博。

【今註】㈠田成子是田常，亦即陳恒，殺齊簡公而取齊國。㈡許釋引俞樾平議謂「又有死三字衍文，『賢良之臣蒙恥』，文義甚明。疑有死二字本在下文，其文云『今越人起師，臣與之戰，戰而敗，敗而有死，賢良盡死，不死者不敢入於國』蓋戰而敗，敗而有死，即上文所謂戰請必敗，敗請必死也。有讀為又，敗而又死，此謂完子自死也；完子為將而死，則賢良莫敢不死，其或不死，亦必畏罪而不敢入國矣，所以不敢入國，正以主將先死之故，若無此句，但曰戰而敗，則賢良之死者固死矣，其不死者何不敢入之，有未足以盡國中之賢良也。有死二字羼入上文，因並敗而二字刪去矣。至有死即又死，又有二字不當疊用，蓋誤衍耳。」㈢戰而敗，賢良盡死，而反以為安，這是似倒而順，因賢良不盡死，則必不利於田成子的篡齊。

【今譯】　田成子所以得有齊國而能傳到今天，是因為他有兄田完子，仁且有勇。越人興師要誅田成子，質問他說：「為什麼殺了齊君而取其國？」田成子以此憂慮，完子請率領士大夫去迎戰越師，而且說明必須交戰，戰必須敗，敗必須死。田成子說：「必須和越師交戰是可以的；戰必須敗，敗必須死，我卻懷疑是什麼意思？」完子說：「君有齊國，百姓怨恨，賢良的臣下蒙受恥辱，以我看來，國人是恐懼了。現在越人起兵，我和他交戰，戰而敗，敗而又死，賢良的士大夫將被殺盡，不死的亦畏罪而不敢回國。君與諸孤留守國內，以我看來，國家從此可安定了。」完子出發，田成子泣而送之。死和敗是人所惡的，而反以為安，豈有一定的道理可說嗎？所以人主的聽言與士人的學識，不可不廣博。

尹鐸為晉陽，下有請於趙簡子㈠，簡子曰：「往而夷夫壘，我將往，往而見壘，是見中行寅與范吉射也㈡。」鐸往而增之。簡子上之晉陽㈢，望見壘而怒曰：「譆！鐸也欺我！」於是乃舍於郊，將使人誅鐸也。孫明進諫曰：「以臣私之，鐸可賞也㈣。鐸之言固曰：見樂則淫侈，見憂則諍治㈤，此人之道也。今君見壘，念憂患，而況羣臣與民乎？夫便國而利於主，雖兼於罪，鐸為之。夫順令以取容者，眾能之，而況鐸歟？君其圖之。」

簡子曰：「微子之言，寡人幾過。」於是乃以免難之賞賞尹鐸。人主太上喜怒必循理㈥，其次不循理，必數更，雖未至大賢，猶足以蓋濁世矣，簡子當此。世主之患，恥不知而矜自用，好愎過而惡聽諫，以至於危，恥無大乎危者。

【今註】㈠尹鐸是趙簡子鞅的家臣。晉陽即今太原，是趙邑。㈡夷是劃平。左傳定公十三年（西元前四九七），荀寅（即中行寅）士吉射（即范吉射）作亂，趙鞅奔晉陽，范氏中行氏圍晉陽，作壘壁。荀鑠（即知文子、智伯瑤之父）韓不信、魏曼多奉晉公以伐范氏中行氏，荀寅士吉射入朝歌以叛。後三年，趙鞅圍范、中行，鄭救范、中行，趙擊敗之，范、中行奔邯鄲。又後四年，趙鞅拔邯鄲，范、中行奔齊。其後趙簡子自曲沃往晉陽，不欲再見壘壁，所以使尹鐸劃平之。㈢其時趙簡子從曲沃北上，晉陽高而曲沃低，故上文言尹鐸下，而此言簡子上。㈣孫明，高注「簡子臣，孫無政郵良也。」畢校「晉語郵無正字伯樂，左傳郵無恤亦名郵良，即王良也。此云孫明，當即孫陽。」㈤「諍治」，許釋引王念孫說「諍當作竫。」按諍（ㄓㄥ）正也，進言以正人過誤之意。竫（ㄐㄧㄥˋ）安也，公羊傳「惟諓諓善竫言。」兩字意義相似。㈥「喜怒必循理」是喜怒發而必中節，謂之和。

【今譯】尹鐸治晉陽，南下謁見趙簡子，有事請示。簡子說：「這次回去，要劃平壘壁，我要往晉陽去，去而看見壘壁，就和見到中行寅、范吉射一樣。」尹鐸回去反而增高壘壁。簡子北上到了晉陽，望見壘壁就發怒說：「嘻！鐸欺騙我！」於是住在晉陽郊外，將要使人去殺尹鐸。孫明進諫說：「以臣的私意來說，尹鐸是可賞的。鐸曾經說過，見樂則淫佚奢侈，見憂則諍言圖治，此乃人情之常。現在君見壘壁而念及憂患，何況羣臣和人民呢？凡有便於國家而利於人主的，雖加重其罪，鐸亦要做；至於順從命令以取優容，是眾人所能，何況尹鐸呢？君請再加考慮吧。」簡子說：「不是你說明，我幾乎錯了。」於是以免難之賞賞尹鐸。大凡賢明的人主，其喜怒必合理而中節，其次不能合理，必須數次更改，雖然未至大賢，還足以超過濁世專欲之人了，簡子可以當此。世主的害處是鄙恥於不知而矜大於自用，好愎過不改而厭聽諫言，以至於危殆；恥辱當沒有比危殆為大的。

二曰別類

【今註】 別類是說明事物的是非，是不可以類推，有的似是而非，有的似非而是，所以說：「目固有不見也，智固有不知也，數固有不及也。」大意與似順篇所論相近。英人李約瑟氏「中國之科學與文明」第十章說這篇是道家的經驗主義之最佳寫照，也是推崇道家方技對抗當時政治家和詭辯家的最佳說明。經驗主義是中國科學與技術發展上最重要的因素，中國文化強調實際的技巧而不尚空說，這是非常有意義的。

知不知上矣，過者之患，不知而自以為知㈠；物多類然而不然，故亡國僇民無已。夫草有莘有藟㈡，獨食之則殺人，合而食之則益壽。萬堇不殺㈢。漆淖水淖，合兩淖則為蹇㈣，溼之則為乾。金柔錫柔，合兩柔則為剛，燔之則為淖。或溼而乾，或燔而淖，類固不必可推知也。小方、大方之類也，小馬、大馬之類也，小智、非大智之類也。

【今註】 ㈠孔子說：「知之為知之，不知為不知，是知也。」本篇是指為政者的知識和智慧而言，不知而自以為知，故亡國僇民無已。㈡莘本草作細莘，味甘無毒。藟（ㄌㄟˇ）是常春藤，唐書方伎傳「姜撫服常春藤，使白髮還鬒。」此言獨食之則殺人，未知何所據。㈢堇是堇菜，詩大雅「周原膴膴，堇荼如飴。」堇菜味甘中帶苦，無毒。一說堇是烏頭，附子的別名，有毒，可致人畜於死，所以勸學篇說：「是救病而飲之以堇也。」此言萬堇不殺，未詳。㈣淖（ㄋㄠˋ）是泥淖。蹇（ㄐㄧㄢˇ）是凝結之意。

【今譯】 能夠知道自己的所不知，是上等的人了；許多人犯錯誤的毛病，明明不知而偏自以為知。天下的事物，多好像是對的而其實是不對的，所以國家的滅亡，人民的殺戮，相繼不絕。譬如草類有莘有藟，單獨的喫會毒殺人，兩種合起來喫則可以延年益壽。堇是毒藥，可是多喫萬數的堇則不會殺人。漆是泥淖，水亦是泥淖，把兩種泥淖混合起來就會凝結，再加水濕反而乾燥了。金是柔軟的，錫亦是柔軟的，把兩種混合起來，就變成剛硬，再用火燒又融化為泥淖了。有的加水濕而反乾燥，有的加火燒而化為泥淖，所以事物是不可以類推的。小方是和大方同類，小馬是和大馬同類，而小智不是大智的同類。

魯人有公孫綽者，告人曰：「我能起死人。」人問其故，對曰：「我固能治偏枯㈠，今吾倍所以為偏枯之藥，則可以起死人矣。」物固有可以為小，不可以為大，可以為半，不可以為全者也。

【今註】㈠偏枯是半身不遂病。治偏枯是小智，起死人是大智，能治偏枯的藥雖然加倍，並不能活起死人，故曰小智非大智之類也。大智是能知人所不知，聞一而知十，見一隅則以三隅反；而小智是聞十而知一，所以不可認為同類。

【今譯】魯國有公孫綽其人，告訴他人說：「我能使死人復活。」人家問他怎樣治法，他說：「我本來能治半身不遂的偏枯病，現在我加倍治療偏枯症的藥，就可以治活死人了。」其實物有可以治小而不可以治大，可以為半而不可為全的。

相劍者曰：「白所以為堅也，黃所以為牣也㈠，黃白雜則堅且牣，良劍也。」難者曰：「白所以為不牣也，黃所以為不堅也，黃白雜則不堅且不牣也；又柔則錈㈡，堅則折，劍折且錈，焉得為利劍？」劍之情未革，而或以為良，或以為惡，說使之也。故有以聰明聽說，則妄說者止，無以聰明聽說，則堯桀無別矣。此忠臣之所患也，賢者之所以廢也。義小為之財小有福，大為之則大有福；於禍則不然，小有之不若其亡也。射招者欲其中小也，射獸者欲其中大也，物固不必，安可推也。

【今註】㈠牣同韌，是柔軟堅實而不易折斷的韌性。㈡錈同卷，卷曲。

【今譯】相劍者說：「白所以為堅，黃所以為韌，黃白相雜，是堅且韌，這是好劍。」非難他的人說：「白所以為不韌，黃所以為不堅，黃白相雜，則是不堅不韌；又柔軟的易於卷曲，堅硬的易於折斷，易折且卷，怎會成為利劍呢？」劍的實情並未改變，而或以為良，或以為惡，是說詞使它如此。所以能用聰明來聽話，則妄說的便停止，不能用聰明來聽話，那就堯桀沒有區別了。這樣的是非難明，是忠臣之所憂慮，賢者的所以廢棄而不用。大凡合於理義的事，小的可有小利，大的則有大利；可是禍患便不然，有小禍患不如完全沒有。射招的人希望射中小的，射獸的人卻希望射中大的，同是一射事而射中的目的不同。世間的事物實不可必，如何可以類推呢？

高陽應將為室家，匠對曰：「未可也，木尚生，加塗其上，必將撓㈠。以生為室，今雖善，後將必敗。」高陽應曰：「緣子之言，則室不敗也。木益枯則勁，塗益乾則輕，以益勁任益輕，則不敗㈡。」匠人無辭而對，受令而為之。室之始成也善，其後果敗。高陽應好小察，而不通乎大理也。驥驁綠耳背日而西走，至乎夕則日在其前矣。目固有不見也，智固有不知也，數固有不及也，不知其說所以然而然，聖人因而興制，不事心焉。

【今註】 ㈠高陽應是宋國的辯士，淮南人間訓作高陽魋。室家是住家的房屋，許釋引俞樾平議「書梓材篇，若作室家，詩緜篇，俾立室家，皆以室家連文，此云將為室家，亦猶是也。高氏於室字絕句，云家匠家臣也，失之。」許謂俞說是，疑匠下脫一人字，下文亦作匠人無辭而對，韓非淮南皆作匠人，不作家匠。㈡許釋引王念孫說，據下文及淮南人間篇，此文當作「木枯則益勁，塗乾則益輕。」

【今譯】 高陽應將建築房屋，匠人說：「未可以，木尚生，加塗泥土其上，木必將撓曲。用生木築屋，目前雖然很好，到後來將必敗壞。」高陽應說：「依你的話，屋不會敗壞的。因為蓋好之後，木越枯越堅強，土越乾越輕鬆，以越堅強的木承擔越輕鬆的土，那就不會敗壞了。」匠人沒有話好說，受命來建築。房屋初完成時很好，到了後來果然敗壞。高陽應喜歡小察，而不通曉土木的物理。驥驁綠耳都是千里馬，背著太陽向西走，到了晚上，太陽已在它們的前面了。許多事物實在不是眼睛所能見到，不是智力所能瞭解，不是術數所能料及，不知道理論的所以然而然，聖人順應事實而作為制度，不再用心智去加以考慮了。

三曰有度

【今註】本篇承上別類篇的結語「聖人因而興制，不事心焉。」一語而引伸其意義。所謂有度就是凡行事聽言，都要有制度法律的依據，所以說：「有度而以聽，則不可欺矣，不可惶矣，不可恐矣，不可喜矣。」其大旨與審分覽的任數、勿躬、知度各篇所述有相似處，可參閱。

賢主有度而聽，故不過。有度而以聽，則不可欺矣，不可惶矣，不可恐矣，不可喜矣。以凡人之知，不昏乎其所已知，而昏乎其所未知，則人之易欺矣，可惶矣，可恐矣，可喜矣，知之不審也。

【今譯】賢主的聽言行事都有法度，所以不會錯誤。因為聽言而有法度可據，那就不可以欺誤了，不可以惶惑了，不可以恐嚇了，不可以喜悅了。以一般人的智慧，對於已知之事固可不昏闇，而對於未知之事則昏闇了；可見人的易於受欺了，可使惶惑了，可以恐嚇了，可以喜悅了，都是由於知之不審所致。

客有問季子曰：「奚以知舜之能也㈠？」季子曰：「堯固已治天下矣，舜言治天下而合己之符，是以知其能也。」「若雖知之，奚道知其不為私？」季子曰：「諸能治天下者，固必通乎性命之情者，當無私矣。夏不衣裘，非愛裘也，暖有餘也；冬不用翣㈡，非愛翣也，清有餘也；聖人之不為私也，非愛費也，節乎己也㈢。節己雖貪汙之心猶若止，又況乎聖人？許由非彊也，有所乎通也，有所通則貪汙之利外矣㈣。」

【今註】㈠季子，高注「戶季子，堯時諸侯也。」許釋引王念孫說「淮南繆稱篇，昔東戶季子之世，高注：東戶季子古之人君也，此注戶上脫東字。」㈡同箑（ㄕㄚˋ），是摺扇。許釋引揚子方言：扇，自關而東謂之箑，自關而西謂之扇。㈢畢校、重己篇云，非好儉而惡費也，節乎性也，與此正相同。㈣尹校「許由不受堯禪，非勉彊也。」貪汙之利，尹校據陳昌齊說利改作私。外，高注「棄也」。

【今譯】有客問季子說：「何以知道舜的才能呢？」季子說：「堯實已治平天下了，舜所言治平的道理與堯自己的意見相符合，因此知道他的才能。」「雖然知道他的才能，又何從知道他不是為私呢？」季子說：「凡是能平治天下的人必定通達乎性命之情，應該沒有私心了。譬如夏天不穿皮裘，不是愛惜皮裘，是因為氣候溫暖有餘；冬天不用扇子，不是愛惜扇子，是因為氣候清寒有餘；聖人的不為私，不是愛惜費用，是要節省自己的精神。能節己，雖有貪汙之心的人尚且要止息私念，又何況是聖人呢？許由的不受禪不是勉強的，是其心中有所通達，心有所通達，那麼貪汙的私利放棄了。」

孔墨之弟子徒屬，充滿天下，皆以仁義之術教導於天下，然而無所行；教者術猶不能行，又況乎所教㈠。是何也？仁義之術外也，夫以外勝內，匹夫徒步不能行，又況乎人主？唯通乎性命之情，而仁義之術自行矣。先王不能盡知，執一而萬物治，使人不能執一者，物感之也。故曰通意之悖，解心之繆，去德之累，通道之塞㈡。貴、富、顯、嚴、名、利六者，悖意者也㈢，容、動、色、理、氣、意六者，繆心者也㈣，惡、欲、喜、怒、哀、樂六者，累德者也㈤，智、能、去、就、取、舍六者，塞道者也㈥。此四六者不蕩乎胷中，則正㈦，正則靜，靜則清明，清明則虛，虛則無為而無不為也。

【今註】㊀「教者術」三字應連讀，許釋尹校皆以「無所行教者」為句，均未妥。「教者術」是孔墨的仁義之術，「所教」是孔墨的弟子徒屬。㊁「故曰」以下見莊子庚桑楚篇（范耕研補注）。悖、繆、累、塞是人的心意道德上的毛病，都是由情欲來的，莊子思想以靜與虛為人生幸福的基本條件，使內心不為外物所擾，心平如鏡，照徹萬理，所以上文說，「使人不執一者，物感之也。」所謂執一，就是執守一道，一道就是下文所說的虛。能執一而不為萬物所擾則心正，「正則靜，靜則清明，清明則虛；虛則無為而無不為也。」至於儒家則以誠為一，意誠則心正，心正則有定，定而後能靜，靜而後能安，安而後能慮，慮而後能得。得則有為。這是儒道兩家的不同處，但莊子則認為無為勝於有為，他說「無為也，則用天下而有餘，有為也，則為天下而不足。」㊂高注「此六者人情之所欲也。孔子曰：富與貴，人之所欲也，不以其道，得之不居。故曰悖意，悖亂也。」又嚴謂威勢、威嚴。㊃高注「此六者不節，所以惑人心者也。」㊄高注「此六者不節，所以為德累者也。」㊅高注「此六者宜適難中，所以窒塞道使不通者也。」㊆「四六」者都是人的情欲，如果都得其適，不動蕩於胸中，則心得正；如情欲不得適而有所激動，則心偏而不正。所以大學說：「身有所忿懥，則不得其正；有所恐懼，則不得其正；有所好樂，則不得其正；有所憂患，則不得其正。心不在焉，視而不見，聽而不聞，食而不知其味。」

【今譯】孔墨的弟子徒屬遍於天下，都是用仁義之術教導天下之人，可是沒有行得通；教者之術尚且不能行，又何況於所教的弟子徒屬呢？為什麼？因為仁義之術是在外的，要求在外的仁義之術能變化人的內心，匹夫徒然學步而不能行，又何況世俗的人主呢？惟獨能通達性命之情的人，則仁義自然施行了。先王不能盡知萬物，執守一道而萬物得以治理；一般人不能執守一道，是由於受到外物的誘惑。所以說：要通達意中的悖亂，解除心中的繆惑，除去德行的連累，打通大道的阻塞。貴、富、顯、嚴、名、利六者，是悖亂人意的；容、動、色、理、氣、意六者，是繆惑人心的；惡、欲、喜、怒、哀、樂六者，是連累德行的；智、能、去、就、取、舍六者是阻塞大道的。這四種六者如果不動蕩於胸中，則心正；正則靜，靜則清明，清明則虛，虛則無為而無不為。

四曰分職

【今註】本篇是君守、任數、勿躬各篇的餘論，是道家無為思想的補充說明，所以說：「先王用非其有，如已有之，通乎君道者也。」故設官分職，任用賢能，使各竭所能，而萬事皆舉。近世更倡導分層負責，益足發揮分職的功能。

先王用非其有，如已有之㈠，通乎君道者也。夫君也者處虛素服而無智，故能使眾智也，智反無能，故能使眾能也，能執無為，故能使眾為也；無智、無能、無為，此君之所執也。人主之所惑者則不然，以其智彊智，以其能彊能，以其為彊為，此處人臣之職也。處人臣之職而欲無壅塞，雖舜不能為。武王之佐五人㈡，武王之於五人者之事，無能也，然而世皆曰：取天下者武王也，故武王取非其有，如已有之，通乎君道也。通乎君道，則能令智者謀矣，能令勇者怒矣，能令辯者語矣。夫馬者伯樂相之，造父御之，賢主乘之，一日千里，無御相之勞，而有其功，則知所乘矣。

【今註】㈠君守篇「君也者以無當為當，以無得為得者也，當與得不在於君，而在於臣。故善為君者無識，其次無事。」即用非其有，如已有之之意。㈡「五人」：高注「周公旦、召公奭、太公望、畢公高、蘇公忿生也。」許釋引梁玉繩呂子校補「淮南道應有此語，彼注以毛公易蘇公，與此異。」按論語泰伯篇「武王曰：予有亂臣十人。孔子曰：才難，不其然乎？唐虞之際，於斯為盛，有婦人焉，九人而已。」崔述考信錄謂亂臣十人不可指實。

【今譯】先王運用不是自己所有的智慧，猶如自己所有，這就是通於為君之道。所謂為君之道，要清虛樸素而無智，故能使用眾人之智；有智反若無能，故能使用眾人之能；能夠執守無為，故能使用眾人之為；無智、無能、無為，這是人君所應執守。人主有所迷惑的就不是如此，以其智與人爭智，以其能與人爭能，以其為與人爭為，這就是處在人臣的職位；處在人臣的職位，而希望沒有壅塞不通之事，雖然是舜亦有做不到的。武王的輔佐五人，武王對於五人的事，是不能做的，然而世人都說取天下的是武王；所以武王祇是取得不是自己所有的智慧，成為自己所有，這是通乎為君之道。通乎為君之道，那就能使智者計謀了，能使勇者用力了，能使辯者說辭了。好像那駿馬是由伯樂相取，由造父駕御，而賢主來乘坐，一日千里，賢主沒有御相之勞，而得千里的功用，這就知道用乘的道理了。

今召客者酒酣，歌舞鼓瑟吹竽，明日不拜樂己者㊀，而拜主人，主人使之也。先王之立功名，有似於此，使眾能與眾賢，功名大立於世，不予佐之者，而予其主，其主使之也。譬之若為宮室，必任巧匠，奚故？曰：匠不巧則宮室不善。夫國重物也，其不善也豈特宮室哉？巧匠為宮室，為圓必以規，為方必以矩，為平直必以准繩，功已就，不知規矩繩墨，而賞匠巧。匠之宮室已成，不知巧匠，而皆曰善，此某君某王之宮室也。此不可不察也。人主之不通主道者則不然，自為人則不能㊁，任賢者則惡之，與不肖者議之，此功名之所以傷，國家之所以危。

【今註】㊀拜是拜謝，樂己者是指歌舞鼓瑟吹竽的人。㊁畢校「自為人疑是自為之。」尹校據改。

【今譯】　現在請客者飲酒酣暢，有歌舞、鼓瑟、吹竽助興，第二天，客人不拜謝樂己的人而拜謝主人，因為這些都是主人使之助興的。先王的建立功名，有似於此，使用眾能和眾賢，可是功名大立於世，不歸功於輔佐的賢能，而獨歸於人主，因為眾賢眾能是人主所使的。譬如建築宮室，必定要用技巧的工匠，為什麼？因為工匠不技巧，則宮室不美。國家是最重要的事物，如果治理不好，豈僅宮室可比嗎？巧匠建築宮室，為圓必用規，為方必用矩，為平直必用準繩，宮室完成，便不知規矩繩墨，而賞賜巧匠。巧匠所建的宮室成，大家都說很好，這是某君某王的宮室，而不知有巧匠了。這些意義是不可不知的。不通曉君道的人主就不是如此，自己不能辦理，又不願任用賢者，乃與不省者去商議，這就是功名的所以傷敗，國家的所以危亡。

棗、棘之有㈠，裘狐之有也，食棘之棗，衣狐之皮，先王固用非其有而已有之。湯武一日而盡有夏商之民，盡有夏商之地，盡有夏商之財，以其民安，而天下莫敢之危，以其地封，而天下莫敢不說；以其財賞，而天下皆競；無費乎郼與岐周㈡，而天下稱大仁，稱大義，通乎用非其有。

【今註】　㈠棗棘都是多刺之木，詩魏風「園有棘，其實之食。」所以說棗是棘所有。㈡郼與岐周是湯武的本土。

【今譯】　棗是棘所有，裘是狐所有，可是人吃著棘的棗，穿著狐的皮；先王實在使用不是自己所有，有如自己所有。湯武在一天之內盡有了夏商的人民，盡有了夏商的土地，盡有了夏商的財物。用夏商的人民安定國家，而天下沒有人敢於危害；用夏商的土地分封功臣，而天下沒有人敢於不悅；用夏商的財物分別行賞，而天下皆為之激動；沒有動用過鄗與岐周的人民和財物，而天下都稱湯武為大仁大義，這就是湯武通達於用非其有的道理。

白公勝得荊國㊀，不能以其府庫分人，七日，石乞曰：「患至矣㊁，不能分人則焚之，毋令人以害我。」白公又不能。九日，葉公入，乃發太府之貨予眾㊂，出高庫之兵以賦民，因攻之，十有九日而白公死。國非其有也，而欲有之，可謂至貪矣；不能為人，又不能自為，可謂至愚矣；譬白公之嗇，若梟之愛其子也㊃。

【今註】　㊀白公勝事已見精諭篇，白公既殺令尹子西、司馬子期而得楚國。㊁石乞是白公的臣下。㊂葉公是楚葉縣大夫沈諸梁子高。㊃梟鳥愛養其子，子長而食其母，以喻白公愛惜府庫的財貨而殺其身。

【今譯】　白公勝已得到楚國，不能把府庫所藏分給人民，過了七天，石乞說：「禍患到了，不能分人就燒掉它，不要使他人用這些貨藏來害我們。」白公又不能。到了九天，葉公子高到了楚都，把太府所藏的貨物分給大眾，又拿出高庫所藏的兵器分給人民，使他們攻擊白公，過了十九天而白公自殺而死。國家本來不是他所有，而希望得到國家，可以說是最貪的了；有了府庫的貨藏，不能運用以分給人民，而自己又不能用，可以說是最愚的了。白公的吝嗇，譬如梟鳥的愛惜其子，適足以自害。

衞靈公天寒鑿池，宛春諫曰：「天寒起役，恐傷民。」公曰：「天寒乎？」宛春曰：「公衣狐裘，坐熊席，陬隅有竈，是以不寒。今民衣弊不補，履決不組。君則不寒矣，民則寒矣。」公曰：「善。」令罷役。左右以諫曰：「君鑿池不知天之寒也，而春也知之，以春之知之也，而令罷之，福將歸於春也，而怨將歸於君。」公曰：「不然，夫春也魯國之匹夫也，而我舉之，夫民未有見焉，今將令民以此見之，曰春也有善於寡人有也㊀，春之善非寡人之善歟？」靈公之論宛春，可謂知君道矣。君者固無任，而以職受任，工拙下也，賞罰法也，君奚事哉？若是則受賞者無德，而抵誅者無怨矣。人自反而已，此治之至也。

【今註】 ㊀畢校「曰，新序作且。」許釋「善下於字與如同，治要引此正作且春也有善如寡人有也。」

【今譯】衛靈公在天寒時鑿池，宛春諫阻說：「天寒起用民役，恐怕要傷害人民。」公說：「天氣已寒冷嗎？」宛春說：「公穿狐裘，坐熊席，屋隅有火竈，是以不冷。現在人民穿的破衣不能補，鞋子壞了不能結。君是不冷了，百姓是冷了。」公說：「很好。」下令停止民役。左右因此進諫說：「君鑿池，不知道天候的寒冷，而宛春卻知道，現在因為宛春知道而停工，恩德將歸於宛春，而怨恨則歸於君。」公說：「不是的，宛春本來是魯國的平民，而我舉用他，百姓未有知道他的好處，今天就要使百姓知道。而且宛春有善德正如寡人所有，宛春的善德不就是寡人的善德嗎？」靈公的評論宛春，可以說懂得為君之道了。所謂人君實在是沒有任職，而以職位分人受任，工拙在下，而賞罰由法，人君為什麼要任事呢？這樣，則因功受賞的無所謂德意，而因罪當誅的也無怨心了，大家都反求諸己而已，這是治道的極至。

五曰處方

【今註】處方是處事的方法，就是所謂「凡為治必先定分。」孔子對齊景公問政說：「君君、臣臣、父父、子子。」也是要定分，所以景公說：「哉，信如君不君，臣不臣，父不父，子不子，雖有粟，吾得而食諸？」在君臣共同好善的環境中，則君子近而小人遠，上下一心為人民謀幸福，這就是為政治國之道，也是本篇的主旨。所以章子對齊王說明「將在外，君命有所不受」的道理，韓昭釐侯的車右調整車靷，本無不可，但非其分內事，亦不免擅為之責。許釋引王念孫校本謂「方字疑當作分，篇內分字凡四見。」尹校據改為「處分」，似無必要。

凡為治必先定分，君臣父子夫婦。君臣父子夫婦六者當位，則下不踰節，而上不苟為矣，少不悍辟，而長不簡慢矣。金木異任，水火殊事，陰陽不同，其為民利，一也㈠。故異所以安同也，同所以危異也㈡，同異之分，貴賤之別，長少之義，此先王之所慎，而治亂之紀也。今夫射者儀豪而失牆，畫者儀髮而易貌，言審本也㈢，本不審，雖堯舜不能以治。故凡亂也者，必始乎近而後及遠，必始乎本而後及末㈣；治亦然。故百里奚處乎虞而虞亡，處乎秦而秦霸㈤；向摯處乎商而商滅，處乎周而周王㈥。百里奚之處乎虞，智非愚也，向摯之處乎商，典非惡也，無其本也。其處於秦也，智非加益也，其處於周也，典非加善也，有其本也。其本也者，定分之謂也㈦。

【今註】㈠六者作用雖各不同，而都為人所用，故曰為民利一也。㈡此言同異相成。㈢儀，高注

「望也」，蔣維喬彙校謂左昭二十五年傳疏「察其貌謂之儀」是儀可訓察。射者察毫毛之細而不視堵牆之大，故能中。畫者慎察毛髮以寫人像，故不失其形。許釋謂「淮南說林篇襲此文，作畫者謹毛而失貌，射者儀小而遺大。」此言射者畫者都要以謹察毫髮為本，故曰審本也。㊃高注「近喻小，遠喻大也，為亂之君先小後大也。本謂身，末謂國也，詹何曰，未聞身亂而國治也，故曰始乎本而後及末。」按詹何言為國之本在於為身，見執一篇。㊄晉以璧馬賂虞公，假道伐虢，宮之奇諫而不聽，百里奚知不可諫而去，虞遂為晉所滅。後秦穆公用百里奚而聽其謀，以取西戎。故曰處虞而虞亡，處秦而秦霸。㊅向摯事見先識篇，此實無關商周的廢興。㊆審本即定分，如百里奚的在虞，向摯的在商，是無其本，即沒有適當地位，不能發生作用，故曰其本也者，定分之謂也。

【今譯】大凡為治必先要確定名分，就是君臣、父子、夫婦。君臣、父子、夫婦六者的地位各得其當，那麼在下的不會踰節犯上，而在上的不會苟為了：年少的不會兇悍邪惡，而年長的不會簡慢失禮了。金木的用處相異，水火的所事有別，陰陽的變化不同，可是六者都為人所用，其福利人羣是一樣的。故異所以安同，而同所以危異，同異之分，貴賤之別，長少之義，是先王所重視，而為治亂之所由來。射者謹察毫毛而不見大牆，畫者注視毛髮而輕忽面貌，這是說審察根本，不審其本，雖堯舜不能為治。所以凡是危亂必始於近而後及遠，必始於本而後及末；治安亦是如此。所以百里奚在虞而虞亡，在秦而秦霸，向摯在商而商滅，在周而周興。百里奚在虞時，智力並不是愚劣，向摯在商時，法典並不是惡劣，是因為沒有可治之本；到了在秦時智力並沒有增加，在周時法典亦沒有改善，是因為有了可治之本。所謂本是什麼？就是君臣定分各當其位罷了。

齊令章子將而與韓魏攻荊，荊令唐蔑將而應之㈠，軍相當六月而不戰。齊令周最趣章子急戰，其辭甚刻，章子對周最曰：「殺之、免之、殘其家，王能得此於臣；不可以戰而戰，可以戰而不戰，王不能得此於臣。」與荊人夾泚水而軍㈡，章子令人視水可絕者，荊人射之，水不可得近。有芻水旁者，告齊候者曰：「水淺深易知，荊人所盛守，盡其淺者也，所簡守皆其深者也。」候者載芻者與見章子，章子甚喜。因練卒以夜奄荊人之所盛守㈢，果殺唐蔑，章子可謂知將分矣㈣。

【今註】㈠此段是周赧王十四年齊楚垂沙之役。唐蔑史記楚世家作唐昧，是楚國名將。應之是應戰。㈡泚水或作比水、泚水，漢書地理志廬江部注「泚山泚水所出」在今安徽廬縣。㈢奄（ㄧㄢˇ）是掩襲。㈣將分是為將的職分，齊王促其速戰，而章子不聽，是因為將在外，君命有所不受的「將分」。

【今譯】齊國使章子將兵會同韓魏攻楚，楚使唐蔑將兵應戰，兩軍相持六個月而不戰。齊使周最督促章子速戰，說的話很刻薄；章子對周最說：「殺了我，免了我，或者殘害我家人，王能得此於臣；

不可以戰而戰，可以戰而不戰，王不能得此於臣。」於是與楚軍夾沘水而陣。章子使候者探視水淺可渡之處，楚人發射，不能迫近水邊。有在水旁採芻草的人告訴候者說：「水的淺深很容易知道，楚兵防守眾多的地方都是淺的，防守簡少的都是深的。」候者把採芻者載回同見章子，章子很高興。因此簡選士卒，在夜裏掩襲楚人防守眾多的地方，果然殺了唐蔑。章子可以說懂得為將的本分了。

韓昭釐侯出弋，靷偏緩㈠，昭釐侯居車上，謂其僕「靷不偏緩乎？」其僕曰：「然。」至舍，昭釐侯射鳥，其右攝其一靷適之。昭釐侯已射，駕而歸，上車選閒，曰：「鄉者靷偏緩，今適，何也？」其右從後對曰：「今者臣適之。」昭釐侯至，詰車令，各避舍㈡。故擅為妄意之道雖當，賢主不由也。今有人於此，擅矯行則免國家，利輕重則若衡石，為方圜則若規矩，此則工矣巧矣，而不足法㈢。法也者，眾之所同也，賢不肖之所以其力也㈣。謀出乎不可用，事出乎不可同，此為先王之所舍也。

【今註】㈠弋是射獵。靷是繫於馬胸前以利曳引的皮帶。偏緩是一邊鬆弛，力量不勻，坐車不穩。
㈡避舍是車令和車右都退避請罪。車令是因為車子出發前未加檢查，以致一靷弛緩，車右是因為調整車靷，非其職掌，而擅自行動，都未能善盡職責，不合處事的方法。㈢許釋引陶鴻慶札記「擅矯行則危國家，蓋衍句也，此七字當是上文故擅為妄意之道雖當，賢主不由也二句之注。免當為危，傳寫以上文之注羼入於此耳。」又曰「利當為制字之誤，制輕重與為方圓義同。」按陶說亦可取，惟原文亦可通。㊃以其力，畢校「其力疑當作共力。」尹校「以猶用也。」畢校可取。

【今譯】　韓昭釐侯出獵，車靷偏緩，昭釐侯在車上告訴他的僕人說「車靷不是偏緩的嗎？」僕人說：「是的。」到了郊外射獵處，昭釐侯去射鳥，車右取了一靷予以調整使其合適。昭釐侯已射，駕車而歸，上車一會便說：「原來車靷偏緩，現在已合適，為什麼？」車右從後面對答說：「現在是臣調整過。」昭釐侯回到家，詰責車令，都避舍請罪。所以擅為妄意之道雖然得當，而賢主不用。今有人在此，擅矯命令行事，則免國家之患，利輕重則如權衡，為方圓則如規矩，這固然是工巧了，而不足為法。所謂法是眾人所同，賢不肖的所以共同用力，計謀出於不可用，行事出於不可同，這些都是先王所捨棄不用的。

六曰慎小

【今註】　慎小是說明人君對於小事小物要審慎，不可祇願大體而疏忽小節。所述衞獻公衞莊公都失敗在小事上，足資警惕。其實人與人的相處，雖小事小物亦須時時注意，不可掉以輕心，以免誤會，世間許多悲慘之事，多由此生。春秋繁露度制篇謂「凡百亂之源，皆出嫌疑纖微，以漸寖稍長致於大。聖人章其疑者，別其微者，絕其纖者，不得嫌以蚤防之，聖人之道，眾隄防之類也，謂之度制，謂之禮節。」亦所以防微杜漸之意。

上尊下卑，卑則不得以小觀上，尊則恣，恣則輕小物，輕小物則上無道知下，下無道知上，上下不相知，則上非下，下怨上矣。人臣之情不能為所怨，人主之情不能愛所非，此上下大相失道也。故賢主謹小物以論好惡㈠。巨防容螻，而漂邑殺人㈡，突洩一熛，而焚宮燒積㈢，將失一令，而軍破身死，主過一言，而國殘名辱，為後世笑。

【今註】㈠許釋引陶鴻慶札記「大當為交字之誤。論當為諭字之誤。下文吳起治西河，欲諭其信於民，高注云，諭，明也，即其義。」許釋謂「論字不誤，論亦訓明，尊師篇：說義必稱師以論道。適音篇：故先王必託於音樂以論其教。高注並釋論為明。」㈡巨防是巨大的隄防，螻是螻蛄螞蟻之類。㈢突是竈突。熛是火燄。積是積聚，古代多積聚穀物於野外，孟冬篇：命司徒循行積聚；仲冬篇：農有不收藏積聚者。燒積是與星星之火可以燎原之意。

【今譯】君臣上尊下卑，卑則不得以小事觀察其上；尊則驕恣，驕恣則輕視小事小物。輕視小事小物則上無由知道下情，下無由知道上意，上下不相知而誤會生，則上非其下，而下怨其上了。人臣之情不能為所怨者竭忠盡力，人主之情不能愛其所非的臣下，這就是上下交失其道。所以賢主謹慎小事小物以明好惡。巨大的隄防由於蟻穴而潰決，以至漂沒閭邑，溺殺人民；竈突洩漏出一縷火燄，則可以焚毀宮室，延燒積聚；將領失誤了一次軍令，以致軍破身死；人主說錯了一句話，以致國家殘亡，聲名恥辱而為後世所非笑。

衞獻公戒孫林父甯殖食㈠。鴻集于囿，虞人以告，公如囿射鴻。二子待君，日晏公不來至，來不釋皮冠而見二子。二子不說，逐獻公，立公子黚㈡。衞莊公立，欲逐石圃。登臺以望見戎州，而問之曰：「是何為者也？」侍者曰：「戎州也。」莊公曰：「我姬姓也，戎人安敢居國。」使奪之宅，殘其州。晉人適攻衞，戎州人因與石圃殺莊公，立公子起。此小物不審也㈢。人之情不蹷於山，而蹷於垤。

【今註】㈠戒，許釋「據文義，戒，約也。」按戒字無約義，應是命令或告誡之意，禮士冠禮「主人戒賓。」孟子梁惠王「大戒於國」皆此義。㈡孫林父甯殖逐衞侯、衞侯奔齊，事詳左襄公十四年傳（西元前五五九）。皮冠是射獵時所戴，不釋皮冠而見二子，是不禮貌的，故傳言「二子怒」。此言衞獻公不知慎小而見逐。又傳言衞人立公孫剽，孫林父甯殖相之，此處誤為公子黚。後十二年，甯殖之子甯喜殺公孫剽（殤公）而獻公復入，見觀表篇。㊂衞莊公即衞靈公的世子蒯聵，為謀殺南子事出奔（見左定十四年傳）。衞靈公卒，蒯聵之子輒立為出公。出公十二年（魯哀十四年）蒯聵入衞，是為莊公，出公出奔。莊公三年（魯哀公十七年，西元前四七八）欲逐石圃，未及而難作，為戎州人所殺。齊人伐衞，立公子起（靈公子，莊公弟），次年石圃逐其君起，起奔齊。出公輒復歸，逐石圃。此處言「此小物不審也」，意有未明，因為莊公曾從城上望見戎人己氏之妻髮美，強子剪取以為其夫人髢（假髮）；當石圃及戎州人來攻時，莊公逃入己氏家，出示其璧曰「活我，吾與汝璧。」己氏曰「殺汝，璧其焉往。」遂殺之而取其璧。可知如無剪髮的怨恨，或者可以免死，故曰此小物不審也。

【今譯】　衞獻公告知孫林父、甯殖來午餐。那一天，有鴻鳥飛來集於囿中，虞人報告獻公，公往囿中去射鴻。孫林父兩人等候到晚上，公還沒有回來；回來時，不脫去皮冠就會見兩人，兩人很不高興，就逐了獻公，而立公子黚為衞君。

衞莊公立為衞君，要逐去石圃。莊公登臺望見戎州，問隨從的人說：「這是那裏？」侍者說：「是戎人的州邑。」莊公說：「我是姬姓，戎人怎敢住在我國內。」就下令奪取他們的住宅，毀滅了戎州。其時正是晉人來攻衞，戎州人因與石圃聯合攻殺莊公而立其弟公子起。這些就是對小事小物不審慎的緣故。所以世人往往不顛躓於山丘而顛躓於蟻垤。

齊桓公即位三年，三言而天下稱賢，羣臣皆說。去肉食之獸，去食粟之鳥，去絲罝之網㊀。

【今註】㊀這三言雖都是小事小物，而有仁民愛物之意，肉食之獸，食粟之鳥，是損及民食，絲罝之網太密是傷害小魚。

【今譯】齊桓公即位三年，祇說過三句話而天下稱賢，羣臣皆悅。那三言是：去了吃肉的獸，去了吃穀的鳥，去了絲織的網。

吳起治西河，欲諭其信於民㊀，夜日置表於南門之外，令於邑中曰：「明日有人能僨南門之外表者，仕長大夫㊁。」明日日晏矣，莫有僨表者，民相謂曰：「此必不信。」有一人曰：「試往僨表，不得賞而已，何傷？」往僨表，來謁吳起，吳起自見而出，仕之長大夫。夜日又復立表，又令於邑中如前。邑人守門爭表，表加植，不得所賞㊂。自是之後，民信吳起之賞罰。賞罰信乎民，何事而不成，豈獨兵乎？

【今註】㊀吳起師曾子，見當染篇。治西河，見長見篇。謂事君有命，見執一、上德篇。去西河而泣，見觀表篇。急智，見貴卒篇。孔子謂「民無信不立」，吳起曾師曾子，故知立信。諭，高注「明也」。㈡表是標識，古時井田間分界之木。僨（ㄈㄣˋ）是僵仆。長大夫是上大夫，官爵名。㈢加植是用力深植土中，堅牢不得仆，故不得賞。

【今譯】吳起治西河，希望明其信用於人民，夜晚植置一根標識於南門之外，明令邑中說：「明天如有人能仆倒南門外的標識，賞他做上大夫。」第二天天晚了，還沒有人去仆倒標識，大家都說：「這一定不可信。」有一人說：「不妨試往仆倒那標識，不得賞也就算了，有什麼關係呢？」就前去仆倒標識，來見吳起，吳起親自接見而出，給他做上大夫。到了夜晚又復植置一標識，又明令邑中如前；邑人都守住南門，爭著要仆倒標識；可是標識深植土中，牢不可拔，不得所賞。從此以後，人民相信吳起的賞罰嚴明。賞罰見信於人民，還有什麼事不能成就呢？豈僅用兵而已嗎？

卷二十六　士容論

第六，凡六篇

一曰士容

【今註】　士容是論國士的氣度儀容，與禮記儒效篇的意義相似。孔子論君子的條件甚多，如「君子周而不比」「君子坦蕩蕩」「亡而為有，虛而為盈，約而為泰，難乎為恒矣。」及孟子的「士窮不失義，達不離道。」「人有不為也，而後可以有為也。」「富貴不能淫，貧賤不能移，威武不能屈。」等語，均與本篇所述相近。

士不偏不黨，柔而堅，虛而實㊀。其狀朖然不儇，若失其一㊁，傲小物而志屬於大㊂，似無勇而未可恐狼，執固橫敢，而不可辱害㊃，臨患涉難，而處義不越㊄；南面稱寡，而不以侈大㊅，今日君民而欲服海外，節物甚高，而細利弗賴㊆，耳目遺俗，而可與定世㊇；富貴弗就，而貧賤弗揭㊈，德行尊理，而羞用巧衛㊉，寬裕不訾，而中心甚厲㊁，難動以物，而必不妄折㊂；此國士之容也。

【今註】㊀士是指君子而言。「不偏」：中庸謂「不偏之謂中」，孔子說：「君子中庸，小人反中庸」，君子能用中和之道，其一切行為，皆能因時制宜，無時無刻不合乎中道，無過無不及者。「不黨」：孔子謂君子「羣而不黨」，「周而不比」，君子正直無私，凡事遵道而行，無偏無頗，以義合而不以利合，故不黨不比。「柔而堅」：老子說：「柔勝剛，弱勝強」。「天下之至柔，馳騁天下之至堅。」「天下柔弱莫過於水，而攻堅強者莫之能勝。」柔的含義，具有謙虛、寬容、忍耐之義，是指做人的態度而言。先總統　蔣公說：「大將的風度，要能忍耐，要以救大局為主，什麼困難失敗都能忍耐。」就是得到柔而堅的作用，故能爭取最後勝利。「虛而實」：老子說：「虛其心，實其腹，弱其志，強其骨。」這是說表面要虛心，內心要實在。　蔣公亦說「在生活上必須能刻苦耐勞，處世接物，必須恭謹謙和，言語行動，必須篤實厚重。」這是虛而實最好的解釋。由此，可知本篇所謂士容是混合儒道的為人處世之道。㊁朖（ㄌㄤˇ）即朗，儇是慧敏，意謂外表爽朗，而實不慧敏。「若失其一」是若有所失之意。此下十二句都是引伸「柔而堅、虛而實」的意義。㊂「傲小物」即上慎小篇的輕小物，其意謂輕忽小事而志趣遠大。㊃「恐狼」：許釋引王念孫說「高說非是，狼當為猲字之誤，恐猲猶今人言恐嚇也。似無勇而未可恐猲為句，執固橫敢而不可辱害為句，（論威篇云深惡執固，不可搖蕩。）橫敢猶勇敢。」二句相對為文，上句是外表似不勇敢而實未可恐嚇；下句是說其為人固執強橫而不可辱害；兩句是威武不能屈之意。㊄越，高注「失也」，此句是臨難無苟免之意。㊅「南面稱寡」是貴為國君，此句是居上不驕之意。㊆兩句與上傲小物而志屬於大句相似，務大篇「舜欲服海外」，節物，高注「事也，行事甚高，細小之利，不恃賴之也」正是傲小物句的倒言。㊇「耳目遺俗」是志趣清高絕俗，高注「耳目視聽，禮義是則，故能遺棄流俗，可與大定於一世也。」㊈高注「輕富貴，甘貧賤。」畢校「朅，去也，宋玉九辯云，車既駕兮朅而歸。」按此即富貴不能淫，貧賤不能移之意。㊉「巧衞」：許釋引俞樾平議「衞當作躗，乃假借字或壞字也，左傳哀二十四年，是躗言也。正義引服虔曰，躗偽不信也。然則巧躗猶云巧偽，高注謂羞以巧媚自榮衞，非是。」㊁此言心地寬厚，不訾毀他人，而中心嚴厲，不輕易容人，此即溫而厲之意。㊂此言不為物動，取與不苟，唯義所在。「不妄折」是陶淵明不肯為五斗米折腰之意。

【今譯】為士要不偏不黨，柔而堅，虛而實。外貌爽朗而不甚慧敏，若有所失；輕略小事而志趣高大；好像沒有勇氣而未可恐嚇；執固強橫，敢作敢為而不可辱害；遭遇患難而處義不失；即使貴為國君而不會妄自驕大；一旦得志君臨百姓而欲威震四海之外；行事甚高而不賴小利；志趣清高而可與安邦定國；富貴弗就而貧賤弗去；尊重道德義理而羞用巧偽；心地寬裕、不訾毀他人而中心嚴厲、不輕易容人；不為物誘而不肯妄自屈折；這些就是國士的容態。

齊有善相狗者，其鄰假以買取鼠之狗㊀，朞年乃得之，曰：

「是良狗也。」其鄰畜之數年，而不取鼠，以告相者，相者曰：「此良狗也，其志在獐麋豕鹿，不在鼠，欲其取鼠也，則桎之。」其鄰桎其後足，狗乃取鼠㈡。夫驥驁之氣，鴻鵠之志，有諭乎人心者誠也。人亦然，誠有之，則神應乎人矣，言豈足以諭之哉？此謂不言之言也㈢。

【今註】㈠假，高注「猶請也。」㈡桎，高注「械也，著足曰桎，著手曰梏。」桎其後足，不能遠跑，不得已乃取鼠。此言良狗志在獐鹿，故不取鼠，猶士之傲小物而志屬於大。㈢「誠有之，則神應乎人矣」是至誠如神之意。「不言之言」，如同老子所說的「不言之教」。中庸說：「衣錦尚絅，惡其文之著也。故君子之道，闇然而日章；小人之道，的然而日亡。君子之道，淡而不厭，簡而文，溫而理，知遠之近，知風之自，知微之著，可與入德矣。」朱子云，「絅，襌衣也。尚，加也。古者學者為己，故其心如此。尚絅，故闇然，衣錦，故有日章之實。淡、簡、溫、絅之襲於外也；不厭而文且理焉，錦之美在中也。小人反是，則暴於外而無實以繼之，是以的然而日亡也。遠之近，見於彼者，由於此也；風之自，著乎外者，本乎內也；微之顯，有諸內者形諸外也，有為己之心，而又知此三者，則知所謹，而可以入德矣。」先總統　蔣公以為「所謹之謹字，乃是至誠心謹之意，亦可兼作誠字解，則更為完備了。本章重引詩云，潛雖伏矣，亦孔之昭。故君子內省不疚，無惡於志，君子之所不可及者，其唯人之所不見乎？又云，相在爾室，不愧於屋漏。故君子不動而敬，不言而信。這就是說明誠之工夫，是在人的不見之處。」（科學的學庸——中庸的要旨）按本節是說明虛而實的意義。

【今譯】齊國有善相狗者，其鄰人託他購買一隻能捕鼠的狗，過了一年才得到，告訴鄰人說：「是好狗。」其鄰人養了幾年而不能捕鼠，因此告訴相者，相者說：「這是好狗，其志在獐麋豕鹿而不在鼠；如果要它捕鼠，可械桎其足。」其鄰人乃械桎它的後足，狗乃捕鼠。那驥驁之氣，鴻鵠之志，有可以曉諭人心，由於有誠。人亦是如此，至誠如神，語言豈足以曉諭呢？這叫做不言之言，其所成就，是在人的不見之處。

客有見田駢者㈠，被服中法，進退中度，趨翔閑雅，辭令遜敏。田駢聽之畢而辭之，客出，田駢送之以目。弟子謂田駢曰：「客士歟？」田駢曰：「殆乎非士也㈡。今者客所弇斂，士所術施也，士所弇斂，客所術施也㈢，客殆乎非士也。」故火燭一隅，則室偏無光，骨節蚤成，空竅哭歷，身必不長㈣，眾無謀方，乞謹視見，多故不良，志必不公，不能立功，好得惡予，國雖大，不為王，禍災日至。故君子之容，純乎其若鍾山之玉，桔乎其若陵上之木㈤，淳淳乎慎謹畏化，而不肎自足，乾乾乎取舍不悅，而心甚素樸㊅。

【今註】㊀田駢，高注「齊人，作道書二十五篇。」㊁殆，高注「近也。」㊂「弇斂」是深藏不露之意。「術施」是施展道術，以眩惑世人，與弇斂相反，即上文所謂趨翔閑雅，辭令遜敏。弇斂是內心，術施是外表，弇斂是實，術施是虛。㊃「骨節早成，空竅哭歷」，是發育不良之意。哭歷二字不知何意，畢校引梁玉繩校說「哭疑當作突。」義亦不明。㊄桔是桔梗，別名直木，桔乎是正直之意。㊅淳淳乎是敦厚溫良，乾乾乎是自強不息。

【今譯】有客人來見田駢，衣服合適，進退中度，趨走安閑而文雅，辭令謙讓而敏捷。田駢聽完了就送客，客人出去，田駢送之以目。弟子請示田駢說：「這客人是國士嗎？」田駢說：「相近似，不是國士。剛纔客人所深藏不露的，是國士所要表現的，國士所深藏不露的，是客人所表現的，客人只是相近似，不是國士。」所以火燭僅照一隅，則室偏半無光；骨節早成，發育不良，身體必不會長大；眾人無謀，謹畏相向，人多反為不善；立志不公正，便不能立功；厚斂而吝嗇，國土雖大，不能成王業，而禍災日至。所以君子的容態，純美有如鍾山之玉，正直有如陵上之木，敦厚溫良、謹慎穩重而不肯自足，強健不息，取捨敬慎而心甚素樸。

唐尚敵年為史㊀，其故人謂唐尚願之，以謂唐尚，唐尚曰：

「吾非不得為史也，羞而不為也。」其故人不信也。及魏圍邯鄲，唐尚說惠王而解之圍，以與伯陽㊁，其故人乃信其羞為史也。居有閒，其故人為其兄請，唐尚曰：「衞君死，吾將汝兄以代之。」其故人反興再拜而信之。夫可信而不信，不可信而信，此愚者之患也。知人情不能自遺，以此為君，雖有天下何益㊂？故敗莫大於愚，愚之患在必自用，自用則戇陋之人從而賀之，有國若此，不若無有，古之與賢，從此生矣，非惡其子孫也，非徼而矜其名也，反其實也㊃。

【今註】㊀「敵年」：尹校引馬敘倫讀呂記「說文：尉律學童年十七以上，始試諷籀書九千字乃得為史，敵借為適。」此意謂唐尚適當為史之年。㊁惠王即孟子所見的梁惠王。伯陽，高注為地名，以伯陽資之也。蔣維喬彙校引品節注作「伯陽姓名，以其功讓與伯陽而不居。」義較勝。㊂高注「不能自遺亡其貪欲之情，必危亡也，故曰雖有天下何益。」㊃與賢是傳位於賢。反其實是說古人傳賢，並不是惡其子孫，亦不是要求光大其聲名，是反求其實。

【今譯】唐尚適當為史之年，他的老朋友以為唐尚願意為史，以此告訴唐尚，唐尚說：「我不是不得為史，是羞而不為呀！」其友不信。及魏圍趙邯鄲，唐尚為向魏惠王游說，得以解圍，而以其功讓與伯陽。其友始信唐尚實在羞於為史。過了一些時，其友為其兄事求助，唐尚說：「等衞君去世，我要你的兄長代為衞君。」其友信以為真，再三拜謝。可信而不信，不可信而信，這是愚者的毛病。要知道人情不能自遺忘其貪欲，以此為君，雖有天下何益？故敗事莫大於愚蠢，愚者的毛病在於剛愎自用，剛愎自用則贛陋的人反從而賀之，有國如此，不如沒有，古人因此而傳賢，就從此發生了。這並不是惡其子孫，亦不是要求矜誇其名，乃是反求其實。

二曰務大

【今註】　此與有始覽的諭大篇相似，文字亦多相同，諭大篇是曉諭世人謀事，要從大處著想，要有長久的計劃。本篇則論人臣為政應公忠體國，不可只圖私利，而立國的目標必須遠大。所以說：「俗主之佐其欲名實也，與三王之佐同；其名無不辱者，其實無不危者，無功故也。皆患其身不貴於其國也，而不患其主之不貴於天下也，此所以欲榮而逾辱也，欲安而逾危也。」所舉事例如薄疑以王術說衞嗣君，杜赫以安天下說周昭文君，及被瞻不為君死之義，都有遠見。凡此實是諷示李斯要以法術治秦為不當。

嘗試觀於上志㈠，三王之佐其名無不榮者，其實無不安者，功

大故也。俗主之佐，其欲名實也，與三王之佐同，其名無不辱者，其實無不危者，無功故也。皆患其身不貴於其國也，而不患其主之不貴於天下也，此所以欲榮而逾辱也，欲安而逾危也。孔子曰：燕爵爭善處於一屋之下，母子相哺也，區區焉相樂也㊁，自以為安矣；竈突決，上棟焚，燕爵顏色不變，是何也？不知禍之將及之也，不亦愚乎？為人臣而免於燕爵之智者寡矣。夫為人臣者進其爵祿富貴，父子兄弟相與比周於一國，區區焉相樂也㊂，而以危其社稷，其為竈突近矣，而終不知也，其與燕爵之智不異。故曰天下大亂，無有安國，一國盡亂，無有安家，一家盡亂，無有安身，此之謂也。故細之安必待大，大之安必待小，細大賤貴，交相為贊，然後皆得其所樂。

【今註】㊀上志，高注「古記也。」㊁「孔子曰」以下與諭大篇同。諭大篇作「季子曰」，畢校案孔叢子論勢篇子順引先人有言云云，則作孔子為是。爵即雀。區區，諭大篇作姁姁，是安樂得意之意。㊂比周是朋比為奸之意。孔子說「君子周而不比，小人比而不周。」

【今譯】嘗試觀覽上古的記載，三王的輔佐，無不聲名榮顯而終身安樂者，是由於功業盛大之故。

俗主的輔佐亦希望名顯實安，與三王的輔佐相同，可是結果其名無不恥辱而實無不危殆者，是由於無功之故。他們都只怕自身不得貴顯於國，而不憂慮其主不得揚名於天下，此所以欲榮顯而愈恥辱，欲安樂而愈危殆。孔子說：燕雀相與棲止於一屋之下，母子相哺，得意的相與安樂，自以為平安了。竈突決裂，上棟被焚，燕雀顏色不變，這是為什麼？因為它們不知道禍患將來臨了，不是很愚蠢的嗎？為人臣的能免於燕雀的見解者亦很少了，那些為人臣的只知道為自己加官進祿，多圖富貴，父子兄弟相與結黨營私，很得意的共同享樂，而危害其國家，竈突的禍害已近了，而終不知道，他們和燕雀的智慧，可以說是無所異別。所以說：天下大亂，無有可安的國，一國盡亂，無有可安的家，一家盡亂，無有可安的身，就是這個意思。所以小的安必待於大，大的安必待於小，小大賤貴，交相為助，然後皆得其所樂。

薄疑說衞嗣君㈠以王術，嗣君應之曰：「所有者千乘也，願以受教。」薄疑對曰：「烏獲奉千鈞，又況一斤㈡？」

【今註】 ㈠衞嗣君，高注「衞平侯之子也，秦貶其爵曰君。」㈡烏獲是戰國時大力士。千鈞是三萬斤，是比喻衞君之賢可以王術治國，猶如烏獲之力可舉萬斤，以舉一斤則甚易。奉千鈞之奉字，許釋尹校均改為舉字。

【今譯】 薄疑以王者治平之術向衞嗣君進言，嗣君說：「我現在所有的不過千乘，請教以治小國之術。」薄疑對答說：「烏獲能舉千鈞，何況乎一斤？」

杜赫以安天下說周昭文君㈠，昭文君謂杜赫曰：「願學所以安周。」杜赫對曰：「臣之所言者不可，則不能安周矣；臣之所言者可，則周自安矣。」此所謂以弗安而安者也㈡。

【今註】㈠周昭文君是東周之君。㈡杜赫所言安天下是行仁義，與薄疑所說的王術相同。許釋引陶鴻慶說「此言杜赫不言安周而周自安耳，高注以為時人不安行仁義，非。」

【今譯】杜赫以安天下之計說周昭文君，昭文君告訴杜赫說：「我只要請教所以安周之計。」杜赫對答說：「我所說的不可用，則不能安周了；我所說的可用，則周自然平安了。」這就說不言安周而周自安了。

鄭君問於被瞻曰：「聞先生之義不死君，不亡君，信有之乎㈠？」被瞻對曰：「有之。夫言不聽，道不行，則固不事君也。若言聽道行，又何死亡哉？」故被瞻之不死亡也，賢乎其死亡者也。

【今註】㈠高注「鄭君，穆公也。被瞻事鄭文公，故穆公即位，問瞻所行之義，信有乎？」

【今譯】鄭君問被瞻說：「聽說先生主張不為君死，不為君亡，真有的嗎？」被瞻對答說：「有的。

言不聽，道不行，自然不會事君；如果言聽道行則國治，又何必死亡呢？」所以被瞻的不死亡實在是賢於死亡。

昔有舜欲服海外而不成，既足以成帝矣。禹欲帝而不成，既足以王海內矣。湯武欲繼禹而不成，既足以王通達矣。五伯欲繼湯武不成，既足以為諸侯長矣。孔墨欲行大道於世而不成，既足以成顯榮矣。夫大義之不成，既有成已，故務事大㊀。

【今註】㊀此與論大篇同而文字稍異，此言舜禹湯武及五霸孔墨都是務大而成就較小。

【今譯】從前虞舜要威服四海之外而不成，既足以成就帝業了。夏禹要稱帝四海而不成，既足以稱王海內了。湯武要繼述夏禹而不成，既足以行其王道了。五霸要繼述湯武而不成，既足以稱霸諸侯了。孔墨要施行大道於世而不成，既足以成名顯榮了。要之大義不成，結果有所成就，所以立志要大。

三曰上農

【今註】商鞅治秦以重農輕商為原則，呂不韋以商起家，實不主張重農，但時勢所趨，又不能不重農，故於六論之末，始述及農業政策及農業技術。本篇所謂「民農則樸，樸則易用，易用則邊境安，主位尊」一段，仍是法家理論。自「后稷曰」以下，大概是採用后稷農書，才是農家思想。近人夏緯瑛為上農等四篇詳作校釋，認為上農一篇講的是農業政策，任地、辨土、審時三篇講的是農業技術。他說本篇是說重農之要以及農事中應有的政令，農之所以要重，一方面是為的增產，一方面為的是安民。故首言「民農非徒為地利也，貴其志也。」這是當時重農政策的要旨。

古先聖王之所以導其民者，先務於農，民農非徒為地利也，貴其志也㊀。民農則樸，樸則易用，易用則邊境安，主位尊。民農則重，重則少私義㊁，少私義則公法立，力專一。民農則其產復㊂，其產復則重徙，重徙則死其處而無二慮。民舍本而事末則不令㊃，不令則不可以守，不可以戰。民舍本而事末則其產約，其產約則輕遷徙，輕遷徙則國家有患，皆有遠志，無有居心。民舍本而事末則好智，好智則多詐，多詐則巧法令，以是為非，以非為是。

【今註】㊀此段是法家的重農理論。夏緯瑛校釋說：「此一語即道破其所以重農的要旨，他託之於古先聖王導民首在重農，說出他的所謂重農不單是為的土地生產之利，而這一措施又是為的要達到其政治上的另一重要目的。……就是農民之志。以下就是他所說的可貴的農民之志。」㊁重是穩重。

私義，尹校據許釋改為私議。㊂復：畢校謂御覽復作厚，亢倉子作複。夏校釋謂其產復與下文其產約義正相反。複亦厚意，民務於農，則其產自然豐厚而不欲遷徙了。㊃「不令」：高注「令善」。夏校釋改令為合。尹校引孫詒讓札迻「不令謂不受令也，與上文易用對文，猶言不可用也。」按孫說較明。民捨本事末三語與上文民農三語為對文，就是說民農則易用，民不農則不可用；民農則產複，民不農則產約；民農則少私議，民不農則多詐。

【今譯】古代聖王所以教導人民之道，先要務農，民農不但是為的土地生產之利，乃是重視農民的志向。因為民農則樸實，樸實則易用，易用則邊境平安，主位尊重。民農則穩重，穩重則少私議，少私議則公法可立，力量集中。民農則產業豐厚，產業豐厚則安土重遷，安土重遷則死守其地而無二心。反之，民捨本而事末則不受令，不受令則不可用以守衛，不可用以攻戰。民捨本而事末則其產業菲薄，產業菲薄則輕易遷徙，輕易遷徙則當國家有禍患時，都將有遠去之意而無安居之心。民捨本而事末則喜好鬥智，喜好鬥智則必多詐偽，多詐偽則巧弄法令，以是為非，以非為是。

后稷曰：「所以務耕織者，以為本教也㊀。」是故天子親率諸侯耕帝籍田，大夫士皆有功業㊁，是故當時之務，農不見于國，以教民尊地產也㊂。后妃率九嬪蠶於郊，桑於公田，是以春秋冬夏，皆有麻枲絲繭之功，以力婦教也㊃。是故丈夫不織而衣，婦人不耕而食，男女貿功以長生㈤，此聖人之制也。故敬時愛日，非老不休，非疾不息，非死不舍㈥。

【今註】㈠后稷是舜時農官，教民稼穡，為周代祖先。此處是上世農書之名，後任地篇亦引后稷之言。㈡「皆有功業」：畢校「亢倉子作第有功級」，按文義難明，孟春紀「躬耕帝籍田，天子三推，三公五推，諸侯卿大夫九推，」故曰皆有功業。㈢夏校釋「國字的本義原是城，當農耕之時，佈農事，農民不見於城邑之中，是為的重農而教民尊重土地的生產。」按此即仲春紀的「是月也，耕者少舍」孟夏紀的「命農勉作，無伏於都。」㈣上言天子躬耕，此言后妃親蠶，季春紀有后妃親蠶之禮。「力婦教也」：畢校「亢倉子作勸人力婦教也。」夏校釋謂「婦教即婦女要從事於麻枲絲繭紡織之教。后妃親蠶是為的勸人春秋冬夏都有麻枲絲繭之功，故說是力婦教。上文以教民尊地產也，此句與之對文，當從亢倉子作以勸人力婦教也為是。」按力婦教就是說后妃致力於婦教，已有勸人之意，不必再加勸人二字。㈤「以長生」：畢校「亢倉子作資相為業。」夏校釋謂「當從亢倉子，即相助而成業的意思。男女資相為業是社會生活中的自然趨勢，他託言這是聖人的制度。」按句中貿功已是男耕女織，資相為業之意，其義甚明，不宜改。㈥許釋「亢倉子敬時愛日下有將實保功四字。」夏校釋謂亢倉子是對的，故亦照加。按此係指男耕女織，都要敬時愛日，不可後時，不可怠惰，即所謂一夫不耕或受其飢，一婦不織或受其寒之意。是專就時間而言，故接著說「非老不休，非疾不息，非死不舍。」不宜加。

【今譯】后稷書中說：「所以要以耕織為務者，乃是教化之本。」是故天子親率諸侯耕帝籍田，大夫士都有一定的事業，所以當農耕之時，農民不見於城邑之中，這就是教民尊重土地的生產。同時，后妃率九嬪治蠶事於東郊，採桑於公田，是以春秋冬夏，都有麻枲絲繭的事功，這就是致力於婦女之教。因此，丈夫不紡織而得衣，婦人不耕種而得食，男女互相為助以共求長生，這是聖人所定的法制。所以男耕女織，都要敬時愛日，非老不休，非疾不息，非死不止。

上田夫食九人，下田夫食五人，可以益不可以損㈠。一人治之，十人食之，六畜皆在其中矣㈡，此大任地之道也㈢。故當時之務，不興土功，不作師徒㈣。庶人不冠弁、娶妻、嫁女、享祀、不酒醴聚眾㈤，農不上聞不敢私籍於庸，為害於時也㈥。然後制野禁，苟非同姓，農不出御，女不外嫁，以安農也。野禁有五㈦：地未辟易，不操麻，不出糞㈧；齒年未長，不敢為園囿㈨；量力不足，不敢渠地而耕㈩；農不敢行賈，不敢為異事；為害於時也。然後制四時之禁，山不敢伐材下木，澤人不敢灰僇㈡，繯網罝罦不敢出於門，罛罟不敢入於淵，澤非舟虞不敢緣名，為害其時也⑫。若民不力田，墨乃家畜⑬。

【今註】㈠夏校釋：「此處的上田、下田和任地及辯土篇的上田、下田不同。這上田即上等之田，下田即下等之田，和周官遂人「辨野之土」，分上地、中地、下地是一類的意思。司馬法說：「六尺為步，步百為畝，畝百為夫」。大概古時百畝之田，主要用一男女之力可以耕種，故田亦以夫計。上田夫食九人，下田夫食五人，該就是說上等的一夫之田可以另給九人之食，而下等的一夫之田可以供五人之食，照此標準，只許增加，不許減少。㈡夏校釋：周官遂人說：「辨野之土，上地、中地、下地，以頒田里。上地夫一廛，田百畝，萊二百畮；餘夫亦如之。」地官大司徒說：「不易之地，家百畮；一易之地，家二百畮；再易之地，家三百畮。」小司徒說：「乃經土地而井牧其田野。」疏說：「而井牧其田野者，井方一里，兼言牧地。」據此三條，可知古時種田，另有牧地與之配合，而上地（亦即不易之地）配合的牧地少，下地（亦即再易之地）配合的牧地多。耕牧配合，以期在相同的勞力下都能達到其互可相當的生產量。這裏應當也是種下等的田要多配合牧地，以增加其家畜的生產量，好與土地相當。故上雖言上田夫食九人，下田夫食五人，此仍說是一人治之，十人食之，而是要包括六畜皆在其中的。㊂「大任地」就是要擴大土地的生產力，其辦法是爭取勞作時間，規定標準產量。㊃「當時之務」就是正當農時要注意做到的事，凡有妨害農事的一概禁止，所以孟子說：「不違農時，穀不可勝食也。」不違農時是發展農業的重要政策。「不興土功，不作師徒」，就是孟春紀的「無聚大眾，無置城郭。」仲春紀的「無作大事以妨農功。」及孟夏紀的「無起土功，無發大眾，勸民無或失時。」㊄冠弁是指冠禮，古時男子二十而冠。夏校釋謂舊注皆非，這是說正當農時，庶人不要舉行冠禮、婚嫁、享祀，以及其他宴飲聚眾之事，以免有妨農事。㊅夏校釋謂孫詒讓解「上聞」為名通於官；不敢私籍於庸為不得養私庸以代耕，其說甚是。蓋當春秋之時，已有農民上升為士，由士而可出仕（見齊語及管子小匡篇）。而戰國之時，已有養庸代耕的事實（見韓非外儲說左上）。由農而士而仕，當即上聞，可以養庸代耕。因為養庸代耕，可以使一部分富裕農民脫離生產勞力，有害農事。故農不上聞的，是不得私借於僱傭之力而耕作的。㊆「野禁有五」句應在制野之下，因為「苟非同姓，農不出御，女不外嫁，以安農也」，為野禁之一。尹校據范耕研說，移「然後制野禁」句於「以安農也」句下，則野禁僅有四了。夏校釋謂農不出御，要為安農，把農民固定在他的土地上，使無遠志。蔡邕獨斷說：「御者進也，凡衣服加於身，飲食適於口，妃妾接於寢，皆曰御。」是御有男子配妻之義。「農不出御」就是農夫不出其所居處地之外以配妻室。「女不外嫁」就是農民的女子不遠嫁。這樣可達到安農的目的。但是同姓不婚，已成定例，若是一地都是同姓的農人，那男婚女嫁就只好求之於別地了，故說「苟非同姓」。㊇夏校釋「辟與闢通；易，治也（依辯土篇高注）。地之辟易指耕墾而言，這在農作中是最前步的工作，必須及時做好，才能管其他的事，故在地未辟易之時，是不可以操作麻事和出糞的，以免妨害農時。」㊈夏校釋「園囿是種果蔬的地方，作園囿的事，勞作比較輕些，年老的人作起來比較合適，不應讓年輕的人去作，以免妨害了農時中的主要勞動力。」⑳夏校釋謂高注「渠溝也」非是，渠有廣大之義，「渠地而耕」是說廣拓土地而耕種的意思，如果勞力不足而廣拓耕地，必然勞而無功，也有妨於農時，所以要農民量力而耕。按夏釋亦有未妥，一夫百畝，已有定例，何從廣拓？此處渠當是掘溝之意，土地未經耕墾，必須有足夠勞力掘溝，如果量力不足，則不敢為此事。㉑「四時之禁」，多已分見十二紀中。「山不敢伐材下木」即孟春紀的「禁止伐木」，仲春紀的「無焚山林」，孟夏紀的「無伐大樹。」所以孟子說「斧斤以時入山林，材木不可勝用也。」「澤人不敢灰僇」即仲夏紀的「無燒炭」，季夏紀的「燒薙行水」。夏校釋謂管子輕重己篇說：「毋斬大山，毋戮大衍。」正與此文義相仿。小爾雅「澤之廣者謂之衍」，「毋斬大山，毋戮大衍」即毋在大山上伐材下木，毋在大澤中割草燒灰。㉒「繯網罝（ㄐㄩ）罦（ㄈㄨˊ）」是捕鳥獸的器具，此即季春紀的「田獵罼（ㄅㄧˋ）弋（ㄧˋ）罝罘（ㄈㄨˊ）羅網餧獸之藥無出九門。」罛（ㄍㄨ）罟（ㄍㄨˇ）是捕魚的，緣名，夏校釋謂是欚（ㄔㄨㄢˊ）罠（ㄇㄧㄣˊ）之誤，欚即船，罠，釣也，此當是捕魚的意思，這是說澤中若非舟虞（主舟官）不得乘船捕魚。兩句都是捕魚鼈的時禁，按即孟子所謂「數罟不入洿池，魚鼈不可勝食也。」㉓「墨乃家畜」，夏校釋謂古人常言六畜，而不用家畜這一名詞，這裏的家畜，當作家蓄，是家中積蓄的意思。墨與沒為同音之字，當是沒收的意思。言民若不力田，就沒收其家中的積蓄。

【今譯】 上等的田每百畝供養九人，下等的田每百畝供養五人，可以增益產量而不可減少。大概一人耕種，十人足以供養，連六畜的飼料都在其中了。這就是要擴大土地生產力的道理。

所以正當農時應該注意的事：要不作土木工程，不發動師旅大眾，平民不舉行冠禮、娶妻、嫁女、祭祀，不可宴飲聚眾，農非名通於官的不敢雇傭代耕，這些都有妨害於農時。

然後制定野禁，野禁有五：㈠如果不是因為同姓不婚的關係，農夫不出其所居地之外婚娶，女子不遠嫁外地，所以各得安居樂業；㈡土地尚未耕墾竣事，不可操作麻事，不可移出糞肥；㈢年齒未長的人不要從事園囿種植蔬果之事；㈣自量勞力不足，不敢開掘渠溝從事耕種；㈤農民不敢經商行賈，不敢作其他的事。這些都有妨害於農時，所以要禁止。

然後再制定四時之禁：山上不可伐材斫木，澤人不可割草燒灰，捕魚獸的繯網罝罦不可攜出國門，捕魚鼈的罛罟不可放入深淵，不是主舟官也不可在澤中乘船釣魚。這些事都不可任意，以免妨害農時。如果人民不遵守農時，不努力田事，就沒收其家中的積蓄。

國家難治，三疑乃極㈠，是謂背本反則，失毀其國。凡民自七尺以上，屬諸三官，農攻粟，工攻器，賈攻貨，時事不共，是謂大凶㈡。奪之以土功，是謂稽，不絕憂唯，必喪其粃㈢。奪之以水事，是謂籥，喪以繼樂，四鄰來虛㈣。奪之以兵事，是謂厲，禍因胥歲，不舉銍艾㈤。數奪民時，大饑乃來，野有寢耒，或談或歌，旦則有昏，喪粟甚多。皆知其末，莫知其本真㈥。

【今註】㈠「三疑乃極」：畢校尹校謂義未詳。許釋謂疑讀為擬，相比擬也，僭也，慎勢篇注「三官，農工賈也」，此云三疑或指三官相僭而言；下文「農攻粟，工攻器，賈攻貨」，是謂三官不相疑也。三疑乃極，於是民捨本而事末，國家有患，皆有遠志，故下結之曰：「是謂背本反則，失毀其國。」夏校釋謂許說是，因為野禁使農民不敢行賈，又不敢為他異事，故農工賈須各專其業，不得相僭。若是農工賈相僭，就是三疑。國家之所以難治，三疑是最大的事情，這樣就謂之背本反則，要毀滅其國的。按許夏所釋，皆似是而非。所謂三疑當即指下文「奪之以土功」「奪之以水事」「奪之以兵事」，即上文所謂「不興土功，不作師徒」，是妨害農時的極要者，如對此三事有所懷疑而不切實執行，則「數奪民時，大饑乃來」故曰「國家難治，三疑乃極」。㈡「七尺以上」是將成年的人民，都分屬於農工賈三官管理，各治其業。「時事不共」，共是合的意思，是說農工賈的攻粟、攻器、攻貨，須與各月的政令相合，如果不依照政令行事，便是時與事不合。如季春紀的「百工咸理，監工日號，無悖於時。」這是工的事與時。仲秋紀的「是月也，易關市，來商旅，入貨賄以便民事，四方來集，遠鄉皆至，則財物不匱，上無乏用，百事乃遂。」這是賈的事與時。其他各月則多是農的事與時。限制工商的時間，其目的亦為的不要妨害農時。所以仲秋紀說：「凡舉事無逆天數，必順其時，乃因其類。」不順其時，就是「時事不共，是謂大凶」。㈢「稽」是遲誤農事。憂唯（惟）是憂思，農民因受土功的影響，不能按時耕種，而不斷的憂思，必然喪失其稻穀的收成。粃即秕，禾穀籽粒的不成者為粃子，此處與稽押韻，故用粃子。㈣「籥」通鑰，有閉合義，越絕書「忠臣籥口，不得一言。」水事是指治水之事，如濬河修渠，即季春紀的「修利隄防，導達溝瀆。」此處謂修渠濬河，本是有助農事，故雖奪民時，亦只好閉口不言。惟奪農時以治水事，將要失去農田的收成，本是一件可悲的喪失，而竟以為水事成功繼之以喜樂，如此則民食不足，四鄰將要乘虛而來侵了。畢校謂籥喪二字未詳。許釋引俞樾平議謂籥字義不可通，疑當作瀹，並謂虛當作虐為韻。夏校釋則謂劉熙釋名「籥，躍也，氣躍出也。」疑籥即躍之借義字，是今所謂冒進的意思，奪去農時以治水事，這就叫作冒進了。並認俞說虛為虐之誤是對的，按俞夏說不免曲解。又籥（ㄩㄝˋ）（籲（ㄩˋ）籥音，則籥亦可讀ㄩ）虛（ㄒㄩ）亦可為韵，不宜改為虐。㈤「厲」，許釋引陶鴻慶說：「高注殊誤，此當於厲字絕句，讀為凶厲之厲。」夏校釋謂陶說是，但謂「禍因胥歲不舉銍（ㄓˋ）艾」連讀為好，似未妥。銍艾（通刈）是割禾用的鐮刀，詩周頌「庤（ㄓˋ）乃錢鎛，奄觀銍艾。」此言因為用兵，曠廢農事，戰禍因而經年，不曾舉用鐮刀，就是沒有收成。㈥高注「不敏也。」畢校謂「三字疑亦正文。」按本末是對文，本真連用，意義不明，畢校可取。夏校釋謂此為總結之語，承上民不力田，終日或談或歌之意而言，不但喪粟，且亦喪志，於國家是頂不利的，故說「皆知其末，莫知其本真」，這也是應照著首段的要義，「民農非徒為地利也，貴其志也」而言的。夏又謂「當戰國之時，必有民眾流徙之事，民不農則產不豐厚，亦不安處，於當時的政治經濟上有莫大的危機，故呂氏如此重農。羅根澤說（見管子探源附錄——古代經濟學中之本農末商學說）『吾國雖自古號稱以農立國，而於工商則三代未嘗卑棄。抑工商，提倡耕農，蓋在荀卿之時。制為本農末商之口號，則當在戰國之末，而盛行於西漢之初。』這話大致是對的。社會進步到一定的程度上，必定也要有工商的。呂氏的重農，該是針對著戰國末年的情勢而言的。」

【今譯】國家所以難得治安，三事的遲疑乃極為重要，這叫做背離根本，違反法則，必致毀滅其國家。大凡人民成長到七尺以上，就分屬於三種職業：農治粟，工治器，賈治貨，各有其時，時與事不合，就是大凶。所以奪之以土功，叫做稽，使農民不斷的憂思，終於喪失其粟粃。奪之以水事，叫做籥，既已喪失了農時，而又繼之以喜樂，四鄰要乘虛而入。奪之以兵事，叫做厲，戰禍因而經年，使農民不能舉用銍刈。這樣的數次侵奪農時，結果必至於大饑荒，於是耒耜棄置於野中，農民自早至暮，或談或歌，曠廢時日，喪失粟穀不計其數。這都是由於知其末而不知其本，真是太不聰明呀！

四曰任地

【今註】任地是論述土地的使用乃農業生產之地。先從后稷書中提出有關農作目的的十個問題，以下則解答問題。本篇講了五項耕作的原則，並說明耕作辦法，最後總論重農和農作之要，在於「無失民時，無使之治下」。惟對於所提十個問題，尚有未盡之處，則續見於辯土審時兩篇中。所以夏校釋認為這上農等四篇都是出於后稷農書的，先秦農書亦僅於此留其鱗爪而已。

后稷曰：子能以窐為突乎㈠？子能藏其惡而揖之以陰乎㈡？子能使吾士靖而甽浴士乎㈢？子能使保溼安地而處乎㈣？子能使雚夷毋淫乎㈤？子能使子之野盡為泠風乎㈥？子能使藁數節而莖堅乎㈦？子能使穗大而堅均乎㈧？子能使粟圜而薄糠乎㈨？子能使米多沃而食之彊乎㈩？無之若何(十一)？

【今註】㈠高注「窐（ㄨㄚ），容汙，下也；突，理出，豐高也。」許釋引陳昌齊說「注容當作穀，理當作垤（ㄉㄧㄝˊ）。」俞樾說「疑突乃突突（ㄙㄣ深）字之誤。」夏校釋謂陳說「理當作垤」是；「容當作谷」則未必然。此句當作「窐，容汙，卑下也。」脫一卑字。土地卑下，自可容受汙水，正指窐（窪）地而言。俞說不塙，應從高注為是。此句是說：「你能夠把窪地當作高地用嗎？」與下文「溼者欲燥」及「下田棄甽」相關。㈡高注「陰猶潤澤也。」尹校引譚戒甫說，以惡即矢，揖當假為挹。夏校釋謂高注是，陰既指溼潤之土而言，則惡當指乾燥之土而言。（惡或即堊，是白土，土乾而色發白。）上下文「燥者欲溼」及「上田棄畝」相應。按揖通輯，斂也，斂亦有掩蓋之意。此句是說：「你能夠藏其乾土而掩以溼土嗎？」㈢高注「士當作土」。尹校據改。夏校釋謂靖、浴二字，諸家無說，今當加解釋。甽（ㄓㄨㄣˋ）是壟和壟間的小溝，它是作為排水之用的，「甽浴土」即以甽排水而洗土，那末「使吾土靖」也就該是使吾的土潔淨，靖當即淨之借字。若說土不淨，當是指土中含有較多的鹽鹼質的意思，鹽鹼質多，有礙莊稼的生長，故當設溝甽以排水洗土，而使之淨。按此句是說「你能夠使土壤潔淨而用溝甽來洗土嗎？」這主要是說排水的。㈣夏校釋謂保溼即保存土的溼潤，如今說是「保墒（ㄕㄤ，新耕土）」。㈤高注「淫，延生也。」夏校釋謂雚是小葦，夷即荑是白茅，都生長在乾旱地方，最易蔓延，為害農田，必要設法除去，此句是說除草的。尹校謂雚夷是田中雜草。㈥高注「泠（ㄌㄧㄥˊ）風，和風也，所以成穀也。」夏校釋謂莊子齊物論「泠風則小和，飄風則大和，厲風濟則眾竅為虛。」是泠風即輕和的小風，今農俗說莊稼生病，叫作火穡，以為是不通風而受熱所致。辯土篇說「正其行，通其風，夬心中央，帥為泠風」與此相同。㈦夏校釋謂稾當從禾作稾，說文：「稾，稈也。」又「稈，禾莖也」，數是多，莊稼生長得強壯，自然節多而莖堅，無瘦弱和徒長的現象。㈧高注「詩云：實發實秀，實堅實好，此之謂也。」夏校釋謂詩生民篇講後稷種莊稼的故事，穗大而堅均是說穗子既大而又堅實均勻，這樣才能得到高額產量。㈨夏校釋謂圜即圓，審時篇作「粟圓而薄糠」。㈩夏校釋謂沃（ㄨㄛˋ）有肥潤之義，俗語說有油性。彊為有力之義，俗語說吃著有勁，這樣是最好的食糧。按米多沃是富營養之意，食之強是食之使人身體強健之意。㈡夏校釋謂無當是為字之誤，以上提出的十項問題，是使用土地種好莊稼的必要條件和應有的目的，要能夠完成這些條件和達到這些目的，該當怎樣辦呢？故歸結一句說：「為之若何？」以下再說他的辦法。按原文「無之若何」是說「沒有這些將怎麼辦呢？」亦可通。

【今譯】 后稷說：你能夠把低窪的地當作高突的地使用嗎？你能夠埋藏乾惡之土而掩斂以溼潤之土

嗎？你能夠使土壤潔淨無害而用溝甽排水來洗土嗎？你能夠使土壤保溼而安好存在地中嗎？你能夠使田中的雚葦雜草不蔓延滋生嗎？你能夠使你的原野常有輕微的和風嗎？你能夠使禾藁多節而禾莖堅強嗎？你能夠使禾穗肥大而又堅實均勻嗎？你能夠使粟米圓潤而糠皮稀薄嗎？你能夠使米粒肥沃營養而食之令人強健嗎？沒有這些該當怎樣辦呢？

凡耕之大方：力者欲柔，柔者欲力；息者欲勞，勞者欲息；棘者欲肥，肥者欲棘㈠；急者欲緩，緩者欲急㈡；溼者欲燥，燥者欲溼㈢。上田棄畝，下田棄甽；五耕五耨，必審以盡㈣。其深殖之度，陰土必得；大草不生，又無螟蜮，今兹美禾，來兹美麥㈤。是以六尺之耜，所以成畝也，其博八寸，所以成甽也㈥。耨柄尺，此其度也，其耨六寸，所以閒稼也㈦。地可使肥，又可使棘；人肥必以澤，使苗堅而地隙，人耨必以旱，使地肥而土緩㈧。

【今註】㈠「耕之大方」是耕作的大道或大原則。力是指堅硬的土，柔是指柔軟的土。息是指休閒的土地，勞是指頻作的土地。棘是瘠薄的土，肥是肥沃的土，瘠薄的土地固然不能生長好莊稼，過肥的土地也不能生長正常的植物。㈡夏校釋謂急緩的意義與上文的力柔有別，力柔是就土地的質地而言，急緩是就土地的乾溼影響而言。土地受乾燥的影響就堅實起來，不利於農作物的生長，所以要耨之使疏緩。但如太疏緩了，會使禾苗不能堅立，也是不利，所以又要使乾燥堅實。㊂高注「溼謂下溼近汙泉，故欲燥；燥謂高明暵乾，故欲溼。不燥不溼，取其中適，乃成禾稷也。」夏校釋謂高注以高下說土的燥溼，只是其一方面。這裏所謂燥溼，當泛指一切的土而言，凡過溼的土都要使它燥，過乾的土都要使它溼，這才是耕作的大原則。以上是土地耕作的五大原則，以下是說耕作的具體辦法。㊃夏校釋謂上田是高旱的田，下田是下溼的田。畝是經耕整後田中所起的高壟；甽是壟和壟間凹下的小溝。「上田棄畝」為的是避燥，要把莊稼種在凹下處；「下田棄甽」為的是避溼，要把莊稼種在高出的壟上。五耕在種殖之前，五耨在既種之後，都要精細詳盡。㊄夏校釋謂「陰土」是地中溼潤的土。「深殖之度」指耕地的深度而言，必定要達到得出地中的溼土來；這樣才能使地上大草不生，不致荒穢，又可以沒有害蟲（螟蜮），今秋可以長好穀子，明夏可以長好麥子。㊅管子輕重篇「一農之事，必有一耜（ㄙˋ）、一銚（ㄧㄠˊ）、一耨（ㄋㄡˋ）一椎（ㄓㄨㄟ）、一銍（ㄓˋ），然後成為農。」這些農具都有一定的尺寸標準，以配合運用。可是各書對於尺寸的說明，各不相同，許釋所引及夏校釋所論，都非定論，不必詳考。本文謂耜六尺所以成畝，其刃廣八寸所以成甽，大概是秦國所用的標準。㊆高注「耨所以耘苗也；刃廣六寸，所以入苗間也。」這是說苗在畦疇中行列的標準，耨是耘苗除草的工具，用途與今之鋤相同。㊇「人肥」，許釋引王念孫、俞樾說謂當作人耕或人耜，言耕宜雨澤，耘宜旱也。夏校釋謂肥是耜字之誤，澤當作溼潤解。人耕要在土尚溼潤時，為的使土疏鬆，種上去的作物容易生根；耨是鋤地，要在旱時，為的使地不致堅緊而減少土中水分的發散，土地能保有水分，故謂地肥而土緩。此數句是承「地可使肥，又可使棘」來說的。

【今譯】大凡耕作的大原則：堅硬的土地要使它柔軟，柔軟的土地要使它堅硬；休閒的土地要使它耕作，頻作的土地要使它休閒；瘠薄的土地要使它肥沃，肥沃的土地要使它瘠薄；堅實的土地要使它疏緩，疏緩的土地要使它堅實；溼潤的土地要使它乾燥，乾燥的土地要使它溼潤。高旱的田不要種植在高壟上，下溼的田不要種植在溝甽裏。種植之前，要耕五次，既種之後，要耘五次，都要精審而詳盡。耕植的深度必定要達到地中的溼土，才能不生荒穢的雜草，又可沒有螟蜮之類的害蟲；今秋可生長好穀子，明夏還可生長好麥子。所以六尺的耒耜是用以耕地成畝，其刃廣八寸，是用以起土成甽。而耘苗的耨柄，規定長一尺，其刃廣六寸，所以進入苗間鋤去雜草。使用土地可使它肥沃，又可使它瘠薄；因此，人們的耕作必須在土壤尚溼潤之時，使土壤疏鬆，禾苗易於生根；而人們鋤地必須在土壤乾燥之時，使土中水分減少發散，則地可肥而土可緩。

草諯大月㊀，冬至後五旬七日，菖始生㊁；菖者百草之先生者也，於是始耕。孟夏之昔，殺三葉而穫大麥㊂。日至，苦菜死而資生，而樹麻與菽，此告民地寶盡死㊃。凡草生藏，日中出，豨首生而麥無葉，而從事於蓄藏，此告民究也㊄。五時，見生而樹生，見死而穫死㈥。天下時，地生財，不與民謀㈦。

【今註】㈠高注「大月：孟冬月也」。許釋引梁玉繩說「孟冬稱大月者，六陰俱升，大陰之月也。或謂秦以十月為歲首，故云大月，殊非。此四篇疑是古農書，未必呂氏所撰」（按梁說亦非，秦以十月為歲首，在呂氏成書後十餘年。）又蔡雲說「陽大陰小，詳易泰卦，孟冬稱大，猶爾雅十月為陽，純陰用事，嫌於無陽而名之。」夏校釋：「高注以大月為孟冬，不知何據，而梁與蔡所說似亦有理。但大月之名未見於其他古書，還是可疑。或者大月是冬月之誤，亦未可知。冬大二字篆形略近，若因冬字壞，即可誤以為大。總之，此言大月，當指冬月而言，是無疑的。譫字於此無義，當是詘字之誤，詘與屈通，草至冬月而衰，其宿根者待來年始發，故曰「草詘大月」。按譫（ㄓㄨㄢ）說文：「數也，一曰相讓也」，於此不合。疑是耑（ㄉㄨㄢ）之誤或借用，說文「耑，禾垂也」，與夏說詘意相近，可參考。此句義殊難明，夏說尚可用。㈡依十二紀所載，冬至在仲冬，至後四十六日為立春，此處所謂冬至後五旬七日，則當為孟春月立春後十一日，其時天氣下降，地氣上升，天地和同，草木繁動。菖蒲是淺水中植物，古時認為是百草中最先生出，可以視菖蒲出生為開始耕地之時。㈢高注：「昔，終也。三葉，薺（ㄐㄧˋ）、葶藶（ㄊㄧㄥˊㄌㄧˋ）、菥蓂（ㄒㄧ ㄇㄧㄥˊ）也，是月之季枯死，大麥熟而可穫。」夏校釋：「薺、亭歷、菥蓂三種都是十字花科植物，至夏曆四月之末即枯死，而大麥適於此時成熟。」㈣夏校釋謂日至是夏至。孟夏紀「苦菜秀」，此處不當言死，死是秀之誤。

資同蒼（茨），即蒺藜。齊民要術種麻「夏至前十日為上時，至日為中時，至後十日為下時。」夏至種麻與菽，是適當時期。「地寶」當作種植的寶貴時令解，審時篇「凡農之道，候之為寶。」就是說時令是種地之寶。而苦菜秀和蒺藜生，正是告訴人民種地的寶貴時令已盡了。按夏說是，許釋引孫詒讓、程瑤田各說都有未妥。惟苦菜死一句夏謂死為秀之誤，恐未盡然。因本書孟夏紀謂苦菜秀，夏至已是仲夏，此種菜的生命或只有一個月亦未可知。所謂苦菜，高注為菜名，孫說謂荼即苦菜，夏說以為今之苣蕒菜，在未能考定時，似可仍用原文。㊄「凡草生藏」：夏校釋謂是錯簡，應在「五時見生而樹生，見死而穫死」之上。按夏說未妥，本節「稀首生而麥無葉，而從事於蓄藏」即說明草的生與藏，此係承上文「殺三葉而穫大麥」，「蒼生而樹麻與菽」，說明耕種收穫之時的原則。「日中出」：高注「春分也，眾草生而出也。」夏校釋謂日中出還該是夏至之時，與上文日至同義而別易一辭耳。鄭氏周禮注說「夏至日，立八尺表，其影適與土圭等，謂之地中。」這該就是所謂日中出的意義吧？按夏至是太陽北移的最高點，即北緯三十三度半，自地面仰視，太陽正在天中，如在頭頂上，故曰日中出。「狶首」：許校謂即藥中之天名精。本草綱目謂天名精一名豕首，常於夏間出苗。夏至之時，狶首出生，麥已成熟而無綠葉了，應該從事於收藏麥，還要趕作其他作物，所以告訴人民種地的時節窮盡了。按夏說於義較明。㊅「五時」：高注「五行生殺之時也。」許釋引李寶淦說「即春夏秋冬及中央土也。」夏校釋謂五時是因為五行說而起的，管子五行篇「五聲既調，然後作立五行，以正天時五官……日至，睹甲子木行御，……七十二日而畢。睹丙子火行御，……七十二日而畢。睹戊子土行御，……七十二日而畢，睹庚子金行御，……七十二日而畢。睹壬子水行御，……七十二日而畢。」五個七十二日是三百六十日，也就是一年；把一年分成五個七十二日，這就更顯然是所謂五時了。近徐文珊氏「儒家和五行的關係」（載古史辨）謂五時是陰陽家強以五行配四時，而以土居中央，每月以戊己兩日當之；每月六日，一年十二月共七十二日。其他四行亦各七十二日，合為三百六十日，此謂土寄旺於四時。「五時，見生而樹生，見死而穫死。」承「凡草生藏」而言，就是說：凡是草都有其發生和死匿的時節，在一年之中，可以視草的發生或死匿而定種稼和收穫之時。㊆高注：「天降四時，地出稼穡，自然之道也，故曰不與民謀。」許釋：「下字當作有，荀子天論篇：天有其時，地有其財，人有其治。其比正同，高釋下為降，知其所見本已誤。」夏校釋：「下與生對文，作降解可通；許氏拘於荀書，未見其是。此句亦承上而言。上文言視草之生藏以定樹種收穫之時，意思就是：人要順天然之時而為土地生產之利，故說：天下時，地生財，不與民謀。高注為是。以上都說耕種收穫之時，其要在於不可失時。

【今譯】　百草衰落於冬月，冬至後五十七日，菖蒲始生；菖蒲是百草中最先出生的，於是開始耕種。孟夏之末，薺菜、葶藶、和菥蓂三種植物枯死，而大麥成熟可以收穫。到了夏至，苦菜死了而蒺藜初生，就可以種植麻和菽，這就是告訴人民種地的寶貴時令要完畢了。大凡百草都是春夏生長而秋冬死藏，當夏至日中出時，豨首出生，而大麥已無綠葉，便應從事於蓄藏，這就是告訴人民農時已窮盡了。一年五時之中，可以看見百草的生長而種植，看見百草的死藏而收穫。所以天降四時，地生稼穡，乃是自然之道，不能與人民有所謀慮的。

有年瘞土，無年瘞土㈠；無失民時，無使之治下㈡。知貧富利器，皆時至而作，渴時而止，是以老弱之力可盡起，其用日半，其功可使倍㈢。不知事者，時未至而逆之，時既往而慕之，當時而薄之，使其民而郄之，民既郄乃以良時慕，此從事之下也㈣。操事則苦，不知高下，民乃逾處，種稑禾不為稑，種重禾不為重，是以粟少而失功㈤。

【今註】㈠「瘞土」：高注「祭土曰瘞（ㄧˋ）。年，穀也。有穀祭土，報其功也；無穀祭土，禳其神也。」夏校釋「爾雅：祭地曰瘞薶。土、地一義，瘞土當是祈年之祭，也是重農之意。」按瘞（ㄧˋ）是埋藏之意，儀禮覲「祭川沈，祭地瘞。」是祭後埋藏之。㈡「治下」：夏校釋謂即下文從事之下，猶言下策，也就是辦事不高明的意思。全句是說：無論有好年成或沒有好年成，都要舉行祭土的典禮，以重農事，不要失去農時，不要讓農民把農事治作得不到時。㈢「利器」：高注「利用之器」夏校釋謂有方術之義，即知所以為貧和所以為富的方術，耕稼有術則富，否則貧。按高注是，此即工欲善其事，必先利其器之意，此所謂器（工具）是指農時，即時至而作，盡時而止，老弱都出力，可得事半而功倍；能如此則富，否則貧。渴與竭通，盡也。㈣高注「慕，思也。薄，輕也，言不重時也。郄，逆之也。」夏校釋謂高注「慕——思、薄——輕」為是，而說「郄逆之也」則非。此言「民既郄乃以良時慕」，當即「時既往而慕之」，而郄亦當即後其時之意，郄即今卻字，有後退之義。先時曰逆，後時曰卻，義正相反。㊄「遖處」：許釋引孫詒讓札迻謂遖當讀為偷，苟且也，言民怠惰，苟且安處，不肯力作也。夏校釋謂遖處即苟且偷安之意。「稑重」：高注「晚種早熟為稑（ㄌㄨˋ），早種晚熟為重」夏校釋謂稑即今之所謂早熟品種；重即今之所謂晚熟品種。按稑，疾熟也。重，即種，說文「先種後熟曰種，後種先熟曰稑。」

【今譯】有收成要祭土，沒有收成也要祭土，不要失去了農時，不要使其從事下策。要知道為貧為富的利器，是要時至而勞作，盡時而休止，不論老弱都要一起動作，那就可事半而功倍。不懂事理的人，農時未至而先時耕作，農時已過而思慕生悔，適當農時而又輕易放棄。使其民而失時，民既失時乃以良時為念，這是治事的下策。這樣的作事是辛苦的，不知做事的上策和下策，人民乃苟且安處，種早稻不像早稻，種晚稻不像晚稻，因此得粟少而失去了農作的功效。

五曰辯土

【今註】本篇是論述耕地，作甽畝、稼苗的行列以及播種定苗等農事，並不限於辯土而言，惟以篇首論耕地之道，須視土地的剛弱以為先後之序，故以辯土名篇。本篇實為任地篇的補充論述，因呂書各篇字數有限，因而分割成篇。許釋謂張本辯作辨，尹校改為辨土，夏校釋謂作辨為長。

凡耕之道，必始於壚，為其寡澤而後枯；必厚其靹，為其唯厚而及㊀。䬻者莛之，堅者耕之，澤其靹而後之；上田則被其處，下田則盡其汙㊁。無與三盜任地㊂。夫四序參發，大甽小畝為青魚胠，苗若直獵，地竊之也㊃。既種而無行，耕而不長，則苗相竊也㊄。弗除則蕪，除之則虛，則草竊之也㊅。故去此三盜者，而後粟可多也㊆。

【今註】 ㊀壚（ㄌㄨˊ）說文，黑剛土也。就是黑色而質地堅硬的土壤。靹，音義未詳。夏校釋引管子地員篇及淮南覽冥訓，謂壚土有赤有黃，不盡為黑色。夏認為此句是說耕地先後的次序，壚和靹相對，壚是因乾而剛硬的土，則靹當是因溼而輭弱的土。因此，採用孫詒讓說，改「後枯」為「厚枯」，（是表層乾枯的厚土，下文有厚土則孽不通）改「必厚其靹」為「必後其靹」，又改「唯厚」為「雖後」，謂要後耕輭弱的靹土；因為雖然後耕，還是來得及的。按此文不能盡通，實由於靹字音義不明。㊁䬻莛兩字音義並缺。夏校釋從畢校謂䬻即古飽字（或作餂、䬻）又莛當有暫緩之義，謂尚在飽水的土暫置而緩耕。又從孫詒讓說，謂「澤其靹而後之」之澤是釋之誤，謂捨輭土而後耕。按夏校釋文意可通，惟澤字可不必改為釋字，靹土既是軟土，捨而後耕，亦易乾燥，故先須加水使其澤潤，則不妨後耕了。夏又謂上田易乾要保溼，所以耕後得覆被以處而可保存水分；下田易溼要排水，所以後耕以散盡其汙積之水。這是說耕地之道，要視土地的乾堅溼軟以定先後之序。齊民要術耕田篇說：「凡耕高下田，不問春秋，必須燥溼得所為佳，若水旱不調，寧燥不溼。」其意義與此相仿。㊂三盜是下文的地竊、苗竊、草竊，這是說要治稼得適，不可與此三盜共同使用土地。㊃夏校釋：四序是春夏秋冬四時之序。參發謂四時與耕稼有所參驗而發。耕稼之事，必須順著四時，而對於土地則有善為處理之道，故以此起語而說三盜之害。甽畝已詳上任地篇。「青魚胠（ㄑㄩ）」是大甽（ㄓㄨㄣˋ）小畝（ㄇㄡˇ）所成的形像。荀子榮辱篇「鯈（ㄊㄧㄠˊ）鉢（ㄑㄧㄠˊ）者浮陽之魚也，胠於沙而思水則不逮矣。」魚胠於沙就是魚失水而淺著在沙灘上了，故說思水則無及。今一條畝狹小而兩旁的甽寬大，豈不就像一條魚胠在沙灘上的形狀嗎？故曰大甽小畝為青魚胠。「獵」當為毛鬣之鬣，苗若直鬣，言其所生長的苗稼不良，有若直立的毛鬣一樣。這樣若青魚胠的大甽小畝，所生長的莊稼若毛鬣一樣，是因為治畦疇的不善所致，故說是地竊之也。㊄夏校釋：此句大意說種地沒有行列，苗又太密，以致相竊而不易生長的。因下文有「莖生有行故速長，弱不相害故速大」，故知此文當作「既種而無行，莖生而不長」莖生誤為耕字，這是說種地沒有行列，苗莖生出而不長，其意是種得太密，所以說則苗相竊也。㊅高注「蕪，穢也。虛，動稼根。」夏校釋：高注是。這是說種地無行，苗又太疏了，則苗間自然要生雜草；不除則荒蕪，除草又要把稼根弄虛，動搖稼根，這是由於苗疏草生的緣故，故說是草竊。㊆此段是總論耕稼之道，先說耕地要有土地的乾硬溼輭而分先後，次說耕地要有適宜的甽畝，行列疏密，不可有三盜之害，而後產量可多。

【今譯】大凡耕地之道，必須先耕乾硬的土田，因為它缺少水分而厚土乾枯；然後再耕溼輭的土田，因為土壤溼潤，雖然後耕而尚可及時種植。因此，田土飽含水分的暫緩耕作，堅硬的要先耕，軟弱的則加潤澤而後耕。上田易乾則反覆其土壤，下田易溼則盡散其積水。不要和三種害苗的盜竊共用土地。四時與耕地的關係，可供參驗而行，大甽小畝有如青魚失水一樣，所生長的稼苗不良，好像直立的毛鬣，這是由於耕地不善的為害所致，叫做地竊。耕種如無適當的行列，則稼苗生而不長，這是由於種得太密，苗與苗自相為害所致，叫做苗竊。但如行列太疏，則苗間滋生雜草，不除草則荒蕪，除草則土虛而動搖苗根，這是由於雜草為害所致，叫做草竊。所以必須去此三盜，而後穀粟的產量可以多得。

所謂今之耕也，營而無獲者。其蚤者先時，晚者不及時，寒暑不節，稼乃多菑實㈠。其為晦也，高而危則澤奪，陂則埒，見風則㢮，高培則拔，寒則雕，熱則脩，一時而五六死，故不能為來㈡。不俱生而俱死，虛稼先死，眾盜乃竊，望之似有餘，就之則虛㈢。農夫知其田之易也㈣，不知其稼之疏而不適也；知其田之際也，不知其稼居地之虛也。不除則蕪，除之則虛，此事之傷也。故晦欲廣以平，甽欲小以深，下得陰，上得陽，然後咸生。

【今註】㊀此段申論上文耕種不得其宜，三盜為害，故營而無穫。先說耕稼不合時令，早的太早，晚的太晚，所以多有不成熟的災實。（菑即災，災實是由於不得時而有殼無實的粃。）㊁晦（ㄇㄨˇ）即畝（ㄇㄡˇ），畝甽一定要適宜，太高則水分失散；陂是傾斜，埒（ㄌㄜˋ）是短窄的土牆，是說田畝傾斜則須築土成矮牆；僻即蹶，仆倒之意，是說太高或陂斜，則稼苗見風則仆；培土高則稼苗亦高，有如拔出地上，因此，遇寒則凋落，遇熱則乾枯。由於耕種不當，一時而有五六次要枯死，所以不能有所收穫。夏校釋謂來是嗇字之誤，儀禮特牲饋食禮注「嗇者農力之成功也」亦就是穡，種之曰稼，斂之曰穡，穡有收成之義。㊂上文謂大甽小畝則地竊之，使稼苗一時而五六死的害處，故曰「不俱生而俱死」。根不實的先死，眾盜為害，這樣的稼苗，從遠處看似乎很好，就近細察，則苗根已虛，都要枯死的，所以說俱死。㊃高注「易，治也。」許釋引陳昌齊、王念孫說，際是除字之誤，除亦治也，尹校據改。夏校釋謂易是治甽畝得宜，除是除草。

【今譯】現在所謂耕作，所以經營而無所收穫者：其一則是由於耕種不合時令，早的先時，晚的不及時，因此寒暑不調，稼苗乃多生不成熟的粃子。其次則治畝不當，高而危的則水分失散；陂而斜的則築成土牆，於是稼苗見風即仆；高培土則如拔出地上，遇寒則凋落，遇熱則枯萎；一時而有五六次可死，故不能有所收穫。因此，稼苗不能俱生而要俱死，大概土虛而苗根已動的先死，然後眾盜乃乘機為害，於是遠望之似乎很好，就近細察則都因土虛而根動了。農夫祇知道他的田疇已經耕作，而不知他的稼苗稀疏而不適宜，祇知道他的田疇已經除草，而不知他的稼苗所在的土壤虛浮而苗根動搖了。不除草則田土荒蕪，除草則田土虛浮，這就是農事的所以傷敗。所以治畝要廣而平，治甽要小而深，下面可得陰溼，上面可得陽光，然後稼苗都得生長。

稼欲生於塵而殖於堅者㊀。慎其種，勿使數，亦無使疏，於其施土，無使不足，亦無使有餘㊁。熟有耰也，必務其培；其耰也植，植者其生也必先；其施土也均，均者其生也必堅㊂。是以晦廣以平則不喪本，莖生於地者五分之以地㊃。莖生有行故遬長，弱不相害故遬大㊄。衡行必得，縱行必術，正其行，通其風，夬心中央，帥為泠風㊅。苗其弱也欲孤，其長也欲相與居，其熟也欲相扶，是故三以為族，乃多粟㊆。

【今註】㊀此段再申論在適宜的甽畝中如何種植。高注「殖，長也。」許釋：亢倉子塵下有土字。夏校釋：塵土是細輭的土，堅是緻密的土。莊稼要播種在細輭的土中才容易生苗；出苗後要生長在緻密的土中，苗根才能堅實，不致有上文所謂虛稼先死之害。㊁種是播種，數是太多，疏是太稀。施土是播種後要覆土，不足是太薄，有餘是太厚。㊂耰（ㄧㄡ）是碎土平地的農具，高注「耰，覆種也。」熟當是種出芽時。種出芽則又為覆土，夏校釋謂有猶為也，見王引之經傳釋詞。按夏說非，此有當作又字解，上文言於播種時施土，此言於種出芽時又覆土，故曰熟有（又）耰也。夏又謂植是稹字之誤，於此用為緻密之義，因為覆土工作要做得緻密，苗才容易生出。堅是堅實，覆土均勻，莊稼的根子才可以生長得堅實。按植字不誤，謂使苗芽能植立，不致壓曲。㈣高注「本，根也。」夏校釋謂高說是，前言高而危的畝，澤奪、陂埒、風僠、培拔、寒凋、熱脩，而成為一時而五六死的虛稼，都是由於根的損傷，故此言廣以平則不喪本。至於「五分之以地」要從任地篇中求其解釋，任地篇中說「是以六尺之耜所以成畝也，其博八寸所以成甽也，耨柄尺此其度也，其耨六寸所以間稼也。」這是說種地的畦疇和作物行列的標準。畝基是六尺寬，甽是一尺深、一尺寬，而畝面是五尺寬。五尺寬的畝面上種兩行作物，行闊一尺，行距一尺，畝面兩邊各留一尺。這正把五尺寬的畝面等分為一尺寬的五條，而作物的一行則占畝面的五分之一。故「莖生於地者五分之以地」一句，包涵作物的行闊和行距，故下文有「莖生有行」的話與之相應。㈤遫即速。「弱不相害」是說莖（苗）生有行，弱小時不相妨害，故快速長大，所以下文說「其弱也欲孤」。㈥夏校釋謂衡通橫，得是相得，衡行是畝面上兩行作物植株橫列的關係，不可並列，必須互相間錯，以免互有妨礙，故說「衡行必得」。術是邑中道，道路要直，要通達，故術引伸為直而通達之義，「縱行必術」是言畝上作物的縱列必定要直而通達。夬通作缺字，此指苗之行間言，心為必字之誤，「夬必中央」言苗於一畝之上，必要在中央留有行闊行距，使泠風從苗的行間通達。帥即率，有自、循之義。此承上而言，還是說種稼要有行列，行列得宜，不但對苗有速長、速大之效，還可通輕和之風。㈦夏校釋謂同種的植物本有集聚而族生的習性，尤其是禾本科植物，本身細弱，以族生為適。種莊稼要順著其習性適當處理，是要它們能三以為族，以免長大時有折傷和成熟時有仆倒之患。這是說定苗的疏密。按族即蔟，有聚意。

【今譯】禾稼要生於軟土而長於堅土。必須謹慎播種，勿使太多，亦勿使太疏；至於施土覆種，不要太薄，亦不要太厚。種子出芽又要用碎土覆蓋，加以培養；覆土要使苗芽能植立，植立則苗生必先；覆土要均勻，均勻則苗根可得堅實。所以畝廣而平則不損及苗根，其莖生於地上，占畝面的五分之一。苗莖出生各有行列，故能速長；弱小時不相妨害，故能速大。橫的行列必須間錯相得，縱的行列必須直而通達，行列正而通風，缺其中央，使輕和之風得從苗間通過。總之，苗當弱小時要孤立，疏數適中，不相妨害，到了長大要相互依植，不致偃仆，到成熟時禾穗下垂，要相互支持，不致傷折。是故種植時通常要以三株為一族聚生，則可無偃仆傷折之患，乃多得粟。

凡禾之患，不俱生而俱死㊀。是以先生者美米，後生者為粃，是故其耨也，長其兄而去其弟㊁。樹肥無使扶疏，樹墝不欲專生而族居。肥而扶疏則多粃，墝而專居則多死㊂。不知稼者，其耨也去其兄而養其弟，不收其粟而收其粃。上下不安，則禾多死㊃。厚土則孽不通，薄土則蕃轓而不發㊄，壚埴冥色，剛土柔種，免耕殺匿，使農事得㊅。

【今註】㊀要使禾穀都能遂其生長之道，不要如上文所說因畝甽的不善而有「一時而五六死」之患。

㈡禾苗之先生出者為兄，後生出者為弟。先生者美米，後生者為粃，所以於耘苗時要長養其兄而殺去其弟。㈢扶疏是茂盛，在肥沃的土上種禾穀，過於稀疏則容易茂盛，但收成並不好，故曰「樹肥無使扶疏」。反之，種墝薄的地就要稀疏些，不要太密聚，故曰「樹墝不欲專生而族居」，專生與族居同義，都是密聚之意。新近農業上的密植法，也要用在肥沃力強的地上，而在墝地上要適當的稀植的。許釋引俞樾說謂專讀為摶，不欲專生者不欲聚生也。㈣「上下不安」，夏校釋謂指苗與土不適而言，苗上土下，必須疏密和肥墝相適，才能生長好莊稼。㈤夏校釋謂此就播種時之覆土而言，覆土太厚了，芽孽生不出來。蕃轓疑當作蕃轖（ㄙㄜˋ），蕃轖不發是言覆土太薄，種子不得溼潤，故閉藏而不發芽。按蕃，周禮大司徒「九曰蕃樂」注「閉藏樂器而不作也」。轖是氣結，枚乘七發「中若結轖」。夏釋甚是。㈥壚是剛土，埴是黏土，冥色是土當溼潤時顏色深暗。壚土和埴土乾燥時都堅硬，可以說都是剛土；剛土必然在溼潤時才好耕種，「剛土柔種」是說剛硬的土必先耕之使柔而後種植。「免耕殺匿」，許釋引孫詒讓說「當讀為勉耕殺慝」勉耕是勉力而耕，殺匿是除掉草穢。

【今譯】　大概稻禾的禍害，不是俱生而是俱死，因此先生的是美米，後生的是粃子，所以當耘苗時，培養其先生的兄而去其後生的弟。種植在肥土上勿使過於稀疏而茂盛，種植在墝土上的不要羣生而密聚；過於茂盛則多為粃，過於密聚則多枯死。不知種植的人，耘苗時去其先生的兄而養其後出的弟，因而無粟可收而祇收其粃。總之，苗上土下如不得適當配合，則禾多枯死，覆土太厚則苗芽不得出，太薄則種子閉藏而不發芽。壚土埴土要當其溼潤色暗時耕種，剛土要先耕之使柔而後種植，勉力耕耘，除去草穢，則農事可得適宜了。

六曰審時

【今註】審時是論述種植莊稼要注意時令的關係。篇中就禾、黍、稻、麻、菽、麥的得時、先時、後時三者分別而言，先時後時都不適於時令，必求其得時，故審時為要。本篇也是任地篇的補充，任地篇統論耕作的大原則，已論及耕種與時令的關係，本篇又詳作補充，以見農時的寶貴。任地篇問：「子能使穗大而堅均乎？子能使粟圓而薄糠乎？子能使米多沃而食之彊乎？」三大原則，都於本篇中得到答案，就是說：「是故得時之稼興，失時之稼約。莖相若稱之，得時者重，粟之多。量粟相若而舂之，得時者多米。量米相若而食之，得時者忍饑。是故得時之稼，其臭香，其味甘，其氣章，百日食之，耳目聰明，心意叡智，四衞變彊，殈氣不入，身無苛殃。」這可見各篇是連貫的。

凡農之道，厚之為寶㊀。斬木不時，不折，必穗，稼就而不穫，必遇天菑㊁。夫稼，為之者人也，生之者地也，養之者天也；是以人稼之容足，耨之容耨，據之容手，此之謂耕道㊂。

【今註】㊀厚是豐收，農以豐收為寶，是農業的最後目的。夏校釋謂厚是候字之誤，候是時候或時令的意思，非是，耕道以下才言審時。㈡此以伐木為喻，謂猶如伐木不是適當的時候是不可以斬伐的。莊稼必待結穗而收穫，如果已成熟而不收穫，必遇天災。夏校釋認為其中當有錯字而多所更改，似頗為牽強。㈢夏校釋謂種莊稼是人為的事情，故說「夫稼為之者人也」，然而它生長在地上，故說「生之者地也」；莊稼又要得天時的適宜才能長好，故說「養之者天也。」所以種莊稼要得天時，要知地利，要盡人力，才是全面耕作之道，故總說「此之謂耕道」。

【今譯】大凡農事的原則，以豐收為寶。猶如伐木不是適當的時候不可折伐，莊稼必待結穗而收穫，已成熟而不收穫，必遇天災。莊稼的種植是人為的，其生長則是地力，而養育則由於天時；三者之中，人力為要。所以種植工作，要在苗間留有可以容足之地，耘耨時也要苗間可容耨器，又要可以據手拔草，這些都是耕種之道。

是以得時之禾，長稠長穗，大本而莖殺，疏機而穗大，其粟圓而薄糠，其米多沃而食之彊，如此者不風㈠。先時者莖葉帶芒以短衡，穗鉅而芳奪，秮米而不香㈡。後時者莖葉帶芒而末衡，穗閱而青零，多秕而不滿㈢。

【今註】㈠夏校釋謂禾是如今產小米的穀子。「得時」是種得適當其時，「先時」「後時」是說早於適種之時或晚於適種之時。稠當作稠，是穗子的總梗，如今植物學稱為總花梗，大概是禾穀的穗子若頭，而穗的總梗如同頭之有頸項一樣。得時的穀子生長得好，長得「長秱長穗（ㄙㄨˋ）」，是合乎事實的。「大本而莖殺」是禾稈節多而莖堅，即任地篇「子能使藁數節而莖堅乎？」之意。機（ㄐㄧˇ）是穀穗上的分枝，每一分枝又有許多小穗，穗大則機亦大而疏，故曰「疏機而穗大」。「風」字依釋名作氣放散解，好米多沃而吃著有力，自然也就氣不放散。按秱（ㄊㄨㄥˊ）是禾盛貌，正字通「禾藁節間猶竹之筒得時則長。」秱字音義不詳，夏說非。㊁「衡」，夏校釋認為就是秱，得時者長秱，先時者短秱，後時者末（小）秱。「芳」讀為房，子房也。「奪」即敓，是脫落之意。「秮」是秳字之譌，秳米就是舂米。按如夏釋，衡應是秱。又秮音義未詳，疑是秙（ㄎㄨˋ）字之譌，秙是禾不實，亦就是米不實，故不香。㊂畢校「閱，亢倉子作銳」，「青零」，高注「未熟而先落」。「滿」，高注「成也。」許釋是盈字。夏校釋謂後時之粟多秕，就是生長得不滿，也就是不成粟。

【今譯】是以得時之禾，長秱長穗，稈大而莖堅，疏機而穗大；其粟圓而薄糠；其米多沃而吃着有力，氣不放散。先時的禾則莖葉帶芒而短秱，穗雖大而子房脫落，米不實而不香。後時的禾則莖葉帶芒而小秱，穗尖銳而未熟先落，多粃而米粒不滿。

得時之黍，芒莖而徼下，穗芒以長；搏米而薄糠，舂之易而食之不噮而香，如此者不飴㊀。先時者大本而華，莖殺而不遂，葉藁短穗㊁。後時者小莖而麻長，短穗而厚糠，小米鉗而不香㊂。

【今註】㈠夏校釋謂黍穄（稷別名）同種，黏者為黍，不黏者為穄（ㄐㄧˋ）。芒是細長之意。徽疑是徹字之誤。此言得時而種之黍生長得高而直，穗有芒而長。摶（ㄊㄨㄢˊ，圓）米而薄糠與上文其粟圓而薄糠意義相同。本文「舂之易而食之不噮而香，如此者不飴」，句法不免累贅，（按本味篇甘而不噥，玉篇作甘而不噮謂食甘。噮是甘意，並不累贅）以下文「舂之易而食之香，如此者不嗌」為例，則此句當作「舂之易而食之香，如此者不飴。」飴或作餩、或作餲，作厭解可通，其意是說得時之黍，其籽粒容易舂成米而吃著香，這樣的米是食而不厭的。按夏釋亦有未盡妥處，如上文「不噮而香」已註明。此飴字是軟糖，質軟性黏；黍性本黏，得時之黍則不黏，故曰不飴。㈡華是茂盛之意，遂是舒暢條達之意，殺有斂縮義。「葉藁」，畢校謂御覽藁作高，許釋謂亢倉子作膏，夏校釋謂葉膏是，言其葉肥潤。㈢「麻長」，夏校釋謂不作麻枲或纖維解，乃引伸其義為細長之意。「米鉗」，畢校謂「御覽作米令；注云：令新也。」夏校釋謂鉗當作黚或黔，是淺黃黑色。

【今譯】得時之黍生得細長而直，穗有芒而長；圓米而薄糠，容易舂成米，吃着不甘而有香味，這樣的米是不黏的。先時的大本而茂盛，莖斂縮而不舒暢，葉肥潤而穗短小。後時的莖小而細長，穗短小而糠厚，小米有黃黑色而吃着不香。

得時之稻，大本而莖葆，長桐疏機，穗如馬尾，大粒無芒，摶米而薄糠，舂之易而食之香，如此者不益㈠。先時者本大而莖葉格對，短稠短穗，多粃厚糠，薄米多芒㈡。後時者纖莖而不滋，厚糠多粃，庛辟米，不得恃定熟，卬天而死㈢。

【今註】㈠稻名古今相同。「莖葆」，夏校釋是叢生之意。益，許釋引陳昌齊、俞樾說，皆謂益當作嗌，方言嗌，噎也。不嗌者言食之不噎也。㈡「格對」，夏校釋謂當與格鬥義近，就莖葉來說，當有互相迫近之意。㈢「不滋」是不繁盛。庛，畢校「御覽無庛字，字書無考。」許釋引孫志祖說「庛疑即下文定字之譌衍。」陳昌齊說「恃當作待。」王念孫說「不得恃，舊本御覽引作不得待，竊謂不得待定熟五字當作一句，言後時之稻不得待成熟之時，即卬天而死。」蔣維喬等彙校謂定熟殆言將熟也；卬同仰，穀實不熟，故不得低垂也。夏校釋依諸家所說，改定本句為「後時者纖莖而不滋，厚糠多粃，辟米；不得待定熟，仰天而死。」

【今譯】得時之稻，大本而莖叢生，長稠疏機，穗如馬尾；粟粒大而無芒，圓米而薄糠，舂之易而食之香，這樣的米食之不噎。先時的本大而莖葉互相迫近，短稠短穗，多粃厚糠，薄米多芒。後時的細莖而不繁盛，厚糠多粃，小米；不得待其成熟，就要仰天而枯死。

得時之麻，必芒以長，疏節而色陽，小本而莖堅，厚枲以均㈠；後熟多榮，日夜分復生，如此者不蝗㈡。

【今註】㊀麻是大麻，種子供食用，韌皮供纖維用，故列於六穀之列。夏校釋謂必芒以長是言必定生得細而長。「色陽」是顏色鮮明漂亮之意。「厚枲」是纖維生得厚。㊁「後熟多榮」，夏校釋謂後當作厚，榮即花，言其成熟的種子厚而花多也，花多才能多子。日夜分是仲秋之時，復生的復是莩字同音之誤，爾雅釋草「莩，麻母。」孫炎注「苴麻盛子者」，盛子之莩就是着子之花序。得時之麻，開的花多，結的子多，一到仲秋之時就放莩了。

【今譯】得時之麻必定細而長，節疏而色澤鮮明，植株細小而莖堅實，纖維厚而均勻；成熟的種子厚而花多，到了仲秋秋分之時，而盛子的莩生；這樣的麻不怕蝗蟲。

得時之菽，長莖而短足，其莢二七以為族；多枝數節，競葉蕃實；大菽則圓，小菽則摶以芳，稱之重，食之息以香；如此者不蟲㊀。先時者必長以蔓，浮葉疏節，小莢不實㊁。後時者短莖疏節，本虛不實。

【今註】㊀菽是大豆，大菽、小菽都是大豆的品種。莢是豆莢。「二七」，高注「十四實也。」夏校釋謂今驗大豆的花序短而生於葉腋間，生長得強壯的大豆，常於葉腋間結成七、八個豆莢；故此說「其莢二七以為族。」所謂二七者非十四之謂，當言七七也，就是七個七個地為一族的意思。「短足」是指其植株下部近地的總幹而言。「競葉」是葉密相競之意，「蕃實」是言其結實之多，大豆的花序生於葉腋間，莖枝多，葉密，自然生長的實多。芳亦是房字之誤，當讀為詩生民篇「實方實苞」之方，方是膨大的意思。息是氣息。㈡浮葉，夏校釋謂與上文競葉相反，是葉稀的意思。

【今譯】 得時之菽，生長得強壯高大而總幹短，其莢都是二七以為族，枝多節多，葉密實繁；大菽則圓，小菽則搏而膨大，稱其分量很重，吃著有香氣；這樣的大豆不怕蟲齧。先時的必定細長蔓生，葉稀節疏，莢小而不實。後時的莖短節疏，植株虛弱而不結實。

得時之麥，秱長而頸黑，二七以為行，而服薄䅵而赤色；稱之重，食之致香以息，使人肌澤且有力，如此者不蚼蛆㈠。先時者暑雨未至，胕動蚼蛆而多疾，其次羊以節㈡。後時者弱苗而穗蒼狼，薄色而美芒㈢。

【今註】 ㈠麥，夏校釋謂指今之小麥。「頸黑」，夏謂頸疑為穎字之誤，穎亦是穗。「二七以為行」是說穗上的麥粒。「服薄䅵而赤色」也是說麥粒的。說文禾部「䅵，禾皮也。」此當指麥粒外的穎殼而言，在穀者曰糠，在麥者曰䅵。服薄䅵即被之以薄䅵之意。麥粒大，自然顯得其䅵之薄。赤色是說麥粒的顏色發紅。蚼蛆是蟲的一種。㈡「胕動」，高注「病心」，畢校謂亢倉子作胕腫。「其次羊以節」，夏校釋謂當作「其粒羸以節」，羸，瘦也；節，約也，言其麥粒瘦小而不飽滿也。㈢「蒼狼」，畢校「青色也。」夏校釋謂畢說是，上言穗黑，故此言穗青。「薄色」是言其色淡。苗弱穗青色淡而徒美其芒，自然不會有好收成。

【今譯】得時之麥，秱長而穎黑，其粒二七以為行，被之以薄糕而肥大飽滿有紅色；稱之分量重，食之有香氣，使人肌膚潤澤且有力；這樣的麥不怕蚼蛆的蟲害。先時的來到夏天的雨季，便要胕腫生蟲而多病，其粒瘦小而不飽滿。後時的苗弱而穗青，色淡而徒美其芒。

是故得時之稼興，失時之稼約㊀。莖相若稱之，得時者重，粟之多㊁。量粟相若而舂之，得時者多米。量米相若而食之，得時者忍饑。是故得時之稼，其臭香，其味甘，其氣章；百日食之㊂，耳目聰明，心意叡智，四衛變彊㊃。殈氣不入，身無苛殃。黃帝曰：「四時之不正也，正五穀而已矣㊄。」

【今註】㊀夏校釋謂此為全篇的總結語，上文說了若干得時和失時的情況，都是得時的生長得好，收成多，而失時的生長得不好，收成少，故承上而言「是故得時之稼興，失時之稼約。」也就是說得時的莊稼收成多，失時的莊稼收成少。興即興盛，言其增產；約即節約，言其減產。高注於文義不合。㊁莖相若下脫一「而」字，粟之下脫一「粒」字。㊂「百日食之」，高注「食之百日也。」㊃「四衛」：高注「四枝也」，夏校釋謂高注非是，此四衛是醫學名詞，是說人身四海之營衛的。黃帝素問靈樞論海篇：黃帝問於岐伯曰：「夫子之所言不離於營衛血氣。夫十二經脈者，內屬於府藏，外絡於肢節，夫子乃合於四海乎？」岐伯答曰：「人亦有四海、十二經水。經水者皆注於海。海有東西南北，命曰四海。」黃帝曰：「以人應之奈何？」岐伯曰：「人有髓海、有血海、有氣海、有水穀之海，凡此四者以應四海也。……胃者為水穀之海，……脈者為十二經水之海，膻中者為氣之海，……腦者為髓之海。」這說的就是人身之四海。四海與營衛有關，故此又稱四衛。㊄夏校釋謂四時不正者即所謂四時之氣不正也，四時之氣與營衛相關。人身四時之氣不正而病，須有適宜的飲食調養以正之，故說：「四時之不正也，正五穀而已矣」。此篇最後引黃帝語，其意在於說明時令之重要性，人身與時令有關，五穀也與時令有關，人身四時之氣不正，食得時之五穀以相正。

【今譯】　是故得時之稼興盛，失時之稼減約。取相等的莖來稱其分量，則得時的為重，而其粟粒亦較多。量取相等的穀實來舂去糠皮，則得時的得米較多。量取相等的米來煮飯吃，則得時的米能耐饑。所以得時之稼所產的食糧，是吃著又香又甘而氣味顯著，吃了百天，可以使人耳目聰明，心意明智，四衛變強，凶氣不入，身無疾病。黃帝說：「人身四時之氣不正，先正五穀就好了。」

附錄一　呂不韋傳及呂氏春秋有關資料

史記呂不韋列傳：呂不韋者陽翟大賈人也。太子政立為王，尊呂不韋為相國，號稱仲父。當是時，魏有信陵君，楚有春申君，趙有平原君，齊有孟嘗君，皆下士喜賓客以相傾；呂不韋以秦之彊，羞不如，亦招致士，厚遇之，至食客三千人。是時諸侯多辯士，如荀卿之徒，著書布天下；呂不韋乃使其客人人著所聞，集論以為八覽、六論、十二紀，二十餘萬言，以為備天地萬物古今之事，號曰呂氏春秋。布咸陽市門，懸千金其上，延諸侯游士賓客，有能增損一字者予千金。

十二諸侯年表序：呂不韋者秦莊襄王相，亦上觀尚古，刪拾春秋，集六國時事，以為八覽、六論、十二紀，為「呂氏春秋」。

漢高誘《呂氏春秋訓解序》：呂不韋者濮陽人也，為陽翟之富賈，家累千金。秦昭襄王者孝公之曾孫，惠文王之孫，武烈王之子也，太子死，以庶子安國君柱為太子。柱有子二十餘人，所幸妃號曰華陽夫人，無子。安國君庶子名楚，其母曰夏姬，不甚得幸，令楚質於趙，而不能顧質，數東攻趙，趙不禮楚。時不韋賈於邯鄲，見之，曰：「此奇貨也，不可失。」乃見楚曰：「吾能大子之門。」楚曰：「何不大君之門？乃大吾之門邪？」不韋曰：「子不知也，吾門待子門大而大之。」楚默幸之。不韋曰：「昭襄王老矣，而安國君為太子，竊聞華陽夫人無子，能立適嗣者，獨華陽夫人耳。請以千金為子西行，事安國君，令立子為適嗣。」不韋乃以寶玩珍物獻華陽夫人，因言楚之賢，以夫人為天母，日夜涕泣，思夫人與太子。夫人大喜，言於安國君，於是立楚為適嗣；華陽夫人以為己子，使不韋傅之。不韋取邯鄲姬，已有身，楚見說之，遂獻其姬，至楚所生男，名之曰正；楚立之為夫人。暨昭襄王薨，太子安國君立，華陽夫人為後，楚為太子。安國君立一年，薨，謚為孝文王；太子楚立，是為莊襄王，以不韋為丞相，封為文信侯，食河南雒陽十萬戶。莊襄王立三年而薨太子正立，是為秦始皇帝，尊不韋為相國，號稱仲父。不韋乃集儒書，使著其所聞，為十二紀、八覽、六論，訓解各十餘萬言，備天地萬物古今之事，名為呂氏春秋。暴之咸陽市門，懸千金其上，有能增損一字者與千金，時人無能增損者；誘以為時人非不能也，蓋憚相國，畏其勢耳。然此書所尚，以道德為標的，以無為為綱紀，以忠義為品式，以公方為檢格，與孟軻、孫卿、淮南、揚雄相表裏也，是以著在錄略。誘正孟子章句、作淮南、孝經解畢訖，家有此書，尋繹案省，大出諸子之右。既有脫誤，小儒又以私意改定，猶慮傳義失其本真，少能詳之。故復依先師舊訓，輒乃為之解焉，以述古儒之旨，凡十七萬三千五十四言，若有紕繆不經，後之君子斷而裁之，比其義焉。

清畢沅《呂氏春秋新校正序》：漢書藝文志雜家、呂氏春秋二十六卷，秦相呂不韋輯智略士作。原夫六經以後，九流競興，雖醇醨有閒，原其意恉，要皆有為而作。降如虞鄉諸儒，或因窮愁，託於造述，亦皆有不獲已之故焉。其著一書，專覬世名，又不成於一人，不能名一家者，實始於不韋，而淮南內外篇次之。然淮南王後不韋幾二百年，其采用諸書，能詳所自出者，十尚四五，即如今道藏中文子十二篇，淮南王書前後采之殆盡，間有增省一二字，移易一二語以成文者，類皆當時賓客所為，而淮南王又不暇深考；與不韋書在秦火以前，故其采掇原書類亡，不能悉尋其所本。今觀其至味一篇，皆述伊尹之言，而漢儒如許慎、應劭等閒引其文，一則直稱伊尹曰，一則又稱伊尹書，今考藝文志道家，伊尹五十一篇，不韋所本，當在是矣。又上農、任地、辨土等篇，述后稷之言，與亢倉子所載略同，則亦周秦以前農家者流相傳為后稷之說，無疑也。他如采老子、文子之說，亦不一而足。是以其書沈博絕麗，彙儒墨之指，合名法之源，古今帝王天地名物之故，後人所以探索而靡盡與。隋書經籍志雜部，呂氏春秋二十六卷，高誘注，誘序自言嘗為孟子章句及孝經解等，今已不見，世所傳誘注國策，亦非真本，唯此書及淮南王書注最為可信。誘注二書，亦間有不同。有始覽篇大汾冥阸解云：大汾處未聞，冥阸荊阮方城皆在楚；而淮南王書注則云：大汾在晉，冥阸淮南作澠阸注云，今宏農澠池是也。先識覽篇、男女切倚解云：切磨、倚近也；淮南王書倚作踦，注文云：踦足也。知分篇解云：魚滿二千斤為蛟，而淮南王書又作二千五百斤。至於音訓，亦時有不同，此蓋隨文生義，或又各依先師舊訓為解，故錯出而不相害與。暇日取元人大字本以下，悉心校勘，同志如抱經前輩等又各有所訂正，遂據以付梓。鳩工於戊申之夏，逾年而告成。若淮南王書，則及門莊知縣炘已取道藏足本刊於西安，故不更及云。

汪中呂氏春秋序（原注、代畢尚書作）：呂氏春秋世無善本，余向所藏皆明時刻，循覽既久，輒有所是正。於時嘉善謝侍郎、仁和盧學士並好是書，及同鄉諸君，各有校本，爰輯為一編，而屬學士刻之。既成，為之序曰：周官失其職，而諸子之學以興，各擇其術以明其學，莫不持之有故，言之成理；及比而同之，則仁之與義，敬之與和，猶水火之相反也；最後呂氏春秋出，則諸子之說兼有之。故勸學、尊師、誣徒、善學一作用眾四篇，皆教學之方，與學記表裏，大樂、侈樂、適音、古樂、音律、音初、制樂皆論樂，藝文志言劉向校書，別得樂記二十三篇，今樂記有其一篇，而其他篇名載在別錄者，惟見於正義所引，按本書適音篇，樂記載之，疑劉向所得，亦有采及諸子同於河間獻王者，凡此諸篇，則六藝之遺文也。十二紀發明明堂禮，則明堂陰陽之學也。貴生、情欲、盡數、審分、君守五篇，尚清淨養生之術，則道家之流也。蕩兵、振亂、禁塞、懷寵、論威、簡選、決勝、愛士七篇皆論兵，則兵權謀形勢二家也。上農、任地、辨土三篇，皆農桑樹藝之事，則農家者流也。其有牴牾者，振亂、禁塞、大樂三篇，以墨子非攻救守及非樂為過，而當染篇全取墨子，應言篇司馬喜事，則深重墨氏之學；甚者吳起之去西河，長見、觀表二篇一事兩見。惟有始覽所謂解見某書者，於本書能觀其會通耳。司馬遷謂不韋使其客人人著所聞，以為備天地萬物古今之事，然則是書之成，不出於一人之手，故不名一家之學，而為後世修文御覽華林編略之所託始，藝文志列之雜家，良有以也。然其所采摭，今見於周漢諸書者，十不及三四，其餘則本書已亡，而先哲之話言，前古之佚事，賴此以傳於後世，其善者可以勸，其不善者可以懲焉；亦有閭里小智，一意采奇詞奧旨，可喜可觀，庶幾乎立言不朽者矣。其文字異同，已注於篇中，茲不復及，故序其著書之意以質之諸君子，幸正教之。（述學補遺，案畢本無，今補。錢保塘跋畢氏呂氏春秋序「疑畢氏本屬盧氏刻之，屬汪氏代為之序，後盧氏不果刻，畢氏乃自刻之，別撰斯序，而汪氏自以其原稿載之集耳。」）

畢氏乃自刻章學誠校讐通義：呂氏春秋亦春秋家言，而兼存典章者也，當互見於春秋尚書，而猥次於雜家，亦錯誤也。古者春秋家言，體例未有一定，自孔子有知我罪我之說，而諸家著書，往往以春秋為獨見心裁之總名。然而左氏而外，鐸椒虞卿呂不韋之書，雖非依經為文，而宗仰獲麟之意，觀司馬遷敘十二諸侯年表而後曉然也。呂氏之書，蓋司馬遷之所取法也，十二本紀倣其十二月紀，八書倣其八覽，七十列傳倣其六論，則亦微有所以折衷之也。四時錯舉，名曰春秋，則呂氏猶較虞卿晏子春秋為合度也，劉知幾譏其本非史書而冒稱春秋，失其旨矣。

陳澧東塾讀書記：呂氏春秋多采古儒家之說，故可取者最多。古之儒家多偉人名論，其書雖亡，其姓名雖湮沒，而其言猶有存者，令人發思古之幽情耳。

錢穆呂不韋著書考：呂氏春秋謹聽篇「今周室既滅，而天子已絕，亂莫大於無天子，無天子則彊者勝弱，眾者暴寡，以兵相殘，不得休息，今之世當之矣。」高注「周厲王無道，流於彘而滅，無天子十一年，故曰已絕。」畢沅云「秦昭王五十二年西周亡，十年而始皇帝繼為王，又二十六年始為皇帝。所云天子已絕者，在始皇未為皇帝之時，注非是。」今按史記呂傳「秦昭襄王元年，以呂不韋為丞相，封文信侯，食河南洛陽十萬戶。莊襄王薨，太子政立為王，尊不韋為相國，號稱仲父。呂不韋乃使其賓客人人著所聞，號曰呂氏春秋。」其自序篇云「維秦八年，歲在涒灘。」黃氏周季編略謂「呂傳書作春秋於始皇七年前，八蓋六之譌也。近畢氏校呂氏春秋，引錢竹汀超辰說，嚴鐵橋以八為四之譌，四年太陰在申，皆未是。」姚文田云「超辰之說，起於漢人，當時亦未一行，安得強先秦以就我法？又讀者據太初元年歲稱丁丑，溯而上之，遂改始皇為乙卯，因欲並改呂覽之八年為六年。不知班史實以鄧平歷為本，實不足為確據。考淮南王安封於孝文之十六年，子長著之史記，孟堅仍其舊文，計孝文十六年下至太初改元，六甲適一周，則是年亦當為丁丑。淮南子云：淮南元年冬，太一在丙子，太一即太歲，與班史顯差一歲，上推始皇元年，實為甲寅。不韋死於始皇十二年，後十五年而秦有天下，不韋著書以前昭襄孝文莊襄世及相繼，安得斷自始皇直書曰秦。其稱秦者，必在莊襄既滅二周之後。秦本紀，昭襄五十六年卒，孝文王立，即位後三日卒，莊襄王立，在位四年，六國表分一年入孝文，故莊襄僅三年。又記昭襄之立，在周赧王九年，下推赧王五十九年，歲在甲辰，乃昭襄之五十一年；又五年而卒，孝文嗣位一年，明年為莊襄元年，歲在辛亥，紀表皆云是年滅二周，置三川郡。周本紀亦云，赧王五十九年，西周倍秦，與諸侯約從攻秦，秦使將軍摎攻西周，西周君奔秦，盡獻其邑。赧王卒，周民遂東亡，似是一年中事。又云，後七載，秦莊襄王滅東西周。今考韓非子五蠹篇云，周去秦為從，期年而舉，是史公所紀，中間尚少一年，所謂後七載者，當由滅西周計算，而莊襄之滅東周，乃二年事，並非元年，紀表皆誤矣。西周之滅歲在乙巳，後七載為壬子，東周亦亡，其明年癸丑，天下始易周而為秦。困學紀聞云，壬子秦遷東周君而周遂不祀，作史者當自丙午至壬子繫周統於七國之上。以韓非及王氏之言證之，知自癸丑以後乃可書秦，而呂覽之文，實統莊襄言之矣。」

今按：姚氏之說甚辨而覈，不韋著書實在始皇之七年，而稱維秦八歲者，乃始於癸丑。始皇元年實為甲寅，而不韋不以始皇紀之，乃統莊襄言之，其事甚怪。且呂不韋為秦相國，乃絕不稱道秦政，曰：

「周室既滅，天子已絕，以兵相殘，不得休息」顧抑秦與六國同列，特以周亡而書秦，亦並不許秦為天子，又何耶？功名篇又云：「欲為天子，民之所走，不可不察。今之世至寒矣，至熟矣，而民無走者，取則行鈞也；欲為天子，所以示民不可不異。行不異亂，雖信今，民猶無走；民無走，王者廢矣，暴君幸矣，民絕望矣。故當今之世，有仁人，不可不此務，有賢主、不可不此事。」此明譏秦政雖以武強伸於一時，猶不為民之所走也。高似孫曰：「始皇不好士，不韋則徠英茂，聚畯豪，簪履充庭，至以千計。始皇甚惡書也，不韋乃極簡冊，攻筆墨，采精錄異，成一家言。春秋之言曰：千里之間，耳不得聞，帷牆之外，目不能見，三畝之間，心不能知，而欲東至開晤，南極多鵾，西服壽靡，北懷儋耳，何以得哉！此所以譏始皇。」方孝孺亦稱其書詆訾時君為俗主，至數秦先王之過無所憚。史又稱不韋書成，布咸陽市門，懸千金其上，延諸侯游士賓客，有能增損一字者予千金。余疑此乃呂家賓客借此書以收攬眾譽，買天下之人心，儼以一家春秋，托新王之法而歸諸呂氏，如昔日晉之魏，齊之田，為之賓客舍人者，未嘗不有取秦而代之意。即觀其維秦八年之稱，已顯無始皇地位，當時秦廷與不韋之間，必有猜防衝突之情，而為史籍所未詳者。（史記蔡澤傳，其說應侯曰：質仁秉義，行道施德，得志於天下，天下懷樂敬愛而尊慕之，皆願以為君王，豈不辯智之期與？應侯曰然。此已入戰國晚世，其先游士如吳起商鞅之徒，得為將相，已滿初志。其後如梁惠王欲讓國於惠施，燕王噲真讓國於子之，於是游士之意氣益盛，期望益遠，蔡澤乃明白有天下皆願以為君王之想。客說春申君，以湯武況荀卿。即荀子弟子之頌其師，亦曰：嗚呼賢哉，宜為帝王。見堯問篇又曰：今之學者，得孫卿之遺言餘教，足以為天下法式表儀。亦見堯問是可見當時學者間意態。李斯入秦，為呂不韋舍人，呂覽之書，斯亦當預，彼輩推尊不韋，謂其宜為帝王，夫豈不可。此意至西漢尚未全泯，故昭宣以下，頗有主張漢廷推擇賢人而讓國者，王莽即應運而起。自此義隱晦不彰，而謂不韋著書有自為帝王之志，則有疑其言之若誕者矣。）始皇幸先發，因以牽連及於嫪毒之事，不韋自殺，諸賓客或誅或逐，其事遂莫肯明言；而乃妄造呂政之譏與嫪毒自不韋薦身之說，同為當時之誣史而已。自不韋之死，李斯得志，因有焚坑之禍，先秦學脈，竟以此絕，亦可惜也。

附錄二　今註引用參考書目

呂氏春秋集釋　許維遹　鼎文書局
呂氏春秋校釋　尹仲容　中華叢書委員會
呂氏春秋上農等四篇校釋　夏緯瑛　鼎文書局
呂氏春秋之分析　劉汝霖　鼎文書局
呂氏春秋中古書輯佚　李峻之　鼎文書局
呂氏春秋彙校　蔣維喬等　鼎文書局
呂氏春秋選注　莊　適　商務印書館
呂氏春秋及其對漢代學術與政治的影響（兩漢思想史二）　徐復觀　學生書局
呂氏春秋虛詞用法詮釋　謝德三　文史哲出版社
禮記今註今譯（月令篇）王夢鷗　商務印書館
春秋繁露義證　蘇　輿　河洛圖書出版社
考信錄　崔　述　世界書局
先秦諸子導讀　徐文珊　幼獅書局
先秦諸子文選　張默生　西南書局

春秋左傳注疏　藝文印書館
史記　藝文印書館
老子新學案　胡汝章　王家出版社
莊子內篇證補　朱桂曜　學人雜誌社
荀子集解　廣文書局
韓非子校釋　陳啟天　中華叢書委員會
韓詩外傳考徵　賴炎元　師範大學國文研究所
易經語解　謝大荒　大千世界出版社
中國之科學與文明（中譯本一至五冊）　商務印書館
人理學　陳立夫　中華書局
中華五千年史（第七冊）　張其昀　中國文化大學出版部
正中形音義綜合大辭典　正中書局
新修康熙字典　啟業書局
四書章句速檢　孔孟學會　世界書局

呂氏春秋今註今譯　二冊

主編◆中華文化復興運動推行委員會（國家文化總會）
國立編譯館中華叢書編審委員會
註譯◆林品石
發行人◆王學哲
總編輯◆方鵬程
執行編輯◆葉幗英　吳素慧
校對◆楊天心　徐平　林郁潔
美術設計◆吳郁婷

出版發行：臺灣商務印書館股份有限公司
臺北市重慶南路一段三十七號
電話：（02）2371-3712
讀者服務專線：0800056196
郵撥：0000165-1
網路書店：www.cptw.com.tw
E-mail：ecptw@cptw.com.tw
網址：www.cptw.com.tw

局版北市業字第 993 號
初版一刷：1985 年 2 月
二版一刷：2011 年 1 月
定價：新台幣 950 元

ISBN 978-957-05-2462-8（精裝）

呂氏春秋今註今譯／林品石註譯. --二版. --
臺北市：臺灣商務，2011. 01
面；　公分

ISBN 978-957-05-2462-8（全套二冊：精裝）

1. 呂氏春秋　2. 注釋

121.871　　　　99001054